温宿年鉴

WENSU NIANJIAN

2019

温宿县地方志办公室　编

方志出版社
Publishing House of Local Records

图书在版编目（CIP）数据

温宿年鉴. 2019/温宿县地方志办公室编.--北京:
方志出版社，2020. 12
ISBN 978-7-5144-4746-0
I. ①温…II. ①温… · Ⅲ.①温宿县-2019-年鉴
Ⅳ. ①Z524.54
中国版本图书馆CIP数据核字（2021）第025553号

温宿年鉴（2019）

编　　者：温宿县地方志办公室
责任编辑：王　品
出 版 者：方志出版社
地址　北京市朝阳区潘家园东里9号（国家方志馆4层）
邮编　100021
网址　http://www.zgfzcb.cn
发　　行：方志出版社图书经销中心
电话　（010）67110500
经　　销：各地新华书店
印　　刷：阿克苏飞达印务有限责任公司
开　　本：889×1194　1/16
印　　张：19.5
字　　数：491千字
版　　次：2020年12月第1版　2020年12月第1次印刷
印　　数：001~550册
ISBN 978-7-5144-4746-0　定价：260.00元

《温宿年鉴（2019）》编纂委员会

主　任　薛建强

副主任　包尔汗·买买提　刘洪胜　肖　森　宋　磊
　　　　　阿孜古丽·阿吾拉

委　员　宁晓斌　李　平　郭其年　许　斌　韩晏飞
　　　　　冯志雄　景文兴　迪力穆拉提·穆萨
　　　　　何德军　牛　东　白芳萍　宋志斌　徐　慧
　　　　　王吉山　刘　瑛　王　迪　樊晓莉

《温宿年鉴（2019）》编纂人员

主　　编　宋　磊

执行主编　樊晓莉

执行副主编　罗清平

编　　辑　石胜聪　赵　霞　杨周艳　何　刚

摄　　影　魏晓欧　木太力甫·阿不都热合曼　颜寿林

《温宿年鉴（2019）》撰稿人员名单

锁 玉　吴 爽　罗清平　何红艳　文 磊　刘 芳　赵 莉
田俊琳　杨周艳　杨述森　张 丽　许 芳　王 昆　李 博
张 玲　张 毅　许 斌　刘 强　李向龙　计文强　杨林举
周志桂　刘妙玲　汪 琪　李洋洋　秦李燕　侯启家　曹宏刚
周 渝　徐天磊　黄言建　付 丽　吴玉文　种 强　白 桦
徐圣富　何 峰　廉 锐　范银菊　杨爱鹏　刘 丹　陈 丽
张 扬　张董红　吴 青　肖冰坤　万 雨　赵友伟　李 静
何 军　王拥军　邵希强　陈 娟　安晓芳　杨 云　马昌青
陈 俊　侯红君　宋乃贵　马文涛　罗晓刚　陈 燕　苗 婷
张 铭　陈 涛　丁小平　张自力　王昌燕　伍腊梅　逄亚丽
李麦平　谢伦胜　代海蓉　刘一丹　郭春雨　李照霞　苟金斌
巴吐尔·达尼西　石胜聪　詹 丽　李小东　张 莉　高 茹
木叶沙尔·阿不力米提　柴宗学　杨雪琴　侯政新　高 洋　胥良勋
蒋 燕　岳 鑫　何 蕊　何红阳　梁富爽　彭 建　肖 莹
徐海燕　李姗薇　肖 峰　李雷震　高泽民　董悦兰　梁 芳
王 潼　库尔班尼沙·阿不来提　古丽给乃·艾尔肯　张 艳
徐 莉　秦广勇　贾俊强　阿依努尔·托合提

6月29日，温宿县召开庆祝建党97周年暨“一先双优”表彰大会，全县36个先进基层党组织、80名优秀共产党员和35名优秀党务工作者受到表彰

9月14日，温宿县召开组织工作会议

5月27日，温宿县开展第36个“民族团结教育月”宣讲活动

9月29日，温宿县庆祝中华人民共和国成立69周年暨改革开放40周年爱国主义歌曲大合唱总决赛举行

5月24日，自治区科协“五下乡暨科学普及基层行”及阿克苏温宿县2018年全国科技工作者日系列活动启动仪式现场

7月12日，第三届“中国创翼”创业创新大赛温宿县赛区开赛

4月25日，温宿核桃油产品展示现场

4月25日，温宿县举办黑木耳菌棒种植技术观摩学习活动

7月15日，温宿国家农业科技园区基础设施建设项目开工典礼仪式举行

12月27日，新疆温宿县人民政府与中国人民保险阿克苏地区分公司举行战略合作协议签约仪式

4月25日，温宿县托乎拉乡库如力村村民在“扶贫车间”内加工毛衣

9月17日，温宿县转移富余劳动力就业现场

7月18日，温宿县柯柯牙镇帕克勒克村返乡大学生开设“红领巾小课堂”

10月16日，浙江省义乌市人民检察院助力温宿县人民检察院驻佳木镇托万克吐曼村精准脱贫“爱心书包”捐赠仪式现场

7月27日，温宿县克孜勒镇其克特村举办瓜果蔬菜评比大赛

9月25日，温宿县佳木镇尤喀克吐曼村举办“庆丰收、共团圆”联谊活动

9月1日，温宿县2018年农副产品购销企业（合作社）座谈会召开

9月19日，温宿县“十城百店”工程特色农副产品产销对接现场会现场

7月24日，温宿县举行第一届金（华）温（宿）“同心杯“系列文体活动启动仪式

8月19日，温宿县召开首届“中国医师节”庆祝表彰大会

12月8日，温宿县举办首届主持人大赛决赛

5月13日，温宿县举行第十四届阿克苏“多浪·龟兹”文化旅游节暨第六届温宿天山托木尔文化旅游节开幕式

6月23日，温宿县举办“阿克苏·温宿2018 弘扬柯柯牙精神骑行徒步好果园活动”启动仪式

11月17日，温宿县举办2018·冬游阿克苏—温宿天山托木尔冰雪文化旅游节启动仪式暨“金桥杯”越野场地赛·百车穿越挑战活动

温宿县城一角

温宿县柯柯牙镇帕克勒克村牧民易地扶贫搬迁安置点

温宿县天山托木尔森林公园景区冰雪旅游现场

编 辑 说 明

一、《温宿年鉴》坚持以马克思列宁主义、毛泽东思想、邓小平理论、“三个代表”重要思想、科学发展观、习近平新时代中国特色社会主义思想为指导，坚持辩证唯物主义和历史唯物主义的立场、观点和方法，紧紧围绕县委、县政府的中心工作，全面客观地反映县委、县政府和各部门、各行业取得的成就。

二、《温宿年鉴》是地方综合年鉴，2006 年开始逐年编辑出版，公开发行。其宗旨是全面、系统、真实地介绍温宿县政治、经济、文化、社会等方面的基本面貌和发展情况，为社会各界了解温宿县、认识温宿县提供权威资料性文献。

三、《温宿年鉴（2019）》采用分类编辑法。框架结构分为类目、分目、条目 3 个结构层次，主要记述单元为条目。条目标题均为黑体字加【】。

四、《温宿年鉴（2019）》所使用的国民经济和社会发展统计资料均按温宿县统计局的统计公报口径，其他数据一般截至 2018 年年底。

五、《温宿年鉴（2019）》采用资料由全县各单位、部门提供，所有资料、数据均经供稿单位审核后上报编入。

目 录

特 载

大事记

温宿概况

位置 地形

沿革 区划

自然环境

自然资源

国民经济运行

中共温宿县委员会

重要会议

中心组学习

县委办公室工作

组织工作

金华援疆(温)工作

宣传工作

精神文明建设

统战工作

机关党建工作

老干部工作

编制工作

目标管理考核

史志工作

党校工作

档案工作

温宿县人民代表大会

履行基本职能

县人民代表大会及其常委会会议

人大代表工作

温宿县人民政府

重要会议

提案、议案办理

政府办公室工作

人事工作

公　安

检　察

法　院

司法行政

网络安全和信息化管理

群众团体

工　会

共青团

妇 联

科 协

工商联

残 联

红十字会

军 事

温宿县人民武装部

武警温宿中队

温宿边境管理大队

经济监督与管理

国有资产管理

发展和改革管理

商务和经济信息化

园　区

温宿国家农业科技园区

温宿产业园区

阿克苏纺织工业城(开发区)温宿县产业园

统　计

审　计

国土资源管理

种子管理

农牧业机械化

畜牧业

动物卫生监督

动物疫病防治

畜禽品种改良

林果业生产

林业管理

农业产业化服务

草原管理

水　利

库木艾日克托什干河流域管理

台兰河流域管理

防雹增雨

农业综合开发

城乡建设　环境保护

住房和城乡建设

城乡供水

环境保护

气象服务

邮政　通信

中国邮政温宿县分公司

中国电信温宿县分公司

中国移动温宿县分公司

中国联通温宿县分公司

教 育

教育管理

教育督导

县直学校简介

职业教育

新疆农业广播电视学校温宿县分校

科技 文体 广电

科 技

文化体育

广播电视

医疗　卫生

卫生管理

计划生育

县直医疗机构

县人民医院

县维吾尔医医院

县疾病预防控制中心

县妇幼保健院

社会民生

民政工作

老龄事业

扶贫开发

劳动就业

社会保障

乡(镇)建设

温宿镇

吐木秀克镇

阿热勒镇

佳木镇

克孜勒镇

托乎拉乡

荣 誉

附 录

2018年温宿县党、政、企事业单位负责人名录

温宿县2018年国民经济和社会发展统计公报

重要文件辑目

特　载

坚定不移贯彻落实党中央治疆方略 奋力开创社会稳定和长治久安新局面（节选）

——在中共温宿县第十二届四次全委（扩大）会议上的报告

薛建强

（2018年12月31日）

这次会议的主要任务是：坚持以习近平新时代中国特色社会主义思想和党的十九大精神为指导，全面贯彻落实以习近平同志为核心的党中央治疆方略和自治区党委九届六次全会、地委（扩大）会议精神，总结回顾2018年工作，分析当前形势，安排部署2019年工作，动员全县各级党组织和广大党员干部，聚焦聚力总目标，担当实干、砥砺前行，奋力开创社会稳定和长治久安新局面。

一、2018年工作回顾

2018年极不容易、极不平凡。在地委的坚强领导下，县委团结带领各族干部群众，坚定坚决贯彻落实党中央治疆方略和自治区党委“1+3+3+改革开放”（“1”是围绕总目标抓好维稳工作；第一个“3”是全面贯彻新发展理念，抓好“三大攻坚战”；第二个“3”是推动高质量发展，做好丝绸之路经济带核心区建设、乡村振兴战略和旅游产业发展三项重要工作。改革开放关键是要用足用好稳定红利，充分发挥市场机制作用，最大限度地吸引国内外各类企业来投资兴学）工作部署，对标“聚焦总目标，当好排头兵”的目标定位，以滚石上山、爬坡过坎的决心和勇气，开创了稳定发展改革各项事业全面进步的良好局面。

社会大局持续稳定，经济平稳健康发展。全年预计实现地方生产总值68.5亿元、增长9.14%，完成固定资产投资56.4亿元、增长1.52%，公共财政预算收入4.85亿元、增长9%，社会消费品零售总额18.98亿元、增长18%。“三大攻坚战”（防范化解重大风险、精准脱贫、污染防治）成效明显，“三项重点工作”（促进社会矛盾化解，促进和谐社会建设；参与社会管理创新，提高自身管理水平；促进公正执法，保障人民群众根本利益）推进有力。政府隐性债务有效化解。脱贫攻坚成效显著，实现767户2751人脱贫，3个深度贫困村退出，贫困发生率降至3.9%。污染防治深入推进，群众反映强烈的生态环境突出问题有力解决。乡村振兴产业健康发展，全年接待游客85万人次，总收入1.5亿元、增长61.81%。商贸物流业快速发展，金桥大型仓储超市、阿克苏药品集散中心、大欣轻卡交易市场等一大批重点项目投入运营。园区基础设施日趋完善，承载能力不断增强，支撑经济高质量发展的基础进一步巩固。

民生建设保障有力。将财政支出的70%以上用于保障和改善民生，投入36.3亿元，实施重点民生项目31个。实现新增城镇就业3722人，农村富余劳动力转移就业1.42万人次。投入3.98亿元，实施71所薄弱学校改造，启动一中新校区建设，完成二小迁建、二幼改建。“医联体”（区域医疗联合体，是将同一个区域内的医疗资源整合在一起，通常由一个区域内的三级医院与二级医院、社区医院、村医院组成一个医疗联合体），“医共体”（是跨行政隶属关系、跨区域的医疗服务共同体）建设稳步推进，药品零差率销售全面实行，为患者让利481万元。全民参保计划有效落实，基本养老、基本医疗等各类保险参保率稳定在95%以上。建设安居富民房4991套、游牧民定居房182套，完成棚户区改造859户，新建农村公路425千米，解决农牧民安全饮水5846户。城镇居民人均可支配收入30073元、增长9%，农牧民人均纯收入17729元、增长6.55%，各族群众获得感、幸福感持续增强。

民族团结持续巩固，宗教领域和睦和谐。习近平新时代中国特色社会主义思想、党的十九大精神和社会主义核心价值观深入人心，“理清两笔账（上级对农村公共事业的投入和农户家庭享受惠民政策的补贴资金），感恩共产党”活动持续深化。发声亮剑活动纵深推进，全年累计开展发声亮剑活动1.56万场，受教育群众30.2万人次。扎实开展中国优秀传统文化“八进”（进机关、进乡村、进社区、进学校、进企业、进单位）活动，组织送文化演出720场次，整合文化大院100个。持续开展“大美新疆·大爱故事”暨民族团结故事“万人讲”大赛，组织实施“弘扬新时代·共圆中国梦”每月一主题外宣活动，群众精神文化生活更加丰富多彩。

改革开放全面深化。国有农林牧场企业化改革、农业水价综合改革等83项年度改革任务全部完成。供给侧结构性改革深入推进，“三去一降一补”（去产能、去库存、去杠杆、降成本、补短板）成效明显，淘汰落后产能18万吨，去库存14.4万平方米，降低企业用电成本200余万元。“放管服”（简政放权、放管结合、优化服务）改革持续深化，县本级行政审批事项削减率达55%。“最多跑一次”改革有序推进，191项便民服务事项全部进驻政务服务大厅，实现行政审批时限在法定办结时限基础上压缩30%。招商引资到位资金42.65亿元、增长17.66%。对口援疆持续发力，实施援疆项目24个，投入援疆资金1.27亿元，产业、教育、文化、人才援疆综合效应显现。油地共建、兵地融合不断深化。

生态环境有效改善。大力实施植树造林、防风固沙、草畜平衡生态工程，新增造林面积5066.67公顷，全县森林总面积达20.67万公顷，森林覆盖率达13.2%。投入9414万元，推进公园城市建设，新建街角游园、生态停车场4个，城区绿化覆盖面积达382.29公顷，人均绿地面积48.36平方米。深入实施大气、水、土壤污染防治。依法推进重点领域节能减排，污染源全面达标排放。最严格水资源管理制度全面落实，水资源调控能力和污水处理能力进一步提升。土壤污染治理与修复扎实推进，非法开荒行为得到根本遏制，土壤总体质量保持稳定。

党的建设全面加强。“两学一做”学习教育常态化制度化扎实推进，各级党员干部“四个意识”（政治意识、大局意识、核心意识、看齐意识）更加牢固、“两个维护”（坚决维护习近平总书记党中央的核心、全党的核心地位，坚决维护党中央权威和集中统一领导）更加坚决。干部选拔任用、监督管理、关心关爱机制不断完善，一大批忠诚干净担当的干部走上重要岗位。强基层强基础12项措施有效落实，“访惠聚”驻村工作持续深化，基层党组织战斗堡垒作用进一步发挥。扎实开展“聚焦总目标 作风再整顿”专项活动，以铁的手腕整治形式主义、官僚主义,党风政风干部作风明显好转。党风廉政建设“两个责任”(党委负主体责任,纪委负监督责任)深入落实,一批违反政治纪律、扶贫领域腐败和作风不实案件得到严厉查处。民主政治建设全面加强,人大、政协、群团组织积极发挥作用,爱国统一战线更加巩固。

二、2019 年的工作思路和目标要求

2019 年,是新中国成立 70 周年,是全县打赢脱贫攻坚战的收官之年,是决胜全面建成小康社会的关键之年,更是实现社会稳定“三年基本常态”的重要一年。做好全年工作,必须把握大势、抢抓机遇、紧盯目标、狠抓落实。

工作思路是:坚持以习近平新时代中国特色社会主义思想为指导,深入贯彻落实党的十九大,十九届二中、三中全会精神和自治区党委九届六次全会精神,统筹推进“五位一体”(经济建设、政治建设、文化建设、社会建设、生态文明建设,着眼于全面建成小康社会、实现社会主义现代化和中华民族伟大复兴)总体布局,协调推进“四个全面”(全面建成小康社会、全面深化改革、全面依法治国、全面从严治党)战略布局,全面贯彻落实以习近平同志为核心的党中央治疆方略、自治区党委“1 +3 +3 +改革开放”工作部署和地委“76331”(“7”就是建设稳定和谐平安区、多元一体文化区、民生建设示范区、生态治理先行区、特色产业优势区、能源产业集聚区、融合发展创新区;“6”就是发展能源化工、纺织服装、农副产品加工、商贸物流、建材冶金、战略新兴产业“六大产业集群”;第一个“3”就是培育区域性经济发展中心、交通枢纽中心、特色农产品集散中心;第二个“3”就是围绕丝绸之路经济带核心区建设,打造区域性全域旅游高地、教育人才高地、医疗康养高地;“1”就是着眼宜居宜业公园城市定位,打造阿温同城区域性中心城市)战略决策,聚焦聚力总目标、攻坚克难抓落实,努力建设平安和谐富裕美丽温宿,奋力开创社会稳定和长治久安新局面。

目标任务是:力争地方生产总值增长 9% 以上,全社会固定资产投资增长 15% 以上,社会消费品零售总额增长 10% 以上,公共财政预算收入增长 10% 以上,城镇登记失业率控制在 3.9% 以内,城镇居民人均可支配收入增长 8.2% 以上,农牧民人均纯收入增长 7% 以上。社会大局持续稳定,民族宗教和睦和谐,脱贫攻坚决胜收官,民生建设保障有力,生态环境有效改善,改革开放全面深化,党的建设全面加强。

实现全年目标任务,必须做到“六个坚定不移”:

坚定不移把旗帜鲜明讲政治作为根本要求。始终坚持党对一切工作的领导,进一步树牢“四个意识”,坚定“四个自信”(中国特色社会主义道路自信、理论自信、制度自信、文化自信),做到“两个维护”,在政治立场、政治方向、政治原则、政治道路上同以习近平同志为核心的党中央保持高度一致,坚决维护以习近平同志为核心的党中央一锤定音、定于一尊的权威,做到对党绝对忠诚。

坚定不移把贯彻落实党中央治疆方略作为根本遵循。始终把学习贯彻落实习近平总书记关于新疆工作的重要指示批示精神,作为重大的政治任务、政治责任,坚定不移地用总目标统领一切工作,保持战略定力、坚持久久为功,坚定坚决、不折不扣贯彻落实党中央治疆方略和自治区党委反恐维稳组合拳,坚持依法治疆、团结稳疆、长期建疆,确保社会大局持续稳定、长期稳定、全面稳定。

坚定不移把贯彻新发展理念作为战略指引。始终贯彻创新、协调、绿色、开放、共享的发展理念,积极主动解决发展中遇到的各种新情况、新矛盾、新问题,推动发展更高质量、更有效率、更加公平、更可持续。正确处理好稳定发展改革的关系、局部与全局、当前与长远、重点与非重点的关系，统筹兼顾、综合平衡，既抓“牛鼻子”又善“弹钢琴”，既立足当前解决面临的突出问题又着眼长远做好打基础管根本的各项工作。

坚定不移把深化改革开放作为动力引擎。始终坚持解放思想、实事求是，大力弘扬中华民族伟大创造精神、伟大奋斗精神、伟大团结精神、伟大梦想精神，变化变革、改革创新，主动适应新时代、新变化、新要求，逢山开路、遇水架桥，敢为人先、敢闯敢试。始终坚持开放包容、合作共赢，持续扩大对外开放，不断深化融合发展，凝聚推动各项事业发展的强大合力。

坚定不移把以人民为中心作为根本立场。始终坚守人民立场、践行党的根本宗旨，贯彻党的群众路线，永远把人民放在心中最高位置，永远把人民对美好生活的向往作为奋斗目标，不忘初心、牢记使命，尽心竭力办实事、做好事、解难事，实现好、维护好、发展好各族群众的根本利益，最大限度增强各族群众的获得感、幸福感、安全感，不断厚植党执政的群众基础。

坚定不移把弘扬优良作风作为重要保证。大力弘扬求真务实、真抓实干的工作作风，以勇于负重、敢啃硬骨的胸襟气魄，以奋勇向前、无私无畏的革命豪情，以顽强拼搏、百折不挠的意志品格，以抓铁有痕、踏石留印的恒心韧劲，树牢“排头兵”意识，锻造“排头兵”作风，创造“排头兵”业绩，一心为民、报党报国，干在实处、走在前列。

三、2019 年重点工作和主要措施

(一)坚持标本兼治，全力维护社会大局稳定。

坚定不移举旗帜、聚民心、育新人、兴文化、展形象，打好意识形态领域反分裂斗争主动仗。深入开展“习近平新时代中国特色社会主义思想进万家”“万人大宣讲”等活动，把党的声音传到千家万户。大力培育和践行社会主义核心价值观，广泛开展中国梦、爱国主义、社会主义、集体主义教育。深入实施公民道德建设工程，持续开展社会公德、职业道德、家庭美德、个人品德教育，引导各族群众做社会主义道德的示范者、诚信风尚的引领者。全面加强“六大阵地”(学校、企业及单位、集市、微信、培训中心、农村交通广播)管控。坚持正本清源、扶正祛邪、深挖错误思想根子，把中央关于新疆若干历史问题的基本结论、基本政策向各族干部群众讲清楚、说明白，引导树立正确的“五观”(国家观、民族观、历史观、文化观、宗教观)。深化意识形态领域反分裂斗争专项行动，持续推进发声亮剑，深入揭批“三股势力”(民族分裂势力、宗教极端势力、暴力恐怖势力)的罪恶目的和反动本质，不断增强各族群众抵御宗教极端思想的自觉性、坚定性。深入实施文化惠民和中华优秀传统文化传承发展工程，推进基本公共文化服务标准化、均等化，图书馆、广电综合楼建成投入使用，打造一批具有中华文化标识、体现中华文化内涵的宣传文化阵地。加大新中国成立 70 周年伟大成就宣传力度，拓宽宣传渠道、丰富宣传载体，引导各族群众增强“五个认同”(对伟大祖国的认同、对中华民族的认同、对中华文化的认同、对中国共产党的认同、对中国特色社会主义的认同)。加快推进融媒体中心建设。严格规范境内外媒体服务管理，积极稳妥做好重大突发敏感新闻宣传，确保主旋律更加响亮、正能量更加强劲。

(二)坚持补齐短板，坚决打好“三大攻坚战”。深入贯彻落实新发展理念，按照高质量发展的要求，坚决打好防范化解重大风险、精准脱贫、污染防治“三大攻坚战”，补齐全面建成小康社会的短板。

1. 坚决打好防范化解重大风险攻坚战。坚持宁可发展慢一点、也决不违规举债，严格落实防范化解地方政府隐性债务风险的意见及隐性债务问责办法，加大财政约束力度，严格政府债务管理，各级政府一律不得以任何方式举债,不得以任何方式为单位和个人债务提供担保,不得承诺为其他任何单位和个人融资承担偿债责任,不得违规实施政府购买服务,确保今后政府零违规举债。严肃查处各类违规违法举债行为,对造成严重后果的倒查追责、终身追责。牢牢盯住风险多发高发的重点领域和关键环节,坚决打击非法集资、地下钱庄、地下保单等违法违规金融活动,积极防范化解互联网金融、资本市场等领域的风险。着力搭建企业与金融机构交流平台,引导金融机构加大重点投资项目、重点企业、小微企业信贷支持力度。推进直接融资、使用债券、基金融资,引进外部融资和社会资本,拓宽融资渠道,有效缓解企业融资难、融资贵问题。

2. 坚决打好精准脱贫攻坚战。坚持精准扶贫精准脱贫基本方略,紧紧围绕解决"两不愁三保障"(扶贫对象不愁吃、不愁穿,义务教育、基本医疗和住房安全有保障),既不降低标准、影响质量,也不调高标准、吊高胃口,确保焦点不散、靶心不变。充分发挥扶贫大数据平台的功能和作用,做好动态管理和信息核准工作,为扶贫管理提供预警,为扶贫决策提供依据。落实"六个精准"(扶贫对象精准、项目安排精准、资金使用精准、措施到户精准、因村派人精准、脱贫成效精准),推进"六个一批"(扶持生产和就业发展一批、移民搬迁安置一批、低保政策兜底一批、医疗救助扶持一批、灾后重建帮扶一批、教育资助解困一批),做到"三个加大力度"(加大教育扶贫力度、阻断贫困代际传递;加大健康扶贫力度、防止因病致贫返贫;加大基础设施建设力度、改善生产生活条件等综合措施,精准发力,不断把脱贫攻坚工作推向深入),坚持深度贫困村项目优先安排、资金优先保障、政策大力倾斜,集中更多资源、发动各界力量攻克坚中之坚。坚持"输血""造血"双管齐下,扶志、扶智综合施策,充分激发贫困群众内生动力和自我发展能力。加强扶贫项目建设管理和资金监管使用,确保扶贫工作务实、脱贫过程扎实、脱贫结果真实。年内 8 个深度贫困村全部退出,2066 户 6923 人全部脱贫,全县实现整体脱贫。

3. 坚决打好污染防治攻坚战。始终坚持以习近平生态文明思想为遵循,牢固树立"绿水青山就是金山银山"的理念,深入推进生态文明建设。严格落实生态环境监管和政绩考核制度,实行生态环境损害责任终身追究制和环境保护"一票否决制"(政府部门干部考核里,在规定的多项任务中,有任意一项或者特定某项没有完成,则评估为整体不合格)。严禁"三高项目"(高污染、高能耗、高排放项目)进温宿,从源头上防治环境污染。大力实施国土绿化行动,推进重点风沙策源地综合治理,加大天然林和湿地保护力度,新增造林 1333. 33 公顷,补植补造 3333. 33 公顷。打好蓝天保卫战,抓好扬尘、燃煤等重点行业污染源治理,加快能源化工行业达标排放改造。打好碧水保卫战,严格落实河长制,持续推进阿克苏河温宿段、台兰河治理工程;加快补齐园区、城乡污水收集和处理设施短板;持续强化饮用水源地保护,严厉打击超采地下水行为。打好净土保卫战,加大非法开荒打击治理力度,加强土壤污染管控修复和农业面源污染防治,落实油气、矿产开发企业环境治理和修复责任。加快传统产业绿色转型和新兴产业绿色发展,培育壮大节能环保、清洁能源产业。

(三)坚持稳中求进,持续抓好"三项重点工作"。主动适应经济发展新常态,紧抓社会稳定红利释放的重要机遇,全面推进丝绸之路经济带核心区建设、乡村振兴战略、旅游业发展"三项重点工作"。

1. 积极融入丝绸之路经济带核心区建设。以产业链条化、集群化发展为方向,优化产业结构、提升产业层次,做大实体经济。大力推动油气开采业,重点推进博孜、古木区块油气勘探开发,力争实现日新增天然气100万立方米、日产原油100吨。大力发展清洁能源产业,加快铁米尔苏、台兰河三级水电站建设,争取博孜墩水电站年内开工;壮大农副产品深加工产业,力促茂丰源苹果脆片加工、启德核桃油项目建成投产。积极引进装备制造业,力争泓瑞食品加工设备制造项目年内落地。统筹发展精细化工产业,力促利建化工、金瑞浩硫酸锌、冰铜、中曼石油"三废"(工业污染源产生的废水、废气和固体废弃物)处理站等项目建成投用。大力发展商贸物流业,加快推进商贸物流产业园区建设,不断健全完善县、乡、村电子商务服务网络,畅通农产品进城和消费品下乡渠道,努力打造商贸物流重镇。优化园区产业布局,引导项目、资金、技术、人才等要素向园区聚集,完善基础设施建设,提高承载能力,产业园区、温宿国家农业科技园区分别落地企业5家、到位资金10亿元,温宿国家农业科技园区顺利通过"双验收"(国家发展和改革委员会、自治区发展和改革委员会验收)。

2.深入实施乡村振兴战略。把实施乡村振兴战略作为新时代做好"三农"(农业、农村、农民)工作的总抓手,按照"产业兴旺、生态宜居、乡风文明、治理有效、生活富裕"的总要求,以佳木镇、托甫汗镇为乡村振兴试点,稳步推进其他乡(镇)乡村振兴工作。坚持以产业振兴为重点,粮食面积稳定在2.73万公顷,棉花面积控制在3.67万公顷,林果面积8.13万公顷,总产51.3万吨以上,牲畜出栏75.5万头(只),加快万亩(666.66公顷)设施农业基地建设。加大绿色、有机农产品认证和品牌打造,推动2个国家级标准化示范区和14家有机农产品生产基地发展,争创"全国有机产品示范县"。持续推进"十城百店"(阿克苏地区推进农业产业化工程,包括优质特色农产品"百十一"工程、特色农产品"十仓百企"工程、特色农产品流通"十城百店"工程、加快推进阿克苏地区农产品品牌建设工作)、"十仓百企"工程,"百十一"(百万亩优质林果产业基地、十万亩优质粮食产业基地、一万吨优质牛羊肉生产基地)基地达2.43万公顷,力争销售农产品20万吨以上。积极引进和培育一批带动能力强的农副产品精深加工企业,形成特色农副产品加工集聚区,延长产业链、提升价值链、完善利益链。坚持以人才振兴为支撑,积极培育新型农业经营主体和农民合作社,支持发展规模适度的家庭农场、种养专业大户,激发农村创业创新活力。坚持以文化振兴为保障,坚持教育引导、实践养成、制度保障三管齐下,加强农村思想道德建设,培育文明乡风、良好家风、淳朴民风。坚持以生态振兴为关键,加大农村人居环境整治力度,持续开展爱国卫生运动,积极推进"厕所革命"(由联合国儿童基金会提出,对发展中国家的厕所进行改造、改善厕所卫生状况的一项举措)、"三区分离"(居住区、庭院养殖区、庭院作物种植区)和农村污水收集处理,新改建农村卫生厕所5000座,实现32个行政村生活垃圾集中处理,提升村容村貌,建设美丽乡村。坚持以组织振兴为基础,围绕建设善治乡村,实现农村基层组织全面进步、全面过硬。

3.大力发展旅游产业。大力实施"旅游兴疆"战略和提质增效工程,推动旅游产业全域布局、旅游服务全域配套、旅游环境全域提升、旅游市场全面拓展。重点推进博孜墩乡、柯柯牙镇贯穿山区旅游环线建设,完善旅游基础设施。大力实施"旅游+"模式,加快旅游与文化、体育、康养、农业等相关产业和行业深度融合,构建"吃住行游购娱"全景、全业、全民参与的全域旅游发展格局。加大旅游特色品牌创建力度,力促托木尔大峡谷创建AAAAA级景区,塔格拉克草原创建AAA级景区。积极发展休闲观光和乡村旅游,扎实开展迎新春冰雪欢乐户外游、缤纷夏季主题民俗文化体验和第七届天山托木尔文化旅游节等系列活动，提升温宿旅游知名度。丰富旅游产品，用足用好农产品优势、历史文化优势和民俗风情优势，加快“温宿礼物”旅游商品研发推广，进一步延伸旅游产品产业链，丰富产品内涵。引进有实力的旅游企业参与旅游资源开发。壮大旅游人才队伍，加强教育管理，提升旅游服务质量。力争年内接待游客 120 万人次，收入 2.2 亿元。

（四）坚持攻坚克难，不断深化改革开放和融合发展。大力弘扬改革开放精神，坚定不移向改革要动力、向开放要活力，用改革的办法、开放的手段、市场的机制推动高质量发展。

1. 推进全面深化改革。持续深化供给侧结构性改革，继续推动化解过剩产能，加大“僵尸企业”（已停产、半停产、连年亏损、资不抵债，主要靠政府补贴和银行续贷维持经营的企业）处置力度，全面落实降成本政策，切实降低企业税费、要素、制度性交易成本。深入推进“放管服”改革，全面实施市场准入负面清单制度，推行并联审批机制，加快“最多跑一次”改革，推广“互联网 + 政务服务”平台使用，大力压缩企业开办时间、工程项目建设审批时间。加快信用信息平台建设，建立失信联合惩戒机制，增强各类市场主体信用观念，构建“一处失信、处处受限”信用惩戒格局。有序推进党政机构改革，确保 2019 年 3 月底前完成改革任务。深化农村集体产权制度改革，全面完成农村集体资产清产核资工作，稳步推进土地“三权”（所有权、资格权、使用权）分置和流转，激发乡村发展活力。

2. 持续加强对外开放。坚持“引进来”和“走出去”并重，大力发展外向型经济，扶持企业发展跨境电子商务，研究制定支持企业、产品“走出去”和外商“引进来”的优惠政策，落实扶持外经贸发展的奖励办法，引导企业积极开拓国际市场。力争年内培育出口额超百万美元的企业 1 家以上，完成外贸进出口总额 1700 万美元、同比增长 10%。大力实施招商引资“一号工程”，充分发挥政策、资源、环境优势，强化招商引资模式创新、机制创新、路径创新，突出以商招商、小分队招商、驻点招商、展会招商，力促宇晟天泽化工、金万莱油脂工业燃油合成等项目落地。强化跟踪服务，完善扶持政策，大力营造亲商、重商、爱商、护商的投资环境。力争招商引资到位资金 53.3 亿元以上。

3. 支持民营经济发展壮大。不折不扣落实中央、自治区和地区支持民营经济发展各项部署，毫不动摇鼓励、支持、引导民营经济发展，着力解决民营企业发展中遇到的困难和问题。积极破除民营企业信贷、财税、招投标等方面的歧视性限制和各种隐性障碍，依法保护民营企业合法权益，让民营企业安心放心。积极构建亲清新型政商关系，营造尊重、激励和保护企业家干事创业的良好氛围，突出培育一批小升规企业，扶持一批效益好、前景广的重点民营企业发展壮大，更好发挥民营经济在高质量发展中的生力军作用。

4. 完善基础设施建设。坚持基础设施先行，加大固定资产投入力度，鼓励引导社会资本、民间投资参与建设，进一步补齐短板，提升服务水平。年内完成重大基础设施建设项目 16 个，总投资达 23.95 亿元。加强水利设施建设，推进台兰河洼地水库工程前期工作，力争年内开工；依法关闭非法取用地下水设施，加强机井综合管理，完成 2000 公顷农业高效节水工程建设，确保水资源有效使用。加快农村电网改造，实施恰其力克 110 千伏输变电工程，不断提升电力保障水平。完善城乡交通网，新建农村公路 60 千米。加快城乡气化工程进度，完成 18 千米环城次高压天然气管网建设，实现管网环城。

5. 深化对口援温和融合发展。加强金温合作交流,围绕脱贫攻坚、产业、教育、人才、基层组织,科学谋划思路、提高综合效益,推动对口援疆工作迈上新台阶。大力实施“援疆助力脱贫攻坚211行动计划”,全力推动“十城百店”“百村千厂”工程(浙江省产业援建阿克苏系列项目),推进“龙头企业+基地+贫困户”产销模式,构建农副产品产供销一体化平台。持续实施援疆人才传帮带工程,扩大医疗、教育“组团式”援疆成果,提升智力援疆水平。加大旅游资源、信息、产品共享,实现旅游发展互利共赢。关心关爱援疆干部人才。拓展兵地融合发展的深度和广度。坚持油地共建、共同发展,巩固油地良好发展局面。加强军地军民融合发展,严格落实退役军人安置、家属就业、子女教育等优惠政策,做好退役军人服务保障工作。

(五)坚持以人为本,着力保障和改善民生。认真践行以人民为中心的发展思想,坚持心中有民、真心为民,时刻高度关切和解决各族群众切身利益问题,让各族群众有更多、更直接、更实在的获得感、幸福感。

1.坚持办好人民满意教育。加强党对教育工作的全面领导,坚持社会主义办学方向,落实立德树人的根本任务,培养德智体美劳全面发展的社会主义事业合格建设者和可靠接班人。大力实施“国家通用语言文字普及攻坚工程”,实现学前至高中各学段国家通用语言文字教育全覆盖。加大国家通用语言文字教师招聘力度,强化师德师风建设,打造高素质专业教师队伍。全面优化幼儿园、中小学校布局,深入整合教育资源,完成一中新校区建设,推动四中搬迁新建,持续优化办学条件。实行城乡学校捆绑共建,推动教育资源、师资力量向基层倾斜,促进义务教育标准化建设、均衡化发展。

2.提高医疗卫生服务水平。扎实推进“健康温宿”建设,深化医药卫生体制改革,推动落实“三医联动”(医保体制改革、卫生体制改革与药品流通体制改革联动),加快“医联体”“医共体”发展,完成乡(镇)卫生院、村卫生室标准化改造,提升医疗卫生服务能力,实现“小病不出乡、大病不出县”。大力实施先诊疗后付费、免交押金政策,确保贫困人口大病集中救治、慢病签约服务管理全覆盖。积极推进家庭医生签约服务,常态落实全民免费健康体检政策,抓好重大传染疾病监测防控,切实把好各族群众健康关。

3.建设宜居宜业公园城市。坚持“城在林中、水在城中、人在园中”的理念,着眼打造宜居宜业公园城市,进一步优化空间布局。推进水系和生态景观建设,加快龙泉湖改造,实施街角游园和生态停车场建设工程,实现“百米见绿、500米见园”。加快新老城区改造步伐,实施棚户区、街面道路改造提升工程,让各族群众在城市生活的更方便、更舒适。加强城市法治化、规范化、精细化、智能化、人性化管理,深入开展“十大行动”(特色产业带动专项行动、转移就业和劳动务工输出专项行动、易地搬迁专项行动、教育扶贫专项行动、社会保障兜底专项行动、医疗救助专项行动、民生改善专项行动、基础设施建设专项行动、现代文化引领专项行动和扶贫小额信贷专项行动),不断畅通公众有序参与城市治理渠道,实现城市共治共管、共用共享。依托“阿温同城”战略规划,突出重点、整合资源,促进产业和基础设施协调发展。

4.推进群众稳定就业。坚持把就业作为最大的民生,落实就业政策,采取就业再就业、技能培训、转移就业措施,引导就业困难群体积极就业。以园区为重点,大力发展纺织服装、服务业、民族特色手工业等劳动密集型产业,实施“短平快”项目(投资少、周期短、见效快的项目),在深度贫困村建设“卫星工厂”(承接一家或数家中心工厂的订货,供应某种自产零件或部分组件,并与中心工厂签订协约取得其卫星工厂的资格者)“扶贫车间”,拓宽就业渠道。依托现有就业创业基地,加强创业指导服务,打造高效快捷的贷款融资“绿色通道”(医疗、交通运输等部门设置的手续简便、安全快捷的途径和渠道),创造更多就业岗位。发挥县、乡、村三级公共就业服务体系作用,搭建供求双方洽谈平台,为高校毕业生、城镇失业群体和农村富余劳动力提供优质就业服务,确保应届毕业生就业率达到90%以上,城镇新增就业1800人,农村富余劳动力转移就业6000人,零就业家庭动态清零。

5. 提升社会保障水平。实施全民参保计划,加强扩面征缴,实现城乡居民基本养老保险、基本医疗保险参保率达到95%以上,建档立卡贫困群众应保尽保。深入实施社会保障“一卡通”工程(各项社会保险信息通用一张卡,方便参保者随时随地查询自己的权益记录,方便、快捷地享受社会保障服务),加强工伤待遇审核支付,推动养老、医疗保险关系转移接续和异地就医结算,提高社保信息化管理水平。不断完善流浪乞讨人员和流浪未成年人救助等社会服务保障,扎实推进有意愿的“五保”老人集中供养、孤儿集中收养。加强残疾人康复服务工作。加大物价稳控调节力度,全力保障群众用气、用电、供暖。持续改善农牧民群众生活环境,新建农村安居富民工程2889套,完成棚户区改造500套、农村安全饮水1000户,切实改善各族群众生产生活条件。

6. 加强公共安全建设。始终把人民群众生命安全放在首位,严格落实“党政同责、一岗双责、失职追责、齐抓共管”的公共安全责任制,健全公共安全责任体系。强化自然灾害的监测预报、保障救援、应急演练工作,全面提高全社会抵御自然灾害的综合能力。严厉打击违法生产经营、建设行为,建立县、乡、村三级食品药品安全监管治理格局,保障各族群众饮食、用药安全。持续推进安全风险分级管控和隐患排查治理双重机制建设,坚决遏制重特大公共安全事故,全力维护各族群众生命和财产安全。

四、坚定不移全面从严治党,为实现总目标提供坚强政治保证

深入贯彻落实新时代党的建设总要求,坚持党要管党、全面从严治党,不断提高党的建设质量和水平,夯实党在基层的执政基础。

(一)加强党的政治建设。坚持把党的政治建设摆在首位,把践行“两个维护”作为政治建设的首要任务,牢固树立“四个意识”、坚定“四个自信”,任何时候、任何情况下始终做到认同核心、维护核心、服从核心、紧跟核心、捍卫核心、绝对忠诚核心,在思想上政治上行动上同以习近平同志为核心的党中央保持高度一致。严肃党的政治纪律和政治规矩、特别是反分裂斗争纪律,坚决肃清党员干部队伍中的“两面派”“两面人”。持续推进机关党的政治建设,做到“一个带头、三个表率、一个模范”(带头维护党中央权威和集中统一领导;在深入学习贯彻新时代中国特色社会主义思想上作表率;在始终同党中央保持高度一致上作表率;在坚决贯彻落实党中央各项决策部署上作表率;建设让党中央放心、让人民群众满意的模范机关)。严格执行新形势下党内政治生活若干准则,坚决贯彻民主集中制,抓好“三会一课”(定期召开支部党员大会、党支部委员会和党小组会、按时上好党课)、民主生活会、民主评议党员等制度的落实,推动各级党员干部自我净化、自我完善、自我革新、自我提高,永葆共产党人政治本色。

(二)强化思想理论武装。着力加强理想信念教育,把学习贯彻习近平新时代中国特色社会主义思想作为各级党组织、党校、党员远程教育的政治必修课,引导广大党员干部牢记宗旨,自觉做共产主义远大理想和中国特色社会主义共同理想的坚定信仰者和忠实实践者。深入推进“两学一做”学习教育常态化制度化，结合“不忘初心、牢记使命”主题教育，大力弘扬“红船精神”(开天辟地、敢为人先的首创精神，坚定理想、百折不挠的奋斗精神，立党为公、忠诚为民的奉献精神)“柯柯牙精神”(自力更生、团结奋进、艰苦创业、无私奉献的精神)，传承“红色基因”，用党的创新理论补钙壮骨、固本培元。

(三)锻造坚强干部队伍。牢固树立“三个不吃亏”(不让老实人吃亏、不让综合素质高能干事的人吃亏、不让长期在一线埋头苦干的人吃亏)“基层一线出干部”的用人导向，坚持“20字”(信念坚定、为民服务、勤政务实、敢于担当、清正廉洁)好干部标准、少数民族地区干部“三个特别”(明辨大是大非立场特别清醒，维护民族团结行动特别坚定，热爱各族群众感情特别真挚)政治标准，大力选拔忠诚干净担当、做到“两个维护”，敢于发声亮剑、敢于同“三股势力”作斗争的党员干部，选准用好涉及反恐维稳、脱贫攻坚等关键岗位干部，培养锻炼其他省市高校毕业生、留疆战士、优秀年轻干部，使各类干部都能在适合的岗位上最大限度地发挥作用、施展才能，做到用在其时、用得其所、用尽其能。强化干部选用监督，加大领导干部任中经济责任审计力度，严防干部“带病提拔”“带病上岗”。建立日常考核、分类考核、近距离考核的知事识人体系，使选拔上来的干部组织放心、群众满意、干部服气。完善干部正向激励体系，落实容错纠错机制，为担当者担当，为干事创业者保驾护航，激励干部安身安心安业。深入推进人才发展体制机制改革，不断优化人才发展环境，确保引得来、留得下、用得好。全面加强老干部和关心下一代工作。

(四)建强基层战斗堡垒。树立“大抓基层、大抓支部”的鲜明导向，以提升组织力为重点，突出政治功能，优化组织设置，理顺隶属关系，创新活动方式，加强农村、城镇社区、机关单位、国有企业、各类学校、驻村工作队和便民警务站等反分裂斗争关键部位、重点领域党组织建设，实现党的组织、党的作用、党的活动、党的优势和党的领导全覆盖。贯彻落实《中国共产党支部工作条例(试行)》《中国共产党农村基层组织工作条例》，加强党支部标准化、规范化建设。强化落实强基层强基础12项措施，持续整顿软弱涣散基层党组织，深入推进村级干部选拔培养“三大工程”(实施党建创新工程，强化执政能力建设；实施素质提升工程，增强履职尽责能力；实施和谐惠民工程，提升群众幸福指数)，选优配强、管好用好村“两委”(村党支部委员会、村民委员会)班子，发挥好科技副职作用，培养储备一批村级年轻干部，努力把基层党组织建设成为服务群众、维护稳定、反对分裂的坚强堡垒。不断壮大党员队伍，注重在反恐维稳和反分裂斗争一线发展党员，严把政治关，提高发展党员质量。持续深化“访惠聚”驻村工作，聚焦“一抓三促”(抓党建促稳定、促脱贫攻坚、促乡村振兴)，高质量推动“1+2+5”(“一个目标”:维护社会稳定；“两项任务”:建强基层组织、做好群众工作；“五件好事”:落实惠民政策、拓宽致富门路、推进脱贫攻坚、办好实事好事、壮大党员队伍)目标任务完成。

(五)持续深化作风建设。严格落实中央八项规定(要改进调查研究，要精简会议活动，要精简文件简报，要规范出访活动，要改进警卫工作，要改进新闻报道，要严格文稿发表，要厉行勤俭节约)及其实施细则、自治区“十要十严禁”(要落细抓实、严禁漂浮棚架；要精简督查、严禁改头换面；要规范检查、严禁随意行事；要减少留痕、严禁事事查档；要减少报表、严禁过多过滥；要精文简会、严禁照搬照套；要尊重客观、严禁“一刀切”；要实事求是、严禁虚假数字；要公道正派、严禁优亲厚友；要严肃执纪、严禁贪污腐败，以钉钉子的精神打好作风建设持久战)要求，不断巩固拓展“聚焦总目标 作风再整顿”专项活动成果，坚持不懈整治“四风”“四气”（“四风”即形式主义、官僚主义、享乐主义、奢靡之风；“四气”即“官油子”之气、不作为之气、漂浮之气、“两面人”之气）、特别是形式主义、官僚主义，以永远在路上的坚韧和执着，推动作风转变。深入贯彻落实《中国共产党纪律处分条例》，综合运用监督执纪“四种形态”（经常开展批评和自我批评、约谈函询，让“红红脸、出出汗”成为常态；党纪轻处分、组织调整成为违纪处理的大多数；党纪重处分、重大职务调整的成为少数；严重违纪涉嫌违法立案审查的成为极少数），强化日常管理和监督，常态开展纪律教育和警示教育，使铁的纪律转化为党员干部的日常习惯和自觉遵循。持续强化对落实“1 +3 +3 + 改革开放”工作部署的监督执纪问责，对思想麻痹、政策棚架、作风漂浮、顶风违纪的，发现一起、严查一起，绝不姑息、绝不手软。

（六）深入推进反腐倡廉。始终保持惩治腐败高压态势，坚持无禁区、全覆盖、零容忍，重遏制、强高压、长震慑，从严从重查处不收敛不收手、问题线索反映集中、群众反映强烈，现在重要岗位且可能还要提拔使用的领导干部，从严整治领导干部利用名贵特产类特殊资源谋取私利问题。不断深化政治巡察，强化成果运用，发挥巡察利剑作用。持续深化监察体制改革，加快推进县纪委监委派驻监督工作，建立健全内部运转工作机制，实现监督监察全覆盖。

（七）巩固发展民主政治。始终坚持党委领导核心地位，充分发挥党委总揽全局、协调各方作用，统筹协调人大、政府、政协、司法机关和人民团体的工作。积极支持各级人大及其常委会依法履行职能，加强对“一府一委两院”（“一府”是指人民政府，“一委”是监察委员会，“两院”是指人民法院、人民检察院）的监督，充分发挥人大代表作用。支持政府转变职能，创新行政管理方式，建设法治政府、责任政府、服务政府。支持人民政协拓展协商民主形式，推进政治协商、民主监督、参政议政。加强与民主党派、工商联和无党派人士的团结合作，巩固和发展最广泛的爱国统一战线。充分发挥工会、共青团、妇联等人民团体作用，不断巩固和发展民主团结、生动活泼、安定和谐的政治局面。

政府工作报告(节选)

——在温宿县第十三届人民代表大会第四次会议上的工作报告

包尔汗·买买提

(2019年1月6日)

2018年工作回顾

坚持以习近平新时代中国特色社会主义思想为指导,深入贯彻落实党的十九大和十九届二中、三中全会精神,贯彻落实习近平总书记关于新疆工作的重要指示批示精神,贯彻落实自治区党委九届五次全会、地委(扩大)会议和县十二届三次全委(扩大)会议精神,在地委、行署和县委的坚强领导下,紧紧围绕社会稳定和长治久安总目标,聚焦"1+3+3+改革开放"重点任务,忠诚坚定、攻坚克难,团结依靠各族干部群众,统筹保稳定、稳增长、调结构、优生态、惠民生、防风险各项工作,实现了社会大局和谐稳定、经济平稳健康发展、人民生活持续改善、各项事业全面进步。

坚持稳中求进、破解难题,发展势头持续向好。预计实现地方生产总值68.5亿元,增长9.14%;固定资产投资56.4亿元,增长1.52%;公共财政预算收入4.85亿元,增长9%;社会消费品零售总额18.98亿元,增长18%;城镇居民人均可支配收入30073元,增长9%;农牧民人均纯收入17729元,增长6.55%。"三大攻坚战"成效明显。坚决打好防范化解重大风险攻坚战,守住了不发生政府债务风险和系统性金融风险的底线。坚决打好精准脱贫攻坚战,围绕"两不愁三保障"脱贫标准,落实"六个精准""六个一批""三个加大力度"举措,扎实推进精准扶贫精准脱贫,投入8022.6万元,实施扶贫项目60个,受益贫困群众2万余人;实现3个深度贫困村退出,767户2751人脱贫,贫困发生率降至3.9%。坚决打好污染防治攻坚战,持续推进植树造林、防沙治沙、草畜平衡等生态修复工程,禁牧面积7.67万公顷,草畜平衡面积45.14万公顷,新增造林面积5066.67公顷,森林覆盖率达13.2%;城区绿化覆盖面积达382.29公顷,人均绿地面积48.36平方米;深入实施大气、水、土壤污染防治行动计划,污染源全面达标排放;群众反映强烈的生态环境突出问题有力解决,7项中央环保督察反馈问题整改销号。"三项重点工作"推进有力。商贸物流业快速发展,阿克苏药品集散中心、金桥仓储超市、综合农贸市场等一批商贸企业发展壮大;招商引资到位资金42.65亿元,新增各类市场主体1985户。乡村振兴战略稳步实施,实现农村经济总收入73.37亿元,增长8.57%;粮食生产面积3.33万公顷,总产28.92万吨;棉花种植面积3.78万公顷,总产7.69万吨;林果挂果面积8万公顷,总产48.13万吨;牲畜出栏93.86万头(只)、家禽出栏668.8万羽;蔬菜种植4333.33公顷。"百十一"基地建设稳步推进。旅游产业健康发展,全年接待游客85万人次,旅游总收入1.5亿元,增长61.81%。

坚持以人为本、惠民以实,民生福祉持续增进。坚持把财政支出的70%以上用于保障和改善民生,投入36.3亿元,实施重点民生项目31个。群众生活不断改善。新增城镇就业3722人,农村富余劳动力转移就业1.42万人次,城镇登记失业率控制在2.15%以内。五大保险参保人数达7.62万人次,城镇职工、城乡居民基本医疗保险参保率达95%。完成安居富民房4991套、游牧民定居房182套、棚户区改造859户。城乡基础设施不断完善。稳步推进龙泉湖提升改造、国家湿地公园北大门建设,新建街角游园、生态停车场4个;投入3.75亿元,实施托甫汗特色小城镇建设,城乡一体均衡发展纵深推进;农村基础设施全面加强,建成通村油路425千米,实现自来水入户1925户,解决4627人用电问题,实施农村改厕4593户,农村面貌焕然一新。社会事业全面进步。申报专利15个,创建科普示范单位17个、科普示范户38户,培育科技明白人7.22万人。全面实施15年免费教育,落实各类教育惠民资金1.06亿元,受益学生5.3万人;投入3.98亿元,实施71所薄弱学校改造,启动一中新校区建设,完成二小迁建、二幼改建。开展"双百"(百日广场文化活动、农牧民百日文体活动)文体竞赛活动617场(次),放映电影1410场(次);"三馆一站"(文化馆、图书馆、博物馆、镇综合文化站)免费开放。持续深化公立医院体制改革,为群众让利481万元;完成13个乡(镇)卫生院、124个村卫生室标准化建设;全民免费体检全覆盖,家庭医生签约服务15.42万人;全面落实先诊疗后付费、免交押金和一站式结算政策,基本实现"小病不出乡、大病不出县"。实行计划生育"一票否决","农村两孩"政策试点工作取得实效,人口出生率稳定在10.61‰。

坚持真情融入、和衷共济,各民族交往交流交融日益密切。深入开展"民族团结一家亲"和民族团结联谊活动,1.2万名党员干部职工与各族群众结对认亲,开展各类联谊活动8200余场(次),解决群众困难诉求6200余件。民族团结宣传教育和进步创建活动不断深化,"民族团结万人讲"等主题宣传活动广泛开展,大力挖掘选树民族团结先进典型,表彰民族团结模范单位15个、模范个人40名。"五个嵌入"(文化嵌入、源头嵌入、生产嵌入、经济嵌入、居住嵌入)深入推进,打造嵌入式居住示范点73个、小区14个,各族干部群众"三个离不开"(汉族离不开少数民族,少数民族离不开汉族,各少数民族之间相互离不开)"五个认同"思想日益牢固。

坚持解放思想、大胆实践,深化改革纵深推进。供给侧结构性改革稳步推进,煤炭去产能18万吨,房地产去库存14.4万平方米,为企业争取直购电4300万度。"放管服"改革深入推进,调整取消行政审批事项240项,县级行政审批事项削减率达55%;"最多跑一次"改革步伐加快,191项便民服务事项全部进驻政务服务大厅,实现行政审批时限在法定办结时限基础上压缩30%。国有农林牧场企业化改革基本完成,组建宝圆果业、天科牧业、昆托米业,实现政企社企有效分离。党政机构改革有序推进,成立退役军人事务管理局,国税局、地税局合并成立温宿县税务局。融合发展持续深入,投入援疆资金1.27亿元,实施援疆项目24个,产业援疆、教育援疆、文化援疆、人才援疆成效显著,金温两地交流合作更加密切。油地、兵地共融发展开创新局面。

坚持从严治党、高效服务,政府职能持续转变。牢固树立"四个意识"、坚定"四个自信",坚定坚决维护习近平总书记核心地位,维护党中央权威和集中统一领导,严格遵守政治纪律和政治规矩,全面落实党风廉政建设责任制,严格执行中央八项规定及其实施细则,大力倡导勤俭节约之风,"三公经费"〔政府部门人员在因公出国(境)经费、公务车购置及运行费、公务招待费产生的消费〕支出保持零增长;强化重点资金、重点项目审计监督,源头遏制腐败行为。围绕开展“聚焦总目标 作风再整顿”专项活动,稳步推进政府系统“强化管党治党、整顿机关作风、提升行政效能”活动,持续推进政府系统作风效能建设,不断改进机关作风,推动政府工作干在实处。自觉接受人大法律监督、政协民主监督和社会公众监督,办理人大代表建议议案52件、政协委员提案56件,办复率100%;受理县长信箱来信73件、专员信箱2件,办结率100%。强化政府网站建管用,畅通来访渠道,政府工作透明度、政府公信力进一步增强。

2019年工作安排

2019年,是新中国成立70周年,是全县打赢脱贫攻坚战的收官之年,是决胜全面建成小康社会的关键之年,更是实现社会稳定“三年基本常态”的重要一年。做好2019年各项工作意义重大。必须倍加珍惜稳定成果,坚定信心、奋发有为,让稳定红利持续惠及各个领域。

县十二届四次全委(扩大)会议提出的工作思路是:坚持以习近平新时代中国特色社会主义思想为指导,深入贯彻落实党的十九大、十九届二中、三中全会精神和自治区党委九届六次全会精神,统筹推进“五位一体”总体布局,协调推进“四个全面”战略布局,全面贯彻落实以习近平同志为核心的党中央治疆方略、自治区党委“1+3+3+改革开放”工作部署和地委“76331”战略决策,聚焦聚力总目标、攻坚克难抓落实,努力建设平安和谐富裕美丽温宿,奋力开创社会稳定和长治久安新局面。

县十二届四次全委(扩大)会议提出的目标任务是:力争地方生产总值增长9%以上,全社会固定资产投资增长15%以上,社会消费品零售总额增长10%以上,公共财政预算收入增长10%以上,城镇登记失业率控制在3.9%以内,城镇居民人均可支配收入增长8.2%以上,农牧民人均纯收入增长7%以上。社会大局持续稳定,民族宗教和睦和谐,脱贫攻坚决胜收官,民生建设保障有力,生态环境有效改善,改革开放全面深化,党的建设全面加强。

做好2019年工作,要重点抓好以下几个方面:

一、紧紧围绕总目标,全力维护社会大局稳定

始终把社会稳定和长治久安作为压倒一切的政治任务、重于泰山的政治责任,牢固树立长期作战思想,标本兼治、综合施策,持续打好组合拳,落细落实“四句话”(聚焦总目标,重点抓落实,推进常态化,实现“三不出”)、“4+2”、“2+1”工作要求,坚持“12个常态”,义无反顾地把反分裂斗争、反恐维稳斗争进行到底。

二、紧紧围绕总目标,持续推动经济高质量发展

坚持稳中求进总基调,贯彻新发展理念,打好“三大攻坚战”、推进“三项重点”工作、深化改革开放,持续释放稳定红利,努力实现更高质量、更有效率、更加公平、更可持续的发展。

(一)坚决打好“三大攻坚战”

1.坚决打好防范化解重大风险攻坚战。坚持宁可发展慢一点、也绝不违规举债,始终坚持一律不以任何方式举债,不以任何方式为单位和个人债务提供担保,不承诺为其他任何单位和个人的融资承担偿债责任,不违规实施政府购买服务,确保今后政府零违规举债。积极稳妥化解2017年7月14日以前产生的政府隐性债务存量。牢牢盯住风险多发高发的重点领域和关键环节,严格规范金融市场交易行为,坚决打击非法集资、非法融资等违法违规金融活动,积极防范化解互联网金融、资本市场等领域的风险;切实加强小额贷款公司、小额担保公司等金融机构日常监管,确保金融机构稳健经营。推进直接融资、使用债券、基金融资,引进外部融资和社会资本,拓宽融资渠道,解决企业融资难、融资贵问题。

2. 坚决打好精准脱贫攻坚战。坚持精准扶贫精准脱贫基本方略，紧扣“两不愁三保障”脱贫标准，以深度贫困乡博孜墩乡整乡退出为重点，聚焦深度贫困村和贫困人口，抓实到户到人帮扶措施，稳步带动其他深度贫困村整村退出，所有贫困人口全部脱贫；按照“脱贫不脱钩、脱贫不脱政策、脱贫不脱帮扶”的要求，巩固已退出贫困村、深度贫困村及脱贫人口，坚决防止发生返贫，确保脱贫攻坚决胜收官。坚持精准施策，实施贫困村提升工程，着力解决博孜墩乡、吐木秀克镇等边境乡（镇）深度贫困区域基础设施薄弱、产业支撑能力弱等问题，实现稳定长效可持续脱贫。进一步推进“六个一批”，通过转移就业带动脱贫 478 人，发展产业带动脱贫 2958 人，土地清理再分配带动脱贫 200 人，调整生态护林员、草场管护员脱贫 7 人，优化护边员岗位带动脱贫 353 人，社会兜底保障脱贫 487 人。不断加大教育扶贫力度，阻断贫困代际传递；不断加大健康扶贫力度，防止因病致贫因病返贫；完善基础设施建设，改善贫困地区生产生活条件。积极争取、用好用活各级扶贫资金，统筹整合财政涉农资金，切实提升扶贫资金效益。健全专项扶贫、行业扶贫、社会扶贫、援疆扶贫协同攻坚机制，切实形成政府主导、市场调节、社会参与、援疆协同的脱贫攻坚大格局。年内 2066 户 6923 人脱贫，8 个深度贫困村退出，全县实现整体脱贫。

3. 坚决打好污染防治攻坚战。大力践行习近平生态文明思想，牢固树立“绿水青山就是金山银山”理念，努力打造天蓝地绿水清美丽温宿。严格执行生态环境监管和政绩考核制度，落实生态环境损害责任终身追究制，实行环境保护“一票否决”。严禁“三高”项目进温宿，源头防治环境污染。大力开展国土绿化行动，新增造林 1333. 33 公顷，补植补造 3333. 33 公顷。打好蓝天保卫战，严格落实扬尘、工业粉尘、机动车尾气等大气污染防控措施，狠抓燃煤锅炉整治、挥发性有机物治理，确保城市空气质量监测天数达标。打好碧水保卫战，落实最严格的水资源管理制度，严守“三条红线”（水资源开发利用控制、用水效率控制、水功能区限制纳污），全面落实河长制，持续推进阿克苏河流域温宿段、台兰河等生态功能区综合治理，严禁新增地表水入河排污口，确保县域主要河流水质达到三类标准以上；加大城镇供排水二期等 16 个集中式饮用水水源地监管力度，严厉打击超采地下水行为；严格控制排污企业排放总量，推进园区污水处理厂提质改造及运营管理。打好净土保卫战，持续推进土壤污染治理与修复工程，稳步推进农业面源污染治理，强化生活垃圾无害化处理，严厉打击和依法治理非法开荒行为；狠抓危险化学品、危险废物等有毒有害物质监管，落实石油、天然气、矿产开采企业环境治理和修复责任，严控工业污染源。序时推进 6 项中央环保督察反馈意见整改工作，年内完成 2 项问题整改销号。

（二）深入推进“三项重点工作”

1. 大力推进商贸物流产业发展。积极融入丝绸之路经济带核心区建设，把握优势、壮大基础，努力打造商贸物流重镇。充分发挥地缘优势，以大欣汽车城、翰沃建材城、阿克苏药品集散中心为支撑，重点激发汽车服务、家居建材、药品批发等专业市场活力；不断完善服务功能，力促大欣轻卡交易市场、开元百货物流集散中心、天泽车业汽车生活广场 3 个重点项目建成投用，实现错位发展，打造阿温商贸物流核心区。大力发展电子商务，培育集物流仓储、融资担保、孵化培育、招聘培训等公共服务为一体的特色园区，实现传统企业转型升级；推动网络零售规模化发展，不断完善县、乡、村电子商务服务网络，畅通农产品进城和消费品下乡渠道，建成乡村电商服务站及村级服务点 10 个。

2. 稳步实施乡村振兴战略。把实施乡村振兴战略作为新时代做好“三农”工作的总抓手,按照“产业兴旺、生态宜居、乡风文明、治理有效、生活富裕”的总要求,以佳木镇、托甫汗镇为乡村振兴试点,带动推进乡村振兴。以产业振兴为重点,深化农业供给侧结构性改革。优化农业布局,粮食面积稳定在2.73万公顷左右;棉花面积稳定在3.67万公顷左右,推广机采棉种植1.33万公顷;林果挂果面积8.13万公顷,总产51.3万吨以上;牲畜出栏75.5万头(只)、家禽出栏300万羽。坚持市场与品牌共抓,提升农业产业化水平,深入实施“十仓百企”“十城百店”工程,“百十一”基地达2.43万公顷,力争销售农产品20万吨以上,加快万亩(666.66公顷)设施农业基地建设,支持黑木耳等特色作物发展。加大绿色有机农产品认证和品牌打造,发挥2个国家级标准化示范区和14家有机农产品生产基地的示范带动效应。培育新型生产经营主体,引进农产品精深加工企业2家以上,农副产品加工转化率提升至25%以上。以人才振兴为支撑,大力培育新型职业农民队伍,开展农村户户都有明白人培训工程,力争培训8万人次。以文化振兴为保障,支持农村优秀少数民族文化、民间文化等传承发展,广泛开展丰富多彩的文化活动,大力弘扬传承中华优秀传统文化。以生态振兴为关键,持续整治农村人居环境,大力开展爱国卫生运动,积极推进“三区分离”“厕所革命”,新改建农村厕所5000个,实现32个行政村生活垃圾集中处理。以组织振兴为基础,围绕建设善治乡村,实现农村基层组织全面进步、全面过硬。

3.全力推进旅游产业发展。大力实施“旅游兴疆”战略,科学编制全域旅游发展规划,加快旅游与文化、体育、康养、农业等产业和行业深度融合,构建“吃住行游购娱”全域全时全产业链旅游格局。依托天山托木尔世界自然遗产和绿洲生态农牧业资源,重点推进托木尔大峡谷AAAAA级、塔格拉克草原AAA级景区创建,着力打造特色优势品牌。完善旅游基础设施,重点完成大峡谷景区生态停车场、自驾车营地建设,同步推进其他景区公共厕所、停车场、加油站、通信基站等基础设施,提高旅游舒适度、满意度。以博孜墩乡、柯柯牙镇为重点,打造世界自然遗产之旅、生态休闲自驾游、地质景观体验游等精品旅游线路,不断延伸“旅游+”内涵。以节庆、会展、媒体等为载体,依托对口援疆平台,举办冬游阿克苏——温宿天山托木尔冰雪文化旅游节、第七届天山托木尔文化旅游节、旅游宣传营销专场推介会等系列活动,推介温宿镇亚瓦沟、阿克布拉克草原、萨依阔夫胡杨林等民俗文化和自然生态资源,不断提升温宿旅游知名度。丰富旅游产品,用足用好优势,加快“温宿礼物”旅游产品研发推广,进一步延伸旅游产品产业链。年内引进1家以上企业落地投资。力争接待游客120万人次,收入2.2亿元。

(三)稳步推进全面深化改革

深化供给侧结构性改革,积极推进“三去一降一补”,化解房地产库存10万平方米,盘活僵尸企业2家,降低企业税费、要素等成本负担。深化“放管服”改革,推进简政放权,以企业投资一般性建设项目为重点,推行联审联办机制;推进工程建设项目审批制度改革,精简取消部分审批前置条件;推进商事制度改革,全面推行“证照分离”(工商部门颁发的营业执照和各相关行业主管部门颁发的经营许可证审批的改革)。推进“互联网+政务服务”,梳理公布公共服务事项清单,拓展“一窗通办”“一城通办”服务模式,稳步推进“最多跑一次”改革。深化国资国企改革,完善国有企业现代法人治理结构和经营机制,确保国有资产保值增值。推进农村集体产权制度改革、供销社综合改革,切实提升服务“三农”能力。加大基本医疗保险支付方式改革力度,推进跨省异地就医直接结算,扩大生育保险即时结算范围，让群众享受更加便利的医疗服务。深化对口援疆工作，突出产业、人才、智力、资金援疆，力争年内完成投资1.26亿元，实施项目24个。拓展兵地融合发展的广度和深度，支持兵团向南发展，加强一师五团、六团共融共建。深化油地共建，巩固油地融合发展成果。加强军地军民融合，落实退役军人安置、家属就业、子女教育等政策，做好退役军人服务保障工作。

（四）大力发展实体经济

1.加快重点项目建设。完善重大项目推进工作机制和协调服务机制，确保项目早开工、快实施、早投产。完成库玛里克河总干渠永河尾水1万千瓦水电站等新型能源产业项目建设；力促“汉易水乡”观光休闲生态园、居然之家商业街等一批文化旅游产业项目投产达效；确保浩源天樽葡萄酒庄二期、华民菌业食用菌生态产业等装备制造业项目开工建设；加快推进湖畔春天、香格里拉·玫瑰苑等房地产项目建设，持续扩大有效投资。

2.推进优势资源转化。加大石油、天然气、煤炭等优势资源开发力度，将资源优势转化为发展优势。加大油气资源开发力度，力争阿克苏中曼石油勘探开发有限公司新布预探井7口、新疆能源集团新布预探井4口。推进煤炭产业升级，争取破城子煤矿、泊尔孜煤矿列入自治区“十三五”（国民经济和社会发展第十三个五年规划纲要）规划调整矿井名单，完成克孜勒布拉克煤矿和博孜墩煤矿东井、西井改扩建核准。

3.提升园区承载能力。依托区位及资源优势，完善园区基础配套设施建设，提高园区承载能力，推动产业升级、优化产业布局、拓展发展空间，不断提升园区综合竞争力和可持续发展能力。围绕创建国家级园区，推进农业科技园区基础设施建设，完成水厂与给水管线、产业融合科技孵化中心（一期）项目建设，力争茂丰源苹果果蔬脆片加工、启德核桃油深加工等项目建成投产，确保顺利通过“双验收”。围绕区域经济发展，促进产业调整升级，重点推进产业园区输水管线、水厂、市政供水管网建设，力促利建化工、金瑞浩硫酸锌等项目建成投产。产业园区、温宿国家农业科技园区分别落地企业5家、到位资金10亿元。

4.提高精准招商实效。坚持招商引资“一号工程”，发挥优势作用，优化营商环境，持续加大招商引资力度，助推经济高质量发展。充分发挥区位优势、产业优势、资源优势，通过以商招商、小分队招商、园区招商、驻点招商、展会招商等多种形式，吸引一批发展前景好、带动能力强的项目落地。积极寻求合作机会，力促宇晟天泽化工生产、金万莱油脂工业燃油合成、河南鹤壁中鹤集团农业产业化全产业链、山东清净食品有限公司辣椒红素等项目落户温宿。落实招商引资扶持政策，强化跟踪服务，改善投资环境，大力营造亲商、重商、爱商、护商的营商环境。力争招商引资到位资金53.3亿元以上。

5.支持民营企业发展壮大。不断完善市场准入负面清单制度，破除民营企业信贷、财税、招投标等方面的限制和各种隐性障碍，依法保护民营企业合法权益，为民营企业发展营造公平竞争的市场环境。壮大乌苏啤酒、泓盛化工、天象建材等重点规上企业，培育扶持鑫达化工、金物联电子商务等小升规企业，为10家民营企业争取外贸扶持、技术改造、冷链物流等项目资金400万元以上，落实纺织服装企业就业培训、出疆运费等补贴300万元以上。着力构建“亲”“清”新型政商关系，激发企业家精神，营造尊重、激励和保护企业家干事创业的社会氛围。

6.强化财税金融保障作用。树立发展增收意识，综合运用财税杠杆，支持石油化工、建筑业、服务业等产业发展，支持重点项目建设，壮大骨干财源,培植新兴财源,夯实增收基础。优化财政支出结构,严格预算约束,严控一般性财政支出,集中财力"保工资、保运转、保稳定、保民生"。严格依法治税,加大重点行业、重点税源的征管,加强税源动态监控,加强非税收入征管,确保依法征收,应收尽收。大力改善金融生态环境,引导金融机构加大对重点项目、重点企业的信贷支持,用好用活各类金融产品,创建银企双赢的发展平台。

(五)加强基础设施建设

推进水利设施建设,加快铁米尔苏、台兰河三级水电站、南疆四地州田间高效节水、黄羊滩水土保持等一批水利设施项目建设,新修防渗渠20千米,防洪坝7千米,不断提高防洪抗旱能力。推进电力设施建设,投资2.17亿元,建设220千伏变电站二期扩建、恰其力克110千伏输变电等电力工程,增强稳定供电能力。推进道路设施建设,加快托乎拉乡转盘至托甫汗镇公路及道路附属、佳木镇国道至佳木立交公路等项目建设,新建通村油路60千米,完善城乡交通网络。推进燃气设施建设,完成大北—南疆利民输气管道工程穿越管线碰口连通,铺设天然气次高压管线18千米,新增天然气入户2000户,提高燃气化水平。

(六)着力提升城市品位

坚持"城在林中、水在城中、人在园中"的理念,着眼宜居宜业公园城市定位,不断优化空间布局。严格实施县城总体规划,完善路网、管线、地标、景观、绿地等专项规划,实现"百米见绿、500米见园"。加快新老城区改造步伐,完成龙泉湖提升改造、复兴大道、稻香路、托峰路道路景观提升等项目建设;投资1亿元,推进城北游园、城西街头游园等项目落地实施,不断完善水系和生态景观建设,增强城市功能。加强城市综合治理,加大违法违章建筑清理、私搭乱建、小广告整治力度,推进物业小区综合治理,规范车辆乱停、摊位乱摆等行为,提升城市管理水平,营造优美宜居环境。

三、紧紧围绕总目标,着力保障和改善民生

永远把人民对美好生活的向往作为奋斗目标,以最广大人民根本利益为一切工作的根本出发点和落脚点,补齐差距短板,干成就业、教育、医疗等8件实事好事,为各族群众谋幸福。

(一)干成就业惠民实事。以实现各族群众更公平、更充分就业为目标,营造更好的创业环境,创造更多的就业空间,发展劳动密集型产业,推行"企业+合作社(工厂)+农户"生产经营模式,鼓励自主创业、实现稳定就业,干成就业惠民实事。实现农村富余劳动力转移就业6000人次,城镇新增就业1800人,应届高校毕业生就业率达90%以上,城镇登记失业率控制在3.9%以内。

(二)干成教育惠民实事。以办好人民满意教育为目标,整合教育资源,提升教学质量,干成教育惠民实事。优化学校布局,推进一中新校区建设、四中搬迁新建,促进城乡学校捆绑一体发展,确保义务教育均衡发展顺利通过国家验收。加大国家通用语言文字教师招聘力度,强化师德师风建设,打造一支高素质、专业化教师队伍。实施国家通用语言文字普及攻坚工程,实现学前至高中各学段国家通用语言文字教育全覆盖。年内创建地区级德育示范校5所。

(三)干成医疗惠民实事。以建设"健康温宿"为目标,深化医疗卫生体制改革,改善服务条件、优化诊疗模式、改变服务方式,解决看病难、看病贵等问题,干成医疗惠民实事。加快医联体、医共体发展,年内完成2个紧密型医共体建设。加强公共卫生服务体系建设,乡(镇)卫生院、村卫生室标准化建设达标率100%。落实城乡居民先诊疗、后付费政策,推行一站式即时结算,实现保险在先、救助在后。落实全民免费健康体检政策,推进家庭医生签约服务,实现疾病早发现、早治疗。加强重大传染病防控，提升医疗服务质量安全水平。

（四）干成社保惠民实事。以守住民生底线为目标，推进全民参保，织密救助网络，提升社会事务服务质量，干成社保惠民实事。实施全民参保计划，加大扩面征缴，实现城乡居民基本养老保险、基本医疗保险参保率达95%以上，建档立卡贫困人口应保尽保。投入1650万元，完成儿童福利院、老年养护楼附属项目建设。不断完善覆盖城乡的社会救助网络，最大限度保障鳏寡老人、残疾人等弱势群体基本生活，逐步实现农村自愿“五保户”、流浪人员、乞讨人员、孤儿与精神病患者分类集中供养，筑牢社会保障安全网。

（五）干成安居惠民实事。以改善群众居住环境为目标，着力解决低收入家庭和农村居民住房问题，干成安居惠民实事。扎实推进安居富民工程和老城区改造，新建安居富民房2889套，完成棚户区改造500套，实现农村自来水入户1000户、通电3000户，进一步改善群众生产生活条件。

（六）干成文化惠民实事。以建设现代化公共文化服务体系为目标，完善城乡文化基础设施、丰富群众精神文化生活，干成文化惠民实事。推进城乡文化体育设施建设，完成图书馆、体育场田径跑道和恰格拉克乡足球场等项目建设；推动全民阅读，建设书香社会，促进城乡和区域间实体书店协同发展。持续开展“双百”文体竞赛等群众喜闻乐见的活动，为服务总目标提供强大的精神动力。

（七）干成兴边惠民实事。以改善边境农牧民基本公共服务为目标，持续加强边境区域道路、水利等基础设施建设，干成兴边惠民实事。投入1342万元，实施少数民族发展资金项目11个，在博孜墩乡、吐木秀克镇、柯柯牙镇3个边境乡（镇）修建村级公路10.8千米、防渗渠5.5千米、农桥1座，不断改善边境地区生产生活条件。

（八）干成安全惠民实事。以提高防灾减灾救灾能力为目标，健全应急管理体制，落实安全生产责任，最大限度保障各族群众生命财产安全，干成安全惠民实事。投入250万元，完成救灾物资储备库建设；完善地震、冰雹、山洪等自然灾害监测、预警、救助综合体系，加强应急演练，规范物资储备及调拨管理，提升应急处置能力。加大种植业、养殖业、林果业政策性保险购买力度，最大限度分散农业风险。牢固树立安全发展理念，深化消防、道路交通、建筑、农机等重点领域安全生产专项整治，确保安全生产形势持续稳定。

四、紧紧围绕总目标，不断巩固和深化民族团结

全面贯彻落实党的民族政策，不断深化民族团结内涵，持续增进各民族之间的感情，加强各民族交往交流交融，促进各民族和睦相处、和衷共济、和谐发展，夯实发展进步的根本基石。

（一）深化民族团结宣传教育。深入开展党的民族理论、民族政策、民族团结典型人物事迹宣传教育，把民族团结进步教育纳入学校教育、家庭教育、社会教育各环节、各方面，不断创新载体、丰富内容，增强宣传教育的针对性和实效性，教育引导各族干部群众牢固树立“三个离不开”思想，增强“五个认同”，在全社会凝聚起民族团结的强大正能量。

（二）深化各民族交流交往交融。常态开展“民族团结一家亲”和民族团结联谊活动，持续开展“十个一”（开一次民族团结教育主题班会，体验一次民族团结实践活动，了解一个民族团结英模，讲一个民族团结故事，唱一首民族团结歌曲，制作一幅民族团结书画，交一个不同民族好朋友，创作一幅民族团结手抄报，写一篇民族团结作文，参观一个爱国主义教育基地）融情活动，促进各族干部群众共居、共学、共事、共乐，形成手足相亲、守望相助的良好氛围。

(三)深化民族团结进步创建。持续深化民族团结进步创建“八进”活动和“一十百”工程(每个学生在中小学学习期间至少参加一次广场升旗仪式,分别走进一次国家博物馆、首都博物馆和抗日战争纪念馆;至少参加10次集体组织的社会公益活动;观看百部优秀影视作品,阅读百本优秀图书,学习了解百位中外英雄人物、先进人物的典型事迹和优秀品格),积极开展民族团结好家庭、好邻居、示范小区等“微创”活动,挖掘、培育和表彰一批民族团结进步先进典型,引导感召带动各族群众树立人人争当民族团结模范、人人为民族团结做贡献的良好导向。年内打造民族团结进步示范乡(镇)1个、示范村(社区)10个、示范家庭100户。

五、紧紧围绕总目标,依法促进宗教和睦和谐

全面贯彻党的宗教工作基本方针和基本原则,坚持宗教中国化方向,落实以“导”为核心的宗教治理思想,遵循规律、把握特点,依法管理宗教事务,引导宗教与社会主义社会相适应。

六、紧紧围绕总目标,全面加强政府自身建设

打铁必须自身硬。面对稳定发展改革的艰巨任务,政府系统必须始终坚持党的领导,坚决贯彻落实上级党委和县委决策部署,牢固树立以人民为中心的发展思想,以建设五型政府为引领,进一步提高政府自身建设水平,顺应人民群众新期待。

(一)努力建设忠诚型政府。坚持把学习贯彻习近平新时代中国特色社会主义思想、习近平总书记关于新疆工作重要指示批示精神、党中央治疆方略特别是社会稳定和长治久安总目标作为头等大事,坚持理论学习制度化、常态化,把学习效果体现在提高思想认识和增强工作本领上。坚持把政治建设摆在首位,树牢“四个意识”,坚定“四个自信”,坚决维护习近平总书记的核心地位,坚决维护以习近平同志为核心的党中央权威和集中统一领导,始终站在讲政治的高度审视、谋划和推进政府工作,做到党中央提倡的坚决响应、党中央决定的坚定执行、党中央禁止的坚决不做,确保政令畅通、令行禁止。全方位加强政府系统党员干部素质规范和素质建设,严守政治纪律和政治规矩,规范政府系统党内政治生活,不断提高政治觉悟和政治能力,永葆共产党人政治本色。

(二)努力建设法治型政府。加快建设法治政府,把政府活动全面纳入法制轨道。坚持学法用法长效机制,落实“谁执法、谁普法”责任,提高政府系统依法履职、依法办事水平。持续完善法律顾问制度,为依法决策提供保障。坚持规范公正文明执法,严格按法定权限和程序行使权力,做到有权不可任性、有权必受监督。依法接受人大及其常委会的监督,自觉接受人民政协的民主监督,主动接受社会和舆论监督,认真听取社会各界意见,办理人大代表建议议案、政协委员提案。落实“七五”(在公民中开展法治宣传教育的第七个五年规划)普法任务,开展普法宣传和法制教育,带动群众学法用法、遵法守法,不断增强群众法律意识和法治观念。做好政务公开和政府信息公开,保障群众的知情权、参与权、监督权。

(三)努力建设服务型政府。牢记根本宗旨、不忘初心使命,满怀真情为民服务,把政府工作实际效果交由人民来评判。坚持为民干事是天职、不干是失职,密切干群关系,让政府服务在基层、把问题解决在基层。推进简政放权,持续推动“放管服”改革,结合机构改革和部门职责划转,及时调整权责清单,精简审批事项、减少审批环节、规范审批服务,持续提升企业和群众的满意度;推进“互联网+政务服务”,让群众少跑腿、信息多跑路,稳步推进“最多跑一次”改革,实现精细服务。

(四)努力建设担当型政府。深入贯彻中央八项规定精神及其实施细则,防止“四风”问题反弹回潮,持之以恒正风肃纪。巩固发展反腐败斗争压倒性态势，无禁区、全覆盖、零容忍，坚决惩治各类腐败行为。强化重点资金、重点项目审计监督，强化权力约束和源头治理，把权力关进制度的笼子。以“聚焦总目标 作风再整顿”“强化管党治党、整顿机关作风、提升行政效能”专项活动为契机，持续开展政府系统作风效能建设，大力营造“雷厉风行抓落实、事不办好不罢休”的担当氛围。建立健全正向激励和容错纠错机制，激发政府工作人员想干事、能干事、干成事的积极性和主动性。坚持廉洁修身、勤勉尽责，干干净净为人民做事，绝不辜负人民公仆称号。

（五）努力建设诚信型政府。加强政府公职人员诚信教育，依法推进信用信息数据库建设，依法公开政府系统工作人员政务失信记录，切实增强诚信施政的自觉性和主动性，努力破除“官本位”思想。加强政府采购、政府与社会资本合作、地方政府债务、统计等领域诚信建设，完善诚信责任机制，规范履约行为，不断提升政府公信力。构建政务诚信监督体系，实施政务诚信考核评价，重点将依法行政、政务公开、信用体系建设、“放管服”改革、劳动用工、人民满意度等纳入考核内容；构建社会监督机制，畅通群众诉求渠道，用好县长信箱、微博等政民互动平台，及时回应群众关切。

大 事 记

1月

12日　中国人民政治协商会议温宿县第十三届委员会第三次会议在县委四楼会议室开幕。

13日　温宿县第十三届人民代表大会第三次全体会议在县青少年活动中心开幕，143名人大代表出席会议。

25日　温宿县正式启用新能源汽车专用号牌。

31日　温宿县委中心组在县青少年活动中心进行2018年第一次集中学习。

2月

9日　温宿县召开2018年企业家座谈会，表彰工业经济发展突出企业。

13日　温宿县2018年迎新春文艺晚会在青少年文化艺术中心上演。

14日　温宿县召开2018年发声亮剑常态化动员会，全县300余名少数民族党员领导干部参加会议。

22日　温宿县委中心组进行2018年第二次集中学习。

26日　温宿县召开2018年脊髓灰质炎疫苗补充免疫活动动员会议。

28日　温宿县2018年春耕备耕工作现场推进会在共青团镇召开。

▲　温宿县委组织部在县委党校举办2018年发展党员工作业务培训。

3月

1日　温宿县在全县范围内开展农资市场大检查。

4日　温宿县河长制领导小组各成员单位，开展巡河工作，为春季农业灌溉和防洪工作打基础。

5日　温宿县启动2018年第一轮脊髓灰质炎疫苗补充免疫活动。

8日　深圳市第二职业技术学校、阿克苏地区教育局联合宣讲团到温宿县开展其他省市中职班招生政策宣讲，450名初中应届毕业生聆听其他省市中职班招生惠民政策。

11日　温宿县公安局交通管理大队开展交通安全进乡村活动，受教育人数16053人次。

12日　温宿县人民政府召开专题会议，传达学习全国“两会”精神。

▲　温宿县2018年春耕备耕工作推进会暨自治区“百千万培训行动计划——林果科技进万家”活动拉开帷幕。

▲　阿克苏地区商务局一行到温宿县药品医疗器械集散中心、花鸟鱼交易市场等调研重点项目推进情况。

16日　自治区司法厅调研组一行到温宿县调研公共法律服务体系建设和司法行政工作。

18日　阿克苏地区林业局一行到温宿县调研指导林果业春耕备耕、标准化修剪、大树改接等提质增效工作。

19日　自治区林业厅率领林业专家团到温宿县开展林果业提质增效调研活动。

23日　温宿县气象局开展第58个世界气象日科普宣传活动，邀请温宿县第二小学100余名师生到县气象局参观学习。

24 日　温宿县委中心组举行第三次集中学习，传达学习全国“两会”精神。

▲　温宿县召开干部大会，传达学习习近平总书记重要讲话精神和全国“两会”精神。

26 日　温宿县教育系统组织全县各学校开展第 23 个全国中小学生安全教育日宣传教育活动。

27 日　温宿县召开第十三届人大常委会第十三次会议，传达十三届全国人大一次会议精神。

28 日　温宿县在西域春天大酒店召开 2018 年劳动用工新闻发布会。

29 日　温宿县人民政府召开 2018 年第一次全体会议。

31 日　温宿县召开 2018 年春季植树造林动员大会。

4 月

1 日　温宿县召开 2018 年第一季度脱贫攻坚暨农业农村工作现场推进会。

3 日　温宿县举办 2018 年通讯员新闻写作专题培训班。

4 日　温宿县召开干部大会，传达学习自治区党委书记陈全国到阿克苏地区调研时的讲话和指示精神。

▲　温宿县开展中共十九大精神暨全国“两会”精神巡回宣讲活动。

7 日　温宿县开展“民族团结一家亲、我给亲戚送党报”活动，全县 4358 名干部为 7228 户结对亲戚征订《新疆日报》《新疆经济报》《阿克苏日报》等党报 7429 份，发挥党报党刊的宣传教育、舆论引导作用。

10 日　阿克苏地区林果提质增效和林业扶贫攻坚现场培训会在温宿县召开。

10—14 日　温宿县举办学习贯彻习近平新时代中国特色社会主义思想和党的十九大精神集中培训班，全县 716 人参加培训。

15 日　温宿县举行第四批贫困劳动力整建制转移就业岗前培训启动仪式，转移 90 名贫困家庭劳动力到阿克苏纺织工业城就业。

▲　温宿县召开干部大会，学习贯彻落实中央、自治区和地区系列会议精神。

▲　温宿县第三届“情定温宿 · 缘来是你”青年联谊活动在龙泉湖广场举行。

19 日　全国人大代表库尔班 · 尼亚孜到温宿县开展全国“两会”精神暨推进国家通用语言文字宣讲活动。

20 日　温宿县召开 2018 年教育工作会议。

22 日　温宿县召开 2018 年卫生、计划生育、红十字会、文化体育和爱国卫生工作会议。

23 日　温宿县各中小学开展第 23 个“世界读书日”主题教育活动。

25 日　温宿县开展第 28 个综治宣传月活动，发放各类宣传资料 3000 余份，发放围裙、手提袋、计生用品等各类宣传品 900 余份，悬挂宣传横幅 8 条，为群众提供法律咨询服务 1000 余人次。

▲　温宿县在柯柯牙镇萨依巴格村召开“百村千厂”产业扶贫攻坚现场推进会。

30 日　温宿县人民医院做好 2018 年度普通高等学校招生体检工作。

是月　温宿县成立万人乡村党团员志愿者服务队伍，在全县广泛开展贫困群众帮扶、助力春耕生产、城乡环境治理等“党团员志愿服务”活动。

5 月

1 日　温宿县实施“一降一缓”政策，企业职工基本养老保险单位缴费比例按 19% 征收。

2 日　温宿县委中心组举行 2018 年第四次集中学习。

▲　温宿县召开脱贫攻坚工作领导小组 2018

年第四次全体会议。

3日　阿克苏地委一行到温宿县调研指导第二次污染源普查工作。

▲　温宿县召开安居富民工程现场推进会。

4日　温宿县2018年农牧民运动会暨基层群众文体活动推进会在阿热勒镇召开。

6日　温宿县召开“访民情 惠民生 聚民心”驻村工作2017年总结表彰暨2018年推进会议。

▲　温宿县召开干部大会,传达学习中共中央总书记习近平在党的十九届三中全会上的重要报告和讲话精神、自治区第九届委员会第五次全体会议精神以及地委会议精神。

12日　温宿县在第五中学开展第10个全国防灾减灾日防震减灾应急实战演练。

13日　阿克苏地区第十四届“多浪·龟兹”文化旅游节暨第六届温宿天山托木尔文化旅游节、美食节在温宿阿温大道海立方欢乐海世界开幕。

14日　自治区环保厅到温宿县督察环保专项资金项目实施情况。

▲　温宿县“弘扬新时代·共圆中国梦”民族团结先进典型事迹巡回宣讲活动拉开序幕。

16日　温宿县召开第二次全国污染源普查工作推进视频会。

17日　温宿县“聚焦总目标 讴歌新时代”2018年社会科学普及周活动在宣传教育展馆举办。

▲　浙江智慧云公益服务中心专家组一行在温宿县第五中学与温宿县签订“在线支教合作协议”。

18日　温宿县纪委监委举行全县纪检监察干部培训暨工作例会。

21日　温宿县教育局组织开展2018年国家义务教育质量监测体育监测员现场培训会。

▲　温宿县召开“科普益民”项目推进会。

26日　温宿县召开2018年扶贫领域作风整顿专项推进会。

▲　温宿县2018年“民族团结一家亲”文艺汇演在青少年活动中心上演。

29日　温宿县总工会第七次代表大会在温宿县青少年活动中心召开。

30日　温宿县开展第31个世界无烟日宣传活动。

▲　温宿县举办2018年脱贫攻坚业务知识及项目资金管理暨脱贫攻坚实名制管理工作培训班。

▲　温宿县代表团在北京与三聚环保新材料股份有限公司签订5亿元战略协议。

31日　温宿县委主要领导到县第二高级中学开展“三进两联一交友”(进班级、进宿舍、进食堂;联系学生、联系家长;与学生交朋友)活动。

6月

2日　温宿县举办村科技副职座谈会暨培训会议。

11日　温宿县召开夏季林果业管理现场推进会。

19日　温宿县召开2018年第四次企业家座谈会暨“小升规”奖励资金兑现会。

▲　温宿县总工会组织开展“夏送清凉”活动,为一线干部职工送去价值5.75万元的防暑降温用品。

▲　温宿县召开2018年固定资产投资建设项目工作现场推进会。

▲　阿克苏药品集散中心企业入驻签约仪式在温宿县举行。

20日　温宿县农村富余劳动力赴浙江金华市企业就业欢送仪式在柯柯牙镇沙依巴格村举行。

23日　温宿县第六届天山托木尔文化旅游节系列活动——“2018弘扬柯柯牙精神”骑行徒步好果园活动,在柯柯牙镇帕克勒克村开幕。

24日　温宿县2018年“三夏”推进会在克孜勒镇召开。

25日　温宿县关工委召开2018年关心下一代工作委员会会议。

28日　温宿县召开第四次经济普查工作会议。

29日　温宿县召开庆祝建党97周年暨“一先双优”表彰大会，全县36个先进基层党组织、80名优秀共产党员和35名优秀党务工作者受到表彰。

7月

2日　温宿县“大美新疆·大爱故事”之“民族团结一家亲”故事万人讲决赛在青少年活动中心举行。

3日　温宿县召开脱贫攻坚工作领导小组2018年第六次全体会议。

11日　温宿县举办“聚焦总目标 讲好全面从严治党故事”演讲比赛。

15日　温宿国家农业科技园区举行2018年基础设施建设项目开工仪式。

20日　国家税务总局温宿县税务局挂牌成立，原温宿县国家税务局、温宿县地方税务局正式合并。

▲　阿克苏药品集散中心运营启动仪式在温宿县举行。签订药品医疗器械批发企业63家，入驻43家企业开展药品经营活动。

24日　温宿县“弘扬新时代 共圆中国梦”系列活动暨第一届金温“同心杯”系列文体活动启动仪式在温宿镇新泉社区举行。

27日　阿克苏地区第三届“大美新疆·大爱故事”讲故事大赛在温宿县青少年文化活动中心举行。

8月

1日　温宿县四套班子领导到县人民武装部、县消防大队、库尔干边防连、吐木秀克镇边防派出所、博孜墩边防派出所等地慰问驻温部队官兵。

10日　温宿县委中心组举行以“讲政治、守纪律、敢担当 坚定坚决落实总目标”为主题的2018年第九次集中学习。

▲　阿克苏地区首批脱贫攻坚黑木耳菌棒发车仪式在温宿县举行。

19日　温宿县召开首届“中国医师节”庆祝表彰大会。

9月

1日　温宿AAAA级景区托木尔大峡谷景区降低门票价格，降价幅度达10%左右，降为36元/人次。

2日　温宿县共青团镇在萨叶科普村会议室召开第一次党员代表大会。

3日　由中共温宿县委宣传部、金华援疆指挥部办公室主办，温宿县文化体育广播影视局承办的温宿县“弘扬新时代 共圆中国梦”原创歌曲大赛总决赛在温宿县青少年活动中心举行。各乡（镇）、县直各单位500名干部群众观看比赛。

6日　由浙江金华援温指挥部办公室、温宿县委宣传部、县文化体育广播影视局主办，温宿县图书馆承办的首届“同心杯”“金温同心·携手圆梦”诗歌朗诵大赛决赛在文化艺术中心圆满落幕。16名来自各行各业的选手参赛。

8日　温宿县在青少年活动中心召开以“弘扬高尚师德、潜心立德树人”为主题的庆祝第34个教师节表彰大会。

11日　温宿县柯柯牙镇召开第一届人民代表大会第一次会议。会议选举产生柯柯牙镇首届人大主席、镇长、副镇长。

14日　温宿县召开组织工作会议。

15日　温宿县托甫汗镇召开第一届人民代表大会第一次会议。

17日　温宿县在阿热勒镇政府召开2018年秋

季农村富余劳动力外出拾花就业启动仪式。县直各相关单位分管领导、各乡(镇)农业农村分管领导参加启动仪式。

22 日　温宿县在阿热勒镇召开2018年秋季农业生产管理及冬播现场推进会。各乡(镇)乡(镇)长、农业农村、扶贫分管领导,林管站、农业技术推广站、农机站、畜牧兽医站负责人,县直相关部门负责人参加推进会。

26 日　温宿县国有农牧场土地确权登记发放仪式在党政综合办公楼举行,标志着温宿县国有农牧场从此有法律意义上的"合法身份"。

29 日　温宿县举行庆祝中华人民共和国成立69周年暨改革开放40周年爱国主义歌曲大合唱比赛,来自县直各单位、各乡(镇)的12支代表队参赛。

10 月

1 日　温宿县举行迎国庆升国旗仪式,县四套班子在家领导、县直各机关企事业单位干部职工、中小学生代表、社区居民代表、公安武警代表千余人参加升国旗仪式。

12 日　温宿县市场监督管理局与温宿农商银行携手开办"工商注册通"仪式。

13 日　温宿县召开全域旅游规划专家组座谈会。

15 日　温宿县召开"聚焦总目标、作风再整顿"专项活动动员大会。县四套班子在家领导及县直一二级单位主要领导和纪检书记(纪检组组长)在主会场参会。各乡(镇)党政班子成员,各村(社区)党组织书记、第一书记、"访惠聚"驻村工作队队长在乡(镇)分会场参会。

18 日　温宿县召开国家有机产品认证示范区创建工作汇报会。

30 日　温宿县在大峡谷风沙策源地秋季植树造林绿化基地召开2018年秋季植树造林动员大会。会后,县四套班子在家领导及全县各级党政单位展开植树造林活动。

是月　温宿县0.98万公顷水稻完成机械化收割作业。

11 月

1 日　自治区统计局带领自治区第四次全国经济普查第六督导组到温宿县开展第四次全国经济普查督导检查。

▲　温宿县召开加强机关党的政治建设暨"两学一做"学习教育推进会。县委组织部相关领导、全县各党工委书记及各级党组织书记共120人参加会议。

3 日　"大美新疆阿克苏·活力徒步健康行"2018温宿大峡谷20千米徒步挑战赛在温宿大峡谷举办。

5 日　由金华市委组织部、金华市援温指挥部、温宿县委组织部联合开展的2018年金华市"项目结亲共建·人才结对带培"活动团队回访交流暨"组团式"援疆活动在温宿县文化艺术中心召开启动仪式,来自金华、温宿两地的35名优秀人才齐聚一堂,为温宿县发展提供智力支撑。启动仪式结束后,金温两地优秀人才按照服务需求方向分组赴各单位开展活动。

6 日　受温宿县委、县政府、金华援温指挥部的邀请,浙江媒体、企业考察团一行12人在温宿县境内开展旅游资源考察。

17 日　2018·冬游阿克苏—温宿天山托木尔冰雪文化旅游节启动仪式暨"金桥杯"越野场地赛百车穿越挑战活动在阿温大道海立方欢乐海世界正式启动。至2019年3月底,温宿县将推出户外越野、徒步雪原、品尝美食、观赏冰雕、雪地烧烤、爬山滑雪、打雪仗、乘坐热气球等9项冰雪文化主题活动。

25 日　温宿县在共青团镇召开冬季农田废旧地

膜回收使用现场推进会。

26 日　温宿县召开宣传思想工作会议，安排部署当前和今后一个时期宣传思想工作。

12 月

2 日　温宿县在大欣汽车城举办第 7 个“全国交通安全日”主题活动。

3 日　温宿县总工会召开全县劳模座谈会，为 12 位劳模发放慰问金。温宿县现有国家级劳模 1 人、自治区级劳模 12 人、地区级劳模 13 人。

4 日　温宿县在县第五中学召开“聚焦总目标，百名法官、检察官进校园”活动部署会议。

7 日　温宿县召开“聚焦总目标 作风再整顿”专项活动汇报会。

11 日　温宿县召开爱国卫生运动委员会全体会议暨今冬明春城乡环境卫生整治行动动员会。

▲　温宿县举办非公企业和社会组织党组织书记示范培训班，非公经济组织和社会组织党组织书记、党务工作者、委员单位主要分管领导、党建指导员参加此次培训。

14 日　温宿县在县教育局举行 2018 年“中央专项彩票公益金励耕计划、润雨计划”资助家庭困难教师发放仪式，并为 34 名贫困教师代表发放资助金。

21 日　温宿县召开 2018 年第二十八次常委会议，专题听取县人大、政府、政协党组，温宿国家农业科技园区党工委、县委教育党工委、温宿产业园区党工委，公安局、检察院、法院、司法局党组 2018 年工作汇报，总结 2018 年以来党组、党工委各项工作取得的成效，分析查找工作中存在的问题和面临的形势，全面部署 2019 年重点工作任务及当前工作重点。

23 日　温宿县召开特色林果业今冬明春管理现场推进会暨农业农村工作例会。与会人员先后来到塞外红有限公司、佳木镇喀赞阿斯玛村、阔坦村、托万克吐曼村，实地观摩果品加工、红枣核桃等特色林果示范园今冬明春的管理及病虫害防治工作。

25 日　温宿县召开第十一次妇女代表大会，会议选举产生温宿县妇女联合会第十一届执行委员会和妇联新一届领导班子，25 名代表当选为新一届执委。来自全县各条战线的 203 名代表参加大会。

27 日　温宿县启动“百千万培训行动计划——林果科技进万家”培训活动。此次培训活动将利用 3 个月时间对全县村干部、村级储备年轻干部和辖区农户进行全覆盖轮训。

29 日　温宿县在依希来木其乡阔依其村召开今冬明春“健康防病知识进万家”宣传活动启动会。

28 日　金华援温指挥部和温宿县退役军人事务局一行先后到温宿县消防大队、公安局、武警中队、边防大队、人武部等部门走访慰问，为官兵们送上节日的慰问品，并致以节日的祝福和问候。

温宿概况

位置　地形

【地理位置】　温宿县位于阿克苏地区西北部、天山中段的托木尔峰南麓,塔里木盆地北缘,地处北纬40°52′~42°21′、东经79°28′~81°28′之间,北以天山主脊克尔斯克尔为界与昭苏县相依,东隔木扎提河与拜城县、新和县为邻,南与阿克苏市毗连,西隔托什干河与乌什县相望,西北与吉尔吉斯斯坦和哈萨克斯坦共和国接壤。得名于古温宿国,是个半农半牧边境县。南疆铁路、国道314线自东而西穿境而过,民航机场距县城公路里程3千米,温宿县距地域性中心城市阿克苏市12千米,距自治区首府乌鲁木齐市1019千米。

【地形地貌】　温宿县东西宽约153千米,南北长约167千米。地势北高南低,北部山区占全县总面积的56.67%。耸立着15座6000米以上的巨峰,天山最高峰托木尔峰,海拔7435.29米。地形崎岖,峰峦峻拔,冰川密布,冰雪嵯峨,峭壁凌空,万仞攒空,具有独特的冰蚀地貌。是一座壮美瑰丽的立体水库,蕴含着丰富的奇珍异宝。冰川伸入峡谷,冰雪融汇成河,是各条河流之源。林木和高山、亚高山划地穿布其间,是传统的畜牧业基地。南部平原占全县总面积的43.33%。由于不同水系的历史切割、冲击,形成以约50千米长的坎坡为界线的有着不同气候、土壤、生物资源的两片平原——西部库玛拉克河与托什干河冲积平原、东部台兰河与喀拉尤勒滚河洪积平原。平川沃野,良田连片,水网纵横,是传统的农牧业基地。

沿革　区划

【历史沿革】　从汉代至清代中晚期,包括新疆天山南北的广大地区被统称为西域,意为西部疆域。汉代以前,西域与中原地区早有商旅往来。汉武帝于建元三年(前138)派张骞出使西域,13年后张骞从西域返回,西汉政权即与西域各城邦建立联系。太初四年(前101),汉朝在西域设使者校尉,在今尉犁、轮台一带屯田。神爵二年(前60),西汉政府在乌垒(今轮台县境内)设西域都护府,管理天山南北包括巴尔喀什湖以东以南广大地区。同时晋封和委派各地官吏。自此,西域正式列入汉朝版图。

东汉建武五年(29),汉立莎车王康为西域大都尉,姑墨受其辖属。永元三年(91)十二月,汉朝复置西域都护府于龟兹它乾城,县境受其管辖。永初元年(107)6月,汉朝迎还西域都护及屯田吏卒,县境役属北匈奴。延光三年(124),汉朝置西域长吏,姑墨、温宿归其管辖。

魏晋南北朝时期。魏黄初三年(222)二月,姑墨、温宿隶属西域戊己校尉。西晋永宁元年(301)一月,凉州刺史统领西域长史、戊己校尉,县境归属之。东晋咸康元年(335)十二月,西域尽入前凉版图,姑墨、温宿受其西胡校尉管辖。前秦建元二十年(384)六月,姑墨、温宿隶属前秦西域校尉。后凉麟嘉五年(393)七月,姑墨隶属后凉西域大都护。东晋义熙五年(409),隶属西凉。东晋义熙十年(414),柔然可汗的统治范围扩展到姑墨。

南朝宋永初三年(422),温宿、姑墨向北凉称臣贡献。北魏太延四年(438),属柔然。太平真君九年(448)五月,韩牧为假节征西将军领护西戎校尉,姑墨受其节制。延兴元年(471),姑墨受北魏西域校尉领属。宣武二年(507),役属嚈哒。北周天和二年(567),姑墨受突厥统治。其后隶属于西突厥。唐贞观二十二年(648),隶属安西都护府。显庆三年(658)五月,县境置温肃(宿)洲、姑墨州,隶属安西都护府。长寿元年(692)十月,县境仍隶属唐安西都护府。景龙二年(708)十一月,县境为突骑施占据。其后,突骑施首领娑葛降附唐朝。开元三年(715),郭虔瓘兼安西大都护,唐在西域声望大振,姑墨、温宿隶安西都护府。贞元五年(789),吐蕃陷北庭(今吉木萨尔界境),县境属吐蕃。景福二年(893),温宿、姑墨受喀喇汗王朝影响。

五代十国时期,后梁开平元年(907)至后周显德七年(960),县境属葛逻禄部(《西天路竞》称"割鹿图")。宋熙宁五年(1072)至宋熙宁七年(1074),温宿已是喀喇汗王朝的领域。绍兴四年(1134),温宿归属西辽。

元太祖十三年(1218),县境归附蒙古汗国。太祖二十年(1225),县境内为察合台汗封地,察合台汗又将包括温宿、姑墨在内的一带地域赐予其总管杜格拉特部首领。至元三年(1266),窝阔台汗之孙海都役属察合台汗国,温宿、姑墨受其统治。大德十年(1306),县境仍归察合台汗国统治。至正七年(1347),杜格拉特部在温宿拥立秃黑鲁·帖木尔为察合台汗。至正二十三年(1363),杜格拉特部怯马鲁丁僭汗位。

明洪武八年(1375)至洪武二十年(1387),察合台秃黑鲁·帖木尔汗幼子黑的儿·火者被属下拥立为东察合台汗,县境仍受其总管杜格拉特部统治。明正德九年(1514)六月,赛德汗建立叶尔羌汗国,县境受其统治。

清康熙十七年(1678),县境为准噶尔部统治。乾隆二十二年(1757),清政府将温宿城定名为"阿克苏"。乾隆二十三年(1758),阿克苏设办事大臣。乾隆三十年(1765),阿克苏办事大臣移驻乌什。乾隆四十四年(1779),移乌什领队大臣于阿克苏。乾隆四十七年(1782),仍驻办事大臣。同治六年(1867)四月,浩罕(今乌兹别克斯坦境内)阿古柏军侵占阿克苏,建立"哲德沙尔"(意为七城国)。光绪三年(1877),清政府讨平阿古柏侵略军,阿克苏设善后总局。光绪九年(1883),置温宿直隶州,并置阿克苏分巡兵备道衙署于阿克苏城。光绪十一年(1885),主要军政机关迁驻阿克苏新城。阿克苏老城(今温宿县城)设巡检,隶属温宿直隶州。光绪二十八年(1902)9月,温宿直隶州升格为府,增设温宿县,隶属温宿府。

民国元年(1912),沿清旧制。温宿县隶属温宿府。民国2年(1913),温宿府改设阿克苏县,温宿县隶属于阿克苏道。民国17年(1928),阿克苏道改为阿克苏第四区行政长公署,温宿县受其管辖。民国32年(1943),阿克苏区行政长公署改为阿克苏第四区行政督察专员公署,温宿县受其管辖。

1949年10月1日,中华人民共和国成立后,温宿县受阿克苏区行政督察专员公署管辖。1958年5月29日,经国务院批准,温宿县并入阿克苏县,撤销温宿县建制。1962年,经国务院批准,恢复温宿县。合并于阿克苏县的原温宿县行政区域为温宿县的行政区域。

【行政区划】 清光绪二十八年(1902),温宿建县,全县分设10个庄和柯坪分防县丞,即伴尔满庄、喀喇玉尔滚庄、黑孜尔庄、阿吉力庄、哈哈密什庄、阿拉庄、赛里木庄、依拉克庄、雅赛岭庄、鹅斯堂不一庄;柯坪分防县丞辖城厢、市镇各1处,村14个。宣统三年(1911)六月,柯坪分防县丞,改为温宿府属分防巡检。光绪三十四年(1908),新疆开始推行地方自治,温宿县划分4个自治区域,即南区、东区、西区、北区,各区辖村数不等。

民国19年(1930),全县设东、西、南、北4个乡,分辖51个庄,即:东乡辖帕满苏鲁瓦、黑孜尔、恰其力克、扎木台、西兰其等24个庄;西乡辖阿热力、吉格代、麦盖提等7个庄;南乡辖托甫汗、库尔巴格、大汗等9个庄;北乡辖吐木秀克、兰杆、恰格拉克、萨瓦甫齐等7个庄。

民国25年(1936),全县设8个区,11个乡,5个镇。即一区辖新温乡;二区辖忠孝乡;三区辖仁爱乡;四区辖信义、和平2个乡;五区辖孝悌、育才2个乡;六区辖礼义、廉耻(亦称廉洁)2个乡;七区辖民德、新民2个乡;八区辖民爱、文化、公平、光明、育才5个镇。

民国32年(1943),推行保甲制。全县辖2个镇,4个乡,46个保。民国33年(1944),又划为11个乡和城区5个镇,即忠孝乡辖喀拉尤勒滚、哈拉不永、阿拉巴什、秋口尔、扎木台、阿拉力巴各、推满、卡西力克、阿吉力克、甲乙托拉克;仁爱乡辖推美其、巴下克其、刀合提拉克、一仁麻、合克日、铜头尔、拉帕、卡西艾日克、都瓦、兰杆;信义乡辖加各大、哈拉沙、勿各龙、帕满、哈里克、色也克、玉力艾日克、西兰其;和平乡辖阿合托拉克、恰尕克、苏力瓦、黑子都外、苏各铁力克、红塘、红开洛、合一其、阿合提其;孝悌乡辖恒地沙合提、兰干、毛拉科共其、上库肉里、下库肉里、加以东、下色各帕其、下苏不拉克、东买里、上库日巴各、下库日巴各、吐古其、大汗;新温乡辖勿士当不一、黑子不拉克、哈拉布拉克、包孜东;育才乡辖上托卜汗、下托卜汗、和什托拉克、上巴当、下巴当、哈拉木克齐、巴各其;礼义乡辖兰杆、色日木、吐木首克、勿一台台尔、求塔、托亥、下塔哈克、上塔哈克、协黑力;廉洁乡(亦称廉耻乡)辖苏牙合色、代卜待、吉各代、土日各、吾七八仁、哈拉沙、卜各拉克、也克艾日克、提克艾日克;明德乡(亦称买克乡)辖上买克提、下买克提、哈拉多尾;新民乡(亦称阿克乡)辖吾日其、加各吉代、以仁木、上阿日买里、哈拉多外、工切力克、上买力、下阿日买里;育才镇辖9个保、31个甲,900户;民爱镇辖10个保、93个甲,917户;光明镇辖9个保、79个甲,748户;文化镇辖9个保、91个甲,936户;公平镇辖8个保、80个甲,807户。

民国36年(1947)9月,整编乡、镇、保、甲,以3乡3镇合并为1乡1镇,3保3甲合并为1保1甲。10月6日,县参议会合议,全县农村编为4个乡,城区编为两个镇,即忠孝乡、仁爱乡、信义乡合编为民和乡,称新一乡;和平乡、孝悌乡、新温乡合编为孝悌乡,称新二乡;育才乡、礼义乡、廉洁乡合编为忠信乡,称新三乡;新民乡、明德乡合编为明德乡,称新四乡;民爱、光明、育才镇合编为育才镇,称第一镇;公平、文化镇合编为文化镇,称第二镇。

1950年废除保甲制,全县划为6个区,30个乡,即一区(育才、文化两镇)辖解放、文化、和平、建设、交通5个街道;二区(托乎拉)辖托乎拉、托甫汗、海力瓦甫、库尔巴格、大汗5个乡;三区(吐木秀克)辖兰杆、帕万拉、曲达、塔嘎克4个乡;四区(阿热勒)辖结格其、乌尔其、吐尔拜提、喀拉都维、吉格代、恰格拉克、尤喀克、托万克麦盖提8个乡;五区(佳木)辖包孜东、喀拉尤勒滚、吐曼、扎木台、塔拉布运、西兰其6个乡;六区(克孜勒)辖卡尔萨、加格达、依尔玛、苏鲁瓦、黑孜尔、阿吉日克、恰其力克7个乡。1954年,从四区划出恰格拉克为八区,从五区划出依希来木其为七区。全县辖8个区。

1956年,将城区划为镇,全县辖1个镇、6个区、36个乡,即温宿镇;一区辖依希来木其、沙地克其、都瓦、苏盖特艾日克、阔依其5个乡;二区辖托甫汗、库尔巴格、海力瓦甫、巴格其、巴勒当、托乎拉6个乡;三区辖兰杆、帕万拉、曲达、塔尕克、库尔巴格5个乡;四区辖结格吉、吐尔拜提、乌尔其、尤喀克麦盖提、托万麦盖提、喀拉都维、喀拉萨、吉格代、叶克艾日克9个乡;五区辖佳木、吐曼、恰其力克、喀拉尤勒滚4个乡;六区辖加依托格拉克、帕满、加格达、阿吉日克、喀拉萨、克孜勒6个乡。

1958年5月29日,经国务院全体会议第七十七次会议批准,将温宿、阿克苏两县合并为阿克苏县,撤销温宿县建制,县境并入阿克苏县,原被划分为1镇4区,即温宿镇(将原托乎拉并入温宿镇)、阿克苏县第七区(原四区)、阿克苏县第八区(原三区)、阿克苏县第九区(原五区)、阿克苏县第十区(原六区)。同年10月,撤销区乡建制。4区1镇成立5个政社合一的人民公社,即温宿镇人民公社、阿热勒前进人民公社、吐木秀克天山人民公社、佳木东风人民公社、克孜勒先锋人民公社。

1962年10月20日,复经国务院全体会议第一百一十七次会议决定,恢复温宿县治。以合并阿克苏县的原温宿县行政区域为温宿县的行政区域。温宿县下辖1镇5社,24个管理区,93个大队,5个居委会。即温宿镇人民公社,下辖3个大队,5个居委会;托乎拉人民公社,下辖托乎拉、库尔巴格、托甫汗3个管理区,12个大队;阿热勒人民公社,下辖恰格拉克、吉格代、尤喀克麦盖提、托万麦盖提、乌尔其、结格吉、吐尔拜提、喀拉都维8个管理区,22个大队;吐木秀克人民公社,下辖塔尔尕克、曲达、兰杆3个管理区,15个大队;佳木人民公社,下辖佳木、依希来木其、吐曼3个管理区,15个大队;克孜勒人民公社,下辖帕满、依尔玛、苏鲁瓦、阿吉日克、加依托格拉克、古勒阿瓦提、恰其力克7个管理区,26个大队。

1969年4月4日,温宿县革命委员会成立,各公社也先后成立革命委员会,撤销公社管理区建制。1980年3月14日,撤销水稻二场,将该场集体部分的5个大队,加上阿热勒公社划出的二十、二十一、二十二3个大队,组建恰格拉克公社。1981年,恢复公社管理区建制。

1984年,政社分设,原公社、大队、生产队分别改为乡、村民委员会、村民小组,同时废除管理区建制。从佳木公社分出48个村民小组,成立依希来木其乡。经阿克苏地区行署批准,成立博孜墩柯尔克孜民族乡。

1990年,全县辖1个镇,9个乡,6个居民委员会,97个村民委员会,478个村民小组。即温宿镇辖6个居民委员会,4个村民委员会,11个村民小组;托乎拉乡辖10个村民委员会,48个村民小组;阿热勒乡辖15个村民委员会,82个村民小组;吐木秀克乡辖10个村民委员会,37个村民小组;佳木乡辖11个村民委员会,57个村民小组;依希来木其乡辖11个村民委员会,48个村民小组;克孜勒乡辖11个村民委员会,66个村民小组;古勒阿瓦提乡辖12个村民委员会,61个村民小组;博孜墩柯尔克孜民族乡辖5个村民委员会,17个村民小组;恰格拉克乡辖8个村民委员会,51个村民小组。

2000年12月至2002年3月撤乡建镇,全县辖5镇、5乡、104个村民委员会,即温宿镇、佳木镇、克孜勒镇、吐木秀克镇、阿热勒镇、托乎拉乡、恰格拉克乡、依希来木其乡、古勒阿瓦提乡、博孜墩柯尔克孜民族乡。5个国有农场、5个国有牧场、2个国有林场。

2001年4月,吐木秀克乡撤乡建镇,辖10个行政村,40个村民小组;12月,佳木乡撤乡建镇,辖12个行政村,62个村民小组。

2002年3月,阿热勒乡撤乡建镇,辖15个村民委员会,82个村民小组。7月,克孜勒乡撤乡建镇,辖12个行政村,71个村民小组。

2015年6月,温宿县托甫汗管理区(试点镇)、柯柯牙管理区(试点镇)、共青团管理区(试点镇)成立。

2018年,温宿县辖5个镇(温宿镇、佳木镇、克孜勒镇、吐木秀克镇、阿热勒镇)、5个乡(托乎拉乡、恰格拉克乡、依希来木其乡、古勒阿瓦提乡、博孜墩柯尔克孜民族乡)、3个试点镇(托甫汗镇、柯柯牙镇、共青团镇)、15个居民委员会、140个行政村。

自然环境

【气候】 日照 温宿县日照年总辐射量为135千卡/平方厘米~140千卡/平方厘米。全年日照时数：西部为2760.5小时，中部为2753.9小时，东部为2556.1小时。日照百分率：西部、中部为62%，东部为58%。≥0℃期间的日照时数为2010.3~2163.0小时，占年总日照时数的77%~78.9%；≥5℃期间的日照时数为1844.0~1978.4小时，占年总日照时数的69.2%~72.1%，≥10℃期间的日照时数为1558.1~1710.8小时，占年总日照时数的57.2%~62.3%。7月日照时数最多，为287.3~309.1小时；西部1月最少，为180.4小时；中、东部2月最少，分别为170.5小时和161.1小时。10月浮尘天气结束，日照百分率为70%。4月风沙、浮尘天气最多，日照百分率仅为45%~53%，对农作物的生长和水稻育秧有一定影响。5—10月农作物生长期间，每月日照时数均在200小时以上。

气温 平原地区平均气温为8.4℃~10.1℃。7月最热，平均气温22℃~24.1℃；1月最冷，平均气温-9.2℃~-11.5℃。山区：海拔1900~2000米处地区，年均气温6.9℃~7.5℃，最热月均气温15℃~21℃，最冷月均气温-16℃~-17℃。海拔2200~2600米地区气候年均气温0℃~2℃，最热月均气温12℃~16℃，最冷月均气温-17℃~-18℃；海拔2600~2900米地区，年均气温在0℃~2℃，最热月均气温10℃~12℃，最冷月均气温-18℃~-19℃。海拔2900~3700米地区，最热月均气温5℃~10℃，最冷月均气温-19℃~-21℃。平原地区年平均最高气温16.7℃~17.1℃，年极端最高气温37.6℃~40.9℃；年平均最低气温0.8℃~3.3℃，年极端最低气温-27.4℃~-33.2℃。山区极端最高气温，海拔2000米处为34.5℃，海拔2650米处为35℃；极端最低气温分别为-24.4℃和-23℃。

积温 平原地区：≥0℃持续日数为261.7~268.4天，积温3903.7℃~4289.3℃；≥5℃持续日数225.4~237.9天，积温3801.9℃~4200.9℃；≥10℃持续日数183.7~198.3天，积温3469.7℃~3882.7℃；≥15℃持续日数为137.1~153.1天，积温2826.6℃~3240.7℃；≥20℃持续日数为61~66.5天，积温1368.5℃~1560.4℃。山区：≥0℃持续日数239~248天，积温2580.3℃~3333.6℃；≥5℃持续日数204~215天，积温2464.9℃~3236.8℃；≥10℃持续日数133~173天，积温1874.6℃~2919.9℃；≥15℃持续日数52~123天，积温818.2℃~2266.2℃。

无霜期 温宿县境内无重霜冻初日为3月27日，终日为10月25日。无霜期中部为211.7天，东部为202.3天，西部为185.3天。全县年无霜期185天。平原地区作物生长期内一般无重霜冻危害。

降雨 南部平原降雨量少，年平均降水量65.4~78.7毫米。北部山区降雨量随海拔高度升高而增多。海拔1900~2200米处，年降水150~250毫米；海拔2200~2600米处，年降水250~300毫米；海拔2600~2900米处，年降水300~350毫米；海拔2900~3600米处，年降水350~400毫米；海拔4000~5000米处，年降水800~1000毫米；海拔5000~6000米处，年降水1000毫米以上。雨水以7月、8月两月最多，平原地区年平均雷阵雨量占全年降雨量80%以上，连阴雨较少，最长持续6天。四季降水量：春季占17%~21%，夏季占55%~58%，秋季占15%，冬季占9%~11%。降雨年际变化大。多雨年份，南部平原降雨量100毫米以上；北部山区海拔2000米处达400毫米以上；海拔2650~3500米处可达500毫米。少雨年份，平原地区少于30毫米，山区少于70毫米。

降雪 平原地区降雪少。年降雪日数平均8.7~9.1天。11月7日为最早初日，4月20日为最晚终日。1970年12月5日,温宿县城日最大降雪量9.6毫米,地面积雪少。年平均积雪日数27.1~27.5天,最多72天,最少2天。年最大积雪深度9~13厘米。山区海拔2000米以下,降雪比平原多10~20天。最大积雪深度1.5米以上。海拔4200米以上终年积雪。

风　年均风速不大,北部山区略大于南部平原。年平均风速:北部山区为2.18米/秒,南部平原区为1.6米/秒~1.8米/秒。瞬间最大风速北部山区小于南部平原区,平原区风速达40米/秒。风速季节分布:山区风速暖季大于冷季。暖季平均风速达2米/秒~3.9米/秒,平原农业区4~8月是大风季节,平均风速一般为1.8米/秒~2.6米/秒。秋季风速逐渐减小;冬季天气晴稳,风速最小,平均风速仅0米/秒~1.7米/秒。北部山区多西风,暖季略多于冷季。东部平原多东北风,四季变化不大,春夏季略多,秋冬季多东北风或北风。西部平原多西北风或东风。季节变化为春、秋季,多东风,夏、冬季多西风。平原地区春季以东灌大风为主,占全年36%;夏季大风频繁,多为西侵大风,占全年56%;秋季大风较少,占全年8%;冬季无大风。大风常伴随风沙,形成浮尘天气,影响作物生长和人畜健康。全县年平均浮尘天气52.2~64.3天,占全年14.4%~17.6%。山区无浮尘,平原区均受浮尘之害。

【土壤】　温宿县土壤分为10个土类,69个土种。各土类所占百分比为:盐土27.2%,草甸土23.3%,潮土21%,棕漠土12.2%,灌淤土9.4%,风沙土2.56%,沼泽土1.9%,水稻土1.3%,棕钙土1.06%,新积土0.06%。全县耕地土层深厚,质地适中,无盐化。有机质含量在1.5%以上的耕地占28.5%;有机质含量在1%~1.5%的耕地占43.5%,有机质含量在1%以下的耕地占28%。土壤养分含量碱解氮在60ppm以上的耕地占16.64%,在30ppm~60ppm之间的占49.1%,小于30ppm的占34.26%。速效磷在10ppm以上的占0.77%,5ppm~9ppm的占9.62%,小于3ppm的占89.61%。

山地土壤　分布主要受海拔高度的影响,具有明显的垂直地带分布特征,据中国科学院1977—1978年在托木尔峰地区考察天山南坡土壤分布的资料表明:3600~4250米为原始土;2900~3600米为草甸土;2600~2900米为草原土;2200~2600米为栗钙土;1900~2200米为棕钙土;1900米以下为棕漠土。

扇形地土壤　洪积—冲积扇土壤分布:扇形地顶部为砾质棕漠土,扇形地上部为沙砾棕漠土、灌溉棕漠土、灌淤黄土,扇形地中部为灌淤土、潮土、草甸土、灌溉草甸土、盐土、盐化土。

微地形土壤　佳木镇、依希来木其乡、古勒阿瓦提乡、阿热勒镇、恰格拉克乡地形受流水冲蚀,形成沟地、槽地、洼地和鱼脊式的高地。鱼脊背顶部为灌淤土、灌淤潮土,鱼脊背中部为灌淤潮土、潮土,鱼脊背下部为盐化潮土、盐化草甸土,槽地、沟地、洼地为盐化草甸土、盐土、沼泽土。

【植被】　温宿县植被分布呈带状,托木尔峰南坡植被自上而下可划分为荒漠带、山地荒漠平原带、山地草原带、高山草甸带及高山甸状植被地衣带,其特点是灌木和半灌木、荒漠及山地半平原广泛发育。温宿县森林资源主要由天山山区天然灌木林、荒漠天然林(胡杨林)和平原人工林3部分组成。全县森林资源总量呈逐年上升趋势。

【水文】　托木尔峰山区山脊南侧海拔4000~5000米附近有一最大降水带,年降水量可达600~800毫米,有广阔的积蓄地区,故在大多数冰川处于后退状况时,县境内阿依浪苏冰川、科其喀尔冰川、萨依赛培尔冰川都处于前进状态,巨大固体水库影响全县地表径流和地下水源。

冰川　托木尔峰最高处有巨厚的冰雪盖层,是天山现代冰川的分布中心。是中国最大的现代冰川作用区之一。这个巨大的天然固体水库每年有近50亿立方米的融水注入源于山区的大小河流。县境内有托木尔峰南部冰川197条,占托木尔峰地区冰川629条的31.32%。其东部冰川144条也大都分布在县境内,其中大型山谷冰川10条。冰川面积1219.68平方千米,占该地区总面积3849.47平方千米的31.68%。平均每条冰川面积6.19平方千米;冰川密度0.9克/立方厘米。总储水量1582.02亿立方米,占全区冰川总储水量4959.29亿立方米的31.9%。

地表水　县境有河流43条,湖、泉5处,较大自然水沟19条。径流量85.79亿立方米,其中源于县境内的32.8亿立方米。

地下水　依县境内河川径流量估算,地下水动贮量16.18亿立方米。其中台兰河地下水动贮量1.74亿立方米,托什干河地下水动贮量2.5亿立方米,库木艾日克河地下水动贮量11.12亿立方米,柯克牙河地下水动贮量0.29亿立方米,喀拉玉儿滚河地下水动贮量0.53亿立方米。

【自然灾害】　干旱　春播期河水补给不足,农田得不到及时灌溉,气温回升后,蒸发量大,作物生长缓慢、萎蔫、枯黄以致死亡,春播推延,贻误农时。台兰河灌区河水流量季节分布相差悬殊,春旱现象最为严重。3—5月,台兰河径流量占年径流量的15%,年最大流量5.31立方米/秒,最小流量2.3立方米/秒。遇山区降雪少,翌年又逢春寒,冰川融水不足,旱情更为严重,导致冬小麦大部分只能灌水一次或浇不上水,造成春播作物争水,玉米不能按时播种。旱情重的年份播种期推至6月。干旱是牧区的重要灾害,春旱则牧草返青迟,饱青期开始晚;夏旱牧草生长不良,产草量下降,质量降低;少雨、少雪,使牲畜饮水困难。

干热风　多出现在5—9月上旬,以6—9月上旬最多,年平均为6.5天。特别是小麦5月下旬至6月中、下旬,处于扬花、乳熟阶段,在高温、低湿的环境下,蒸腾作用加强,株体大量失水,新陈代谢受到抑制,作物从尖、叶芒自上而下干枯,使小麦减产,全县这一段时间的干热风占全年的41.5%。

自然资源

【土地资源】　温宿县地势北高南低,分为北部山区和南部平原两大部分。北部山区占全县总面积的56.17%,南部平原占全县总面积的43.83%。由于某种原因不同水系的历史切割、冲击,形成以约50千米长的坎坡为界线的有着不同气候、土壤、生物资源的两片平原——西部库玛拉克与托什干河冲积平原和东部台兰河与喀拉尤勒滚河洪积平原。平川沃野,良田连片、水网纵横、是传统的农牧业基地。

2018年,温宿县土地总面积1345767.51公顷(不含兵团)。其中耕地82471.56公顷,园地30223.99公顷,林地26315.56公顷,草地709834.96公顷,城镇村及工矿用地14385.12公顷,交通运输用地7694.59公顷,水域及水利设施用地224360.96公顷,其他土地255715.86公顷。

【林业资源】　温宿县有森林面积20.67万公顷。其中生态公益林11.53万公顷、生态经济林8.33万公顷、防护林0.81万公顷。天然林主要包括山区针叶林和荒漠林。山区针叶林主要分布于托木尔峰南麓的博孜墩柯尔克孜民族乡和博孜墩牧场、塔格拉克牧场,海拔1800~3000米的天山中段,总面积17695公顷,其中幼林14825公顷、疏林1800公顷、灌木575公顷、林地495公顷,总蓄积量23.5万立方米。

阴坡、半阴坡分布有云杉和云杉桦木混交林，河谷地带分布有山杨、高山柳、天山花楸等。阳坡分布有稀疏的小蘖、锦鸡儿、野蔷薇等灌木树种。林区坡度大，林相稀疏，每亩活立木蓄积量只有2.58立方米，其主要作用是涵养水源，保持水土平衡。乌鲁克也尔胡杨荒漠林，位于北纬40°58′~41°27′、东经80°47′~81°28′之间，距县城直线距离58千米。海拔1100米。降雨稀少，无灌溉设施，土壤盐分较高。历史上因河水浸流形成胡杨、红柳荒漠林区，总面积26.67万公顷，其中胡杨林8866.67公顷、红柳6.67万公顷、草场19.11万公顷。林区有芦苇、甘草、野麻、白刺草、铃铛刺等野生植物。乔木有云杉、桦树、白蜡、杨树等10多种；灌木有高山柳、天山花楸、野蔷薇、新疆圆柏等100余种；经济林有苹果、葡萄、梨、桃、杏、核桃、红枣、酸梅、石榴、无花果、樱桃、巴旦杏等12个品系，200多个品种。

【水资源】 温宿县地处阿克苏河流域上游，位于天山南麓托木尔峰脚下，塔里木盆地西北边缘，东西长171千米，南北宽158千米，总面积14569平方千米。全县境内有托木尔峰南部冰川197条，冰川面积1219.68平方千米，总储水量1582.02亿立方米；境内大小河流43条，地表水多年平均年径流量约85.79亿立方米；县内地下水资源相对丰富，地下水资源总量19.12亿立方米。

【矿产资源】 温宿县境内有着丰富的矿产资源，现已探明的矿种有煤、铀、石油、天然气、铁、铜、钴、铅、锌、锡、金、银、石膏、岩盐、花岗岩、石灰岩、白云岩、石墨、磷、钒、自然硫、黄铁、砷、硫铁、黑曜岩、冰洲石、东陵玉、地下水、页岩、陶土、黏土31种。各种矿产地107处，其中，大型11处，中型13处，小型14处，矿点20处，矿化点49处。矿产门类10种，其中能源矿产石油、天然气、煤3种，黑色金属铁1种，有色金属矿产铜、铅、锌、钴4种，贵金属矿产有金、银2种，放射性矿产铀1种，冶金辅助原材矿产有白云岩1种，化工原料非金属矿产盐、磷、硫3种，建材及其他非金属矿产石棉、石灰岩，石墨、石膏、高岭土、黑耀岩、大理岩、砖瓦黏土共14种。已开发利用的主要矿种有煤、岩盐、铁矿、石膏、黏土、建筑用砂、花岗岩、页岩。

【动物资源】 温宿县的动物资源丰富、种类多，野生动物主要有北山羊、旱獭、熊、狼、棕狐、石貂、扫雪、猪纳、雪豹、马鹿、蓝象、野猪等。其中雪豹尤为珍贵，还有国家二类保护动物黑鹳、天鹅等。野生动植物资源丰富。有珍稀野生动物63种，属国家一级保护动物的有野骆驼、雪豹、中华秋沙鸭、黑颈鹤等13种，属国家二级保护动物的有猞猁、马鹿、棕熊、黑熊、盘羊、荒漠猫等50种。禽类有19目、40科、161种，其中鸟类有65种5亚种，约占托木尔峰山区繁殖鸟类总数的75.3%；蛇虫类有10目、53科、151种。牲畜主要有牛、马、绵羊、山羊、猪、骆驼、驴等10余种。

【植物资源】 温宿县的植物资源有高等植物4门、59科、382种；真菌有12目、185种；地衣有11科、26种；牧草有200多种。采得的生物化石有5类、49属、125种及亚种。植物品种繁多，主要树种有云杉、天山桦、落叶松、山杨、新疆杨、银白杨、箭杆杨、苦杨、小白杨、加拿大杨、欧洲大叶杨、北屯银白杨、胡杨、灰杨，灌木有天山小蘖、盐穗木、山里红、锦鸡儿、鬼见愁、野蔷薇、沙棘、红柳、梭梭、白刺等。中草药有党参、手掌参、黄芪、雪莲、全绿叶青兰、大黄、麻黄、柴草、锁阳、肉苁蓉、甘草、柴胡、独活等200多种。经济树种有苹果、梨、核桃、桃、红枣、葡萄、无花果、酸梅、沙枣、桑树等。

【旅游资源】 温宿历史文化底蕴深厚。温宿是古西域三十六国之姑墨国所在地、丝绸之路上的著名商埠,有着深厚的姑墨文化、丝路文化。汉代细君公主、解忧公主经温宿木扎尔特古道远嫁乌孙;唐代佛教翻译大师鸠摩罗什在温宿完成大乘佛法本土化,点燃了龟兹文明的火种;诗仙李白经温宿返回长安,写下了“明月出天山,苍茫云海间”的豪迈诗篇;林则徐等历史名人驻足温宿,留下了许多珍贵的人文典故。博孜墩深山古岩画是古代天山游牧民族所做,喀拉玉尔滚石窟标志着温宿佛教渐入鼎盛,扎木台古城诉说着温宿的悠悠历史和曾经繁华。

温宿旅游资源壮美神奇。境内天山托木尔世界自然遗产是旅游、探险、登山、科考的圣洁之地。被誉为戈壁翡翠的天山神木园、活的地质教科书托木尔大峡谷、骏马天堂冰川大草原近在眼前;登山探险大本营托木尔星空草原、青蛙谷、杏花岭、金窝子、白泉子游人如织,河谷森林星罗棋布、色彩斑斓的百泉滩金色胡杨,瀚海戈壁中的绿色奇迹——柯柯牙绿化工程培育出了驰名中外的阿克苏冰糖心苹果。雪峰冰川、红层峡谷、荒漠景观和绿洲文化的完美组合,构成了新疆天山南部规模宏大的立体画卷。

【农业资源】 温宿县是新疆商品粮基地之一,农副产品资源独具特色。2018 年,温宿县开展绿色农产品申报工作,有绿色有机产品 15 个。其中大米绿色产品 4 个,分别是秋田小町、越光米、黑香米、长粒香。有机大米 1 个,西域王米;绿色林果产品 7 个,分别是红富士苹果、核桃、红枣,绿色矿泉水 1 个,绿色加碘盐 2 个。2018 年 7 月,温宿大米获得农业农村部颁发的“温宿大米”农产品地理标志登记证书。

温宿大米,尤其是香稻,是温宿县大米品种中最出名的,品质也最佳。在历史上,温宿种植的大米“纯系贡品”且“庶民不得尝”,其香气纯正、浓郁,有“一地开花香满坡,一家做饭四邻香”的赞誉。

国民经济运行

【经济总量】 2018 年,温宿县地方生产总值 66.57 亿元,比上年增长 6.59%,其中,第一产业增加值 23.03 亿元,比上年增长 6.6%;第二产业增加值 21.18 亿元,比上年增长 24%;第三产业增加值 22.36 亿元,比上年下降 5.7%。城镇居民人均可支配收入 30077 元,比上年增长 9%。

【人口】 2018 年,温宿县总人口 235569 人(不含农业生产建设兵团第一师五团场、六团场),比上年减少 1640 人,其中,男性 119289 人,女性 116280 人;少数民族人口 199063 人,占总人口的 84.5%;汉族人口 36506 人,占总人口的 15.5%;非农人口 47027 人。

【农村经济】 2018 年,温宿县农林牧渔业总产值 50.4 亿元,按可比价格计算,比上年增长 6.9%,其中,农业产值 40.5 亿元,比上年增长 7%;林业产值 0.6 亿元,比上年增长 3.1%;畜牧业产值 7.3 亿元,比上年增长 7.5%;渔业产值 0.7 亿元,比上年增长 2.4%;农林牧渔服务业产值 1.3 亿元,比上年增长 3.7%。

【工业经济】 2018 年,温宿县企业电力、热力生产和供应业,酒类、饮料制造业,纺织业、服装制作、农副产品加工业快速增长,成为拉动工业经济主动力。实现工业增加值 10.5 亿元,比上年增长 19.1%。规模以上企业工业增加值 9.8 亿元,比上年增长 21.4%;规模以下企业及个体工商业工业增加值 0.7 亿元。

【固定资产投资】 2018 年,温宿县全社会固定资产投资完成55.17亿元,比上年增长5.15%。按三次产业划分,第一产业投资2.52亿元,比上年增长15.33%;第二产业投资15.27亿元,比上年增长5.26%;第三产业投资37.38亿元,比上年增长4.46%。

【第三产业发展】 2018年,温宿县第三产业增加值22.36亿元,比上年下降5.7%,其中实现全县社会消费品零售总额19.68亿元,比上年增长22.3%。

中共温宿县委员会

重要会议

【第一次县委常委会会议】 1月5日,温宿县召开2018年第一次县委常委会会议。传达学习地区扶贫开发领导小组《关于做好国家2017年省级党委和政府扶贫开发工作成效交叉考核和第三方评估工作的紧急通知》,听取《温宿县脱贫攻坚工作汇报》,审议《温宿县脱贫攻坚工作方案》。

【第二次县委常委会会议】 1月30日,温宿县召开2018年第二次县委常委会会议。听取《2017年县人大、政府、政协、法院、检察院党组工作汇报》,审议《关于申创国家卫生县城有关问题的请示》《温宿县实验林场片区管委会移交阿克苏市管理相关事宜》《关于召开温宿县第九次民族团结进步暨"民族团结一家亲"活动表彰大会的请示》《温宿县2018年"访惠聚"驻村工作队组建情况报告》《关于召开温宿县委班子2017年度民主生活会的请示》。

【第三次县委常委会会议】 1月30日,温宿县召开2018年第三次县委常委会会议。听取《温宿县实验林场片区管委会移交阿克苏市管理工作事宜》,审议《关于进一步规范温宿县党员干部脱贫攻坚帮扶职责的请示》《温宿县贫困村农副产品订单生产增收脱贫工程实施方案》《2017年度温宿县委管理领导班子、领导干部考核定等建议方案》《温宿县2017年度绩效综合考评结果及表彰奖励方案》。

【第四次县委常委会会议】 2月3日,温宿县召开2018年第四次县委常委会会议。传达学习中共中央办公厅印发《关于建立党员涉嫌违纪违法信息通报和及时处理工作机制的意见》的通知。

【第五次县委常委会会议】 2月10日,温宿县召开2018年第五次县委常委会会议。传达学习《陈全国书记在自治区党委农村工作会议上的讲话》《关于贯彻〈中共中央、国务院关于实施乡村振兴战略的意见〉的实施意见(讨论稿)》,审议《温宿县扫黑除恶专项斗争工作实施方案》《温宿县脱贫攻坚工作责任追究暂行办法》《温宿县清理违规所得土地再分配建档立卡贫困户集中经营管理办法(试行)》《关于召开温宿县2018年稳定、经济(安全生产)、农村暨扶贫开发、宣传思想文化、党建和纪检监察工作会议的请示》,听取五大口工作汇报(2017年工作存在的问题、原因和2018年工作打算)。

【第六次县委常委会会议】 2月12日,温宿县召开2018年第六次县委常委会会议。审议《关于拟表彰温宿县2017年度安全生产目标管理先进单位的请示》《关于评选表彰2017年度温宿县和谐清真寺和先进爱国宗教人士的请示》。

【第七次县委常委会会议】 2月27日,温宿县召开2018年第七次县委常委会会议。《温宿县财政专项扶贫资金(扶贫发展)项目管理办法(暂行)》《温宿县财政专项扶贫资金(发展资金)管理办法(暂行)》《温宿县2017年度村级组织“星级化”创建管理工作命名授牌方案》《中共温宿县委常委会贯彻落实〈中共中央政治局贯彻落实中央八项规定实施细则〉的办法》。

【第八次县委常委会会议】 3月10日,温宿县召开2018年第八次县委常委会会议。专题研究干部议题。

【第九次县委常委会会议】 3月28日,温宿县召开2018年第九次县委常委会会议。听取《温宿县政府债务化解专题汇报》。

【第十次县委常委会会议】 4月9日,温宿县召开第十次县委常委会会议。专题研究部署扶贫项目资金管理使用事宜。

【第十一次县委常委会会议】 4月20日,温宿县召开2018年第十一次县委常委会会议。审议《温宿县关于聚焦总目标 当好排头兵的实施方案》《温宿县委网络安全工作责任制实施方案》《温宿县国有企业人员管理(暂行)办法》《温宿县表彰2017年度计划生育工作优秀乡(镇)和单位的请示》。

【第十二次县委常委会会议】 4月24日,温宿县召开2018年第十二次县委常委会会议。审议《中共温宿县委关于调整县委书记、副书记、常委分工的通知》《关于对脱贫攻坚工作落实不到位相关人员处理意见的请示》。

【第十三次县委常委会会议】 5月12日,温宿县召开2018年第十三次县委常委会会议。审议《关于调整温宿县第十三届人民政府领导班子成员分工的请示》《中共温宿县委全面深化改革领导小组2018年工作要点》《温宿县烈属、军属、退役军人等家庭悬挂光荣牌工作实施办法》《关于调整温宿县党的建设工作领导小组组成人员及办公室专项组分工的请示》《关于调整中共温宿县委基层组织建设领导小组及各成员单位工作职责的请示》《温宿县总工会第七届委员会换届选举情况汇报》《阿克苏地区温宿县脱贫攻坚实施方案》(以下简称《实施方案》)《温宿县2018年度脱贫攻坚实施计划》(以下简称《实施计划》)《关于建议确定每季度最后一周为“扶贫周”的请示》《自治区脱贫攻坚第一批联合督查巡查温宿县反馈问题整改方案》《温宿县2018年1—4月脱贫攻坚工作开展情况汇报》《温宿县农业科技园区迎接“双验收”2018年需完成的工作专题汇报》,听取《关于经济口项目推进安排及制度建设情况汇报》。

【第十四次县委常委会会议】 5月18日,温宿县召开2018年第十四次县委常委会会议。审议《2018年温宿县政协委员调研视察活动工作方案》《关于精简县七大中心建设的请示》《关于调整充实温宿县全面推行河(湖)长制领导小组成员的请示》《关于召开温宿县总工会第七次代表大会的请示》。

【第十五次县委常委会会议】 5月27日,温宿县召开2018年第十五次县委常委会会议。听取《外来人员来温宿县落户问题调研报告》《关于召开托甫汗镇、共青团镇、柯柯牙镇第一次党员代表大会和第一次人民代表大会的请示》。

【第十六次县委常委会会议】 6月5日,温宿县召开2018年第十六次县委常委会会议。审议《关于成立温宿县国家安全人民防线建设小组的请示》《自治区第一轮、第二轮边控督导组反馈问题整改方案》

《关于调整充实温宿县就业扶贫工作领导小组及成员单位职责的请示》《关于成立温宿县深化党政机构改革领导小组的请示》《关于调整充实温宿县城乡规划建设管理委员会成员的请示》《温宿县城乡规划建设管理委员会议事规则》《关于调整温宿县财经工作领导小组成员的请示》《温宿县财经工作领导小组议事规则》《温宿县2018年度绩效综合考评办法》《温宿县关于外地群众落户及享受政策的实施细则(试行)》《温宿县脱贫攻坚"三落实"结果运用考评实施细则》《温宿县共产党员和国家公职人员严格执行计划生育政策实施方案》《温宿县关于落实食品安全党政同责的实施方案》《温宿县贯彻落实自治区党委常委、宣传部部长田文对阿克苏地区宣传工作指示精神的实施方案》。

【第十七次县委常委会会议】 6月11日,温宿县召开2018年第十七次县委常委会会议。审议《关于成立温宿县国有农林牧场企业化改革领导小组的请示》《关于推荐地区、温宿县"七一"表彰先进基层党组织、优秀共产党员、优秀党务工作者的请示》《庆祝建党97周年暨"一先双优"表彰大会方案》《自治区督导组在温宿县佳木镇督导反馈问题的自查整改报告》《温宿县贯彻落实自治区党委陈全国书记重要指示精神推进县域旅游产业"六个一"工作实施方案》。

【第十八次县委常委会会议】 6月29日,温宿县召开2018年第十八次县委常委会会议。审议《中共温宿县委员会关于深化党和国家机构改革的意见》《温宿县第二十个党风廉政教育月活动实施方案》。

【第十九次县委常委会会议】 8月7日,温宿县召开2018年第十九次县委常委会会议。审议《关于贯彻落实中央、自治区党委和地委部署要求进一步做好温宿县新时代反恐怖工作的实施方案》《温宿县中央环境保护督察反馈意见整改工作实施方案》《温宿县2018年县级领导包联帮扶重点投产企业工作实施方案》《温宿县农村人居环境整治三年行动实施方案(2018—2020年)》《中共温宿县委温宿县人民政府关于贯彻落实中央、自治区、地区实施乡村振兴战略意见的实施意见》《温宿县农村集体资产清产核资工作实施方案》《温宿县2018年稳步推进农村集体产权制度改革试点方案》《温宿县集体土地承包经营规范管理实施方案》《温宿县易地扶贫搬迁工作情况汇报》《温宿县2018年1—7月份脱贫攻坚工作开展情况汇报》《关于调整温宿县防汛抗旱总指挥部成员的请示》《中共温宿县委员会贯彻落实〈关于进一步激励广大干部新时代新担当新作为的意见〉的实施方案》《关于进一步做好新形势下干部关心关爱工作的实施方案(试行)》《温宿县妇联改革实施方案》《共青团温宿县委员会改革实施方案》《关于选派2018年学前支教干部的请示》《2018年度公务员职务与职级并行职级晋升方案》《第十二届温宿县委巡察工作规划(2017—2021年)》。

【第二十次县委常委会会议】 8月8日,温宿县召开2018年第二十次县委常委会会议。传达学习《关于深入贯彻落实陈全国书记重要批示精神进一步强化群众工作督导的通知》《关于对各县市8月份群众工作督导的补充通知》《关于核查自治区第九轮群众工作督导组移交问题线索的转办通知》《温宿县2018年群众工作督导实施方案》。

【第二十一次县委常委会会议】 9月30日,温宿县召开2018年第二十一次县委常委会会议。听取《温宿县1—9月经济运行情况汇报》《关于加大边民支持力度促进守边固边工作实施方案》《温宿县各级党委、政府及有关部门生态环境保护工作职责》《温宿县国家通用语言文字普及攻坚工程三年（2018—2020年）工作实施方案》《温宿县扶贫资金使用和监管细则》《关于贯彻落实阿克苏地委2018年度意识形态工作责任制考评细则有关问题的请示》《新设立政府办等5个党组的请示》《温宿县"8·21"交通事故调查报告》《关于迟报"8·21"交通事故信息核查处理情况的报告》《关于规范化建设乡（镇）纪委谈话场所的请示》《关于进一步加强巡察干部队伍建设的实施方案》。

【第二十二次县委常委会会议】 10月15日，温宿县召开2018年第二十二次县委常委会会议。专题研究违纪违规干部处理事宜，由县纪委监委负责，按照相关程序办理。

【第二十三次县委常委会会议】 10月23日，温宿县召开2018年第二十三次县委常委（扩大）会议。传达学习中央脱贫攻坚相关文件精神，审议《关于调整温宿县扶贫开发领导小组组成人员的请示》《关于调整温宿县深度贫困地区脱贫攻坚工作领导小组的请示》《温宿县迎接中央脱贫攻坚专项巡视工作方案》《关于调整温宿县深度贫困村"五个一"全覆盖包联工作责任的请示》《温宿县对国务院、自治区6批次督查巡查反馈问题的整改方案》《关于进一步清理和规范公务机票管理工作的通知》。

【第二十四次县委常委会会议】 10月23日，温宿县召开2018年第二十四次县委常委会会议，专题研究干部议题，同意县委组织部《干部调配方案》，由县委组织部按相关程序办理。

【第二十五次县委常委会会议】 10月24日，温宿县召开2018年第二十五次县委常委（扩大）会议。听取《温宿县关于国务院、自治区6批次督查巡查反馈问题整改情况汇报》《温宿县2017年易地扶贫搬迁工程问题整改方案》。

【第二十六次县委常委会会议】 11月29日，温宿县召开2018年第二十六次县委常委会会议。传达学习《关于陕西省委、西安市委违建别墅专项整治情况的通报》审议《关于成立习近平总书记有关新疆工作重要指示批示精神贯彻落实情况"回头看"领导小组的通知》《关于开展习近平总书记对新疆工作重要指示批示贯彻落实情况"回头看"工作方案》《温宿县贯彻落实〈中共阿克苏地委关于进一步加强新时代网络安全和信息化工作的实施意见〉任务分解方案》《自治区边境管控督导"回头看"反馈问题整改任务分解方案》《温宿县民族团结"结亲周"活动方案》《温宿县扶贫领域有关干部作风问题立行立改工作方案》《关于召开温宿县文学艺术界联合会暨第一次代表大会的请示》《2018年温宿县委管理的领导班子和领导干部年度考核工作实施方案》《温宿县关于进一步加强今冬明春基层组织建设工作实施方案》《关于设立温宿县退役军人事务局的请示》《将温宿县各乡（镇）中小学党组织移交县委教育党工委管理的请示》。

【第二十七次县委常委会会议】 12月18日，温宿县召开2018年第二十七次县委常委会会议。听取《温宿县中央环境保护督查反馈意见整改工作进展情况汇报》《温宿县食品安全党政同责实施方案》《温宿产业园区2万吨/日污水处理厂建设运行相关事宜》《温宿县违法违章建设专项整治工作实施方案》《2019年财政专项扶贫资金（扶贫发展）项目库及2019年第一批财政专项扶贫发展资金项目》《温宿县脱贫攻坚大数据平台建设应用工作方案》《关于推荐尼亚孜·依买尔等11名和国网阿克苏供电公司等3个工作队为脱贫攻坚奖的请示》《温宿县科协提升基层科协组织力“3+1”试点工作实施方案》《温宿县2018年度村级组织“星级化”创建管理工作命名授牌方案》《关于召开温宿县妇女第十一次代表大会的请示》《温宿县县级领导班子、领导干部2018年年度考核定等的请示》。

【第二十八次县委常委会会议】 12月21日,温宿县召开2018年第二十八次县委常委会会议。专题听取县人大、政府、政协、法院、检察院、司法局党组,公安局党委,农业科技园区、产业园区、教育党工委2018年工作开展情况汇报,对各党组、党(工)委工作中存在的问题进行逐一点评,并提出具体的工作要求。

【第二十九次县委常委会会议】 12月22日,温宿县召开2018年第二十九次县委常委会会议。听取审议《五大口关于开展习近平总书记有关新疆工作重要指示批示精神贯彻落实情况“回头看”工作方案及自查情况汇报》《温宿县关于认真学习贯彻习近平总书记在庆祝改革开放40周年大会上重要讲话精神的方案》《温宿县脱贫攻坚“冬季攻势”实施方案》《温宿县“冬季万人大宣讲”实施方案》。

中心组学习

【第一次县委中心组学习】 1月31日,温宿县举行2018年第一次县委中心组集中学习会议。全体与会人员学习《习近平、李克强、汪洋在中央农村工作会议上的讲话》《陈全国、雪克来提·扎克尔在自治区党委经济工作会议上的讲话》《李鹏新在深度贫困地区党委新任脱贫攻坚工作专职副书记培训班开班仪式上的讲话》《窦万贵在稳定工作座谈会上的讲话》等29个文件。最后,会议对抓好相关工作进行部署。

【第二次县委中心组学习】 2月22日,温宿县举行2018年第二次县委中心组集中学习会议。全体与会人员学习《“脱贫攻坚战一定能够打好打赢”——记习近平总书记看望四川凉山地区群众并主持召开打好精准脱贫攻坚战座谈会》《中国减贫之路“优质高效”——国际人士积极评价中国脱贫攻坚成就》《陈希在全国组织部部长会议上的讲话》《陈全国书记在自治区党委常委会上的讲话》《陈全国、罗东川在自治区纪委九届三次全会上的讲话和报告》等26个文件。会议强调:当前重点工作是稳定和三大攻坚战,稳定是第一位的核心工作,各乡(镇)和县直单位党政主要领导要将主要精力放到稳定上,稳定工作要坚决抓、年年抓、月月抓、时时刻刻抓,坚决确保“大中小杂”事都不出,同时要统筹推进其他工作。三大攻坚战的第一项是财务风险化解,第二项是脱贫攻坚,第三项是污染治理。最后,会议对抓好相关工作进行安排部署。

【第三次县委中心组学习】 3月24日,温宿县举行2018年第三次县委中心组集中学习会议。会议传达学习《〈决胜全面建成小康社会 夺取新时代中国特色社会主义伟大胜利〉——习近平在中国共产党第十九次全国代表大会上的报告(第一部分)》《全国“两会”主要精神传达提纲》《习近平、赵乐际在第十九届中央纪律检查委员会第二次全体会议上的讲话和报告》《习近平在打好精准脱贫攻坚战座谈会上的讲话》《陈全国在自治区党委常委会议上的讲话》等 47 个文件精神，并就相关工作进行安排部署。

【第四次县委中心组学习】 4 月 30 日，温宿县举行 2018 年第四次县委中心组集中学习会议。传达学习《〈决胜全面建成小康社会 夺取新时代中国特色社会主义伟大胜利〉——习近平在中国共产党第十九次全国代表大会上的报告（第二部分）》《习近平谈治国理政第二卷》《自治区党委办公厅关于认真学习贯彻汪洋主席视察新疆时重要讲话精神的通知》《中共中央办公厅转发〈中央新疆工作协调小组关于新疆若干历史问题研究座谈纪要〉的通知》等文件精神，并就相关工作进行安排部署。

【第五次县委中心组学习】 5 月 16 日，温宿县举行 2018 年第五次县委中心组集中学习会议。传达学习《〈决胜全面建成小康社会 夺取新时代中国特色社会主义伟大胜利〉——习近平在中国共产党第十九次全国代表大会上的报告（第三部分）》《习近平谈治国理政第二卷》《习近平在十九届中央政治局第五次集体学习时的讲话》《中共中央办公厅国务院办公厅印发〈关于加强和改进新形势下伊斯兰教工作的意见〉的通知》《自治区 2017 年省级党委和政府扶贫开发工作成效考核有关问题整改方案》等文件精神，并就相关工作进行安排部署。

【第六次县委中心组学习】 5 月 31 日，温宿县举行 2018 年第六次县委中心组集中学习会议。观看系列新闻报道《天津官员为官不为、失职失责》，传达学习《〈决胜全面建成小康社会 夺取新时代中国特色社会主义伟大胜利〉——习近平在中国共产党第十九次全国代表大会上的报告（第三部分）》《习近平谈治国理政第二卷》《党政领导干部选拔任用工作条例》《自治区党委办公厅关于谷文胜严重违纪案及其教训警示的通报》等文件精神，并就相关工作进行安排部署。

【第七次县委中心组学习】 6 月 30 日，温宿县举行 2018 年第七次县委中心组集中学习会议。传达学习《习近平、李克强、韩正在全国生态环境保护大会上的讲话》《陈全国、雪克来提·扎克尔、李鹏新在全区生态环境保护大会上的讲话》《李鹏新、马学军在自治区新时代激励干部新担当新作为暨加强改进选调生工作会议上的讲话》《窦万贵书记在地区稳定工作会议上的讲话》等文件精神，并就相关工作进行安排部署。

【第八次县委中心组学习】 7 月 30 日，温宿县举行 2018 年第八次县委中心组集中学习暨第二十个党风廉政教育月专题学习。传达学习《习近平新时代中国特色社会主义思想三十讲》《习近平在十九届中央政治局第六次集体学习时的讲话》《习近平在同团中央新一届领导班子集体谈话时的讲话》《习近平、陈希在全国组织工作会议上的讲话》等文件精神，并就相关工作进行安排部署。

【第九次县委中心组学习】 8 月 10 日，温宿县举行 2018 年第九次县委中心组集中学习会议。传达学习《习近平新时代中国特色社会主义思想三十讲》《陈全国在自治区文联第八次代表大会上的讲话》《陈全国书记在中央企业暨 19 援疆省市国有企业产业援疆助力脱贫攻坚工作推进会上的讲话》和《关于做好〈正确认识妥善应对中美经贸摩擦〉学习材料学习使用工作的通知》等文件精神，并就相关工作进行安排部署。

【第十次县委中心组学习】 8月31日,温宿县举行2018年第十次县委中心组集中学习会议。组织观看《蜕变》系列警示教育片之十二《教科书里面的阴谋》,传达学习《贯彻新发展理念 建设现代化经济体系——习近平在中国共产党第十九次全国代表大会上的报告第五部分》《习近平谈治国理政第二卷——坚定不移贯彻新发展理念》《习近平新时代中国特色社会主义思想三十讲》《陈全国、李鹏新在全区组织工作会议上的讲话》和《李鹏新在自治区防汛工作视频会议上的讲话》等文件精神,并就相关工作进行安排部署。

【第十一次县委中心组学习】 10月8日,温宿县举行2018年第十一次县委中心组集中学习会议。会议传达学习《郭声琨在新疆调研座谈会上的讲话》《陈全国、雪克来提·扎克尔在自治区旅游发展大会上的讲话》《李鹏新在自治区贯彻落实习近平总书记重要指示精神全面推进机关党的政治建设工作会议上的讲话》《杨鑫在全区深化专项治理扶贫领域腐败和作风问题暨纪检监察重点工作推进会上的讲话》《中共中央、国务院关于打赢脱贫攻坚战三年行动的指导意见》《自治区党委办公厅、自治区人民政府办公厅印发〈关于加强和改进新形势下伊斯兰教工作的实施意见〉的通知》《自治区党委办公厅、自治区人民政府办公厅印发〈关于贯彻落实习近平总书记重要批示精神进一步加强新时代新疆信访工作的意见〉的通知》《自治区党委、自治区人民政府印发〈关于全面加强生态保护坚决打好污染防治攻坚战实施方案〉的通知》等文件,就相关工作作出安排部署。

【第十二次县委中心组学习】 10月31日,温宿县举行2018年第十二次县委中心组暨"聚焦总目标、作风再整顿"专项活动第三次集中学习。会议传达学习《中国共产党纪律处分条例》《习近平在陕甘宁革命老区脱贫致富座谈会上的讲话》《习近平在部分省区市扶贫攻坚与"十三五"时期经济社会发展座谈会上的讲话》《习近平在十九届中央政治局第八次集体学习时的讲话》《中共阿克苏地委办公室关于印发〈阿克苏地区开展"聚焦总目标作风再整顿"专项活动的实施方案〉的通知》《关于印发赵乐际、杨晓超、王鸿津在中央脱贫攻坚专项巡视工作动员部署会上的讲话的通知》《陈全国、王荣军在中央第六巡视组对新疆维吾尔自治区开展脱贫攻坚专项巡视工作动员会议上的讲话》。

【第十三次县委中心组学习】 11月30日,温宿县举行2018年第十三次县委中心组暨"聚焦总目标、作风再整顿"专项活动第七次集中学习会议。会议传达自治区第九届委员会第六次全体会议精神,学习《陈全国在自治区党委理论学习中心组学习宪法时的主持讲话》《陈全国、田文在全区宣传思想工作会议上的讲话》《中共阿克苏地委办公室、阿克苏地区行署办公室〈关于贯彻落实习近平总书记重要批示精神进一步加强新时代阿克苏信访工作的实施方案〉的通知》《自治区党委、自治区人民政府关于防范化解地方政府隐性债务风险的实施意见》《关于转发〈关于贯彻落实习近平总书记重要指示精神集中整治形式主义、官僚主义的工作意见〉的通知》《中共阿克苏地委、阿克苏地区行署印发〈关于打赢脱贫攻坚战三年行动的实施方案〉的通知》《窦万贵在深入推进地区"聚焦总目标 作风再整顿"专项活动会议上的讲话》等文件。

【第十四次县委中心组学习】 12月17日,温宿县举行2018年第十四次县委中心组暨"聚焦总目标、作风再整顿"专项活动第八次集中学习会议。会议传达自治区第九届委员会第六次全体会议精神，学习《习近平在同全国总工会新一届领导班子成员集体谈话时的讲话》《习近平在同全国妇联新一届领导班子成员集体谈话时的讲话》《陈全国、雪克来提·扎克尔在自治区城市工作会议上的讲话》《李鹏新在自治区22个深度贫困县(市)委书记座谈会上的讲话》《阿克苏地区关于落实食品安全党政同责的实施意见》《关于转发〈关于做好自治区扶贫攻坚大数据平台建设应用的通知〉的通知》等17个文件。

【第十五次县委中心组学习】 12月22日，温宿县举行2018年第十五次县委中心组暨“聚焦总目标、作风再整顿”专项活动第九次集中学习。会议传达学习《习近平在庆祝改革开放40周年大会上的讲话》《习近平在中央经济工作会议上的讲话精神》《陈全国在中共新疆维吾尔自治区第九届委员会第六次全体会议上的报告和讲话》《窦万贵在地区稳定工作视频会议上的讲话》《关于地县机构改革的总体意见》等19个文件。

【第十六次县委中心组学习】 12月30日，温宿县举行2018年第十六次县委中心组暨“聚焦总目标、作风再整顿”专项活动第十次集中学习会议。会议传达学习《陈全国、王荣军在中央第六巡视组对新疆维吾尔自治区开展脱贫攻坚专项巡视工作动员会上的讲话》《关于全面深入持久开展民族团结进步创建工作 筑牢中华民族共同体意识的意见》《最高人民检察院职能配置、内设机构和人员编制规定》《关于深化生态环境保护综合行政执法改革的指导意见》《关于在全区开展党纪法规和德廉知识学习测试工作的实施意见》《中央农办、农业农村部、国家发改委关于深入学习浙江“千村示范、万村整治”工程经验 扎实推进农村人居环境整治工作的报告》等24个文件。 (侯启家)

县委办公室工作

【机构概况】 温宿县委办公室成立于1952年5月，时称秘书室。1962年12月，秘书室改称为办公室。2018年，中共温宿县委员会办公室党政机构改革后内设秘书室、保密室、信息综合室、督查考评室、财务室、翻译室、档案监督指导室、国家安全委员会办公室、全面深化改革委员会办公室、财经委员会办公室、机关党委。县委办公室机关行政编制16名，事业编制12名，其中，办公室主任1名(正科级)，副主任2名(副科级)，机关工勤事业编制13名。县委全面深化改革委员会办公室设在县委办公室，接受县委全面深化改革委员会的直接领导，承担委员会具体工作。国家安全委员会办公室设在县委办公室，接受县委国家安全委员会直接领导，承担委员会具体工作。县委财经委员会办公室设在县委办公室，接受县委财经委员会的直接领导，承担委员会具体工作。

【综合协调】 2018年，温宿县委办公室始终站在县委工作的全局高度，思考、筹划、安排和处理问题，协调县委领导之间、县委与各大班子之间、县委与下级党委之间、办公室与各部门之间的工作关系，保证县委领导班子意图的实现和全局工作的协调运转。办公室领导班子合理确定内部分工，对信息调研、督促检查、文稿起草、公文处理、会议安排、行政后勤、机要保密、信访文印等各项工作明确任务、职责，不断简化程序。

【文秘工作】 2018年，温宿县委办公室建立健全办文、办会责任制，按照“服务、精简、高效”的原则，对会议通知、文件起草、修改、校对、翻译、印发、会场布置、会后反馈每一个环节层层把关。全年先后组织筹备县委全委会、干部大会、县委常委会、四套班子联席会等各类会议150余场次,起草印发各类文件397份,公文差错率在0.2%以内。

【信息工作】 2018年,温宿县委办公室强化办公室工作人员信息调研意识,以县委中心工作为主线,围绕改革发展稳定中的大事、要事,领导和群众关注的热点、难点问题,努力做到深入开发、综合利用、及时上报,为县委科学决策发挥参谋助手作用。编报《温宿信息》308期,印发《信息快报》13期;地区领导参阅、阿克苏地委内部刊物采用信息72篇,自治区党委办公厅《信息摘报》采用信息3篇。

【督查信访】 2018年,温宿县委办公室紧盯事前、事中、事后环节,做好各级督导组在温宿期间的协调、服务和后期整改工作,落实地区督查考评办印发文件32份,办结地区督办事项25项,上报《督查专报》16份。督查督办县委、政府各项决策部署和重点工作的落实,尤其是对经济领域重点工作开展情况、县(市)委书记月工作例会反馈的问题跟踪督办,整改落实。对阶段性难点工作,加强专项查办,严肃工作纪律和问责机制,向县委、政府汇报工作进展情况,通报工作进度,协调解决存在的困难和问题。全年下发《督办通知》138份,反馈落实情况138份。

【深化改革】 2018年,温宿县委办公室以推进供给侧结构性改革为重点,着眼县委全局工作,研究制定温宿县2018年深化改革7个领域93项改革任务及4项试点改革任务,推动改革工作开展。狠抓动态监督,根据《改革任务动态管理工作台账》定期不定期对牵头单位和成员单位的工作进展情况进行跟踪记录。全年组织开展改革专项督查4次,下发督查通报4期,协调解决改革进程中的各类问题,推进各项改革任务。根据上级要求,围绕全县各领域的热点、难点问题,组织、协调开展重点研究课题4个,其中完成地区级研究课题6个。加大宣传力度,上报改革信息49篇,对已出台改革方案通过新闻发布、媒体刊登等形式进行政策解读4次。

【保密工作】 2018年,温宿县委办公室强化保密工作法律法规、密级文件管理、计算机及手机涉密信息处理宣传教育,采取以会代培的形式对全县200余名工作人员进行保密培训。组织开展3次保密工作检查,对全县80个单位的保密工作开展自查自评工作。印发《保密工作管理台账》,促进全县保密工作人员对涉密文件签收、传阅、使用、保管、清退等环节的规范管理。

【机要工作】 2018年,温宿县委办公室提升电报办理质效,落实密码电报流转办理跟踪制,强化电报办理时效性。落实密码电报流转办理跟踪制,强化电报办理时效性和电子政务内网日常监管,每季度组织开展一次密码安全保密检查,查漏补缺。向县财政争取专项资金49.9万元,完成新办公场所密码通信电磁屏蔽室、密码通信机房、电子政务内网机房、加密视频会议室等基础设施标准化建设任务及搬迁工作。

【行政服务和后勤保障】 2018年,温宿县委办公室完成县委、人大、政府、政协机关及相关单位合署办公的搬迁工作,合理支配工作经费;加强机关财务管理,强化节俭意识,尽量减少不必要的开支;强化机关车辆日常运行管理维护,保证机关车辆的安全、正常运行;落实机关后勤管理责任制,统筹做好县党政综合办公楼卫生清洁、设施维护、后勤保障、施工监管等日常管理服务,保障机关办公区和家属区水、暖、电设施的正常运转。

【平安机关创建】 2018年,温宿县委办公室加强县委机关值班备勤和警卫工作,坚持每天5人在岗值班、应急备勤;提升县委机关值班室、视频监控,并安装机关办公区围墙护栏、门禁身份证识别系统和视频监控系统;完善县委机关应急演练方案,常态化开展应急处突演练。开展平安单位创建工作,强化干部职工平安知识教育,排查隐患漏洞。抓好机关安全生产工作。

【精神文明建设】 2018年,温宿县委办公室开展"民族团结一家亲"和民族团结联谊活动,组织干部职工结对认亲。开展"公民道德建设月"活动,以机关道德讲堂为平台,强化干部职工职业道德、家庭美德、社会公德、个人品德教育。开展普法宣传教育。

【扶贫帮困】 2018年,温宿县委办公室开展"访惠聚"活动,党员干部职工轮流住村与群众同吃、同住、同劳动、同学习,深入农牧民群众家中了解困难、宣讲政策;组织佳木镇尤喀克吐曼村村民从事拾棉花、收核桃、摘苹果、捡红枣等季节性务工3000余人次。帮助困难家庭解决小麦收割、交粮,红枣、核桃、棉花采收等农业生产困难,给79户低保户、困难群众、贫困户发放"暖心煤"79吨,让其家庭温暖过冬,解决困难150余件。

【党的建设】 2018年,温宿县委办公室加强思想政治建设。学习党的十九大、习近平新时代中国特色社会主义思想以及陈全国书记历次重要讲话精神,重温党章和问责条例、巡视工作条例、廉洁自律准则等党规党纪。执行新形势下党内政治生活若干准则,坚决贯彻民主集中制,规范落实民主(组织)生活会、民主评议党员等党的组织生活制度。结合"聚焦总目标 作风再整顿"专项活动,突出问题,以8个方面的问题为重点,召开办公室党支部组织生活会,开展批评和自我批评。

【干部队伍建设】 2018年,温宿县委办公室修改完善县委办公室内部管理制度和竞争激励机制。强化干部职工培养,采取内部培训和外派培训相结合、集中学习与自学相结合的方式,加大文秘、机要、保密、翻译、财务等工作人员业务素质培训力度。全年确定入党积极分子2人,预备党员转正2人,建立健全支部党员档案。向组织推荐后备干部,充实文秘、信息、改革干部队伍。

【制度建设】 2018年,温宿县委办公室狠抓党员日常教育管理。在原有工作制度的基础上,健全完善干部考核、财务管理等工作制度,进一步规范工作程序,严明工作纪律。班子成员坚持把时间和精力用在干实事、抓落实上,带头入户走访、服务群众。结合"聚焦总目标 作风再整顿"专项活动,针对日常工作中干部职工责任心不强、纪律不严、服务不优、办事拖拉等问题开展作风整顿。推进"两学一做"学习教育。

【廉政建设】 2018年,温宿县委办公室落实党风廉政建设责任制。将党风廉政建设与其他各项工作结合起来,作为干部考核、述职评议的重要依据。执行集体领导与个人分工负责相结合的制度,处理好办公室各类重大事项决策中的各种关系。经常召开办公室班子会议和干部职工会议,沟通意见看法,统一思想,对办公室的重要人事变动、财务、重大工程项目等“三重一大”事项,发扬民主,特别是在干部提拔、入党、评先选优等方面,按程序办理。

【作风效能建设】 2018年,温宿县委办公室坚持个人有关事项报告制度。办公室副科级以上领导干部如实上报个人有关事项,带头执行廉洁自律相关规定,加强对自身及配偶子女的教育和管理。坚持重大事项研究通报制度。完善党支部议事规则,人事变动、财务、重大工程项目等“三重一大”事项集体研究、民主决策。建立公务用车管理使用制度。对办公室车辆进行管理,制定办公室车辆管理制度,执行公车定点停放、定点加油、定点维修的“三定点”制度。严禁公车私用、违章驾驶。 (侯启家)

组织工作

【机构概况】 温宿县委组织部为行政单位,是县委主管组织工作和干部工作的职能部门,正科级建制。2018年,核定编制37名(其中,行政编制11名,参公编制19名,事业编制4名,机关工勤编制3名),实有28人。按照县委规定,管理县委老干部局,内设办公室、组训室、干部室、干部监督室、信息调研室5个职能科室,下设中共温宿县委基层组织建设领导小组办公室、温宿县干部考核委员会办公室、温宿县党员干部现代远程教育管理中心、温宿县党代表联络工作办公室、温宿县人才工作领导小组办公室。

【政治建设】 2018年,温宿县委组织部坚持把学党章党规、习近平总书记系列重要讲话作为党员干部的必修课。举办主体班12个30期,专题研修班12个15期,培训党员干部1.16万人次。选派29名科级干部、11名县级干部参加地区级以上培训学院的培训学习,选派10名干部赴北疆昌吉州沙湾县挂职,组织挂职干部8月返乡赴42个单位开展挂职宣讲。表彰先进基层党组织、优秀共产党员和优秀党务工作者共151个。1万余名党员参与“不忘初心、牢记使命”重温入党誓词活动,3200余名党员进行发声亮剑。

【干部队伍建设】 2018年,温宿县委组织部坚持党管干部,调整干部7批次444人,提拔重用232人(具有乡、村基层任职经历干部占95.2%),其中反分裂斗争一线干部33名。畅通干部交流轮岗渠道,选拔32名县直单位优秀年轻干部到乡(镇)任职,遴选34名长期扎根奉献乡(镇)的干部到县直单位任职。做好新形势下干部人才关心关爱工作,解决68名长期奉献基层的干部主任科员、副主任科员待遇,兑现44名公务员职级待遇。落实干部轮休补休计划,组织923名干部进行年度体检,健全健康档案。

【人才工作】 2018年,温宿县委组织部“组团式”开展优秀人才服务基层活动176场次,主动邀约地区22名行业拔尖领军人才开展专题讲座60场次,培训技术人才、农民群众1.2万余人。加大人才引进、培养、使用力度,构建“人才+项目+产业化”模式,把招商引资和招才引智结合起来,引进各类行业急需人才28人,引进教育、卫生行业优秀技术人才666人,协调人才安置房180套。申报地区级人才项目12个,立项县级重大人才项目5个,拨付首批扶持资金32万元。

【基层组织建设】 2018年,温宿县委组织部选派80名国家干部到村(社区)任党组织书记,140名党员、群众任村科技副职,培养村级后备力量2292名,培养入党积极分子2913名,发展农牧民党员754名。

8432名干部住户开展走访入户，解决群众困难诉求5263件。15个社区“大党委”建设全覆盖，成立网格党支部39个。新增新兴组织党组织11个，选派党建指导员185名，提升党的组织和工作覆盖。完成3个管理区改设建制镇工作，推行村级事务管理工作机制，落实村级财务集中报审、村级组织及村干部综合考核等工作制度。足额保障村级运转经费和村干部报酬。

【“访惠聚”工作】 2018年，温宿县委组织部落实自治区党委持续接力“访惠聚”驻村工作要求，完成人员保留率不低于60%的硬性指标，对无法继续驻村的67名干部进行调整，确保2018年工作健康持续发展。落实月考核排名、季度现场推进、半年实地考核制度，召开4次现场观摩会，6支工作队做大会交流和现场示范，3个后进乡（镇）后进工作队做表态发言。落实驻村干部关心关爱机制，每季度落实走访慰问、定期组织体检，全力保障干部正常轮休。加大经验典型宣传报道，地区采用简报62期，“新疆访惠聚”微平台刊播信息12篇，连线“访惠聚”之声3期，在各类媒体刊发稿件1213篇。

【党建带群团工作】 2018年，温宿县委组织部动员1000余名离退休干部主动开展发声亮剑活动。统筹做好工会换届，选举产生县总工会主席、副主席，第七届委员会委员33人。先后组织370余个团组织同步开展主题团日活动，覆盖团员1.2万余人。审批成立7个党支部、1个党总支，1个党委、撤销10个党支部、1个党总支，指导8个县直单位党组织完成换届改选、补选工作。发挥党校主阵地作用，举办各级各类培训班61期，参训学员7456人。（陈　娟）

金华援疆（温）工作

【脱贫攻坚】 2018年，浙江金华援温指挥部实施省援疆指挥部“211”行动计划，以带动温宿县11个深度贫困村整村脱贫作为工作重点。金华9个县（市、区）和金华经济技术开发区结对温宿县10个深度贫困村和五团3个困难连队，所有县（市、区）已全部到所结对的深度贫困村和困难连队开展帮扶工作，捐赠帮扶资金230万元。实施对口援疆整建制转移就业工作，组织71名温宿籍务工人员（少数民族）到金华就业，其中建档立卡贫困户44人。做好在金华的新疆籍务工人员服务管理、劳务培训和矛盾调处工作。建立健全重点贫困户帮扶工作机制，在疆内解决贫困户就业109人，为52名内地高校就读贫困生发放31.2万元助学金。推广黑木耳林下种植、庭院种植，对贫困户免费提供菌棒和技术指导，免费发放菌棒40万棒，有4个村107户贫困户直接获益，种植面积超过6.67公顷，户均增收1000余元。修订《2018年度温宿旅游奖补政策》，创新“旅游+扶贫”的工作模式，鼓励游客前往贫困山区旅游观光，撬动贫困乡村旅游产业。落实好省、市领导在金华新村结对贫困户帮扶工作，重点在就业帮扶和发展庭院经济等方面增强其自主脱贫能力，累计捐款捐物9万余元。投入5.1万余元改善生产生活设施，投入1.1万元开展种养殖帮扶工作。组织25名干部与当地43户（其中贫困户12户）民族同胞结亲结对，到结亲户探望慰问人均6次以上。走访慰问温宿县驻地部队、困难党员、孤寡老人及残疾人等。

【产业援疆】 2018年,浙江金华援温指挥部注重产业引进和培育,助推温宿发展特色优势产业。实施"十城百店"工程。初步建成金温两地"疆果东送、浙产西进"现代市场流通网络体系,在金华和福建省等地开设实体店53家,在金华签约区域代理10家。发展线上销售平台,引进温宿县拾花集农产品加工有限公司,在天猫官方旗舰店专营温宿大米300余吨。组织多家内地企业到温宿采购果品2万余吨。实施"百村千厂"工程。组织参加"浙洽会""杭州招商推介会"等,引进落户企业11家,已建或在建卫星工厂7家,预算总投资7.5亿元,到位资金1.5亿元。鼓励和引导落户企业发挥带动就业的作用,子聪针织公司带动周边村民就业72人,天下福公司带动就业35人。阿克苏五星向阳市场管理服务有限公司,投资1亿元修建占地13.33公顷的温宿核桃交易市场,解决就业岗位50人。温宿鑫农菌业专业合作社带动就业30人,提供短时性就业岗位300个。实施"万亩(666.67公顷)亿元"工程。流转土地160公顷,发展茭白、莲藕种植,套养小龙虾、螃蟹等水产。改造提升食用菌基地,建成日产3万棒菌棒的自动化生产流水线。

【旅游援疆】 投入援疆资金413万元,实施旅游产业提升项目,全县接待游客比上年增长38%,旅游总收入比上年增长54%。举办第六届温宿天山托木尔文化旅游节系列活动,在乌鲁木齐、杭州、金华等城市举办旅游推介会8场次,促成温宿县与浙江旅游集团签订战略合作协议。出台《温宿县2018年旅游奖励实施细则(试行)》,加强与重点旅行社的沟通和联系,将温宿县列为金华市工会疗休养旅游目的地。

【援疆项目建设】 2018年,浙江金华援温指挥部在温宿县图书馆建设项目现场承办2018年浙江省对口援疆项目集中开工仪式。抓好"交钥匙"项目建设,做好安全、质量、资金、进度全方位加强监管,按照金华质量标准指导工程建设,落实安全责任。加强项目多方位管理、协调和监督,建立县委常委会和县政府常务会议专题研究援疆项目协调会、指挥长协调会、项目管理小组会等项目协调机制,解决项目建设中出现的各种问题。邀请金华后方项目、财务、工程管理方面的专家,到温宿实地对援疆项目的建设进行问诊把脉,让问题在过程中得到解决。开展廉政文化进工地活动,在工地现场设立警示宣传标语,指挥部纪委对各项目开展定期督查,发现问题并第一时间得到解决和纠正。开展奋进争先立功竞赛,图书馆建设项目争创省指挥部"十大文明工地",加强项目全过程精细化管理,打造金华援建精品工程。3个"交钥匙"的基建项目进展良好。温宿国家农业科技园区科创中心项目于10月11日通过竣工验收。图书馆项目于9月26日通过主体工程验收,已完成部分水电装修施工。

【教育医疗援疆】 2018年,浙江金华援温指挥部发挥"组团式"教育医疗援疆团队的优势,着力推进对口支援向教育、文化、卫生等领域拓展。在教育援疆方面,促成浙江师范大学和温宿县教育局签订网络教学合作协议,开设3个在线支教基地。建成5所国家通用语言有声童书馆,为少数民族幼儿学习国家通用语言创造优良环境。扎实做好"万名教师支教计划"有关工作,指导成立自我管理委员会,明确7名具有丰富行政经验的教师担任自管会成员,制定管理办法,并不定期督查制度执行情况。注重援疆教师作用发挥,55名援疆教师共结徒65名,全体援疆教师轮流举办示范课、公开课、专题讲座,深入各受援单位的一体化办学学校送教,发挥支教教师在教改和教科研方面的示范引领作用，结对徒弟中有28人次在县级教学比赛中获奖，其中地区级奖项5人次。在医疗援疆上，建成南疆地区首个县级医院国医堂，推广中医药技术在疾病诊治、保健等方面的应用，每天门诊量在100人左右。开展阿克苏地区首例种植牙新技术。为242名温宿县贫困和边远农牧民白内障患者免费进行复明手术。开展青少年眼健康筛查6300余例，并逐一建立屈光发育档案，对340余名患有眼病青少年进行干预治疗。实施特色科室争创工程，着力打造援疆医生所在的妇科、泌尿外科、普外科、五官科、牙科、康复科等特色和重点学科，相关科室转院率同比下降40%左右，开展微创手术比例从过去基本不开展，提高到92%以上。组织开展送医送药下乡，开展活动22场次，义诊病人3122人，免费发放各类常用药品价值2万余元。

【交流交往交融】 2018年，浙江金华援温指挥部投入援疆资金510万元，引进农业、教育、医疗等方面专家162人次，到温宿开展服务基层活动、学术交流、技能实训等。组织7批次180名县、乡(镇)、村干部赴金华考察学习，邀请金华农业专家到温宿开设“农村实用技能”专题培训班。动员后方政府和企业开展帮扶，向温宿县人民医院捐赠价值10万元的医疗器材，向第五中学捐赠5万元工作经费。组织15名温宿中小学生赴金华开展“夏令营”活动，向温宿县中小学生捐赠爱心书包2000套、文具用品3万余元。开展“弘扬新时代、共圆中国梦”系列活动，主办返乡大学生红歌会、民族团结故事万人讲等活动11期，有5万多名群众参加。举办第一届金华—温宿“同心杯”系列文体活动，持续开展农民画大赛、中华传统文化才艺秀、体育活动联赛等文体比赛。

【干部人才管理】 2018年，浙江金华援温指挥部认真践行“2018援疆奋进年”“四有”援疆铁军建设等新要求，教育引导干部人才不忘初心，强化使命意识和责任担当。制定《金华市援疆指挥部“2018援疆奋进年”活动实施方案》和《关于进一步深化“四比四创”活动，全力打造“四有”金华援疆铁军的实施方案》。第九批第二期人才和首批支教教师进疆后，指挥部修订内部管理规定，指导支教教师参照指挥部有关要求，制定相应的管理办法。定期通报干部人才遵守政治、组织、工作、生活纪律情况，对苗头性问题做到早发现、早提醒、早纠正。加强外出请销假、晚点名、每周夜学等制度的执行，强化安全教育管理。加强党风廉政建设，严格执行党的民主集中制原则，坚持“三重一大”事项集体研究决定，重大决策部署事前充分酝酿。落实主体责任和监督责任，开展廉政风险点排摸分析并落实防范举措，确保廉洁自律、干净干事、秉公办事。落实党内组织生活制度，指挥部成立干部、人才两个党支部，指导支教教师成立两个党支部，开展建一个好支部、上一次好党课、提一个好问题、定一项好目标、出一批好成果“五个一”活动，指挥部领导带头以普通党员身份参加支部组织生活。加强对干部人才人文关怀，抓好干部家属探亲、学习考察、健康体检等制度落实，经常开展工会活动，丰富干部业余生活。

（罗清平）

宣传工作

【机构概况】 1951年9月，温宿县委宣传部成立，正科级建制。1993年5月，机构改革，精神文明建设办公室并入县委宣传部。2004年4月，成立县委对外宣传办公室(副科级建制)并入县委宣传部管理。2012 年 10 月 18 日,社会科学界联合会(正科级)成立,为党委领导下社会科学界的人民团体,与中共温宿县委宣传部合署办公,增加 2 名全额事业编制。2018 年,有编制 29 名(其中,行政编制 6 名、事业编制 22 名、工勤编制 1 名),领导职数 6 名,实有 24 人。

【宣传教育】 2018 年,温宿县委宣传部坚持不懈抓好理论学习。以县委中心组学习为抓手,开展县委中心组学习 15 次,全县各级党委(党组)中心组学习 1310 次。开展学习宣传活动。采取各族群众喜闻乐见的形式,组织开展巡回宣讲活动,举办宣讲培训班 89 期,培训党员干部群众 1.2 万人次,实现党的十九大精神、全国“两会”精神入户宣讲 4.8 万户,覆盖率 100%。发挥广播、电视、温宿零距离等媒体舆论主导作用。宣传各乡(镇)、县直各单位学习贯彻的具体举措和实际行动、基层干部群众学习贯彻的典型事迹和良好风貌。

【宣传活动】 2018 年,温宿县委宣传部整合全县各级各类宣讲力量,建立 296 名宣讲人才库,组织骨干宣讲员深入基层一线,开展习近平新时代中国特色社会主义和党的十九大、全国“两会”精神面对面宣讲活动 2100 余场次,受教育群众 20 余万人次。持续推动发声亮剑常态化。围绕新疆历史、文化、民族、宗教、“三区革命”开展常态化发声亮剑活动,制定下发《温宿县 2018 年发声亮剑常态化工作方案》,明确发声亮剑常态化工作的原则、主体、形式,细化行业系统各单位和干部群众发声亮剑任务等内容,建立完善发声亮剑常态化工作“周报表、月小结、季度报告”工作制度。全县干部群众通过不同形式、不同场合开展发声亮剑活动 1.5 万场次,参与人数 30.2 万人次,公开发声亮剑人数 7.48 万人次,撰写发声亮剑稿件 8.54 万篇。

【媒体宣传】 2018 年,温宿县委宣传部不断壮大主流舆论引导力,持续进行宣传报道。坚持镜头下移对准基层群众,关注民生、稳定等中心工作,策划开展“弘扬新时代 · 共圆中国梦”托木尔峰文化旅游节、农牧民运动会、农牧民厨艺大赛等每月一主题外宣活动,梳理完善温宿采访线工程,为媒体到温宿采访做好服务、创造条件,邀请疆内外记者对农业、经济、民生等方面进行宣传报道,向外推介温宿,温宿县在“2018 年荒漠绿化工程典型经验主题采访宣传活动”“第十四届阿克苏‘多浪 · 龟兹’文化旅游节开幕式暨第六届天山托木尔文化旅游节”两项重大外宣活动中受到地区表彰。壮大宣传队伍。强化通讯员队伍建设,打造一支能干会写、率先垂范的通讯员队伍。邀请地区知名记者前来授课,对全县 320 余名通讯员进行培训。地区以上媒体采用稿件 1942 条,温宿零距离推送微信 365 期 2635 条,讲好温宿故事,传播温宿好声音。提升舆论应对能力。针对敏感时期和敏感节点,制定《温宿县舆论引导工作方案》《温宿县突发公共事件新闻发布应急预案》《温宿县境外媒体管理与服务预案》等一系列规范性文件,明确新闻采访报道纪律、通讯员发稿程序和队伍管理办法,规范新闻媒体对涉及敏感问题的宣传报道。

【意识形态领域宣传】 2018 年,温宿县委宣传部聚焦总目标、坚定坚决维护意识形态领域安全。落实《党委(党组)意识形态工作责任制》。将意识形态工作纳入绩效考核内容,纳入执行党的政治纪律、组织纪律的监督检查范围,推动各级党委(党组)旗帜鲜明地站在意识形态工作第一线。党组织书记带头抓意识形态工作,带头管阵地、把导向、强队伍。

(何红艳)

精神文明建设

【精神文明建设】 2018年,温宿县推进文明创建、志愿服务、未成年人思想道德建设工作,培育和践行社会主义核心价值观。开展社会主义核心价值观和中国梦宣传教育,党史国史和新疆历史教育,引导各族干部群众牢固树立"五观"(国家观、民族观、历史观、文化观、宗教观)。制作社会主义核心价值观宣传展板2000余块,开展"最美人物"推荐评选活动,编印100人典型人物库,深挖一批维护社会稳定、民族团结、孝老爱亲等事迹突出、群众认可、示范引领好的典型人物,进行宣传报道。以巩固"自治区文明县"创建成果为载体,启动文明单位、文明乡(镇、村)、文明校园、文明家庭创建评选活动,通过文明创建有效推进社会文明程度。持续开展文明户创建评选活动。以户为单位,在全县5.7万户群众中开展"星级文明户"创建活动。家家户户的创建参评,温宿县人民检察院、克孜勒镇喀拉萨村被地区分别授予精神文明示范单位、示范村荣誉称号。抓好未成年人思想道德建设。抓好全县7所乡村学校少年宫建设和作用发挥,召开全县乡村少年宫建设工作推进会;持续推进"道德讲堂进村(社区)"。组织各级文明单位深入驻村联系点和各族群众开展思想道德教育"一带一"传帮带活动,各级文明单位开展道德讲堂230余期;深化第17个公民道德道德建设月活动。持续开展学雷锋志愿服务活动,开展文明交通、文明上网、文明餐桌、文明旅游、困难帮扶等形式开展志愿服务,深入推进社会公德、职业道德、家庭美德、个人品德建设。

【文化市场管理】 2018年,温宿县委宣传部开展"扫黄打非"专项整治工作,重点开展扫黄打非等"五大专项"("净网""固边""护苗""清源""秋风")活动,建立和落实县"扫黄打非"成员单位、乡(镇)场"扫黄打非"周检查周报告,联合执法月检查月报告,每季度一检查一小结等制度。 (何红艳)

统战工作

【机构概况】 温宿县委统一战线工作部(简称温宿县委统战部)成立于1955年2月。1993年7月,在县机构改革中统一战线工作部与民宗局合署办公。2002年,县机构改革中,统一战线工作部与民宗局分设。2018年,有编制5名,实有5人,工勤人员1名(驾驶员)。下属单位有温宿县政治学校。

【民族团结教育】 2018年,温宿县委统战部民族团结进步教育坚持做到"三个纳入"(纳入国民教育、干部教育、社会教育全过程,纳入公民道德教育和法制教育全过程,纳入各族青少年学习教育全过程)。持续开展民族团结进步教育进机关、进学校、进企业、进宗教活动场所、进乡(镇)、进村(社区)、进军(警)营、进团场连队活动。利用新媒体在县电视台、广播电台、零距离,政府网站开设民族团结宣传专栏,以宣传《民族团结进步工作条例》为重点,对民族团结先进典型事迹、好人好事进行宣传报道,组织民族团结模范代表巡回宣讲,用身边事教育身边人。举办"大美新疆·大爱故事"暨民族团结故事"万人讲"选拔赛、"我是一颗石榴籽"大型网络文化活动等民族团结主体教育活动,开展民族团结进步创建,细化创建目标和标准,挖掘典型事迹,培育选树模范典型,开展评选表彰。各乡(镇)召开民族团结进步表彰大会,表彰奖励民族团结进步单位和个人,评选表彰“民族团结一家亲”和民族团结联谊活动先进集体和个人。

【“民族团结一家亲”】 2018年,温宿县委统战部推进“民族团结一家亲”活动。把困难家庭、宗教人士、思想工作任务重、失联人员、流动人口以及文化程度不高、特殊群体作为结亲重点,做到机关事业单位干部职工与基层群众结对认亲全覆盖、与贫困户认亲全覆盖。开展民族团结联谊活动。全县各部门各单位坚持每月开展一次民族团结联谊活动。各级各类学校根据教学任务和自身特点,坚持每周开展一次民族团结联谊活动。不同部门和单位以联谊会、座谈会、茶话会、文体活动比赛等形式联合开展民族团结联谊活动,全年开展各类联谊活动1.2万场次。常态开展结亲周活动。干部职工坚持每两个月结亲走访1次,为结亲群众解决就学、就医、就业等困难8000余件。

【“五个嵌入”】 2018年,温宿县委统战部制定《温宿县关于外地群众落户及享受政策的实施细则(试行)》,出台住房保障、土地承包、就业保障等优惠政策,吸引外地群众落户温宿。以居住嵌入为基础,推动文化、源头、生产、经济等各方面嵌入式发展。在居住嵌入方面,引导商品房和集资房、廉租房、公租房等保障性住房;对偏远散居汉族农户实行集中居住,与就近村组整合建设民族团结示范村组。在文化嵌入方面,弘扬中华优秀传统文化,挖掘培育“一村一品”地域特色文化,创作以团结奋进为主题的优秀文艺作品,打造“中华优秀传统文化进基层”示范点26个,以村为单位组建腰鼓队、秧歌队、舞蹈队等文艺团队,常态开展农牧民运动会、书画展、歌唱比赛、文艺会演等群众性文体活动,在潜移默化、寓教于乐中增进各族群众中华民族共同体意识。在源头嵌入方面,坚持从娃娃抓起,把民族团结贯穿到学校教育、家庭教育、社会教育全过程各环节。实现学前三年至高中国家通用语言文字教学全覆盖。在生产嵌入方面,引导群众共建各类农牧业合作组织,开展劳力、技术、农机、资金等多形式互助活动。推进相邻乡村和团场连队联谊结对,搭建互学技能、共同致富的平台。在经济嵌入方面,鼓励各类国有、私营企业优先吸纳少数民族群众就业。依托“阿温同城”发展,在有条件的新建街区,打造富有民族特色的餐饮街、娱乐街、商贸街,建成嵌入式市场2个。

【发展资金项目】 2018年,温宿县委统战部下达少数民族发展资金项目13个,项目资金1467.6万元(含项目管理费14.6万元)。其中,兴边富民行动补助资金项目8个,项目资金1095万元;人口较少民族发展资金项目5个,项目资金358万元。截至年底,13个少数民族发展资金项目中已全部完工、验收。拨付资金1384.05万元,剩余资金83.55万元,其中结转资金(质保金)83.55万元。 (文　磊)

机关党建工作

【机构概况】 2018年,温宿县直机关工委有编制8名,实有6人,领导职数2名。下辖党的基层组织115个,其中,党委8个、党总支4个、党支部103个、党员1720名。

【强化党建责任】 2018年,温宿县直机关工委研究制订温宿县直单位党建工作要点。把党委、总支、支部书记履行抓基层党建工作责任制的情况作为年度干部考核工作述职、评先选优的重要内容,加强检查督促。印发《温宿县2018年县直单位党建工作量化考核表》,对2018年县直单位党建工作进行细化、量化。组织召开2018年县直机关党建工作会议,与所属的8个党委、4个党总支、103个直属党支部签订党建和党风廉政建设责任书。开展党建工作督查及“两学一做”学习教育、基层党组织基础工作专项检查等。至少开展1次民主(组织)生活会和民主评议党员工作。开展党员组织关系集中排查、党代会代表和党员违纪违法未给予相应处理情况排查清理、基层党组织按期换届情况专项检查、党费收缴工作专项检查、领导机关党员干部学习教育、落实“三会一课”制度、发展党员和规范党员档案管理工作集中整治等。

【组织设置及换届选举】 2018年,温宿县直机关工委完善和优化党组织设置。审批新成立10个党支部、1个党总支、1个党委,撤销13个党支部、1个党总支。督促指导38个县直单位党组织的换届、改选、补选工作,配齐配强党组织书记。

【庆祝建党活动】 2018年,温宿县直机关工委按照县委庆祝建党97周年活动的总体安排,组织督促县直单位通过开展座谈会、“一先双优”推荐、举办入党宣誓、扶贫帮困等一系列形式多样、富有成效的活动。在县“一先双优”表彰工作中,机关工委筛选推荐的36个先进基层党组织、80名优秀共产党员、35名优秀党务工作者受到县委表彰。

【发展党员】 2018年,温宿县直机关工委规范党员发展和履行入党程序,在2017年创新开展预审考察集中答辩方式的基础上,采取“三环节”(集中答辩、走访谈话、民主测评)综合进行考察选拔,进一步完善发展党员预审考察工作。考察接收预备党员37名,预备党员转正17名。做好党的基本知识宣传教育工作,举办1期党员发展对象培训班,对县直各党政机关、事业单位党员发展对象进行培训。培训中采取教师授课与电教相结合、开办道德讲堂、学员论坛等,强化学员参与互动交流。

【培训学习】 2018年,温宿县直机关工委举办县直单位党务干部培训班2次,县直机关党组织书记和党建业务人员260余人参加培训。培训内容包括规范党的机构设置、党的组织生活、党员发展、党员组织关系转接、党费收缴、党内统计等党务知识,组织县直机关党组织书记参加《中国共产党支部工作条例》(试行)、三级组织工作会议精神学习培训并考试。

【党内统计】 2018年,温宿县直机关工委按照中组部、自治区党委组织部的要求,将县直机关、事业单位1720名党员信息进一步核对,录入“全国党员管理信息系统”,为每名党员建立并完善党员档案。

【党费收缴】 2018年,温宿县直机关工委按照基层党组织在党费收缴中做到台账、票据、党员手册、党员花名册“四对口”要求,坚持收缴标准,收缴党费37.1万元。 (刘 芳)

老干部工作

【机构概况】 温宿县老干部工作局前身是老干部工作科,成立于1984年8月,副科级建制。1995年8月,老干部工作科更名为老干部工作局,归口组织部,正科级,为二级局,核定编制6名。2011年8月,成立温宿县关心下一代工作委员会办公室,是隶属于温宿县老干局的事业单位,增加事业编制2名(其中领导职数1名)。2018年,有编制8名,实有8人,其中6名行政编制,2名事业编(1名工勤人员)。

2018年,温宿县负责服务管理的离退休干部2569人,其中离休干部19人(包括易地安置的离休干部8人)、党员12名,离休干部平均年龄88岁。全县行政、事业单位退休干部2550人,退休党员干部1278人,占总数的50%。其中行政单位退休干部1020人(其中中共党员570人);事业单位退休干部1279人,其中党员591人;企业单位退休270人,其中党员125人。独立离退休干部党支部共17个,其中,离休干部党支部1个,退休干部党支部16个。

【老干部政治待遇】 2018年,温宿县老干局对6个无固定收入的离休干部遗孀进行常态走访了解情况,将生活补贴送到每位离休干部遗孀手中。每月对离休干部及离休干部遗孀走访看望一次,并送上一份生活用品。落实好重大会议、重大活动邀请离退休干部参加,离退休干部阅读文件制度。春节前夕,组织离退休干部代表召开迎春茶话会。春节前为每位离退休干部赠送1份节日慰问品,价值40余万元。温宿县委老干局为每位离退休干部分别赠订一份《老年康乐报》《阿克苏日报》《老年报》《新疆日报》《健康指南》等刊物共计9万余元。举办8场保健知识讲座。为2000余名离退干部制作发放《贴心卡》《服务册》《老干部明白册》。组织全县20名优秀离退休干部赴浙江金华学习考察,参观森林公园、湿地公园及周边县市。组织离退休干部召开庆祝中国共产党成立97周年座谈会暨主题党日活动。

【老干部生活待遇】 2018年,温宿县老干局组织全县离退休干部代表100余人召开迎春茶话会,县四套班子在家领导出席会议并由归口分管领导通报各项工作,让离退休干部全面系统地了解县域稳定发展等各方面工作情况。离退休费、护理费及时足额发放;离休干部每人每年8000元医疗周转金年初足额打入工作卡内。继续在离休干部中持续开展"1+1+3"家庭医生式服务(1个医生、1个护士负责联系管护3个离休干部)。依托县维吾尔医医院,落实县级退休干部"1+1+3"家庭医生式服务。

【关工委工作】 2018年,温宿县老干局依托老干部红色教育基地,县各级中小学校在老干部红色教育基地设立"红色课堂",学校的教师结合中国历史发展史与红色基地陈设的物品用鲜活事例向广大学生授课,接待各级学校师生参观26批次6200余人。

【老年大学活动】 2018年,温宿县老干局举办第五届老年老干室内运动会,150名老干部参加门球、健身球、乒乓球、台球、棋牌等10余个项目。元旦、春节前夕,老年大学学员分别举办1场晚会。

(赵　莉)

编制工作

【机构概况】 中共温宿县委员会机构编制委员会办公室(简称温宿县委编办)成立于2002年,为县委工作机关,正科级建制。2018年,温宿县委编办有编制13名,实有10人,有内设科室4个,分别是综合室、机构编制管理室、电子政务室、事业单位登记管理室。

【机构改革与设立】 2018 年，温宿县委编办推进党政机构改革各项工作。立足温宿实际，制定《中共温宿县委员会关于深化党和国家机构改革的意见》，明确此次深化党政机构改革的指导思想、目标、原则，完善坚持党的全面领导的制度、优化政府机构设置和职能配置、统筹党政群机构改革、推进机构编制法定化等改革政策方向。根据上级相关文件精神，设立温宿县监察委员会和中共温宿县委员会巡察工作领导小组办公室。

【机构编制统计】 2018 年，温宿县委编办按照上级部门提出的新要求，遵照“四清两对应”（机构清、编制清、领导职数清、实有人员清，具体机构设置与按规定审批的机构相对应、实际配备人员和财政供养人员与批准的编制和职数相对应）原则，在日常工作中不断完善平台信息建设。通过规范机构名称、人员编制、领导职数、经费性质等机构信息和使用编制类型、职务、职称等实有人员信息的录入和核对及管理工作等，保证机构和人员编制信息全面、真实。

【行政审批管理】 2018 年，温宿县委编办制定《温宿县实行政府服务“最多跑一次”深化“放管服”改革全面优化提升营商环境实施方案》《温宿县实施“1 + X”行动优化提升营商环境方案》。开展“减证便民”行动，制定《温宿县“减证便民”专项行动工作方案》，依法做好奇葩证明清理、汇总工作，清理出温宿县第一批“减政便民”保留事项目录清单 197 项、取消事项目录清单 32 项，下发《关于公布温宿县第一批“减证便民”证明事项目录的通知》，向社会公布接受群众监督。根据地区职能转变协调办转发的国家有关部门公开向社会征集群众办事的堵点问题 100 余项，配合政府办督促各单位抓整改，汇总出各相关单位能处理解决的群众办事堵点问题 12 项。

【权责清单制度建设】 2018 年，温宿县委编办以改善政务环境为目标，明确任务、细化措施，推进政府部门权力清单和责任清单制度建设。按照中央、自治区、地区关于取消、调整、下放行政审批事项的要求，对涉及县级的行政审批事项坚决取消、承接或下放到位，提高行政效能。完成全县 37 个单位权责清单动态调整审核工作，梳理取消事项 71 项，新增事项 17 项，调整事项 44 项，以清单形式在政府网站向社会公布。

【事业单位登记管理】 2018 年，温宿县委编办完成 223 个事业单位法人年检工作，其他事业单位因未独立开展财务核算等原因不具备登记条件而未予登记，报告率达到 100%。办理设立登记 13 个，变更登记 139 个，注销登记 38 个，补领法人证书 3 个。按照事业单位年度报告公示的要求，为全县 223 个事业单位换发事业单位法人证书正（副）本。将事业单位年度报告及变更、设立、注销登记等情况在温宿县人民政府网站上进行公示。 （田俊琳）

目标管理考核

【机构概况】 2002 年，温宿县目标管理考核委员会办公室成立，2014 年 6 月更名为温宿县绩效考评委员会办公室，2016 年 2 月与县委办公室信息督查室、县政府办公室信息督查室职能整合,设立温宿县督查考评工作领导小组办公室(简称温宿县督查考评办)。2018年,有编制10名(其中行政编制7名、事业编制3名;领导职数3名),实有工作人员5人,其中领导2人。

【工作目标制定】 2018年,温宿县督查考评办健全绩效考评工作机制,完善绩效考评体系和奖惩机制。纳入绩效考评单位117个,其中乡(镇)13个,县直一级单位72个,二级单位32个。乡(镇)工作目标由县督查考评办将指标框架和指标制定标准、要求和依据等下达给县直目标监管单位,县直目标监管单位按照要求提出具体考评指标草案,经各口牵头单位召集归口单位研究讨论后,报各口分管县领导召开会议初审,县督查考评办根据分管领导审签意见进行修改汇总,形成讨论稿提交县绩效综合考评委员会审议修改,最后经县委常委会审定印发执行。县直目标责任单位考评指标分为业务工作目标和共性工作目标。业务工作目标由县直各目标责任单位根据县督查考评办提出的指标框架和指标制定的标准、要求和依据等自行提出具体考评指标草案,报各口分管县领导召开会议初审,县督查考评办根据分管领导审签意见进行完善、汇总,形成讨论稿提交县督查考评工作委员会审议,最后经县委常委会审定印发执行。共性工作目标由相关县直目标监管单位根据县督查考评办提出的指标框架和指标制定的标准、要求及依据等提出,报各口分管县领导召开会议初审,并征求县直目标责任单位意见,经县督查考评工作委员会审议后,提交县委常委会审定印发执行。

【绩效考评指标体系】 2018年,温宿县督查考评办绩效考评实行千分制考评,乡(镇)、县直目标责任单位均由指标考评、满意度测评、领导评价、绩优绩误加(扣)分"3+1"综合考评模式组成。乡(镇)主要考评"社会稳定""经济发展(三大攻坚战)"和"其他指标"3个方面。县直单位指标体系由业务工作目标和共性工作目标两部分构成,业务工作目标又分为:本单位重点工作任务、县重点工作任务、地区下达的工作任务三部分内容。地区下达的工作任务不赋分值,实行倒扣分制,如未完成目标任务,按地区扣分标准的2倍扣分。共性工作目标又分为:社会稳定、三大攻坚战、全面从严治党、基层组织建设和意识形态领域工作5部分内容。

【考核督查方式和评价方法】 2018年,温宿县督查考评办牵头,组织"五大口"工作领导小组办公室(绩效考评牵头部门)和目标监管单位,对乡(镇)、县直目标责任单位工作目标执行情况,采取日常督查、专项督查、跟踪督查方式进行动态监管。建立和完善日常督查工作制度,根据阶段性工作需要,各牵头单位、县直各业务主管部门拟定日常督查项目、工作安排计划(方案),报县督查考评办审核,并经县督查考评工作领导小组组长审批后,统一由县督查考评办下发督查通知,申请单位按照督查通知所确定的考评督查项目、内容、要求和时限组织实施。建立和完善绩效考评工作例会制度,县"五大口"领导小组每季度至少召开一次绩效考评工作例会,对目标执行情况进行分析研究,督促检查目标实施进度和质量,保证工作目标全面及时完成。建立和完善目标进展台账登记制度,县直各目标责任单位要加强对重点工作目标执行情况的监管,通过建立月台账、月报表和开展日常督查等方式掌握目标执行进度和情况。承担地区目标任务的县直各目标责任单位每季度按时限要求认真填报"阿克苏地区绩效考评管理信息系统",县督查考评办及时掌握工作目标进展情况,并对进展滞后的工作目标协调开展跟踪督查和督办。

【考评结果】 2018年,温宿县督查考评办按照《温宿县2018年度绩效综合考评办法》,对被考评单位工作实绩给予客观公正考评。经县督查考评办整理汇总并分别征求五大口领导小组意见,提交县常委会研究,形成2018年度绩效考评结果。乡(镇)绩效考评结果:综合类乡(镇)一等奖2名,分别为佳木镇、古勒阿瓦提乡;二等奖3名,分别为克孜勒镇、阿热勒镇、吐木秀克镇;三等奖3名,分别为恰格拉克乡、依希来木其乡、托乎拉乡。单一类乡(镇)一等奖1名,为托甫汗镇;二等奖2名,分别为温宿镇、博孜墩乡;三等奖2名,分别为柯柯牙镇、共青团镇。温宿镇社区获奖情况:5个良好单位分别为迎宾社区、交通路社区、新泉社区、明园社区、九阳社区;10个合格单位分别为民生社区、龙泉社区、甘泉社区、姑墨社区、柯克牙社区、泉城社区、校场社区、友谊社区、稻香社区、欣业社区。

县直单位绩效考评结果:扶贫办、林业局、水利局、发改委、财政局、住建局、交通局、行政服务中心、政法委、检察院、公安局、法院、组织部、纪委监委、编办、宣传部、教育局、县委办、政府办、人大办、政协办、税务局、气象局、农业发展银行、农商银行、农业银行27个单位被评为县直一级优秀单位;农办、农业局(农业产业化发展局)、畜牧局、安监局、统计局、审计局、商经委、国土局、环保局、网信办、司法局、群工部(信访局)、机关工委、妇联、档案局、总工会、卫生局、文广局、邮政储蓄银行、建设银行、工商银行21个单位被评为良好单位;农业综合开发办、人影办、国资办、人社局(社保局)、市场监督管理局、温宿国家农业科技园区管委会、旅游局、油区办、产业园区管委会、煤炭局、阿克苏纺织工业城(开发区)温宿产业园办公室、统战部(工商联)、民宗委、党校、残联、民政局(老龄委办)、史志办、团县委、科技局、计生委、科协、地震局22个单位被评为合格单位。农机局、供销社2个单位被评为不合格单位。

县直二级单位:林业工作管理站、阜让自然保护区管理站、库托河水管总站、青少年活动中心4个单位被评为优秀单位;农业技术服务推广站、农业产业化服务办公室、胡杨林管理站、森林派出所、草原工作站、畜牧兽医站、农村供排水总站、图书馆、广电中心、人民医院、卫生监督所11个单位被评为良好单位;农经局、农业检验检测中心、农广校、农业执法监察大队、森林防护管理办公室、畜禽品种改良站、动物卫生监督所、台兰河水管总站、文化馆、电影放映管理中心、文化艺术中心、妇幼保健院、维吾尔医医院、疾控中心、计生服务站15个单位被评为合格单位;农机安全监理站、农机服务中心2个单位被评为不合格单位。

(张　艳)

史志工作

【机构概况】 温宿县地方志办公室前身是中共温宿县委史志办公室(简称温宿县委史志办),成立于1987年7月。1996年7月,县委史志办与县委档案局(馆)合并,实行"一个机构、两块牌子"。2009年4月,县委史志办与县档案局(馆)分设,更名为温宿县地方志办公室,挂党史研究室牌子。2018年,温宿县地方志办公室为正科级建制,财政预算管理事业单位,参照《中华人民共和国公务员法》管理;有编制5名,实有5人。

【《温宿年鉴》征编】 2018年,温宿县地方志办公室以县委办、政府办名义印发《关于报送〈温宿年鉴〉(2018年刊)资料的通知》,面向党政机关、综合部门、公司、企业等单位征集年鉴文字资料和图片资料,征集119个单位的原始资料75万余字,彩页图片100余张。采取分工负责、责任到人的编纂方法,对年鉴资料进行编辑、修改。形成近47万字的《温宿年鉴(2018)》初稿。

【大事记编写】 2018年,温宿县地方志办公室从县广电中心、政府电子政务办及相关单位征集大事记资料18万字,内容主要包括县委作出的重大决定,召开的重要会议;全县经济、文化、社会建设等工作中采取的重大举措及成果;县人大、政协开展的重要工作;组织机构调整和重要人事任免;地区级以上机构表彰奖励的先进集体和个人等,共编写大事记160余条,约1.8万字。

【供稿工作】 2018年,温宿县地方志办公室从县委办、政府办、宣传部、统计局等40余个单位收集上年年度工作总结等文字资料约45万字、温宿宣传报道资料卡片180余张,完成《新疆年鉴》《阿克苏年鉴》组稿报送工作,共撰写条目30余个,3万余字。制定《阿克苏改革开放40年(1978—2018)》温宿风采任务分解方案,收集、上报图片76张,起草文字材料8000余字。

【史志资料利用】 2018年,温宿县地方志办公室采取建立借阅登记台账、编制和公开史志书籍借阅目录、制订借阅制度、规范借阅程序、定期清点图书资料等方式,为县委、政府决策,为各单位工作查考、编史修志、课题研究提供资料服务50余次,借阅第一、二轮《温宿县志》,《温宿年鉴》30余本。

(杨周艳)

党校工作

【机构概况】 温宿县委党校属全额财政拨款事业单位,正科级建制,内设行政办、教务室、教研室3个科室。核定编制27名,实有教职工25人(少数民族15人);有教师20人,其中,专职教师18人(少数民族教师10人),工勤人员2人;教师队伍中中级职称7人,初级职称11人;专职教师中研究生学历1人,本科学历11人,大专学历6人。

【教育培训】 2018年,温宿县委高度重视党校工作,县委主要领导多次赴党校调研指导工作,解决党校教学管理及学员食宿等突出问题,县委书记及各常委,带头参加培训、带头讲党课。县委常委、组织部长、党校校长对重大问题亲自研究、重大事项亲自安排、重要文件亲自批示,优先配齐配强领导班子,配备办公车辆,明确办学要求,优化师资结构,规范教学管理,亲自审定党校教学管理办法,研究破解培训难题。县委党校举办各级各类培训班61期,培训学员7456人次。

温宿县委党校学习贯彻落实党的十九大精神农牧民党员“对党忠诚”专题培训班13期都以“送教下乡”的形式开展,覆盖全县所有乡(镇)村的农牧民党员。制定《中共温宿县委党校党性教育“课前十分钟”实施方案》,在每期培训班上严格按照“课前十分钟”规定动作对学员进行党性教育,课后十分钟进行学员讨论;根据地委党校要求在2018年乡(科)级后备干部培训班采用了“双百分”考核制;举办县委党校教师春秋季讲课比赛。

【教学创新】 2018年,温宿县委党校突出党性教育讲好主业主课。选配教学骨干宣讲“好政策”、传播“好声音”、传递“正能量”主动送学送教，将党校课堂延伸至乡村一线。坚持多元教学提升培训质量。普及多媒体教学，大力探索以研讨式(模块化研讨)、案例式、体验式等多样化教育培训方式。新开发案例式教学专题1个，继续培育运用好已挂牌的7个现场教学基地。完善党校教学师资库，规范师资标准，建立动态管理办法，县委主要领导带头入库，初步形成以32名县领导及26名党政机关主要领导为主体的党政干部师资库。邀请3名县委常委到党校上党课，先后邀请组织部、保密局、政法委、扶贫办等10个部门县直领导授课，参与教学授课18人次。邀请地委党校专家教授大幅度提高县级党校培训规格，提升培训层次、培训质量，邀请地委党校领导专家授课5人次10节课，占全部理论课程的16.7%。重教严管，内外加压，提升教学质量。健全完善绩效考核制度。利用教师绩效考核的方式提高教师工作的积极性，按照年初分配的任务量和多劳多得的原则计算年底绩效工资，通过定性定量等方式建立10余项规章制度。

【科研建设】 2018年，温宿县委党校落实教师职级科研目标责任，加大科研成果奖励，严格实行科研一票否决制度。开展教学调研，利用党员特殊走访日及民族团结结亲时机，组织开展教师调研活动，落实《县委党校关于加强教学、科研工作若干问题的实施意见》《科研管理制度》等鼓励教师撰写发表理论文章。在各类公开出版期刊发表理论文章20篇，其中《培养造就“四铁”干部队伍研究》获全疆党校系统第十八届理论研讨会三等奖，结合自身科研方向确定调研课题11篇。

【教师队伍建设】 2018年，温宿县委党校强化政治意识和政治纪律教育，建立分管领导教案审核和理论宣讲责任追究制度。进一步完善党校教学、教研及考勤等管理制度。鼓励教师参与继续教育，选派教师参加上级党校业务培训、教学观摩研讨等。把教师授课质量、教学水平测评和教学任务完成情况与个人工作业绩奖惩及职称晋升挂钩。完善教师集体备课、听课、试讲制度等教学管理制度，落实教师教学“讲、听、评、赛、研”五位一体量化考核机制，实行末位淘汰工作制。1名主要领导赴中央党校培训，4名教师赴自治区党校培训。组织教师开展3轮专题试讲，其中，2个专题被否决，多个专题经2次以上试讲通过，经授课质量反馈学员满意率达96%以上。党校的4名教师5个专题被纳入地委党校大课堂。

【校风学风建设】 2018年，温宿县委党校把党性教育贯穿于学员学习管理全过程，构建“4+2”党性教育课程体系(“4”即主体班次上好信念宗旨课、党史国史传统教育课、道德品行及法制课和反腐倡廉党纪法规课“四堂课”，按照不少于总课时30%的要求，强化学员党性理论教育，夯实思想基础。“2”即搭建党性教育活动载体、完善党性教育考核机制)。组织手抄党章和中共十九大报告，开展“集体默写入党誓词”，讲解入党誓词演变进程。现场教学参观宣传教育展馆、村史馆等教育学员“感党恩、听党话、跟党走”。组织学员唱国歌、红歌，开展民汉结对民族团结联谊活动。以学员论坛组织授课交流、典型发言，组织学习讨论活动引导学员主动发声亮剑、不做“两面人”。进行学籍考核，以考勤、请销假、课堂纪律等学风表现为抓手，结合学员论坛、调研、研讨等实践活动及参与“两委”(班委、临时支委)工作，强化学员党性考核，落实党性表现、结业考试成绩“双百分”考核机制。在公职人员专题培训班上，突出公民教育、爱国主义教育、国家通用语言文字教育和法律政策教育，注重国家意识、公民意识、法律意识培养，在培训方式上以学国家通用语言、唱红歌、手抄党章及中共十九大报告、观看爱国主义影片、组织发声亮剑等活动；在管理上，实行封闭式管理，教师24小时全程跟班管带，落实积分制教育措施，进行值班备勤。（杨述森）

档案工作

【机构概况】 1963年5月，温宿县档案馆成立。1983年1月，成立档案科，实行“科馆合一、一个机构、两块牌子”，履行行政、事业两种职能。1990年9月8日，撤销档案科，成立档案局，实行局馆合一体制。1993年5月20日，撤销档案局行政职能规划档案馆，同时档案馆与史志办合并，实行一套机构，对外分别挂档案馆和史志办两块牌子，为事业单位。2000年6月30日，温宿县人民政府下发文件（温政批〔2000〕26号）恢复档案局，事业单位（参照《中华人民共和国公务员法》管理），科级建制。实行局（馆）、史志办合署办公、局（馆）合一，“一个机构、两块牌子”。2009年4月，温宿县机构编制委员会下发温机编〔2009〕244号文件同意将温宿县史志办与档案局（馆）分成两个单位，档案局与档案馆实行局馆合一，同时加挂温宿县现行公开文件利用阅览中心牌子。2018年，温宿县档案局（馆）由县委办公室管理，编制10名（其中领导职数2名），实有10人。

【档案达标】 2018年，温宿县档案管理升级达标单位有：自治区一级单位7个，自治区二级单位28个，自治区行政村档案管理工作规范化标准单位104个，自治区社会主义新农村建设档案工作示范乡（镇）3个。

【档案基础业务建设】 2018年，温宿县档案馆馆藏档案107个全宗、51322卷、23710件，资料4800余册，其中，民国档案2个全宗、309卷，中华人民共和国成立后档案105个全宗、51013卷。全年温宿县档案局（馆）接收县编制委员会办公室移交印章49枚。对县人民政府办公室2002—2008年的文书档案接收进馆。移交文书档案永久1460件，长期474件，30年550件。

【《档案法》宣传】 2018年，温宿县档案局以“6·9”国际档案日宣传周和“宪法·法律宣传月”活动为契机，宣传档案法律法规。在综合农贸市场采取悬挂横幅、设立业务咨询点、发放宣传单等方式，开展档案法律宣传活动。发放宣传单150余份，提供档案业务咨询35人。

【档案业务培训】 2018年，温宿县档案局组织全县县直单位、乡（镇）共50个单位54名专兼职档案员参加地区档案局举办的档案基础业务培训班。温宿县档案局在柯柯牙镇开展一次档案工作业务培训，柯柯牙镇机关、站所、村干部等62人参加培训。对温宿镇各个社区“访惠聚”驻村工作队档案进行培训指导，业务人员就“访惠聚”档案的分类、划分保管期限、编号、编目、装盒等进行规范指导，有15人参加培训。组织涉改单位开展档案业务培训，各单位120名兼职档案员参加培训。全年组织各类档案业务培训23期350余人次。

【档案鉴定开放】 2018年，温宿县档案局对馆藏1988年的档案全部进行审核，对馆藏45个全宗的文书档案开展鉴定工作，鉴定出开放档案350卷（除涉密部分暂不宜开放以外）。经温宿县保密局审核，已全部向社会开放。

【馆藏档案查阅】 2018年，温宿县档案局为破产企业职工和各族干部群众提供档案查阅利用150余人次、684卷次、242件次，为群众补办独生子女证、信息核实、办理退休手续等问题提供档案依据。

【档案异地备份】 2018年，温宿县档案局（馆）开展档案异地备份85个全宗，案卷级目录7452条，案卷文件级目录65529条，全文数字化扫描618745页。

【档案数字化】 2018年，温宿县档案局完成数字化扫描15个全宗、2132卷、78875页，目录4530条，数字化率41.5%。

（张　丽）

温宿县人民代表大会

履行基本职能

【机构概况】 温宿县于1982年始设人民代表大会常务委员会,县人大常委会主任、副主任和常委会委员由县人民代表大会选举产生。温宿县人民代表大会常务委员会党组于1982年8月成立。

温宿县十三届人大常委会由24名成员组成,其中,常委会主任1名,副主任4名,委员19名。县人大常委会内设4个工作委员会、1个办公室,机关工作人员共17名,其中,常委会党组副书记、主任、副主任5名,机关工作人员18人。共有自治区人大代表6名,县级人大代表170名。

2018年,召开人大常委会会议10次、主任会议12次,听取和审议"一府一委两院"8个专项工作报告,对3部法律法规的实施情况进行执法检查,对5项工作进行专题视察调研,作出决定决议20项,依法任免国家机关工作人员34人次。

【坚定政治方向】 2018年,温宿县人大常委会学习贯彻党的十九大和十九届二中、三中全会精神和自治区党委九届六次全会精神,牢固树立"四个意识",坚定"四个自信",做到"两个维护"。在全县边境防控、脱贫攻坚、经济建设、重大项目建设、特色小镇建设、征地拆迁、社会管理等工作中,人大常委会领导直接分管和参与重点工作、重点工程项目建设。人大常委会班子成员遵守政治规矩和政治纪律,落实重大事项向县委请示报告制度。把党的领导贯穿到依法履职的全过程,行使人大的监督权、决定权和任免权。

【维护社会稳定】 2018年,温宿县人大常委会学习贯彻自治区人大常委会《关于坚决贯彻落实社会稳定和长治久安总目标,坚定维护民族团结坚决反对民族分裂的决议》,动员和号召全县各级人大代表在贯彻落实总目标第一线主动作为,把各族群众紧紧团结在党和政府周围。在常委会组成人员带头发声亮剑的基础上,组织各级人大代表以及乡镇人大常委会主席发声亮剑,持续组织机关干部职工和退休老干部主动发声亮剑、承诺宣誓,旗帜鲜明地反对民族分裂、维护民族团结。带头学习、宣传、监督实施好《新疆维吾尔自治区去极端化条例》,带头履行条例规定的职责。

【执法检查】 2018年,温宿县人大常委会开展执法检查。对全县贯彻落实《新疆维吾尔自治区去极端化条例》《新疆维吾尔自治区人口和计划生育条例》《中华人民共和国森林法》情况进行执法检查。配合自治区人大常委会和地区人大工委在全县范围内开展的《中华人民共和国城乡规划法》《自治区煤炭石油天然气开发环境保护条例》《自治区民族团结进步工作条例》等5项执法检查工作。开展自治区人大常委会对人民法院解决"执行难"、人民检察院加强对民事诉讼和执行活动法律监督工作情况的调研。对《新疆维吾尔自治区大气污染防治条例(草案)》《新疆维吾尔自治区公路建设工程质量监管管理条例(草案)》《新疆维吾尔自治区信息化促进条例(修订草案修改稿)》等7部法律法规提出修改建议。

【监督工作】 2018年,温宿县人大常委会听取审议上半年国民经济和社会发展计划执行情况,本级决算、预算执行、审计,县人民政府2017年度依法行政、环境状况和环境目标完成情况、国有资产管理情况等方面的工作报告。加大对政府专项工作监督力度。组成视察组对国家通用语言文字教育、重点项目建设进展、道路交通安全、便民警务站建设和服务管理情况进行视察,对县十三届人大三次会议代表议案、建议办理情况进行调查。听取和审议县监察委员会关于机构设置、人员配备及工作开展情况报告。

【行使决定权和任免权】 2018年,温宿县人大常委会先后围绕2017年财政决算、调整2018年财政预算、新增政府债券等重大经济工作事项以及全县重点工作作出20项决议决定。举行国家宪法日活动,组织2018年任命的21名国家机关工作人员再一次向宪法宣誓。

【乡(镇)人大建设】 2018年,温宿县人大常委会出台《聚焦总目标,规范乡镇人大工作的意见》《温宿县人大常委会组成人员联系代表、代表联系人民群众工作的方案》。在全县13个乡镇建立"代表活动之家"。托甫汗镇、柯柯牙镇、共青团镇选举产生140名镇人大代表,并在法定时间内召开各镇第一届人民代表大会第一次会议,依法选举镇人大主席和政府领导班子成员。

【加强自身建设】 2018年,温宿县人大常委会加强思想政治建设。开展"两学一做""聚焦总目标,作风再整顿"专题教育,落实《中国共产党支部工作条例(试行)》,规范党组中心组学习、党支部"三会一课"、民主生活会、组织生活会、民主评议党员等制度。加强干部作风建设。抓好人大机关党支部"两学一做""聚焦总目标,作风再整顿"等专题教育。抓好人大机关党的建设,落实党风廉政建设责任制,综合治理、脱贫攻坚、"民族团结一家亲"工作、意识形态领域反分裂斗争工作。

县人民代表大会及其常委会会议

【十三届人大常委会第十次会议】 1月1日,温宿县召开第十三届人大常务委员会第十次会议。会议审议县人民政府关于调整温宿县2017年本级财政预算收支的报告;审议县人大常委会关于温宿县第十三届人民代表大会补选代表资格的审查报告(草案)、干部任免事项等。

【十三届人大常委会第十一次会议】 1月15日,温宿县召开第十三届人大常务委员会第十一次会议。会议审议干部任命事项等。

【十三届人大常委会第十二次会议】 2月12日,温宿县召开第十三届人大常务委员会第十二次会议。会议审议县人民政府关于将温宿县2017年3个农村公路建设PPP项目政府付费资金纳入财政中长期规划及年度预算的议案;审议县人民政府关于将温宿县2017年3个改善人居环境建设PPP项目政府付费资金纳入财政中长期规划及年度预算的议案;转办县十三届人大三次会议代表议案、建议、批评和意见、干部任免事项等。

【十三届人大常委会第十三次会议】 3月27日,温宿县召开第十三届人大常务委员会第十三次会议。会议学习十三届全国人大一次会议精神传达提纲;部分人大常委会组成人员和乡镇人大主席交流学习十三届全国人大一次会议精神体会;审议县人大常委会2018年工作要点(草案);听取县人民政府2017年度依法行政工作情况的报告等。

【十三届人大常委会第十四次会议】 5月15日,温宿县召开第十三届人大常务委员会第十四次会议。会议听取和审议县人民政府贯彻执行《新疆维吾尔自治区人口与计划生育条例》工作情况报告;听取和审议县人民政府2017年度环境状况和环境目标完成情况报告;审议干部任职事项等。

【十三届人大常委会第十五次会议】 5月31日,温宿县召开第十三届人大常务委员会第十五次会议。会议审议县人大常委会关于确定共青团镇、柯柯牙镇、托甫汗镇人民代表大会代表名额的决定(草案);审议县人大常委会关于共青团镇、柯柯牙镇、托甫汗镇第一届人民代表大会代表选举工作实施方案(草案);审议温宿县人大常委会关于成立共青团镇、柯柯牙镇、托甫汗镇选举委员会的决定(草案)。

【十三届人大常委会第十六次会议】 7月26日,温宿县召开第十三届人大常务委员会第十六次会议。会议听取县人民政府关于2017年本级财政决算草案及2018年上半年预算执行情况的报告;审查批准县人民政府2017年财政决算;听取县人民政府关于2018年上半年国民经济和社会发展计划执行情况报告;听取县人民政府关于2017年本级财政预算执行情况及其他收支情况的审计报告;听取县人民政府关于国有资产管理情况的工作报告;审议2018年温宿县本级预算调整(草案)议案;审议2018年政府债务限额的议案;审议温宿县凤泉河河道综合治理建设项目政府支付资金纳入财政中长期规划及年度预算的议案;审议县人民政府关于温宿县生态文明建设示范县规划(2017—2025年)的议案、干部任免事项等。

【十三届人大常委会第十七次会议】 8月9日,温宿县召开第十三届人大常务委员会第十七次会议。会议审议干部任职事项等。

【十三届人大常委会第十八次会议】 10月11日,温宿县召开第十三届人大常务委员会第十八次会议。会议审议干部任职事项等。

【十三届人大常委会第十九次会议】 11月22日,温宿县召开第十三届人大常务委员会第十九次会议。会议听取和审议县人民政府贯彻执行《新疆维吾尔自治区去极端化条例》情况报告;听取和审议县人民政府关于国家通用语言文字教育情况的报告;审议县人大常委会工作报告(征求意见稿),审议干部任免事项等。

人大代表工作

【代表建议办理】 2018年,温宿县人大代表提出5件议案、47件建议。经过人大常委会督办,5件议案、47件建议已全部答复完毕,答复率100%,代表满意率95%。解决代表们提出的老城区棚户区改造、修建停车场、易地搬迁、贫困户安全饮水等议案建议。向自治区第十三届人大二次会议提出民生改善、项目建设等议案、建议 14 条。

【人大代表活动】 2018 年,温宿县人大常委会加强两级人大代表培训和宣讲。县人大常委会举办人大代表培训班 3 期,赴各乡镇组织人大代表培训 21 期,主要培训习近平新时代中国特色社会主义思想、习近平总书记关于坚持和完善人民代表大会制度的重要思想以及《中华人民共和国宪法》《中华人民共和国各级人民代表大会常务委员会监督法》。县人大代表为民办好事 345 件,捐款 8.4 万元,捐助文具、衣物 94 件,煤 2.5 吨,米、面 200 袋。

(许　芳)

温宿县人民政府

重要会议

【政府党组会议】 2月1日,温宿县召开温宿县第十三届人民政府党组第十八次会议。会议审议《政府工作报告》。各副县长、党组成员参加会议,县直相关单位负责人列席会议。

2月5日,温宿县召开温宿县第十三届人民政府党组第十九次会议。会议审议干部事宜。各副县长、党组成员参加会议,县直相关单位负责人列席会议。

2月10日,温宿县召开温宿县第十三届人民政府党组第二十次会议。会议研究审议干部事宜,传达学习国务院"1·25"安全生产电视电话会议精神。各副县长、党组成员参加会议,县委组织部负责人列席会议。

4月27日,温宿县召开温宿县第十三届人民政府党组第二十一次会议。会议研究审议干部事宜。各副县长、党组成员参加会议,县委组织部负责人列席会议。

5月2日,温宿县召开温宿县第十三届人民政府党组第二十二次会议。会议研究审议《第十四届阿克苏"多浪·龟兹"文化旅游节开幕式暨第六届温宿天山托木尔文化旅游节实施方案》。各副县长、党组成员参加会议,县直相关单位负责人列席会议。

5月19日,温宿县召开温宿县第十三届人民政府党组第二十三次会议。会议研究审议干部事宜。各副县长、党组成员参加会议,县直相关单位负责人列席会议。

7月11日,温宿县召开温宿县第十三届人民政府党组第二十四次会议。会议研究审议干部事宜,并对温宿县人民政府党组第20个党风廉政教育月活动专题安排部署。各副县长、党组成员参加会议。

7月13日,温宿县召开温宿县第十三届人民政府党组第二十五次会议。会议研究审议《关于调整构建温宿县"1+7"安全生产委员会组织体系意见的请示》,并开展第20个党风廉政教育月活动集中学习。各副县长、党组成员参加会议。

7月17日,温宿县召开温宿县第十三届人民政府党组第二十六次会议。会议研究审议干部事宜,并专题听取各安全生产专业委员会工作汇报,分析当前安全生产形势,对今后一段时期的安全生产工作进行安排部署。各副县长、党组成员参加会议。

8月26日,温宿县召开温宿县第十三届人民政府党组第二十七次会议。会议研究审议干部事宜,传达学习《陈全国同志在自治区旅游发展大会上的讲话》精神,以及《自治区党委办公厅、自治区人民政府办公厅关于推动旅游业成为新疆战略支柱产业的指导意见(讨论稿)》精神,专题听取《温宿县旅游工作情况汇报》。各副县长、党组成员参加会议,县直相关单位负责人列席会议。

10月15日,温宿县召开温宿县第十三届人民政府党组第二十八次会议。会议研究审议《温宿县人民政府党组贯彻落实县委"聚焦总目标作风再整顿"专项活动方案》,并对政府党组贯彻落实县委"聚焦总目标作风再整顿"专项活动专题安排部署。各副县长、党组成员参加会议。

10月23日，温宿县召开温宿县第十三届人民政府党组第二十九次会议。会议传达学习《中央脱贫攻坚相关文件精神》《自治区实施〈地方党政领导干部安全生产责任制规定〉细则的通知》等文件精神，听取国庆节期间安全生产大检查工作开展情况、中央环保督查反馈问题整改情况汇报，研究审议《温宿县"大干90天，确保三不出"专项行动实施方案》。各副县长、党组成员参加会议，县直相关单位负责人列席会议。

11月8日，温宿县召开温宿县第十三届人民政府党组第三十次会议。会议研究审议干部事宜，并开展"聚焦总目标作风再整顿"专项活动集中学习，传达学习《习近平关于严明党的纪律和规矩论述摘编》《自治区关于认真学习宣传贯彻〈中国共产党纪律处分条例〉的实施意见》《阿克苏地区开展"聚焦总目标作风再整顿"专项活动实施方案》等文件精神。各副县长、党组成员参加会议，县纪委监委、组织部负责人列席会议。

提案、议案办理

【提案、议案】 2018年，温宿县人民政府听取温宿县十三届人民代表大会第三次会议和政协温宿县十三届委员会第三次会议上县人大代表和政协委员提出的建议和提案。全年办理人大代表意见、建议52件，政协委员提案56件，答复率均为100%。温宿县人民政府始终将人大代表意见建议纳入重要议事日程，落实代表建议办理各项制度，加大督察力度，严格办理程序，提高代表建议办理质量。针对各承办单位在办理工作中存在的问题，政府办公室主动与人大常委会代表人事工委沟通联系，共同拟定解决办法，梳理汇总后及时督促落实，确保代表建议的办理质量。将各部门的办理工作纳入目标管理考核，由县目标管理考核办牵头，会同政府办公室，定期对各承办单位的办理工作进行督查。各承办单位复函经统一审核后报县人大常委会代表人事工作委员会和政府办公室。

【政府常务会议】 2018年2月25日，温宿县召开温宿县第十三届人民政府第七次常务会议。会议学习《中华人民共和国环境保护法》，通报《关于成立温宿县实验林场片区管委会移交阿克苏市管理工作领导小组及专项工作组的通知》《温宿县实验林场片区管委会移交阿克苏市管理工作方案》，审议《关于温宿县实验林场片区管委会移交阿克苏市管理相关事宜的请示》《温宿县域土地专项清理整治实施方案》等25项事宜。各副县长、党组成员参加会议，县直相关单位主要负责人列席会议。

4月14日，温宿县召开温宿县第十三届人民政府第八次常务会议。会议学习《中华人民共和国安全生产法》《新疆维吾尔自治区安全生产目标管理办法》《新疆维吾尔自治区大风暴雨暴雪天气灾害防御办法》，通报《第十三届人民政府第七次常务会议办理情况》《2018年第一季度化解债务情况》，审议《温宿县2018年防范化解重大风险攻坚战实施方案》《温宿县污染防治攻坚战实施方案》等21项事宜。各副县长、党组成员参加会议，县直相关单位主要负责人列席会议。

6月11日，温宿县召开温宿县第十三届人民政府第九次常务会议。会议学习《中华人民共和国宪法修正案》，审议《关于调整2018年第二批乡（镇）干部周转宿舍项目建设地点及内容的请示》等17个议题，并对近期重点工作进行安排部署。各副县长、党组成员参加会议，县直相关单位主要负责人列席会议。

7 月 11 日,温宿县召开温宿县第十三届人民政府第十次常务会议。会议学习《中华人民共和国反恐怖主义法》,审议《关于调整温宿县鸿泰房地产开发有限公司香格里拉玫瑰苑建设项目新增用地性质和相关指标的报告》等 11 个议题。各副县长、党组成员参加会议,县直相关单位主要负责人列席会议。

7 月 30 日,温宿县召开温宿县第十三届人民政府第十一次常务会议。会议学习《中华人民共和国监察法》,审议《温宿县 2018 年度新型城镇化建设棚户区改造征收工作实施方案》等 12 个议题。各副县长、党组成员参加会议,县直相关单位主要负责人列席会议。

8 月 14 日,温宿县召开温宿县第十三届人民政府第十二次常务会议。会议学习《中华人民共和国防洪法(2016 年修正版)》《新疆维吾尔自治区实施〈中华人民共和国反恐怖主义法〉办法》,审议《关于利用国有林场改革补助资金发展核桃深加工业的报告》等 13 个议题。各副县长、党组成员参加会议,县直相关单位主要负责人列席会议。

9 月 21 日,温宿县召开温宿县第十三届人民政府第十三次常务会议。会议学习《中华人民共和国网络安全法》,审议《温宿县进一步扩大和升级信息消费持续释放内需潜力实施方案》《温宿县降低实体经济企业成本实施方案》《温宿县 2018 年设施农业发展资金使用方案》等 24 项议题。各副县长、党组成员参加会议,县直相关单位主要负责人列席会议。

9 月 30 日,温宿县召开温宿县第十三届人民政府第十四次常务会议。会议审议《温宿县市政基础设施和四中建设改造提升工作方案》《温宿县国有农林牧场办社会职能改革实施方案》《关于调整温宿县集中供热价格的请示》等 7 项议题。各副县长、党组成员参加会议,县直相关单位主要负责人列席会议。

11 月 19 日,温宿县召开温宿县第十三届人民政府第十五次常务会议。会议学习《中华人民共和国保守国家秘密法》,审议《温宿县佳木林场恢复组建方案》《温宿县坚持聚焦总目标 贯彻新发展理念 扎实抓好当前经济工作重点任务分工方案》《关于温宿县天然气价格调整方案的请示》等 21 项议题。各副县长、党组成员参加会议,县直相关单位主要负责人列席会议。

12 月 31 日,温宿县召开温宿县第十三届人民政府第十六次常务会议。会议学习《中华人民共和国城乡规划法》《关于陕西省委、西安市委违建别墅专项整治情况的通报》,审议《政府投资类建设项目委托社会中介机构审计管理办法》《关于建立〈温宿县人民政府向温宿县人大常委会报告国有资产管理情况制度〉的请示》等 14 项议题。各副县长、党组成员参加会议,县直相关单位主要负责人列席会议。

(王 昆)

政府办公室工作

【机构概况】 温宿县人民政府办公室成立于 1950 年 3 月,时称秘书室。1962 年 11 月,改称办公室。属于协助县人民政府领导处理日常工作的机构,正科级建制。2018 年,有编制 45 名,实有 40 人。县人民政府办公室设秘书室、综合室、信息督查室、法制办公室、电子政务管理办公室、应急管理办公室 6 个内设机构,下属单位外事侨务办公室。

【信息督查】 2018 年,温宿县人民政府办公室将信息任务量化到每一位干部,鼓励有一定文字功底的工作人员编写信息,经常性地督促指导信息收集和编报工作。全年上报政务信息 166 篇。

【自身建设】 2018年,温宿县人民政府办公室督促指导下设8个党支部依照党章党纪开展党的建设工作。健全完善政府办公室党组议事规则,明确议事事项、议事内容、议事程序,落实从严治党责任。加强机关党支部建设。注重理论知识引领,确定学习时间,每月至少开展2次集中学习,并将每周三定为主题学习日,加强党员干部的政治业务教育。注重实践引领,定期组织党员参与志愿服务活动,开展党员领导干部民主生活会,落实党务公开制度,开门纳谏、接受监督,做到党员干部队伍问题早发现、早解决。结合“聚焦总目标 作风再整顿”专项活动,领导干部带头自查、剖析问题,列出清单、限时整改,党员干部查摆问题、对照整改。深入联系点,开展对口帮扶工作,帮助基层实际困难和问题。

【政务公开】 2018年,温宿县人民政府办公室成立政务公开工作领导小组,下发政务公开工作要点,推行阳光行政,通过政府网站、温宿零距离、温宿电视台等途径,依法依规公开公示招商引资、政府采购、招投标等工作,推进决策、执行、管理、服务和结果全过程公开。

【信息公开】 2018年,温宿县人民政府办公室与网信、宣传等部门对接,严格信息发布管理。政府网站主动公开政府信息925条,依申请公开1217条。主动公开率、向查阅点移交率、依申请公开备案率均达100%。政府网站“县长信箱”收到群众来信投诉、咨询、建议类信件共59件、感谢信3件、“专员信箱”转办件1件,答复率均达100%。

【应急管理】 2018年,温宿县人民政府办公室根据办公室现有人员,合理分工,细化责任,健全完善应急领导机制。制定《温宿县2018年应急管理工作要点》,新修订完善专项应急预案32个,完成突发事件重大信息报送工作,开展全县地震、农机、食品药品安全、消防等应急演练5次,制作《温宿县2018年应急宣传手册》300册。处理“7·30”洪灾、“8·10”防洪事故。

【依法行政】 2018年,温宿县人民政府办公室、政府党组会议、常务会议凡研究审议涉法事项,会前均征求法律顾问意见建议,涉及面广的重要事项邀请县人大常委会、纪委、法院有关领导参加,听取意见建议,确保决策科学。履行规范性文件审查和备案制度,维护规范性文件的权威性,审查和备案率达100%。依法履行行政普法职能,组织全县行政执法部门开展“法制宣传一条街”等活动,宣传《中华人民共和国行政复议法》《中华人民共和国行政处罚法》等法律法规。

【后勤管理】 2018年,温宿县人民政府办公室按照“科学管理、保障到位、服务一流”的工作目标,不断提升机关后勤管理服务水平。严控办公室办公用品采购、车辆维护、电脑耗材等费用支出。完成政府机关、机关小食堂搬迁工作。

【外事侨务】 2018年,温宿县人民政府办公室配合县纪委监委,严把审核关口,开展党政干部公款出国(境)旅游专项和因公出入国(境)人员的登记备案、因公出国(境)人员的护照管理工作。开展侨眷侨属宣传教育管理工作。 (王 昆)

人事工作

【机构概况】 1963年,劳动工资由县计委管理。

1964年,县人委设立人事科。1969年,劳动人事工作由县革命委员会政工组管理。1980年,分别成立劳动科、人事科。1993年,人事局与劳动局合并为劳动人事局。2002年5月,改为人事劳动和社会保障局。2003年3月,编委从人事劳动和社会保障局析出。2012年,更名为人力资源和社会保障局。2018年,有44名编制,实有34人,内设办公室、专业技术人员管理股(专业技术人员职称办公室)、工资福利股(工资改革领导小组办公室)、公务员管理股、社会保险管理股5个股室,下辖社会保险管理局。下属单位有公共就业服务局、劳动保障监察大队、劳动人事争议仲裁院。

【人员调配管理】 2018年,温宿县人力资源和社会保障局完成实验林场温宿片区51名工作人员划转工作;加强对全县15名选派生、留疆战士的管理和服务工作;组织用人单位申报急需紧缺人才引进计划50人,实际到岗聘用31人,招录各类公务员62人,招聘事业单位工作人员75人。

【专业技术职务管理】 2018年,温宿县人力资源和社会保障局完成2017年事业单位人力资源统计年报工作,全县事业单位从业人员9175人,正式在册人员5799人,其中,管理岗位674人,专业技术岗位4669人,工勤技能岗位456人;全年完成395名专业技术人员、工勤技能人员岗位变动审批上报,其中,晋升高级岗位25人,晋升中级岗位149人,晋升初级岗位189人,工勤技能岗位晋升32人;完成202名事业单位招录人员首次岗位聘用审批上报工作;完成全县事业单位5799人开展第4个聘期全员聘用工作;完成事业单位2017年新招聘337人试用期满考核鉴定工作,其中,公安机关50人,教育系统225人,其他单位62人;推荐少数民族科技骨干特殊培养人员5人;选拔推荐自治区2018年享受政府特殊津贴人员2人;保质保量完成事业单位5606名专业技术人员职称统计工作,其中,高级职称257人,中级职称992人,初级职称1806人,无职称人员2551人;受理37人专业技术人员考试类资格办证工作,其中,经济专业24人,其他专业10人,补办证书3人;打印、核发放2017年各专业、等级专业技术人员职称证书352本,其中,高级职称证书16本,中级职称证书147本,初级职称证书189本。

【公务员管理】 2018年,温宿县人力资源和社会保障局对公务员信息管理系统内人员信息更新,新录入62名公务员信息,对2018年退休及工作调整的公务员职务予以免职或调整,确保信息库内人员信息准确、规范;为137名新录用公务员办理公务员录用表审批,为235名到期转正公务员办理转正、任职、登记手续;为35名公务员办理职级并行审批手续;依据2017年度政府序列公务员及参照公务员考核结果,392人发放嘉奖证书,39人发放三等功证书;组织留疆战士及20名面向社会公开招考公务员开展岗前培训。

【工资福利兑现】 2018年,温宿县人力资源和社会保障局审核汇总全县各机关事业单位2017年度工资年报,审核290个单位10424人;开展全县机关事业单位一般干部2017年考核工资调整工作,审批行政事业单位288个6417人,月增资45万元,补发136万元;兑现全县769名事业单位工作人员岗位变动工资,人均月增资246元;开展全县干部、职工艰苦边远地区津贴标准调整工作,审批机关事业单位在职及退休人员7793人,月增资74万元,补发1109.6万元;为58名2018年退休的机关事业单位工作人员办理调资手续,为48名县编人员及166名试用期人员办理高定工资审批；审批2018年全县干部职工年终一次性奖金，审批机关事业单位8687人，发放2549.1万元；配合县纪检委做好2017年受处分人员工资降级及年终一次性奖金追减工作，核查86人，其中，降级调资11人，月减资3921元，追减2.8万元；年终一次性奖金追减62人，追回16.5万元；审核全县政府序列各单位上报的2017年度考核材料，控制优秀率，审批162个单位8207人；对县机关事业单位工作人员吃空饷问题进行自查。

【抚恤金发放】 2018年，温宿县人力资源和社会保障局受理各类工伤认定47人；上报机关事业单位伤病残鉴定51人；办理遗属补助审批16人；按政策为172名死亡干部、职工办理丧葬费和一次性抚恤金审批手续，其中，在职27人，退休145人；为235名城镇企业和农林牧场职工办理退休审批手续并发放退休证。

【干部档案专项审核】 2018年，温宿县人力资源和社会保障局完成2017—2018年温宿县新招录各类人员干部人事档案的建立及专审工作，对2017—2018年度全县干部职工档案资料进行归档整理，完成全县各类老企业、改制企业人员老档案的查询登记和拟办理企业退休人员档案的查询和提取工作，档案的查（借）阅、转递等按照档案管理有关规定执行。 （李　博）

行政服务

【机构概况】 温宿县行政服务中心成立于2012年12月，属温宿县人民政府管理的全额事业单位。有编制14名（其中领导职数3名）；内设行政科、效能督查科、财务科、工程招投标科、政府采购科5个科室。行政服务中心进驻单位35个，开设窗口69个，其中，行政审批单位25个，便民服务单位10个；全县191项事项，进驻191项，进驻率100%。日平均接待办事群众3000余人次。

【综述】 2018年，温宿县行政服务中心受理行政审批事项22111件，办结率100%；受理便民服务事项197355件，办结率100%；代审办受理项目83件，其中重大项目16件，涉及国土、住建、发改、环保、农业、林业、市监、税务等部门，工作开展40场次。政府采购组织招标采购活动1049次（其中，公开招标57次，询价采购980次，竞争性谈判采购方式6次，竞争性磋商3次，单一来源采购3次），协议供货办理完成737项。采购预算资金22440.14万元，实际采购支出19964.62万元，节约资金2475.52万元，平均节约率11.03%；工程招投标完成公开招标项目189个，其中，房建类97个，水利项目68个，市政24个，计划总投资64575.28万元，实际中标金额57235.96万元，节约预算资金7339.32万元，平均节约率11.36%。

【班子建设】 2018年，温宿县行政服务中心采取多项措施加强领导班子建设。制订领导班子年度学习教育计划，坚持党组定期集中学习制度；定期组织外出参观学习考察，重点围绕习近平新时代中国特色社会主义思想，树立与形势任务变化、经济社会发展相适应的思想观念；强化实践锻炼，组织领导班子成员投身大厅管理、项目建设和复杂矛盾调处等工作；到窗口和基层了解项目建设，审批服务情况，倾听建议、意见和批评，帮助解决困难和问题；加强对简化审批流程，缩短审批时限；执行重大问题领导集体议事规则，规范重大事项、选人用人、资金使用等方面的决策程序;建立健全沟通协调制度,开展正常交心谈心活动;围绕和谐班子建设,召开专题民主生活会,开展批评和自我批评;加强廉政建设,组织学习新《中国共产党章程》《中国共产党党内监督条例》,新修订的《中国共产党廉洁自律准则》《中国共产党纪律处分条例》法律法规以及反腐倡廉各项制度规定;建立党政主要负责人勤政廉政报告制度,执行重大事项报告制度和廉洁从政行为规范;深化党务、政务、财务公开制度,促进党风廉政建设。

【窗口规范化管理】 2018 年,温宿县行政服务中心加强窗口管理,提升服务水平。落实一日三检查、一周一讲评、一月一评比、一月一发函、一季一通报的“五个一”管理措施,提升服务质量;建立行政服务中心日常管理考核办法、AB 岗工作制度、失职追究制度、投诉处理制度、工作人员服务规范等管理制度;实行责任追究制,对违反一站式办理、首问负责、一次告知、限时办结、超时默认、联合审批等制度以及审批不规范、服务不热情、推诿扯皮的窗口和个人,按照有关规定进行处理;开展每月红旗窗口、服务之星、党员先锋岗评选活动,培育树立先进典型。开展评选表彰活动 12 次,24 个窗口被评定为“红旗窗口”,24 名工作人员被评选为“服务之星”。设置公开栏,将每月量化考核情况在大厅醒目位置进行公示;不定期组织窗口工作人员进行业务知识测试。

【行政审批管理】 2018 年,温宿县行政服务中心深化“三集中三到位”改革(各部门行政审批职能向一个科室集中,部门审批科室向政务服务中心或分中心集中,审批事项向网上办理集中;做到政务服务事项进驻大厅到位,审批授权窗口到位、电子监察到位),实现“一个窗口对外、一个机构履职、一枚印章审批”模式。截至年底,行政审批事项进驻中心实体大厅比例达到 100%,便民服务事项进驻中心实体政务大厅比例达到 80%。推进并联审批和“一条龙套餐服务”改革,将部门分设的办事窗口整合为“投资项目一条龙”“不动产登记一条龙”“商事服务一条龙”“工资审批一条龙”等套餐服务,建立“一家牵头、统一受理、同步办件、集中实施、限时办结”工作机制,实行前台综合受理、后台分类审批、统一窗口出件的机械化流程模式。提升服务质量,变“群众跑腿”为“数据跑腿”。成立代理审批办公室(简称代审办),为投资主体无偿提供服务,推行“一口受理、一窗出件、一条龙服务”。一口受理、统一分流。专项服务企业、群众及各投资主体,统一归口受理各项行政审批、行政许可事项,履行一次性告知义务。针对办理事项所需材料,提供参考模板及审批标准,避免因材料不规范导致的办事不通畅问题。对材料收集、初审、整理后分流至各审批部门办理,切实做到干部多服务、群众少跑路。代审办针对项目各环节,给审批部门下发受理通知书,限定办理时限。对招商引资企业开办、立项等前期手续,发改、国土、住建、环保、市监等部门将办理时限压缩至法定时限的 10%。对涉及部门多、情况复杂的重大项目实行容缺、联办并行制度。与企业签订承诺书,代审办组织各涉及部门召开联席会议,按照“环节最少、时间最短”原则进行联合预审,各审批部门进行实质性审查,前置程序视同已取得,同时受理、推进,直至全程资料补充、完善后转化为正式审批,取得审批文件。优化线上服务,变“现场跑”为“不用跑”。推进“互联网 + 政务服务”一体化平台系统的应用,实现一网受理。平台设置“我要看、我要查、我要办、我要问、我要评”5 个功能模块,向企业和群众提供网上预审、投诉建议受理服务。将网上可办理的服务事项进行表单式优化,群众网上填报资料、部门网上审批,让老百姓通过身份证认证,利用手机上网就能办理相关证照。实现公众办事"一号申请、一窗受理、一网通办",开启从"群众跑腿"到互联网"数据跑腿"的服务新模式。自8月29日一体化平台试运行以后,平台办件量达4172件。建立网上预审机制,开展在线填报、在线提交和在线审查。打造电脑PC端(网上办事大厅)、手机移动端(政务APP、微信公众号)、自助服务端(自助办事服务机)等多端业务受理模式,实现网上申请、预审全覆盖。已基本实现政务服务一网通办,企业和群众办事"只进一扇门,最多跑一次"。

【公共资源交易管理】 2018年,温宿县行政服务中心发挥公共资源交易七大系统(招投标信息预告系统、评标专家抽取系统、身份识别系统、门禁系统、电子评标系统、视频、音频监控系统及语音答辩系统)作用。对招投标全过程实施监督管理,实行"事前核准、事中监督、事后备案",规范项目招投标方式,招标组织形式的核准、公告发布、资格审查、开标、评标、中标公示以及招标文件和中标通知书备案等重要工作环节。推进政府采购电子招投标系统的建设,向县域政府采购供应商宣传电子招投标系统建设的意义,组织县域政府采购供应商参加相关培训以及办理相关CA证书。加快政府采购标准化建设。实现采购文档标准化。针对采购活动涉及的招标文件、开标程序、采购公告、评标报告、监督报告、政府采购合同、验收报告等内容,在原有基础上进一步规范采购流程;实现评分方法标准化。研究提出招标文件评分标准设置的指导性意见,细化评分标准,规范评审细则,努力减少政府采购评审专家自由裁量权。

【文化建设】 2018年,温宿县行政服务中心坚持把文化建设作为助推中心发展的强大动力,开展形式多样的文体活动,举办迎新春·庆元旦文艺会演和工会文体活动,丰富中心党员干部业余文化生活;开展文明单位、卫生红旗单位创建活动。通过中心组学习、民主生活会制度、廉政宣传栏等多种形式对干部职工进行思想教育,增强中心廉政文化的渗透力;利用政治学习及中心电视播放爱国主义教育片对中心工作人员及办事群众开展爱国主义教育。

【党风廉政建设】 2018年,温宿县行政服务中心党支部开展矛盾纠纷大排查、大调处、大化解活动,打造为民、务实、清廉的单位形象;运行电子监察系统,对进驻单位办理事项办事环节、办事流程进行全程跟踪监管;公开办事流程、收费项目、收费标准、岗位职责,开设收费窗口,将18个单位收费项目统一在收费窗口收费;将涉及群众生产、生活的服务事项,中介机构纳入中心,拓宽中心服务功能。

【作风建设】 2018年,温宿县行政服务中心规范招标采购、公共程序,采取轮岗方法,强化对风险领域工作人员进行轮岗;制作行政服务中心服务指南,明确办理事项明细、联系电话、预约电话、投诉电话等,接受群众监督;开展电话预约服务和延时服务。对部分群众无法在正常工作时间申办业务而又急需申办的,可事先通过电话向窗口预约提供服务;到下班时间尚未办理完毕的事项,业务窗口提供延时服务,直至该事项办理完毕。 (张 玲)

信访工作

【机构概况】 1991—1992年,温宿县信访局隶属于政府办公室,配备专职信访接待员2名。1993年,温宿县信访局并入温宿县人民政府办公室,称温宿县人民政府信访办。1994年,从政府办公室分出,成立温宿县信访局,属于温宿县人民政府办公室管理的二级局,正科级建制,行政单位。2012年1月,设立中共温宿县委群众工作部(简称温宿县委群工部),与温宿县信访局"一个机构、两块牌子",既是县委的工作机构,又是政府的工作机构,列县委机构序列。

2018年,温宿县委群工部(信访局)有编制10名,实有人员9人。温宿县委群工部(信访局)主要负责拟定并组织实施信访矛盾排查化解制度、报送信访信息和紧急重大信访信息,承办上级机关和县委、政府领导交办的信访事项,督促检查领导批示件、重要信访事项的处理和落实情况,接待群众来访,交办和转送信访事项等。

【来信来访】 2018年,温宿县信访接待中心接待群众来访122件136人次,其中已化解115件,化解率94.26%。

【信访管理】 2018年温宿县委群工部(信访局)重点抓好党政领导坐班接访制度落实,狠抓初信初访办理化解力度,着力推进信访信息系统运用。

【业务培训】 2018年温宿县委群工部(信访局)开展信访基础业务规范化建设,开展信访业务知识专项培训3期,安排信访干部集中带培2次,从领导接待群众来访、信访事项网下登记办理、网上信访信息系统运用、信访信息研判、领导包案化解、案件办理、案卷整理、信访接待场所、信访办公室、信访干部队伍建设10个方面明确工作要求和工作规范,规范场所设置、业务流程,统一工作台账,从根本上解决怎么干的问题。

【网上办信】 2018年,温宿县委群工部(信访局)打造适应"互联网+信访"工作新模式,适应信访制度改革新要求,坚持网上当日转送、7日办结、一案一审核、一案一满意度评价,连续5次得到上级业务部门通报表扬。

(张　毅)

民族宗教工作

【机构概况】 1985年2月,成立温宿县民族事务委员会(简称温宿县民宗委)。1988年,改称为温宿县民族宗教事务局。1993年5月机构改革时,与县委统战部合署办公,"一个机构、两块牌子"。2003年8月,民宗局与统战部分设。2012年,改称民族宗教事务委员会。2018年有编制10名(行政编制9名,工勤编制1名),实有干部8人,工勤人员1人。下属单位有温宿县伊斯兰教协会,2018年有编制9名,实有9人。

【管理宗教场所】 2018年,温宿县民宗委着力改善清真寺条件。持续推进清真寺"七进"(进水、电、路、暖、通信、广播电视、文化书屋)、"两有"(有净身房和水冲式厕所)、"九配备"(配备电子显示屏、医药服务、电脑、空调、消防设施、热水器、饮水设备、储物柜、鞋套机)。加强清真寺民主管理。指导每座清真寺成立民主管理组织,成员由信教群众民主推选产生。完善清真寺安全、消防、财务、卫生等各项民主管理规章制度,加强清真寺财务监督管理,每季度定期公布财务收支情况,自觉接受信教群众监督。

【宗教人士队伍建设】 2018年,温宿县民宗委加强宗教人士培训培养。选派宗教人士到自治区、地区伊斯兰教经文院校培训，对毕业学员予以妥善安置。8名宗教人士在自治区伊斯兰教经文学院大专班学习，13名宗教人士在自治区伊斯兰教经文学院参加为期6个月的培训，26名宗教人士在地区伊斯兰教经文学校培训。落实保护关爱政策。按照属地管理原则，对爱国宗教人士的住所、宗教活动场所安全情况进行风险评估，制定安全保护方案。落实爱国宗教人士生活补助政策，人社、民政、卫生部门按照政策规定落实免费体检，对符合低保条件的家庭纳入城乡低保。各级党员干部，尤其是领导干部，结合包联乡（镇）、村（社区）、学校、清真寺工作和开展“民族团结一家亲”活动，把爱国宗教人士当亲人，主动与爱国宗教人士结对认亲，并开展同吃、同住、同学习、同劳动，送法律、送政策、送温暖、送文明活动，做到遇难事必帮、遇大病必帮、遇喜事必贺、遇节庆必贺、遇丧事必慰问。表彰激励促作用发挥。持续深入开展和谐清真寺和先进爱国宗教人士评选表彰活动。

【依法管理】 2018年，温宿县民宗委坚持工作联动，明确民宗、公安、司法、网信、宣传、文化、教育、工商、交通等部门和工青妇、社会组织、学校等单位职责任务。组建宣讲团，常态化开展大宣讲、大学习、大讨论，用现代科学文化知识教育群众崇尚科学、文明，用法律知识教育群众学法遵法。（文　磊）

中国人民政治协商会议温宿县委员会

机关工作

【机构概况】 1954 年 5 月，中国人民政治协商会议温宿县委员会（简称温宿县政协）成立。2018 年，温宿县政协有主席 1 名、副主席 4 名，由维吾尔族、汉族、柯尔克孜族三个民族组成，其中中共党员 4 名，非党人士 1 名。温宿县政协有常务委员 25 名、委员 134 名，共有 13 个界别，分别为：中国共产党、共青团、工会、妇联、工商联、社科、文化教育、医药卫生、科技、经济、农业、宗教、法律。温宿县政协下设办公室、委员和提案工作委员会工作科、学习和文史资料工作委员会工作科 3 个机构。

【召开例会】 2018 年 1 月 12 日—14 日，政协温宿县第十三届委员会第三次会议召开，会期 3 天，出席委员 125 人。会议听取并审议批准《政协十三届委员会常务委员会工作报告》《提案委员会工作报告》。列席温宿县十三届人大三次会议，听取并协商讨论政府工作、国民经济和社会发展计划、财政预算执行情况、县人民法院、检察院工作报告。会议审议通过政协温宿县第十三届委员会第三次会议关于政协温宿县第十三届委员会常务委员会工作、提案工作报告的决议，政协温宿县第十三届委员会提案审查委员会关于十三届三次会议提案审查情况的报告、政协温宿县第十三届委员会第三次会议政治决议。

【委员学习培训】 2018 年，温宿县政协采取集中轮训、调研前学习的方式，抓实委员教育培训。结合十三届三次全体委员会议，对全体政协委员进行集中培训，为委员编印培训教材，学习政协章程、提案工作条例、政协民主监督工作、政协协商民主建设等内容。

【委员寻访】 2018 年，温宿县政协完善政协领导班子成员联系乡镇联络办公室、乡镇联络办公室联系辖区政协委员、乡镇政协委员包联服务片区群 众、工商企业界委员就近联系服务群众工作制度，宣传党的政策，倾听群众呼声。加强政协委员履职督查，对委员的学习培训、参加会议活动、撰写提案、反映社情民意等方面进行规范，激励委员履职尽责。对委员履职情况进行 1 次督查询访，乡镇基层委员询访面 100% 。

履行职能

【参政议政】 2018 年，温宿县政协围绕县委中心工作开展协商议政。召开全委会议 1 次、党组会议 10 次、主席会议 6 次、常委会议 6 次，提案交办会议 1 次。加强政协范围内的民主协商制度建设，经县委研究印发《政协温宿县委员会 2018 年委员调研视察工作方案》，完成对环境保护、扶贫攻坚、群众工作和国家通用语言教育 4 次专题调研视察，将调研成果转化为专题报告，指出问题，提出意见建议。班子成员参与全县维护稳定、农林牧场改制、扶贫攻坚、项目推进等工作。

【民主监督】 2018 年，温宿县政协探索在调研视察、办理提案等方面加强民主监督。选择涉及稳定、发展、经济、民生的 4 个监督性议题，通过听取情况介绍、现场实地察看、开展座谈讨论、提出批评和建议等方式推动党委和政府决策部署贯彻落实。加强对提案办理成效的监督，对提案办理情况进行满意度调查。组织提案委员对 5 件重点提案办理情况开展专题视察，提出意见建议。选派政协委员参加全县重大会议、干部推荐、民主测评等重大活动，多渠道参与民主监督。选派 36 名委员参加党代会、重要干部大会、干部推荐等活动，选派 5 人(次)委员参加检察院、法院案件评审以及政府采购招标活动。

【提案办理】 2018 年，温宿县政协加强和改进提案征集、立案、交办、督办、征求意见等环节的工作制度建设，加强提案承办单位和提案委员的联系与沟通，加强对提案办理的督促问询，对提案办复情况进行审核。政协十三届三次会议上，各族各界政协委员提交提案 79 件，经主席会议研究正式立案 65 件，确定 5 件提案进行重点督办；办理答复 65 件，办复率 100%。

(许　斌)

温宿县纪委监委

纪检　监察

【机构概况】　2018年1月,撤销温宿县监察局,成立温宿县监察委员会。2018年12月,中共温宿县纪律检查委员会、温宿县监察委员会(简称温宿县纪委监委)合署办公,实行一套工作机构、两个机关名称,隶属于党委序列,履行纪检、监察两项职责,对地区纪委监委和县委负责。内设机构12个,即办公室、组宣部、党风政风监督室、信访室、案件监督管理室、第一纪检监察室、第二纪检监察室、第三纪检监察室、第四纪检监察室、第五纪检监察室、案件审理室、纪检监察干部监督室,内设机构规格相当于副科级。县纪委监委、县委巡察机构核定编制58名,其中,行政编制39名,事业编制14名,机关工勤事业编制5名,实有干部48人。

【落实主体责任】　2018年,温宿县委坚持把党的领导作为立身之本、履职之要,采取中心组学习、班子成员带头学习等方式,学习习近平新时代中国特色社会主义思想和党的十九大精神。先后召开17次县委常委会议研究纪检监察工作有关议题,为纪委监委配齐配强班子。县委书记定期与县委班子成员谈心谈话,带头上廉政党课,听取纪检监察工作汇报,对纪检监察重点工作、重要案件作出批示。县纪委聚焦自治区党委、地委和县委决策部署开展监督检查,查处不担当、不作为的党组织和党员干部,以问责倒逼责任落实。

【纪律审查】　2018年,温宿县纪委坚持把政治问题与经济问题相互交织作为案件查办的重点。紧盯重点领域、重要岗位和"关键少数"特别是"一把手"不放松,注重从日常督查、信访举报、常态巡察、执纪监督和审查调查中发现问题。

【执纪监督】　2018年,温宿县纪委把纪律和法律教育抓在经常,学习贯彻党章党纪和法律特别是新修订的《中国共产党纪律处分条例》《中华人民共和国监察法》。以第20个党风廉政教育月活动为抓手,持续开展党组织书记讲廉政党课、党纪党规专题学习、依托警示教育片《蜕变》开展廉政警示教育,受教育党员和公职人员达2.3万余人次。在全县举办廉政主题演讲、知识竞赛和廉政书画展等多种活动,健全完善县纪委监委班子成员、纪检监察室对口联系乡(镇)、县直各单位工作机制,强化日常监督,推动责任落实。

【纪检体制改革】　2018年,温宿县按照监察体制改革计划表,揭牌成立监察委员会,依法选举产生监委领导班子。开展县监察委员会向乡(镇)派出监察办公室工作,对9个乡(镇)按照每个乡(镇)5名行政编制、4个乡(镇)按照每个乡(镇)4名行政编制,配齐配强纪检监察干部队伍。结合监察委的成立,健全完善工作制度,严格审批程序,规范调查流程,全要素试用12种调查措施,加强对审查调查全过程的监督管理。

【作风建设】 2018年,温宿县纪委贯彻习近平总书记关于进一步纠正干部作风、加强作风建设的重要批示精神,以“聚焦总目标 作风再整顿”专项活动为抓手,紧盯形式主义、官僚主义各种表现,着力发现和纠正管党治党不严、政治纪律不强、干部作风不实等突出问题,查处落实上级党委决策部署政策棚架、慵懒无为等突出问题。

【专项治理】 2018年,温宿县纪委制定《2018—2020年专项治理扶贫领域腐败和作风问题方案》,开展扶贫领域腐败和作风问题专项治理。开展群众工作督导,定期分析督导形势,梳理排查共性问题,优质高效核查整改自治区、地区群众工作督导移交的问题线索。

【队伍建设】 2018年,温宿县纪委把党的政治建设摆在首位,落实“三会一课”和“5+X”等制度。打造干部实践锻炼平台,先后安排28名干部到纪委监委机关跟班学习、选配21名优秀干部到纪检监察系统工作、选派17名优秀干部参加自治区、地区组织的群众工作督导。结合“能力建设年”活动,通过开办干部“夜校”和学思践悟讲堂,组织机关干部开展“民族团结一家亲”活动及脱贫攻坚工作。健全完善请示报告、线索处置、涉案款物管理、打听案情和说情干预登记备案等制度。开展全县纪检监察干部作风效能、会风会纪督查21次,诫勉纪检监察干部1名,通报处理违反会风会纪干部3名。

巡　察

【巡察概况】 2018年4月,温宿县6个县纪工委(监察分局)编制全部划转到县委巡察机构,成立县委巡察办,是县委巡察工作领导小组的日常办事机构,为县委工作机关,设在县纪委,机构规格为正科级。2018年,温宿县调整充实县委巡察工作“七人小组”、领导小组,修订《温宿县委巡察工作规划(2017—2021年)》,制定年度巡察工作方案、巡察工作要点。县委书记全面履行“第一责任人”责任,对18期《巡察专报》作出批示,召开6次常委会,7次巡察工作“七人小组”会议,听取巡察工作情况汇报,协调解决巡察机构17名编制,并将17名事业编制全部转为行政编制。

【巡察工作】 2018年,温宿县始终把维护习近平总书记的核心地位、维护党中央权威和集中统一领导,落实新疆社会稳定和长治久安总目标作为巡察工作的着力点,持续深化政治巡察,审视被巡察单位党组织的工作。全年分两轮对60个单位开展巡察。自治区深化扶贫领域腐败和作风问题推进会以来,坚持把查处群众身边的腐败和作风问题作为巡察工作的第一方向,扶贫政策、项目资金落实到哪里,巡察就跟进到哪里,以点扩面,联动推进,实现14个贫困村巡察监督全覆盖。　(吴　爽)

法 治

政法委及综治

【机构概况】 中共温宿县委政法委员会(简称温宿县委政法委)于1983年8月设立。2018年,温宿县委政法委与温宿县社会治安综合治理委员会办公室、温宿县委防范和处理邪教问题领导小组办公室、温宿县边防委员会办公室、温宿县法学会合署办公。设立温宿县网格化管理服务中心,是隶属县综治中心管理的事业机构。有防范和处理邪教问题领导小组办公室、维稳办、综治办、法学会、网格化管理服务中心、综治中心、视频监控指挥室7个内设机构。

【综述】 2018年,温宿县委政法委持续打好"三仗一战"(打好严打攻坚、群众工作、社会面防控三场硬仗,打赢边境防控的人民战争),常态化贯彻落实"四句话"(聚焦总目标、重点抓落实、推进常态化、实现"三不出"),确保全县社会大局持续稳定,实现"两年巩固"阶段性目标。开展"三查三找三落实"活动,重点区域、重点部位、重点要素管控全面加强。

【扫黑除恶专项斗争】 2018年,温宿县委政法委把握扫黑除恶专项斗争的"时""势""责",围绕"六个延伸"(向侦破大案、打财断血进一步延伸,向网络空间、新兴领域进一步延伸,向深挖幕后、打伞破网进一步延伸,向依法惩治、快诉快判进一步延伸,向综合整治、堵塞漏洞进一步延伸,向固本强基、铲除土壤进一步延伸),不断把扫黑除恶专项斗争推向深入。持续深化"五快一准"(快侦、快捕、快诉、快判、快投、打得准)机制,定期组织公检法办案干警集中进驻联合办案点,加强案件会商研判,统一执法办案思想和法律适用。持续开展自首悔过活动,鼓励群众检举揭发。组织各乡(镇)、行业监管部门深入排查整治相关行业涉黑涉恶问题,从源头上铲除黑恶势力滋生土壤。以专项斗争为牵引,依法打击整治黄赌毒、诈拐骗、非法集资等群众反映强烈的违法犯罪活动,社会治安环境持续净化。将扫黑除恶专项斗争工作纳入社会治安综合治理考评,推动专项斗争各项任务措施落实。

【队伍建设】 2018年,温宿县委政法委坚持以"两学一做"常态化学习教育为抓手,强化干部教育管理。坚持每周举行干部集中政治理论学习和召开工作例会制度,强化学习教育,定期部署工作。每周一组织政法委机关干部对党的政治理论、党风廉政、职业道德、法律法规等知识进行学习教育和一周工作进行安排部署,提升政法队伍的政法理论水平、思想素质和业务能力,政法队伍整体素质进一步增强。

【反邪教警示教育】 2018年,温宿县建立反邪教警示教育基地,将警示教育阵地建设作为一项重要抓手。在城区各机关单位和超市、银行利用电视、LED显示屏、悬挂横幅等方式,向群众宣传防范邪教知识;乡(镇)、社区利用党员电教室、活动中心宣传栏、农牧民夜校等阵地,播放有关反邪教音像资料。加大反邪教知识的宣传力度,发挥乡村两级"大喇叭"作用,早中晚滚动播放。与全县群众家庭及企业签订"家庭拒绝邪教"与"无邪教创建"承诺活动。将反邪教教育内容纳入党员电教、纳入学校法制课、纳入村(居)民学习计划、纳入综治宣传月、平安创建等活动。同时将反邪教警示教育列入干部培训计划和“七五”普法工作中。 (刘 强)

公 安

【打击刑事犯罪】 2018年,温宿县公安局侦破全部现行八类案件,追缴赃款赃物18.86万元;侦破恶势力团伙案件10起(其中公安厅认定5起),打击处理76人,扣押资产价值10.5万元,派员参与侦破地区黑社会组织团伙案;抓获刑事案件目标逃犯2名、各类上网逃犯42名;开展各类宣传活动40次,发放宣传单12.05万余份,发送微信宣传1.82万余条;现场勘查率100%。

【打击毒品犯罪】 2018年,温宿县公安局始终树立全局禁毒工作一盘棋的思想,发挥多警种连动的职能作用,开展联合作战行动。立毒品案件4起,抓获7人,组织实施青少年毒品预防教育“六二七”工程;开展禁毒宣传36次。

【查处行政违法】 2018年,温宿县公安局受理治安行政案247起,办结247起,比上年下降25.1%;查处违法人员345人,其中,警告136人,罚款93人,治安拘留116人。

【重点要素管理】 2018年,温宿县公安局细化加强对枪支弹药、民爆物品、管制器具、剧毒、易制爆危险化学品、汽油、液化气钢瓶的基础数据摸排、管理工作,检查烟花爆竹经销点1处,加油(气)站37家;发现隐患34处,立即整改28处,责令整改6处。细化场所管理措施控牢特行阵地。通过加强检查督促、签订治安责任书、落实治安管理措施等途径将重点单位、要害部位及物流寄递公司(企业)、旅馆全部纳入管理。全年检查各类场所2486家,排查隐患1083处,现场整改878处,限期整改205处。

【人口管理】 2018年,温宿县公安局不断完善户籍管理工作。迁入4568人,迁出1526人,办理居民身份证25764张,维语翻译身份证信息21024条,办理临时身份证1551张,签发户口准迁证1782张,审批各类户籍信息5729条。办理跨省异地身份证2748张,制证发放2516张,挂失申报2312张。强化流动人口管理。温宿县2018年有流入人员44354人,阿克苏其他县市流入19121人,兵团籍368人,疆内其他地州3359人,外省市流入21506人。流出人员26330人,流出阿克苏地区其他县市22543人,流出疆内其他地州2498人,流出省外1289人。推进人口精准化登记核实和依法规范身份证管理。全县户籍人口234730人,核实录入230912人,进度98.37%;信息审核处理228770人,进度99.07%,无误登记率0.4%,已达到无误登记率不得高于2%的核查要求;摸排核查无户口人员301人,解决301人;摸排重复户口人员53人,注销53人;摸排死亡未注销人员833人,注销833人;摸排参军未注销136人,注销136人。全县12~65周岁人口171673人,人像已采集139388人,进度81.19%,指纹已采集139512人,进度81.27%,虹膜已采集154992人,进度90.28%,血样已采集142795人,进度83.18%。发现并注销双重、虚假户口119个,收缴身份76张,清理应销未销户口1796个,清理纠正户口登记项目差错86068个。对辖区内的标准地址、实有人口、实有房屋、实有单位基础信息开展集中采集。单位1446家,已核签1446家,核签率100%;原有标准地址总数246067条,已复核116394条,已注销129652条,复核率99.97%;原实有房屋总数99510间,已复核66537间,2018年有房屋总数66539间,实际复核房屋总数66537间,复核采集进度100%。

【安全保卫】 2018年,温宿县公安局组织实施《温宿县公安局切实做好党的十九届二中全会和自治区“两会”安保工作分解方案》,从社会面巡控、重点要素管控、行业场所管理、安全生产等方面,制定下发一系列文件,督促指导各派出所部署、推进、除患。相继完成大型活动、高考、“六一”、古尔邦节、中秋节、国庆节等129次安保任务。在完成自治区重要领导调研等要人警卫工作上,按照警卫要求,围绕住地、活动地、路线缜密部署,细化任务,组织警力采取显隐结合的方式,确保要人警卫工作的完成。

【边境管控】 2018年,温宿县公安局持续完善边境线硬隔离措施,对边境一线硬隔离措施及进山道路、要道等地方进行检查踏查。走访群众7600余户2.55万人次,开展法律宣传活动213次,张贴发放宣传单6500余份,受教育群众2.2万人次。检查登记进出边境地区人员42.25万人次、车辆35万余辆次。检查边境前沿生产作业点50次、作业人员1058人次。

【交通管理】 2018年,温宿县公安局交通管理大队开展隐患排查、事故预防、专项整治、安全宣传等工作。查处交通违法行为31652起,其中,酒后驾驶561起,无证驾驶37起,超速52起,超员201起,逆向行驶180起,逾期未审验317起,超载12起,其他违法行为30886起。其间,温宿县辖区发生交通事故848起,其中,死亡事故18起,20人死亡,2人受伤;伤人事故135起,144人受伤;简易事故685起。与上年同期相比:事故起数减少464起,下降35.4%;死亡人数减少30人,下降60%;受伤人数减少111人,下降43.2%;直接经济损失下降37.6%。

【矛盾纠纷排查】 2018年,温宿县公安局开展“民声大走访、矛盾大调处、隐患大整治”专项活动,走访18778户,排查化解社会各类矛盾纠纷298起,收集涉警类意见建议45条,接待群众来信来访38件54人次,依法导入30件,导出8件,办结率97.3%,比上年下降41.6%。

【队伍建设】 2018年,温宿县公安局做好从优待警工作。推进从优待警项目落实,加大对民警体检、休假、功模休养、民警优抚、维护合法权益、改善民警工作生活条件、提高民警福利待遇等方面制度的贯彻落实力度。切实做好公安优抚工作。为困难、患病民警、因工牺牲民警家属发放慰问救助金,年内发放慰问金10万元,节假日、战时开展走访慰问民警65人次,做好协警员招录工作。落实民警带薪休假制度,在有利于工作的角度科学合理安排批准休假。

【纪检督察】 2018年,温宿县公安局纪检督察部门通过专项督察、听取汇报、组织调研、明察暗访等方式开展督察1500余次。组织全局民警开展廉洁知识教育学习,组织全局民警开展培训25次,开展党的十九大精神学习知识竞赛、民族团结教育活动、不忘初心演讲活动,组织考试测评90次,举办演讲会42场(次)。开展纪律作风、廉洁自律活动,对民警、协警开展谈心谈话,扶贫帮困60次,组织探望困难民警18名,解决困难民警生活26人。组织慰问警务站19次,化解民警家庭矛盾27起。

【基层建设】 2018年,温宿县公安局加强和生产建设兵团第一师五团、六团联系沟通,健全完善兵地工作协作配合、突发公共安全事件联合处置、兵地结合部社会治理联管联治工作机制。

【宣传工作】　2018年，温宿县公安局到基层派出所、警务站（警务室）采写8次，搜集撰写各类先进人物、民族团结、扶贫帮困等各类素材20余篇。结合党的十九大精神和新时代中国特色社会主义思想开展公安宣传工作，被自治区公安厅采用典型经验信息5篇。撰写问题建议类信息2篇、外宣稿件31篇、网媒稿件14篇。　（李向龙）

【消防工作】　2018年，温宿县公安消防大队检查单位2341家次，发现火灾隐患3209处，督促整改火灾隐患3299处，下发责令改正通知书1097份，行政处罚决定书59份，临时查封单位20家，责令“三停”（停产停业、停止使用、停止施工）单位21家，罚款24.2万元。开展联合演练51次，普查市政消防栓180个。受理建筑工程消防设计备案31个、竣工验收消防备案70个、消防设计审核备案12个、消防验收备案57个、开业前安全检查备案14个。开展消防常识宣传，发放宣传材料2000余份，消防授课18堂，组织灭火、逃生演练12次，开放科普教育馆32次。开展消防安全培训12期800余人。接警出动（含增援、执勤）72起，出动消防车辆120辆次，警力638人次，抢救被困人员12人，疏散被困人员11人，抢救价值23.6万元的财产。　（吴玉文）

检　察

【扫黑除恶专项斗争】　2018年，温宿县人民检察院将扫黑除恶专项斗争与反恐严打相结合，紧盯专案、催生战果，从严、从快、从重，依法精准打击，推动扫黑除恶专项斗争深入开展。

【打击刑事犯罪】　2018年，温宿县人民检察院打击各类普通刑事犯罪。受理普通提请逮捕案件57件84人，审查批准逮捕54件80人，不批准逮捕3件4人，批捕准确率100%。受理各类普通刑事公诉案件208件254人，提起公诉189件223人，正在办理19件31人，法院均作有罪判决，审查起诉准确率100%。强化法律监督工作，发挥提前介入、引导侦查职能，做到重大、特大案件、扫黑除恶和严打案件全覆盖，办理立案监督案件1件1人，退回公安机关补充侦查14件23人。召开检委会11次，检察官联席会13次，列席审委会48次。

【公益诉讼案件】　2018年，温宿县人民检察院开展公益诉讼案件检察工作，完成自治区人大一行13人对民事诉讼和执行活动监督专项检查工作。重视公益诉讼案件，多次召开专题会议进行安排部署。采取“请进来、走出去”方式，培养培训公益诉讼业务骨干，邀请浙江金华市人民检察院援疆干部到温宿挂职指导、专题授课和言传身教，选派骨干赴浙江金华市人民检察院参加培训，选派业务骨干到县国土资源局、环保局、畜牧局等行政执法部门寻找公益诉讼线索4件，经审查、研判、层报后立案3件，均已向相关部门发出诉前检察建议，按照诉前程序依法办结。

【检察服务】　2018年，温宿县人民检察院挂牌成立“一站式”服务平台——“12309检察服务中心”。整合检察服务、检务公开、接受监督等服务功能，涵盖案件受理、查询调阅、控告申诉、宣告听证、国家赔偿、司法救助、法律咨询、案件信息公开、代表委员联络等十余个服务事项，为人民群众提供检察服务。检察监督管理部发挥监督、管理、服务功能，所有案件和法律文书统一入口，进行受案审查，把住案件入口关。依托统一业务应用系统，强化对司法办案的动态监控，规范司法行为。加强办案程序期限的跟踪预警和管理监督。

规范案件归档工作,所有案件判决书生效后5日内完成归档工作,把好出口关。

【队伍建设】 2018年,温宿县人民检察院开展地区检察机关作风纪律教育整顿和“聚焦总目标 作风再整顿”专项活动。持续推进“1231”学习机制(即每月1次中心组学习;每周一、周三的2次政治和业务学习;坚持“领导干部带头上党课、参加各类培训和个人自学”3种方式;每季度开展1次闭卷考试)。先后有2名年轻干警被县委提拔重用;4名干警进行岗位调整,通过多岗位锻炼,促进青年干警成长。结合检察机关干部队伍纪律教育整顿专项活动和地区开展的“聚焦总目标 作风再整顿”专项活动,参加自治区、地区以及县级5次党课和5次警示教育大会;开展专题学习3次,常态化学习16次;通过征求意见、谈心谈话、个人自查等方式查找班子问题12条,党组成员个人问题80余条。以第20个党风廉政教育月为契机,以月促年,组织召开2次全院干警警示教育大会。 (计文强)

法　院

【机构概况】 2018年,温宿县人民法院内设机构11个,下设4个基层人民法庭,分别为:佳木镇人民法庭、阿热勒镇人民法庭、克孜勒镇人民法庭、博孜墩乡人民法庭。

【严打攻坚】 2018年,温宿县人民法院实施统一领导,坚持打防管教综合发力,严格执行“五快一准”(快侦、快捕、快诉、快判、快投、打得准)机制,受理的案件均在11天内审结。加强庭审保障,派出干警参与执庭押解任务。

【刑事审判】 2018年,温宿县人民法院依法抽调5名刑事骨干,成立扫黑除恶专班,依法审理涉黑涉恶案件。惩治贪污贿赂犯罪,特别是扶贫领域犯罪,依法审理贪污受贿案5件。依法审结危害群众生命财产安全犯罪等刑事犯罪67件。惩治破坏社会秩序犯罪,审理开设赌场、容留他人吸毒、寻衅滋事、走私贩卖运输制造毒品罪等案件30件。办理交通安全、食品药品安全、环境污染领域案件,依法审结危险驾驶、交通肇事等犯罪196件,对影响较大的制造假酒假冒注册商标案、非法用药过失致人死亡案、非法堆放化学污染物污染环境案、滥伐林木案件进行公开审理。

【民商事审判】 2018年,温宿县人民法院审结民商事案件2178件,涉案标的3800万元。审理破产清算、工程建设等案件78件,化解金融借贷、民间借贷、融资租赁等合同纠纷990件,审结婚姻家庭、抚养赡养、交通事故、劳动争议、农民工工资及医疗、住房、消费、土地承包、流转纠纷等民生类案件1049件。

【执行工作】 2018年,温宿县人民法院联合全县22家单位(部门)成立县解决执行难工作领导小组,依托执行联动机制和网络查控平台扩大查询范围,通过网络拍卖等措施提高财产变现率。打击规避执行行为,依法将125人纳入失信被执行人黑名单,限制失信被执行人高消费等行为,对抗拒执行的34人进行司法拘留,全年受理执行案件920件,执结878件,执行到位金额5677万元。

【信访工作】 2018年,温宿县人民法院落实“谁执法、谁普法”责任制,加强以案释法,结合国家宪法日等节点开展法律宣传12场次。抓好涉诉信访工作,定期摸排有信访苗头的案件,解决群众合理诉求,全年接待来访投诉群众12人，均已化解。做好群众工作，抓好“访惠聚”活动，开展包联住户、结对认亲、精准帮扶工作。

【司法救济】 2018年，温宿县人民法院开展诉前调解，化解矛盾纠纷1332件，优先办理贫困当事人的案件，受理以贫困户为原告的民商事案件10件，涉案标的48.2万元；执行案件6件，标的额23.6万元。法定审限内结案率100%。开展司法救助和法律援助工作，为困难当事人发放救助金5万元，缓减免交诉讼费1.57万元。优化诉讼服务中心建设，畅通12368服务热线和短信平台，开通微信公众号。

【司法公开】 2018年，温宿县人民法院依法公开裁判文书2242份。向县委、人大报告重点工作和重大案件，接受人大监督，多次邀请人大代表、政协委员视察法院、旁听庭审、见证执行、听取意见建议。陪审员参审案件535件，参审率100%。接受群众监督，4次召开新闻发布会，公布重大案件办理情况，3次举办“法院开放日”，邀请各界人士300余人参观法院工作。

【司法改革】 2018年，温宿县人民法院登记立案12449件。推进案件繁简分流、小额速裁程序应用，速裁案件80件。做好员额法官的动态管理，落实法官、法官助理、书记员职务序列改革，兑现相应待遇，改革后85%干警充实到审判一线。落实院（庭）长带头办案制度，院（庭）长办案1223件，占结案总数的39%。推进以审判为中心的刑事诉讼制度改革，完善刑事诉讼制度，严格落实庭前会议、非法证据排除、法庭调查三项规程，推进庭审实质化。推动内设机构改革，精简机构，推进聘用制书记员改革和司法辅助性事物外包工作的落实。

【党的政治建设】 2018年，温宿县人民法院把政治建设放在首位，坚决维护习近平总书记核心地位，维护党中央绝对权威和集中统一领导。开展“两学一做”学习教育活动，牢固树立四个意识，切实增强四个自信。落实党组班子主体责任，对事关全县或需要多方协调配合的问题，报请县委研究，对县委的各项决策做到思想统一，行动统一，步调一致，不打折扣，坚决执行，推动法院各项工作有序开展。贯彻民主集中制，规范议事规则，民主决策。加强干部队伍建设，加强思想教育，采取开办干部夜校、党课辅导、讨论交流等多种方式加强政治学习。提升干部能力，开展技能竞赛、庭审观摩、专业培训、挂职锻炼、外派学习30余场次。

【党风廉政建设】 2018年，温宿县人民法院落实从严治党，强化日常监督，开展“聚焦总目标 作风再整顿”等专项活动，整治干部作风问题，全年开展督查20次，问责32人次。贯彻中央八项规定精神及其实施细则，公布举报信箱和举报电话，接受群众监督，完善廉政风险防控机制，健全审执办案流程、规范审执权力运行，随案发放廉政监督卡2100余份，回访当事人300余人次，前移纪检监察介入时间，对信访有反映、社会有舆论、办案有违纪苗头的干警及时谈话提醒，处理问题线索7个，初核6件，立案1件，先后对11名干警提醒谈话，给予1名干警党内严重警告处分。

（杨林举）

司法行政

【机构概况】 1981年，温宿县革委会设司法科。1984年，改称司法局，在基层配备专职司法干部，正科级建置。2018年，下辖公证处、法律援助中心、基层科、社区矫正中心、矛盾纠纷调解中心和10个乡(镇)司法所(法律服务所),温宿县依法治县办作为常设机构设在司法局。

【法律法规宣传】 2018年,温宿县司法局组织开展第十五个宪法法律宣传月系列活动,全县各单位按照“谁执法谁普法、谁服务谁普法”责任制,组织讲师团、志愿者队伍开展宪法巡回宣讲26场次。开展宪法法律集中宣传活动13场次,各“访惠聚”工作队组织开展“升国旗、讲宪法”活动150场次,组织检察官、法官、统战民宗宣传干事及律师深入乡(镇)开展“以案释法”活动。

【普法依法治理】 2018年,温宿县司法局研究制定《温宿县2018年度普法依法治理工作要点》,调整充实依法治县领导小组,并依照“谁执法谁普法”责任制,将原有的51名普法成员充实至69名。按月制定普法重点工作计划,明确年度普法工作任务、合理分配普法工作任务、全面提升普法工作责任。依托“法宣在线”学法平台,组织全县198个单位公职人员开展“宪法法律法规考试”学法考试5场次,在全县范围内组织开展《中华人民共和国宪法》《中华人民共和国监察法》专题讲座学习和《中华人民共和国宪法》《中华人民共和国监察法》宣传日活动,70余个单位“一把手”和155个“访惠聚”工作队长带头讲、领着学。

【人民调解】 2018年,温宿县司法局围绕脱贫攻坚重要决策部署,制定下发《温宿县2018年人民调解工作参与深度贫困乡村社会矛盾纠纷多元化解的实施方案》。排查、调处矛盾纠纷1143件。调解成功1143件,调解成功率达100%。举办村级人民调解员培训班16期,参加村级人民调解员1685人次,按照“上报—审核—抽查—发放—回访”5个步骤,对全县各级调解组织调解成功的案件发放补贴90980元。

【社区矫正】 2018年,温宿县司法局加强刑满释放人员和社区服刑人员教育管控工作,落实“一事一问责、一周一报告、一季一小结”工作制度,按照《新疆维吾尔自治区社区服刑人员分类管理办法》落实管控措施,落实报到、学习、外出、就业、迁居、公益劳动等管理制度。强化必接必送。联系乡(镇)综治中心、派出所等单位,由政法委、司法局统筹协调,基层乡(镇)具体负责,组织派出所、司法所及综治中心至少3名正式干部赴监狱接回刑满释放人员。

【公证工作】 2018年,温宿县公证处落实公证处主任作为公证质量监管的第一责任人;按照改革工作任务,将公证处改为独立核算、自收自支、自负盈亏的社会服务公益二类法人机构,拓展公证服务范围,完善、规范公证收费标准和公证案卷质量,加强公证人员的政治理论和业务学习。对全年办理的805件公证案件逐一进行案卷质量评查。

【法律服务】 2018年,温宿县司法局研究、制定《温宿县关于推进公共法律服务实体平台建设方案》,启用温宿县公共法律服务中心,建立整合法律咨询、法律援助、公证服务、人民调解、律师管理、法治宣传等司法行政主要服务职能的综合体基本法律服务平台,通过设立法律咨询、法律援助、公证服务、人民调解等半开放式服务窗口,让群众享受“窗口化、综合性、一站式”的基本法律服务。自公共法律服务中心开设以来,接待群众330人,其中,法律咨询330人,办理法律援助17件,承接公证服务249件。全县13个乡(镇)、155个村(社区)均建立公共法律服务实体平台并挂牌。加强对律师事务所党组织建设工作的指导和督促。通过走访、摸排、登记等形式，摸清党员律师数量，采集党员律师信息。

【法律援助】 2018年，温宿县司法局持续做好弱势群体法律援助工作，拓宽法律援助渠道，整合劳动保障、工会、共青团、妇联、残联等力量，实现资源共用、信息共享。对农民工、退伍军人、残疾人等弱势群体开通绿色通道，简化法律援助办理程序。全年办理援助案件52件，法律咨询123次，12348法律援助咨询电话81人次。

【远程督查系统】 2018年，温宿县司法局进一步加强社区服刑人员监管，将社区矫正远程督察系统专门场所和网络建立在社区矫正中心。社区矫正中心总面积210平方米（报到室、信息采集室、社区矫正指挥中心、入矫宣告室、教育培训室、心理咨询室、档案室），在各个功能室均悬挂规章制度，配备电脑、办公桌椅等相关配套设施。

【地监合作】 2018年，温宿县司法局落实“积分”管理。组织开展一封家书、亲情通话、亲情视频会见、亲属入监探视、集中入监帮教等常态化地监合作“七个一”活动。利用赴全疆各监狱开展刑满释放人员“必接必送”的便利，利用到监狱“接”、向当地“送”，双向开展地监合作活动。 （周志桂）

网络安全和信息化管理

【机构概况】 中共温宿县委网信办于2017年2月12日成立，是中共温宿县委员会网络安全和信息化领导小组的常设办事机构。中共温宿县委网信办与温宿县委网信党工委办公室、温宿县互联网信息办公室“一个机构、三块牌子”，被列入县委序列，为县委直属正科级机构，系全额事业单位，具有政府行政管理职能。

【互联网党建】 2018年，中共温宿县委网信办把网站党建工作与网络安全管理同部署同落实同考核，采取单独组建、派驻党建指导员等方式，推进全县网站党组织实现全覆盖。组织网站从业人员、党员、党建指导员160人次，开展网上党史竞赛、重温入党誓词、座谈、发声亮剑、主题党课、参观爱国主义教育基地等系列活动。举办1期互联网党建工作培训班，进一步扩大党组织在各类网站的影响力和凝聚力。

【网络安全宣传教育】 2018年，中共温宿县委网信办开展网络安全教育进校园活动。通过采取网络安全知识测试、网络安全承诺签名、文明上网宣誓、普法讲座等活动开展“网络安全周”活动，进一步普及网络安全知识，筑牢网络安全屏障。 （刘妙玲）

群众团体

工　会

【机构概况】　温宿县总工会成立于1950年5月。2008年9月30日,增设困难职工帮扶中心。2018年,温宿县总工会为正科级建制群团组织;有编制7名,其中,行政编制6名,工勤编制1名,实有5人;内设行政办、财务室、基层工会办、帮扶中心4个科室。

【自身建设】　2018年,温宿县总工会新组建基层工会组织16家(含纺织服装行业联合工会9家),新增会员1014人(含农民工602人),全县26368名工会会员信息录入全国工会统计年报系统,登记造册。

【基层工会组建】　2018年,温宿县总工会按照基层工会规范化建设标准,加强指导,严抓落实,健全工会组织机构,完善规章制度,规范基层工会组织139家,达标率95%。全年组建工会8家,入会会员410人,其中农民工会员256人。

【规范职代会】　2018年,温宿县总工会印发《关于进一步健全和规范职代会制度的通知》,解决职工代表会组织制度和工作制度建设中存在的问题,调整职代会职权。29家建立职代会制度的企业工会召开职工代表大会,参与职工3497人,办理职工代表提案11件。

【集体协商工资】　2018年,温宿县总工会落实《自治区企业工资集体协商条例》《关于印发〈自治区总工会关于建立工资集体协商指导员队伍的实施意见(试行)〉的通知》,聘任工会专职工资集体协商指导员2名,采取分类指导、上门服务等方式,推进企业工资集体协商指导工作。组织符合签订三项合同的企业工会(15人以上)29家开展工资集体协商邀约活动,参与职工4598人,覆盖率100%。

【换届选举】　2018年,温宿县总工会在温宿县青少年活动中心召开第七次代表大会,160名代表和13名特邀代表参加会议。会议总结县总工会过去五年中所做的工作,安排部署之后五年工会工作目标任务。160名代表审议通过《温宿县总工会第六届委员会工作报告》《温宿县总工会第六届委员会财务工作报告》《温宿县总工会第六届委员会经费审查工作报告》《温宿县总工会第七次代表大会选举办法(草案)》《温宿县总工会第六届委员会工作报告的决议(草案)》《温宿县总工会第六届委员会财务工作报告的决议(草案)》《温宿县总工会第六届委员会经费审查工作报告的决议(草案)》。大会选举产生温宿县总工会主席、副主席,第七届委员会委员33人、女职工委员会委员7人、经费审查委员会委员5人。召开第七届委员会第一次全体会议,选举委员会委员11人、主席1人、专(兼)职副主席3人,表决通过主任和副主任人选。

【干部培训】　2018年,温宿县总工会举办企事业单位职工培训班2期,培训200余人。

【会员评家活动】　2018年,温宿县总工会开展会员评家活动,组织37家符合条件的基层工会参与评议活动,参与2119人。评议模范职工之家19个、模范职工小家11个、模范职工之家红旗单位(标兵)7个,测评满意率99%。

【厂(企)务公开】 2018年,温宿县总工会推进厂(企)务公开工作,全县100%的国有企业、85%的非公企业建立健全职工代表大会(或职工大会)、民主管理、平等协商集体合同、劳动争议调解、厂(企)务公开、工会会员评议工会民主管理、工会经费收缴及使用等各项管理制度。

【文体活动】 2018年,温宿县总工会与县安监局联合举办"安康杯"演讲比赛,27名选手参加预赛,12名选手参加决赛。结合"模范职工之家""模范职工之家标兵""工人先锋号"等主题评选宣传系列活动,宣传职工群众在劳动竞赛中取得的业绩和工会组织发挥的积极作用。组建以党的十九大精神、民族团结、职业病防治为内容的宣讲队,到农贸集市、企业、社区、机关站所开展职工队伍宣传教育活动。发放《中华人民共和国工会法》《中华人民共和国劳动法》《中华人民共和国社会保险法》《职工安全教育学习读本》《职业病防治法》等宣传读本1.5万册,开展宣讲活动13场次,受教育职工2万余人次。组织党政机关、公安、教育、卫生等单位的500余名青年参加"情定温宿·缘来是你"联谊活动。

【走访慰问】 2018年,温宿县总工会在帅傻子商贸有限责任公司揭牌成立首家工会"职工超市",推行工会会员普惠制。中秋节期间对困难职工慰问256人次,为每人发放价值300元的"职工超市"爱心卡,共计7.68万元;中秋、国庆"双节"期间看望慰问劳模、访惠聚驻村工作队、困难职工、县域部分企业及优秀一线员工、县行政服务大厅窗口单位工作人员493人,共计4.3万元。开展大病医疗救助活动,为因重大疾病致困的6名职工提供医疗救助,每人发放大病救助金2000元,共计1.2万元。开展困难职工创业促就业活动,为具有创业条件的2名困难职工发放10万元创业帮扶小额借款,并定期检查享受创业帮扶政策的下岗职工的脱贫成效,用"一人创业,多人就业,全家脱贫"工作方式,带动就业。在"两会"和三八妇女节开幕之际,联合县妇联、团县委在柯柯牙镇英沿村开展文艺演出、趣味游戏、美食烹饪比赛等系列活动。对"三八红旗手""五好文明家庭""女致富能手""好婆婆、好媳妇""美丽庭院"等17名妇女进行表彰,对15名70岁以上的妇女和贫困妇女进行慰问。

【慰问帮扶】 2018年,温宿县总工会开展"冬送温暖活动",争取上级工会资金,向困难职工、驻村工作队员、警务人员、管教干部、企业职工等发放价值64万余元的羽绒服、棉被、爱心卡等物品;开展"春送岗位行动",集中帮助下岗零就业家庭重新上岗。对乡(镇)企业、农民合作社及园区企业的用人及空缺岗位情况进行摸底核查,并将用工需求与下岗职工信息相互衔接,确保人员100%上岗;开展"夏送清凉活动",组织慰问县公安局特战大队、县城乡建设局环卫队、县城镇派出所、县曦隆燃气开发有限公司、温宿镇欣业社区、驻村工作队等23个单位的1300余名干部职工送上价值约5.75万元的太阳伞、矿泉水等防暑降温用品;开展"金秋助学活动",为52名困难职工、农民工及单亲特困职工子女发放9.1万元"金秋助学"金。

(汪 琪)

共青团

【机构概况】 1953年,成立中国共产主义青年团温宿县委员会(简称温宿县团委)。2018 年,核定编制 6 名,实有 4 人,下设少先队温宿县工作委员会。辖教育团工委 1 个,基层团委 33 个,其中,乡(镇)团委 13 个,乡(镇)中学团委 13 个,县直属团委 5 个。全县有团员青年 10654 人。主要职能是领导全县共青团与少先队工作,指导和管理青少年社会团体的思想建设、文化建设、社会实践和科技活动。

【青少年思想道德教育】 2018 年,温宿县团委开展“青年大学习”线上线下活动,号召各级团组织、团员青年参与每周 1 期“青年大学习”网上主题团课和团支部政治学习活动,组织线上学习 19 期,线下集中学习 530 余次,覆盖团员 8 万余人次。组织全县 370 余个团组织同步开展“以习近平青年工作思想为引领,争做新时代合格团员”“我是光荣的共青团员”“奋斗的青春最美丽”“青年要做解放思想的先锋”主题团日活动,覆盖团员 1.2 万余人。

【基层组织建设】 2018 年,温宿县团委开展督查指导 4 轮,督查指导党建带团建、共青团爱心集体生日会、牵手行动等工作落实情况。指导范围覆盖县直单位、村(社区)、学校团组织 30 余个,下发通报 12 期、从严治团曝光台 5 期,调整乡(镇)、中学团委书记 3 名。首创温宿县团建工作规范,建立日碰头、周例会、月总结工作机制。开展全县低龄入团专项核查和团内基础数据大摸排工作,清理低龄入团和无档案团员 3260 人,重新核定团员 10592 名。开展“聚焦总目标 从严治团”业务培训班 1 期,共青团基础团务专题培训 3 次,“智慧团建”专题培训 2 次,团干部座谈会 2 次。下发《关于进一步规范温宿县 2018 年发展团员档案工作的通知》,制作发展团员档案模板供各级团组织使用。全年新发展团员 625 名。

【少先队工作】 2018 年,温宿县团委联合县教育局、县少工委举办 2018 年少先队辅导员培训班暨少先队辅导员技能大赛,集中培训各级中小学少先队工作分管领导、少先队辅导员 89 人,各级中小学 42 名少先队辅导员参加少先队辅导员技能大赛,推报参加地区团委复赛优秀少先队辅导员 2 名。开展“你到我家吃馓子,我到你家吃月饼”“我在城里(农村)有个家”“书信手拉手”等民族团结寓教于乐文体活动 100 余场次。常态化开展民族团结好伙伴、好班级典型选树和民族团结融情故事宣讲、民族团结微视频征集、民族团结作品创作等活动。暑假、寒假期间在 13 个乡(镇)、71 个村(社区)开展“红领巾小课堂”教育活动,受益少先队员 1400 余人次。在“科技之冬”“春风行动”活动中,围绕就业创业、养殖业、林果业开展农村青年实用技术培训和座谈交流会 10 余场次,小型创业、科技培训 10 余场次,覆盖团员青年 1200 余人次。

【“助力圆梦”活动】 2018 年,温宿县团委组织开展“国酒茅台・国之栋梁——希望工程圆梦行动大型公益助学活动”,资助高考考取本科二批次及以上学生 7 名,每人提供助学金 5000 元。发起“希望工程一对一助学”募捐倡议,资助小学生 3 名,每人提供生活补助 1000 元。在全县中小学征集“微心愿”,号召全县各单位、各界爱心人士参与认领“微心愿”,为 365 名困难儿童圆梦。

【团队主题日活动】 2018 年,温宿县团委利用各级团(队)组织阵地开展“三五”学雷锋、“清明祭英烈”活动 30 余场次,五四青年节表彰活动 1 次,六一儿童节“放飞青春梦想,争做新时代好队员”40 余场次,十一国庆节“我与国旗合个影,我对祖国说句话”爱国主义活动 20 余场次,“一二・九”千名团员集体入团宣誓 1 场次,覆盖全县团(队)员约 1.87 万余人。开展杰出青年选树活动,推选阿克苏地区“十大杰出青年”1 名。开展“最佳青年”评选活动,评选、表彰“最佳青年”18 人。举办青年干部联谊活动 1 场,参与青年干部 600 余名。

【西部志愿者工作】 2018 年,温宿县有在岗大学生西部计划志愿者 14 人,其中,2017 届志愿者 7 人,2018 届志愿者 7 人。服务岗位涉及基础教育、基层社会管理 2 个专项。开展以“敬老助残度中秋 团聚共话祖国情”、来疆百日视频拍摄、温宿县大峡谷秋季植树造林、艾滋病宣传、宪法宣传主题志愿活动 5 场次。 (李洋洋)

妇 联

【机构概况】 温宿县妇女联合会(简称温宿县妇联)成立于 1950 年 3 月,属于群团组织,正科级建制,下设妇女儿童工作委员会。2018 年,有编制 7 名,实有 7 人。

【基层组织建设】 2018 年,温宿县妇联制定《温宿县机关、事业单位及新兴组织妇委会换届选举(成立)工作方案》,对建立妇女组织的机关、事业单位及新兴组织妇委会实行集中统一换届,未建立妇女组织的在同级党组织和上级妇联组织的领导和指导下组建妇女组织,机关、事业单位妇委会换届 10 个,成立妇委会 8 个,新兴组织成立妇委会 28 个。完成 13 个乡(镇)、155 个村(社区)区域化建设和村妇代会改建妇联工作,把乡(镇)妇联主席按副科实职岗位配置,配备专职妇联副主席 1 名和兼职副主席,村(社区)专职妇联主席享受村(社区)副职待遇,选举出乡(镇)妇联主席 13 名,副主席 52 名,妇联执委 206 名;选举出村(社区)妇联主席 155 名,妇联副主席 333 名,妇联执委 2014 名。召开温宿县妇女第十一次代表大会,把各级妇女代表大会代表、妇联执委、常委中各族各界、各行各业劳动妇女和知识女性中的代表比例分别从原来的 50%、44%、54% 提高到 65%、55%、55%。选举温宿县妇联第十一届执行委员会委员 25 名、常务委员会委员 11 名及专职主席、副主席各 1 名,兼职副主席 2 名,挂职副主席 1 名。

【妇女儿童工作】 2018 年,温宿县妇联发挥全县 169 个妇女维权站作用,做好婚姻家庭纠纷排查调处。建立婚姻家庭纠纷调解室 157 个,挂牌 131 个;婚姻家庭纠纷人民调解委员会 1 个,有专兼职婚姻家庭纠纷调解员 169 名。县、乡(镇)两级妇女维权站接待调处妇女群众来访 73 件,化解家庭纠纷 72 件,调解成功率 98.6%。组建“儿童之家”95 个。开办“21:00 学堂”,解决妇女参加夜校无人照顾教育孩子的问题。开展“最美家庭”创建活动,表彰各行各业“最美家庭”代表 18 户。开展母亲素质教育 614 场次,受益妇女 14 万人次。争取贫困母亲公益项目,为 8 名贫困妇女争取救助金 8 万元,向贫困妇女发放母亲健康包 23 个。

【宣传教育】 2018 年,温宿县妇联发动县、乡(镇)、村(社区)三级妇联组织组建妇女巾帼宣讲团,开展“百万妇女大宣讲”宣教活动 2584 场次,参与人数 34 万人次。组织基层妇联主席、妇女代表、执委和广大妇女开展主题发声亮剑活动,集中学习典型案例 721 场次,发声亮剑 1052 场次,参与人数 11 万人次。利用“温宿女声”微信平台开设普法专栏,开展法制宣传教育。通过农民夜校、干部结亲住户等方式,帮助农村妇女掌握国家通用语言文字。

【“美丽庭院”创建】 2018 年,温宿县妇联组织农村妇女、青年在深度贫困村开展“美丽庭院”创建活动,进行宣讲、庭院环境治理、生活垃圾分类、文明家风培育。创建“美丽庭院”1210户,完成率103%。

【技能培训】 2018年,温宿县妇联会同科技、人社等相关部门开展厨师、西式糕点、裁缝、林果业管理技术等各类妇女技能培训,举办技能大赛。鼓励妇女从事服装、刺绣、手工等产业,为12名妇女提供妇女创业项目循环资金30.5万元,向16家妇女创业就业基地转移就业妇女246名,其中建档立卡贫困妇女65人。

【巾帼志愿服务】 2018年,温宿县妇联发动巾帼志愿者、爱心妈妈协会进村入户宣传建设“美丽庭院”的意义、标准。在六一儿童节、“全国敬老月”等节点,对孤寡老人、留守儿童、单亲母亲、贫困群众等社会弱势群体集中开展结对帮扶、亲情关爱、生活救助、社会援助等活动。

【干部培训】 2018年,温宿县妇联对基层新任妇联干部开展2期、每期1天的培训。第一期培训基层妇联干部161人,第二期培训妇联干部及妇联执委委员2500余人,实现基层妇联干部及妇联执委委员培训全覆盖。 (秦李燕)

科　协

【机构概况】 1979年4月,温宿县科学技术协会(简称温宿县科协)成立,与县科学技术委员会合署办公。1984年7月,机构分设。2018年,县科协是温宿县各族科技工作者的群众组织,正科级建制,内设科普办、行政办两个科室;有全额事业编制4名,实有3人。

【《科学素质纲要》工作机制】 2018年,温宿县科协成立以县委常委为组长,县直20个单位负责人为成员的科学素质工作领导小组。印发《温宿县实施全民科学素质工作领导小组工作规则》和《温宿县实施全民科学素质行动计划纲要工作方案》,明确各单位工作目标和任务。县人民政府下发《关于贯彻〈全民科学素质行动计划纲要〉的实施意见》,将《温宿县实施全民科学素质行动计划纲要工作方案》分解为九大任务。牵头单位会同责任单位制定具体实施方案,分解任务,建立政府主导、部门协作、社会参与的工作机制。各成员单位把加强公民科学素质作为本单位重要任务,纳入有关工作规划和计划。

【未成年人科技教育】 2018年,温宿县科协推进未成年人科学素质行动。县教育局推进新科学课程实施,深化中小学科学课程教材、内容、教法改革。县科协、县教育局组织中小学开展青少年科技传播、科技创新大赛(在2018年度中获得两项第二名的成绩)、校园科技艺术节、大手拉小手科技传播等各类实践活动;在学校中开展“八荣八耻”活动,引导学生讨论什么叫“崇尚科学”、什么叫“愚昧无知”,使学生弘扬科学精神,学会科学思维。温宿县文体局在全县中小学中放映爱国主义教育片和科普片,3万余名中小学生受到教育。

【科学素质教育】 2018年,温宿县科协推进农民科学素质教育。推进农村党员、基层干部科技素质培训。县科协组织相关成员单位利用冬季三下乡活动下发5.7万余册各类农村实用技术科技读本。实施农民科技培训工程,县农业局、县劳动保障局、县财政局等部门，实施新型农民创业培训工程、农业科技入户示范工程、农村劳动力转移培训阳光工程，加强对农业专业户、科技示范户、农村经济组织带头人培训。

【“科技之冬”活动】 2018年，温宿县科协在第二十九届“科技之冬”期间，培训农村技能劳动者3200人，1200名农村劳动力向非农产业转移。开展各种形式的科技下乡活动，县科协、县农业局、县科技局、县委宣传部、团县委、县妇联等36个部门，开展科技、文化、卫生、法律和科普影视下乡等活动。继续加大农业标准化、无公害生产的科技示范培训，培育一批生态环保农产品品牌。

【社区科普益民】 2018年，温宿县科协在温宿镇率先开展以“提高科学素养，提升生活品质”为主题的社区科普益民系列活动，开展科技咨询、科普展览等知识讲座、发放科普图书等多项活动。组织开展贯穿全年的系列活动，如社区居民科普知识学习、有奖知识竞赛、“讲科学、反邪教、促和谐”宣传活动，编印下发宣传读本。规范运作管理县城社区科普长廊，更换展板210余块。

【科普示范创建】 2018年，温宿县科协开展各类科普示范单位、基地、户创建活动，通过政策扶持、技术指导、经费帮助等措施，创建温宿县科普示范单位有温宿县鑫农菌类种植农民专业合作社、温宿县新泉社区、温宿县迎宾社区、温宿县一中、二中、三中、五中、六校8个单位。县级示范社区、企业有温宿县新泉社区、迎宾社区、龙泉社区、温宿大峡谷旅游有限责任公司4个单位。科普示范学校有温宿县一中、二中、三中、五中、六校5个单位，创建各级科技（科普）示范户有朱立文等38户。

（徐　莉）

工商联

【机构概况】 1950年，温宿县商会既已存在，系民间商业组织。1956年2月，温宿县进行私营工商业的社会主义改造，温宿县商会撤销。1998年11月2日，恢复成立温宿县工商业联合委员会（简称温宿县工商联），内设办公室，核定全额事业编制1名，实有1人，有常务副会长兼专职办公室主任1名。2002年，核定全额事业编制3名。2010年10月，经县委批准成立非公有制经济组织党工委，与工商联合署办公，“一个机构、两块牌子”。2017年5月，撤销非公有制经济组织党工委，成立新兴组织工作委员会，7月，成立县非公企业综合党委，11月，设立工商联党组。2018年，为正科级全额财政拨款单位，核定编制4名，实有4人。

【扶贫帮困】 2018年9月19日，温宿县工商联在博孜墩柯尔克孜民族乡博孜墩村召开“百企帮百村”扶贫帮扶大会，温宿县曦隆燃气开发有限公司、新疆大欣汽车城投资管理有限公司和新疆开源建设工程有限责任公司等14家企业捐赠物资价值3.5万元，受益贫困群众84户316人。

【非公企业党建】 2018年，温宿县工商联组织成立中共新疆通盛达建设工程有限公司支部委员会和中共温宿县浩源葡萄酒庄有限公司支部委员会。推荐、表彰先进基层党组织2个、优秀党务工作者2名和优秀共产党员1名。非公企业发展预备党员4名，转正党员4名。组织39名民营企业家代表参加阿克苏地区、温宿县党的十九大精神宣讲会。

（周　渝）

残　联

【机构概况】 2000年6月,温宿县残疾人联合会(简称温宿县残联)成立。2018年,温宿县残联为参照《中华人民共和国公务员法》管理财政预算管理事业单位,有编制5名,实有5人。内设行政办、财务室、康复办、教育就业办、宣传维权办5个科室。下设温宿县残疾人康复中心(脑瘫儿童训练室、成人康复训练室、智障儿童启智中心、残疾人托养中心)、温宿县残疾人就业指导中心。

【康复训练】 2018年,温宿县残联开展智障儿童智力康复及脑瘫儿童肢体康复工作。县智力障碍残疾儿童康复中心是南疆唯一的政府购买定点服务中心,面向八县一市开展0~6岁残疾儿童筛查。开展智力障碍残疾儿启智康复训练工作,参加的残疾儿童30名。邀请中残联康复专家组开展疑难杂症儿童及脑瘫儿童免费坐诊工作,诊治残疾儿童110人。开展脑瘫儿童和残疾成人的康复服务工作。接受康复的残疾人40人。给各乡(镇)的精神病人免费办理救助卡35张。安装假肢4副,为视力和听力残疾人适配助视器和助听器260件。邀请自治区低视力群众康复中心专家为低视力农牧民群众免费摸底筛查,验配辅助器具、登记建档,为符合适配条件的101名听力、低视力农牧民适配助听器、老花镜,发放蓝莓叶黄素、按摩眼镜。开展托养服务,接受托养45人,其中,集中托养15人,日间照料30人。

【残疾人办证】 2018年,温宿县残联开展第二代残疾证的发放工作,与县医院协调,减少贫困残疾人的检查费,简化办证流程,办理二代残疾证301本。

【就业保障金征收】 2018年,温宿县残联征收就业保障金223万元,完成任务120%。

【帮扶救助】 2018年,温宿县残联开展建档立卡贫困残疾人家庭无障碍改造工作,实施改造20户。开展基层党组织助残扶残工作。慰问贫困残疾人家庭20户,发放慰问资金2.35万元。开展残疾人基本康复服务工作,接受服务358人。

【宣传教育】 2018年,温宿县残联开展全国"爱耳日"活动,发放宣传资料500份、宣传手册1000份,为120名群众免费测量血压、检测听力。举办专题培训班,40余人参加培训。开展残疾人事业满意度测评,120余名残疾人参加测评。

【社会保障】 2018年,温宿县残联开展残疾人安居富民工程检查工作。开展残疾人燃油补贴发放工作,发放63440元。开展残疾人按比例就业和个体就业工作,安排25名残疾人就业,完成地区下达任务的50%。为16名残疾学生发放爱心天使助学金4.4万元,为16名脑瘫儿童发放交通补助3980元。推进残疾人基本服务状况和需求信息数据动态更新工作,发放评定补贴7500元。

【信访工作】 2018年,温宿县残联接待来信来访15人次、口头咨询70余人次,办结率100%。在办公楼醒目位置安装举报箱,公开监督举报电话,专人负责,解决群众诉求。 (库尔班尼沙·阿不来提)

红十字会

【机构概况】 温宿县红十字会成立于2003年11月

16 日。2009 年始，属温宿县群众团体组织，全额预算管理事业单位。相当于正科级建制。2018 年，核定事业编制 3 名，实有 3 人，内设办公室。主要职责是宣传、贯彻《中华人民共和国红十字会法》和红十字会章程，开展备灾、救灾工作，普及卫生救护和防病知识，进行初级卫生救护训练和现场急救工作；推动无偿献血和非血缘关系骨髓移植工作，进行遗体、器官捐献的宣传、登记和联络工作；开展社会救助与社会服务活动。

【社会救助】 2018 年，温宿县红十字会登记、核查、上报困难群众 10 人（其中，小天使基金救助 1 人，天使阳光基金救助 6 人，嫣然天使基金救助 3 人），获救助资金 5 万余元。组织乡（镇）唇腭裂患者 23 人免费体检。邀请自治区心脑血管专家在佳木镇、阿热勒镇、柯柯牙镇卫生院开展先天性心脏病筛查 2700 人。组织县直单位、乡（镇）开展无偿献血活动，报名 410 人，符合条件 290 人。组织志愿者开展造血干细胞捐献活动，全县进入“中华骨髓库”志愿者 150 名，其中与患者配型成功 1 名。

【应急救护培训】 2018 年，温宿县红十字会向乡（镇）、村（社区）、学校宣传培训救护新概念及初级救护知识，参训人员 2609 人。

【博爱送温暖活动】 2018 年，温宿县红十字会接受浙江省金华市红十字会捐赠物资，折合人民币 37 万余元，受益乡（镇）13 个，受益群众 1 万余人。开展“博爱送万家”活动，发放物资价值 8681.2 元，帮助困难家庭 70 户。向 4 家贫困户发放救助金 2000 元。（曹宏刚）

军　事

温宿县人民武装部

【军事训练】 2018年,温宿县人民武装部坚持以新训练大纲为指导,落实从难、从严、从实战出发的抓训思路,以干部骨干为重点,以实战化训练为标准,抓好夜间训练。

【征兵工作】 2018年,温宿县人民武装部以向部队输送政治可靠、素质过硬的优质兵源为目标开展征兵工作,突出体格检查、政治审查环节,身体不达标坚决不选,政审不合格一律不要,没有退兵问题、逃兵现象。

【正规化建设】 2018年,温宿县人民武装部持续打牢部队发展基础,以思想政治教育启发官兵,以实战标准塑造官兵,培养官兵令行禁止的作风,树立官兵的思想道德情操,构建和谐内外关系,夯实遵规守纪的法纪观念。 (徐天磊)

武警温宿中队

【组织建设】 2018年,武警温宿中队一手稳铸强军之魂、一手抓练兵备战,推动中队全面建设,荣获“先进基层中队”称号。

【军事工作】 2018年,武警温宿中队军事工作以强军目标为统领,以使命任务为牵引,坚持能打胜仗、依法施训、任务牵引、重点投入,组织参加勤训轮换3次,魔鬼周集训1次。1人在支队比武中荣获第三名,1人被总队评为训练尖子,1人被评为优秀教练员。

【政治教育】 2018年,武警温宿中队落实“立靶、显靶、瞄靶、验靶”的四步法和“概括点、结合点、落脚点”三点论,打牢官兵思想根基,提炼“输了一起抗,赢了一起狂”队魂,弘扬“忠诚、奉献、争先、敬业”的队训,唱响《温宿中队之歌》的队歌,激发官兵扎根边疆、建功边疆、奉献边疆的精神,中队长、指导员被支队评为“一对好主官”,被总队评为“最美班长”1人,荣获三等功1人,嘉奖15人。 (黄言建)

温宿边境管理大队

【政治工作】 2018年,温宿边境管理大队开展结对子谈心、家庭助管、群众监管等活动,大队党委成员先后与官兵开展座谈交流10余次。开展“民族团结一家亲”活动,与辖区群众结对认亲,走访1000余次,帮助解决困难30余件,捐资捐物折合人民币3000余元。抓好党建工作,2个支部被总队表彰为先进基层党支部,3名官兵被评为优秀共产党员和党务工作者,22名官兵立功受奖,35名官兵分别被温宿县委、政府表彰。坚持爱兵惠警,为2名困难党员解决家中经济困难,协调温宿县委、政府解决2名干部家属驻村、支教期间的困难,协调教育部门解决2

名干部子女入学问题。

【强边固防】 2018 年，温宿边境管理大队定期组织专职人员检修维护边境防控设施，确保基础设施正常运行。联合库尔干边防连、温宿县边防委、政法委、武装部、公安局开展边境联合巡逻踏查 200 余次，踏查里程 1 万余千米。

【执勤安保】 2018 年，温宿边境管理大队完成“青岛峰会”“亚洲博览会”“中非合作论坛”“要人警卫”等重大边防、安保 50 余次；完成国庆节、中秋节等重要节点安保 60 余次；完成旅游团到温宿旅游、“弘扬柯柯牙精神万人徒步活动”、“第六届温宿县托木尔峰文化旅游节”、温宿县 2018 年秋季植树等临时性边防安保 70 余次。

【部队管理】 2018 年，温宿边境管理大队以抓部队管理为重点，确保部队内部的安全稳定。以“条令学习月”活动为抓手，规范部队秩序，刚性执行禁酒令，整治执行政令、警令拖沓应付等问题。执行部队规章制度，建立监控长效机制，利用电话询问、短信提醒、微信报备等方法督促官兵遵规守纪。（付　丽）

经济监督与管理

国有资产管理

【机构概况】 2013年8月,温宿县国有资产管理办公室成立,为参照《中华人民共和国公务员法》管理正科级事业单位。2018年,温宿县国有资产管理办公室核定编制8名,实有7人,内设行政办、财务室、资产科3个科室。

【国有资产监管】 2018年,温宿县国有资产管理办公室完成全县40家国有企业产权登记工作。选定1家国有企业纳入2018年度经济责任审计范围,督促畅达道路养护有限责任公司2017年度经济责任审计问题整改。制定《温宿县国有企业人员管理(暂行)办法》,规范国有企业管理人员的分类分层管理。指导企业制定党委会、董事会、总经理办公会议事规则,初步形成决策、执行、监督的公司治理结构。修改《温宿县国有企业经营目标考核办法(暂行)》。制定《温宿县国有企业经营者年薪管理办法(试行)》,确定不同类别、不同层级企业管理人员基本年薪、绩效年薪和任期激励收入,完善国有企业管理人员激励约束机制。规范新组建企业、国有农、林、牧企业财务管理、审批权限及资金支付等。

【国有企业改革】 2018年,温宿县国有资产管理办公室实施9家国有农、林、牧场企业化改革,组建成立温宿县天科牧业发展(集团)有限责任公司及其子公司4家,温宿县宝圆果业有限责任公司及其子公司1家,重组新疆昆托米业股份有限公司并成立子公司2家,并投入运营。国有农、林、牧场社会职能移交就近乡(镇)统一管理,分流安置国有农、林、牧场管理人员、职工。落实"发展产业扶持一批"精准脱贫措施,指导县金穗粮油购销有限责任公司在14个贫困村组建农民专业蔬菜合作社和惠民超市,建立贫困户种植蔬菜产、购、销机制。配合地区完成金穗粮油购销有限责任公司资产上划阿克苏良信粮油集团工作。依托浙江"十城百店,千仓百企"平台,组建国有控股温宿县惠农联合运营有限责任公司。

【国有企业监管】 2018年,温宿县国有资产管理办公室与各国有企业签订2018年度温宿县国有企业经营目标考核责任书,明确2018年的工作目标和方向。根据2017年国有资产运营预算收益任务,收缴2017年度国资收益3099万元,完成国资收益任务的100%。下达2018年国有企业和国有农林牧场国资收益任务3300万元,比上年增长6.4%。

【国有企业党建】 2018年,温宿县国有资产管理办公室制定《温宿县国有企业党支部操作规范》《温宿县国有企业党建工作手册》,在符合条件的8家国有企业建立党组织,重点抓好国有企业党组织发展党员、党费收缴、换届选举等工作,扭转个别支部长期不发展党员和党组织活动不正常现状。推进国有企业党组织示范点建设,在国有企业党组织中筛选出2家企业打造先进党组织示范点,完善国有企业资产(产权)交易管理、企业干

部职工人事管理、国有企业资产购置、管理使用和处置制度。（锁　玉）

发展和改革管理

【机构概况】 1963年3月，温宿县计划委员会成立(简称温宿县计委)。1967年3月，温宿县计委撤销。1978年1月，温宿县计委恢复。1993年5月，机构改革，整合县计划委员会、经济委员会、物价局、商业局、二轻局、煤炭工业管理局、矿产资源管理局职能，设立计划经济委员会。1998年5月，县经济委员会分出，统计局并入，改称为计划统计委员会(简称温宿县计统委)。2002年11月，温宿县计划统计委员会更名为温宿县发展计划委员会，挂温宿县统计局的牌子。2007年1月，温宿县发展计划委员会更名为温宿县发展和改革委员会(简称温宿县发改委)。2018年，温宿县发改委挂温宿县粮食局、温宿县价格监督检查局、温宿县价格成本调查监审局牌子，内设行政办公室、工交能源重大项目股、工业和城市经济发展项目股、农业农村经济发展项目股、社会事业发展项目股、粮食股、物价股7个科室。核定编制36名，实有31人。

【国民经济发展】 2018年，温宿县实现地方生产总值66.58亿元，比上年增长6.59%。完成全社会固定资产投资55.17亿元，比上年增长7%。公共财政预算收入4.85亿元，比上年增长10.2%。社会消费品零售总额19.68亿元，比上年增长22.4%。城镇居民人均可支配收入30077元，比上年增长9%；农牧民人均纯收入17728元，比上年增长6.55%。城镇登记失业率控制在2.15%以内。

【计划规划编制】 2018年，温宿县发改委编制完成《2017年温宿县国民经济和社会发展计划执行情况与2018年温宿县国民经济和社会发展计划(草案)的报告》。

【深化改革】 2018年，温宿县发改委完成改革任务83项。推进供给侧结构性改革，淘汰煤炭落后产能18万吨，房地产去库存14.4万平方米，降低企业用电成本200余万元。取消调整行政审批事项240项，县本级行政审批事项削减率达55%；191项便民服务事项进驻政务服务大厅，实现行政审批时限在法定办结时限内压缩30%。推进国有农林牧场企业化改革8家，组建宝圆果业、天科牧业、昆托米业等国有企业3家。持续公立医院体制改革，为患者让利481万元。

【项目完成情况】 2018年，温宿县纳入全社会固定资产投资计划119个项目全部开(复)工建设，开(复)工率100%；完工项目118个，完工率99.16%；完成全社会固定资产投资55.17亿元，比上年增长7%。年度固定资产投资项目列入自治区级、地区级15个，总投资73.2亿元。年度计划完成投资25.46亿元，开工建设14个，开工率93.33%；完工8个，完工率53.33%；完成投资21.44亿元，完成率84.21%。

【新型工业化软环境建设】 2018年，温宿县规模以上企业实现工业增加值9.8亿元，比上年增长14.83%。降成本、减负担等政策措施精准落地，增加规模工业企业3家，总数达到29家。完成外贸出口1649万美元，比上年增长21.6%。国家农业科技园区道路等一批基础设施建成投用，推进专家公寓楼、产业融合科技孵化中心等项目建设，建成投产联航农业科技5000吨核桃深加工、安新农业仓储物流等项目，建成产业园区污水处理厂、排水管网，建标准厂房2.2万平方米,盘活“僵尸”企业5家,中曼石油、金瑞浩环保科技等12家企业入驻园区。

【社会事业发展】 2018年,温宿县发改委投入36.3亿元,实施重点民生项目31个。城镇新增就业3722人,转移农村富余劳动力1.42万人次,开展各类职业技能培训4009人次。实施15年免费教育政策,中、小学入学率分别为99.88%和99.93%,投入3.98亿元改造设施薄弱学校71所,完成温宿县第二小学迁建、温宿县第二幼儿园改建。推进医联体、医共体和医疗卫生信息化建设,完成13个乡(镇)卫生院、124个村卫生室标准化建设,县域就诊率90%。实施全民参保计划,各类保险参保率稳定在95%。建安居富民房4991户、游牧民定居房182户、棚户区改造859户,解决农牧民安全饮水5846户。

【粮食管理】 2018年,温宿县发改委规范2680吨省级储备及5000吨县级地方储备粮管理。推进小麦收储制度改革,开展粮食安全县长责任制牵头抓总工作,加强粮食购销工作的组织和指导。开展粮食收购资格、经营台账和执行粮食流通统计制度检查,下达责令整改通知书17份、行政处罚决定1份。全年,温宿县国有企业共收购粮食4.8万吨,其中,小麦3.76万吨,水稻1.04万吨;销售粮食3.55万吨,其中,小麦3.1万吨,水稻0.45万吨;粮食库存4.26万吨(不含省级和县级储备粮),其中,小麦3.22万吨,水稻1.04万吨。

(种　强)

商务和经济信息化

【机构概况】 温宿县商务和经济信息化委员会(简称温宿县商经委)前身是温宿县经济贸易委员会,成立于1984年7月。2018年,商经委为正科级行政单位,有编制28名(其中行政编12名,全额事业编制16名),实有24人。挂温宿县招商局牌子,内设经信科、商务科、行政办、招商科4个科室。

【工业经济】 2018年,温宿县实现规上工业增加值9.7亿元,比上年增长14.8%。11个工业行业呈现9升2降态势,较上年相比工业经济增长态势稳中向好,其中电力生产业、纺织服装业、化学原料和化学制品制造业、农副食品加工业等重点行业增速明显。9大上升行业实现工业增加值8.23亿元,占规模以上工业增加值的85.5%。

【服务企业】 2018年,温宿县商经委推荐新疆天象建材有限公司、温宿县新宏宇建材有限公司、阿克苏泓盛化工有限公司3家企业参与自治区电力用户用电交易试点工作,申请电量4300万千瓦时,为企业节约电费200余万元。落实南疆劳动密集型产业政策,登记备案温宿县茹仙古丽有限公司等纺织企业20家;为新疆子聪针织有限公司等8家企业申请纺织服装企业本地用工岗前培训补贴180万元;把温宿县海川塑业有限公司等5家企业申报纳入《地区地产品企业目录库》,采购金额500余万元。解决新疆乌苏啤酒(阿克苏)分公司大车进城难、温宿县塞外红果业有限公司贷款难等问题56个。为味乐鲜搭建销售平台,解决新疆子聪针织有限公司用工难等困难诉求30余条。

【培育“小升规”企业】 2018年,温宿县商经委对比县域工业企业纳税销售收入、企业用电能耗产出比等数据,完成阿克苏香钰科技有限公司、阿克苏恒远中汇有限公司、新疆佳棉纺织纤维有限公司3家企业升规工作。

【生产要素保障】 2018年，温宿县商经委加强后勤服务，做好煤、电、油、气、运等重点生产要素协调保障，制定《温宿县今冬明春煤炭供应保障工作方案》和《温宿县天然气迎峰度冬应急保供实施方案》，协调解决企业所需煤、电、油、运、气等生产要素方面的难题，落实4.5万吨民生用煤，协调中石油西部公司每日为温宿县增加供应天然气5万立方米，保障民生及企业生产用气。

【对外贸易】 2018年，温宿县商经委利用国家对边境县小额贸易的优惠政策，加大外贸进出口企业的引进和注册力度。注册进出口企业达到5家，完成外贸出口1547.2万美元，比上年增长8%。

【商贸网点建设】 2018年，温宿县有商业网点8046家，餐饮业门面507家，专业市场数量2家，2000平方米以上大型零售商业网点3家。

【招商引资】 2018年，温宿县坚持以优化环境为第一要素，加大以商招商、商会招商力度，发挥县直各部门联系广泛，人才、智力、人脉资源、经验、经历等优势，完成招商引资到位资金42.65亿元。

（白 桦）

园 区

温宿国家农业科技园区

【机构概况】 2012年，温宿县自治区农业科技园成立。2017年7月，自治区批准《新疆温宿国家农业科技园区总体规划(2016—2030)》，创建国家园区面积由141.6平方千米增扩到468.9平方千米，包括阿克苏地区红旗坡农场、阿克苏地区实验林场、温宿县柯柯牙镇、依希来木其乡、托甫汗镇、吐木秀克镇和温宿镇的连片区域，空间布局园区内分示范区(448.97平方千米)和核心区(面积19.93平方千米)，辐射区为南疆四地州。园区功能定位是：农科创新创业、成果展示示范、科技转化推广、职业农民培训。2018年3月10日，根据阿克苏地委编办《温宿国家农业科技园区管理委员会主要职责、内设机构和人员编制规定》，中共新疆温宿国家农业科技园区工作委员会与新疆温宿国家农业科技园区管理委员会“一个机构、两块牌子”，为温宿县委、县政府的派出机构，机构规格为正县级；核定全额预算管理事业编制20名，其中主任1名，副主任2名，党工委书记和纪工委书记按章程设置，内设机构核定科级领导职数12名(其中正科6名，副科6名)，有党政办公室(纪检监察室)、财政局(国有资产管理办公室)、农业科技发展局、规划建设环保局(安监局)、社会事务管理局(综治办)、经济协作发展局(统计局)6个内设科室。

【园区建设】 2018年，温宿国家农业科技园核心区由浙江金华援建资金2200万建成综合服务大楼6000平方米，包括园区办公、行政服务、产业孵化、规划展示、创新服务中心、科技培训中心等。财政投资4.13亿元，施工建设经三路南延600米、纬三路东延600米、新建纬四路2400米、管网配套建设、中心活动广场26013平方米、公租房96套5000平方米、派出所和卫生院2000平方米、专家公寓楼5000平方米、科技孵化中心1万平方米及国道314线北侧绿化带等9.34万平方米；财政投资7.3亿元，在示范区施工建设水稻种植示范区生态综合体333.33公顷、修建水库3座、新建排水管网9.4千米、水肥喷灌一体化8666.66公顷、修建110千伏变电站2所和220千伏变电站1所。乡村柏油路40千米、过园区东环北环路20千米、标准化农田6666.66公顷、乡村旅游设施等。

【招商引资】 2018年,招商引资在温宿国家农业科技园落地建设企业有:新疆盛世金辉物流有限公司注册资金5000万元,用地42公顷,项目投资5.5亿元,一期投资3.5亿元,二期投资2亿元,可吸纳当地就业人员500人左右,年产值达8亿元,实现增加值2.5亿元,实现利税8000万元左右;阿克苏金物联电子商务有限公司(二期)注册资金1亿元,用地20.67公顷,项目投资6.5亿元,每年就地加工转化果蔬产品20万吨以上,吸纳当地就业人员800人左右,年产值达12亿元以上,实现增加值5亿元左右,实现利税1.2亿元;新疆茂源丰果业科技发展有限公司注册资金2666万元,用地10.8公顷。启动二氧亿元年加工果蔬(脱水后)2.5万吨,可吸纳当地就业人员400人左右,年产值可达5亿元,实现增加值1.2亿元,实现利税4000万元;阿克苏益康农业科技有限公司注册资金3000万元,用地11.53公顷,项目投资3亿元,可吸纳当地就业人员200人左右,年产值2.5亿元,实现增加值9000万元,实现利税4000万元;阿克苏华达生物科技有限公司注册资金1000万元,用地6.67公顷,项目投资1.5亿元,可吸纳当地就业人员150人左右,年产值2亿元,实现增加值8000万元,实现利税3500万元;新疆冰峰雪源食品有限公司注册资金600万元,用地2公顷,项目投资2000万元,可吸纳当地就业人员100人左右,年产值1.1亿元,实现增加值5000万元,实现利税1000万元;温宿县启德油脂有限公司注册资金3500万元,用地2公顷,项目投资3500万元,可吸纳当地就业人员150人左右,年产值2.7亿元,实现增加值1.1亿元,实现利税2750万元。

【聚集企业】 2018年,温宿国家农业科技园在园区招商引资聚集涉农企业54家,其中,国家级龙头企业1家(温宿县木本粮油林场),自治区级龙头企业5家(阿克苏恒通果汁有限公司,新疆金丰源种业有限公司,阿克苏塞外红农产品发展有限公司,阿克苏华丰果业有限责任公司,阿克苏果满堂果业开发有限公司),地区级龙头企业12家,其余企业36家。全年园区工业总产值18.6亿元,比上年增长38%,10月工业增加值6.9亿元,比上年增长40.2%。

【科技创新】 2018年,温宿国家农业科技园年度科技创新企业自筹投入9000万元,落实科研项目经费3080万元,开展产学研合作经费1000万元,建设研发机构6个,其中,省部级以上2个(含院士专家工作站),自治区级4个。引进建设生产项目62个,自主建设生产项目62个。引进植物新品种9个,其中,引进粮食品种4个,畜禽水产品种1个,国外品种4个。推广新品种、新产品、新技术和新设施6个。创新创业服务机构1个(孵化中心),孵化企业6个,申报专利45个,其中,取得授权专利6个,通过审定2个,制定行业标准2个。注册商标31个,其中三品标17个。

【园区效益】 2018年,温宿国家农业科技园区总收入44.2亿元,比上年增长19.8%,其中,第一产业(含林下种植业)28.3亿元,第二产业2.6亿元,第三产业(含旅游、务工、电商贸易等)3.3亿元。平均年收入18.9万元,比上年增长22.3%,年人均可支配收入3.26万元,比上年增长21.3%,农民参加农业技术培训1.27万人次,新增就业人员3764人,助力温宿县脱贫767户2751人。 (徐圣富)

温宿产业园区

【机构概况】 温宿产业园区位于温宿县城东北方

向，距温宿县城35千米，控制面积107平方千米，已开发面积35平方千米。园区远离人员密集区，处于阿克苏和温宿县城下风口，具有较强的环境承载力。园区以碳镁硅多联产产业为特色发展产业，以盐、煤、油、气产业中的中下游精细化工产业为重点发展产业，配套发展装备制造、新型建材、生物制药、新兴产业及仓储物流等十大产业。

温宿产业园区始建于2006年。2010年，升级为地区级园区。2011年，获批升级为自治区级园区。温宿产业园区管理委员会成立于2011年9月（原名称为温宿县循环经济产业园区）。2012年12月，经机构编制正式核定，机构建制为副县级，与中共温宿产业园区工作委员会实行“一个机构、两块牌子”的管理模式，为温宿县委、县人民政府的派出机构。园区核定全额事业编制28名，内设科室5个，分别是党政办公室、规划建设环保科、经济发展科、招商引资科、社会事务管理科；科室级别为正科级，全额财政拨款。2015年，调整4个编制给温宿自治区农业科技产业园区管委会，核定全额事业编制24名。2017年9月6日，温宿县委编办下达《关于乡（镇）、管理区、园区安全生产监督管理机构有关事宜的通知》，温宿产业园区管理委员会经济发展科挂安全生产监督管理科牌子，实行“一个机构、两块牌子”，其机构级别、人员编制维持不变，主要负责园区内安全生产监督管理工作。2018年，温宿产业园区有编制24名，实有20人。

【经济指标】 2018年，温宿产业园区实现工业总产值8.42亿元，完成地区年度目标任务的100.23%，比上年增长26.67%。实现工业增加值2.91亿元，完成地区年度目标任务的107.85%，比上年增长31.52%。完成固定资产投资4.44亿元，完成地区年度目标任务170%，比上年增长98.17%，其中基础设施投资0.25亿元，完成年度目标任务的276%，比上年增长22.50%。企业项目投资4.19亿元，完成年度目标任务的135.29%，比上年增长106%。园区企业全年上缴利税4000万元。

【重点企业】 温宿县煤炭联合销售公司、温宿县恒泰洗煤有限公司、新疆同力和煤化有限公司3家企业实现工业产值48399.42万元，占1~10月份总数的57.5%；实现工业增加值20132.45万元，占1~10月份总数的69.13%。7家规模以上企业完成产值35492.4万元，比上年增长10.45%；完成工业增加值9517.24万元，比上年增长2.9%。

【固投项目】 2018年，温宿产业园区招商引资纳入社会类固定资产项目12个，企业完成固定资产投资4.19亿元，比上年增长106%。其中，中曼石油、胜春生物、新宏宇续建、泓盛化工环保改造完成全部投资任务；久鼎飞宏当年投资、当年投产；利建化工和金瑞浩环保科技开工建设。

【招商引资】 2018年，温宿产业园区招商引资取得新突破，阿克苏中曼石油勘探开发有限公司、阿克苏久鼎飞宏陶瓷材料有限公司、新疆中玉石材有限公司、温宿县利建特种建材有限公司、新疆远通睿博新型环保材料有限公司、新疆金瑞浩环保科技发展有限公司等12家企业入驻园区，包括已落地项目在内2018年园区招商引资项目库有33个项目，招商引资到位资金10.44亿元。

【基础设施】 2018年，温宿产业园区污水处理厂完成验收投入使用。18千米道路项目开展收尾工作，完成总工程量的96%，完成标志标牌设立，信号灯、路灯完成吊装。排水管网关键的2.2千米堵塞不通处全线贯通，开始排水，园区企业至排水管网的排水支网全部完工。完成园区绿化90

公顷。

【安全生产】 2018 年,温宿产业园区加大辖区内企业安全生产监管力度,与地、县相关职能部门开展联合执法,利用第三方政府购买服务指导园区企业做好安全生产隐患排查、整治工作。经企业复工申请,开展联合检查及复工检查,对 14 个企业分别下发整改通知 50 份次,排查各类隐患 205 个,已全部整改。 (何 峰)

阿克苏纺织工业城(开发区)温宿县产业园

【机构概况】 2018 年,阿克苏纺织工业城(开发区)温宿县产业园为正科级建制,核定全额事业编制 7 名,实有 7 人,其中,正科 1 人,副科 2 人,科员 4 人,中共党员 4 人。

阿克苏纺织工业城(开发区)温宿县产业园位于阿克苏市城区东南部,西北至南疆铁路,南至阿塔公路,东至温宿县境内,覆盖阿克苏市与温宿县部分区域,其中控制区有 66.52 平方千米位于温宿县域范围内。园区主要包括纺织、化纤、针织、梭织、染整、家纺、服装、仓储物流、动力能源、生活商贸十大功能区。已完成主干道路、附属工程等建设,园区道路“四纵三横”全面形成,供排水、电力、通信等基础设施完备。为加快发展纺织工业城建设,阿克苏地区行署将规划范围内温宿地域的部分划分成纺织工业城(开发区)温宿区块,并定名为“纺织工业城(开发区)温宿产业园”。

阿克苏纺织工业城(开发区)温宿县产业园位于总园区的东侧,紧靠新疆二级变电站。距火车站 5 千米,距阿克苏市中心区 15 千米,距温宿县城 30 千米,距温宿县克孜勒镇 10 千米。用地基本为戈壁推平的荒地,地势平坦,成长条形。东西宽 3.3 千米,南北长 12.5 千米。阿克苏市至克孜勒镇公路横穿园区,至巴楚高压线走廊从西侧经过。

【招商引资】 2018 年,阿克苏纺织工业城(开发区)温宿县产业园有落户企业 23 家,其中,纺织企业 8 家,分别是泓康棉业、冠鑫纺织、康瑞鑫纺织、疆渝纺织、阿乐欣业纺织、康暖家纺、彩凰棉纺、天成棉业;农副产业加工企业 11 家:分别为天合源枣业、伟奇果业、华森枣业、天山果业、永丰农业、永丰华丽包装公司、帝泓果业、天益红果业、天山诚信果业、维密木塞莱斯酒业、纵横棉业棉花加工厂;建材企业 2 家,分别为四海建材、永大建材;电力能源 1 家,即阿克苏浙能热电厂;彩色包装箱企业 1 家,即阿克苏恒远中汇彩印包装有限公司。

【主要经济指标完成情况】 2018 年,阿克苏纺织工业城(开发区)温宿县产业园办公室正在洽谈 3 个项目。其中,在原有招商项目以外,新招商引资落户企业 1 家:阿克苏恒远中汇彩印包装有限公司,该企业建设内容为年产 9000 万套高档彩色印刷包装箱生产线,总投资 1.07 亿元,企业已投资完毕,正在生产运营阶段。截至 2018 年底,在建项目完成固定资产投资 4 亿元。 (廉 锐)

统 计

【机构概况】 温宿县统计局前身为县人民政府统计科,成立于 1953 年 9 月。1967 年 3 月撤销,1980 年 7 月恢复。1984 年 7 月,改称为统计局。1998 年 5 月,统计局并入计划委员会,改称为计划统计委员会。2004 年 12 月，统计局从计划统计委员会分出，机构单设，下设温宿县统计普查计算中心和社会经济调查队（二级单位）。2018 年，温宿县统计局有编制 15 名，实有 13 人。

【统计年鉴】 2018 年，温宿县统计局完成《温宿县统计年鉴（2016—2018）》的资料收集、整理、编印和发布工作，为县领导提供可靠的数据。

【城镇住户抽样调查】 2018 年，温宿县统计局采取随机等距抽样方法，开展城镇住户抽样调查工作。抽查样本量 70 户，涉及 5 个乡（镇）、2 个社区居委会、村委会 7 个调查小区，包括抽样框编制（城、乡）、抽选社区居委会、村委会、调查小区。

【基层统计】 2018 年，温宿县统计局制定乡（镇）、场基层统计工作考核办法及细则，各乡（镇）、场、村建立统计台账，实现“一户一页、一村一本、一乡一册”基层统计台账。组建各乡（镇）基层统计站，制定基层统计站制度、工作职责，设专用办公室，确定基层统计站工作人员，规范统计报表，减少统计人员的工作量，共享数据。

【执法宣传】 2018 年，温宿县统计局检查 50 家企业和 13 个乡（镇），发放统计法规检查通知书 2 份。开展《中华人民共和国统计法》宣传，发放《中华人民共和国统计法》宣传单 1.5 万余份。

【经济普查】 2018 年，温宿县统计局开展温宿县第四次全国经济普查，开展普查小区划分、地址码变更、普查小区地图绘制、普查员招聘及选调、普查方案制定、普查清查底册制作，清查个体户 8019 个、单位 1864 家。

【统计规范管理督查】 2018 年，温宿县统计局以基本名录库建设为基础，实施统计信息化网络建设。搭建统一数据处理平台，推行企业一套表，提高企业行政效率，做到先有库后有数。申报“四上”企业 84 家。 （范银菊）

审　计

【机构概况】 1984 年 4 月，温宿县审计局成立，隶属于温宿县人民政府管理的行政单位，正科级建制。2018 年，内设办公室、综合业务室。下设全额预算管理副科级事业单位——经济责任审计管理中心。核定编制 22 名，其中，局机关核定编制 16 名（含工勤人员 1 名），实有 13 人；经济责任审计管理中心核定事业编制 6 名，实有 5 人，大学本科学历 5 名，少数民族 3 人，经济师 1 人。

2018 年，完成审计项目 25 个，其中，财政本级预算执行审计及部门单位预算执行审计 10 个，专项资金审计 3 个，财务收支审计 3 个，经济责任审计 7 个，政府投资 1 个，其他 1 个。查处主要问题金额 2540 万元，违规金额 336 万元，审计查处管理不规范金额 2203 万元，审计处理处罚 2535 万元，应上缴财政 457 万元，应归还原渠道资金 764 万元，应缴纳其他资金 7 万元，应调账处理 1306 万元。出具审计报告 24 个、审计调查 1 个、审计决定 5 个、审计结果公告 2 个、提出审计建议 53 条，被审计单位采纳 53 条。向县人民政府提交《温宿县 2017 年度财政预算执行和其他财政财务收支情况的审计结果报告》。

【财政预算执行情况审计】 2018 年，温宿县审计局根据《审计署关于印发 2018 年国家重大政策措施落实情况跟踪审计跟踪指导意见的通知》要求,核查项目5类19个,抽查2类,资金总量2467.9万元。梳理问题76个,涉及单位34个,金额112328.29万元。整改问题50个,涉及资金94479.06万元;未整改问题26个,涉及资金17849.23万元。梳理历年财政本级审计未整改问题62个,涉及单位14个;地区财政局移交涉及“县乡财政资金自查自纠”“扶贫资金结转数较大”未整改问题15个,合计77个问题涉及金额126962.91万元。整改完毕28个问题,整改金额92877.24万元。配合财政部门开展政府隐形债务清查工作,核实吐木秀克镇托万克塔尕克村扶贫开发项目债务情况,审计审核后的债务为439.2万元,核减79.2万元。

【专项资金情况审计】 2018年,温宿县审计局审计2016—2017年精准扶贫政策落实及资金管理使用情况,重点审计扶贫办、民宗委,延伸审计5个乡(镇)、农业产业化服务办公室。发现问题11大类45个,涉及资金1692万元(其中拟上缴财政429万元)。开展温宿县扶贫领域资金管理使用情况第二轮和三轮跟踪审计。

【经济责任审计】 2018年,温宿县审计局受县委组织部委托,分别对畅达公司、交通局、水利局、发改委、油区办、博孜墩乡、姑墨建筑公司7个单位9名党政主要领导和企业法人履行任期经济责任情况进行任中审计。把温宿县姑墨建筑公司经理离任经济责任审计作为改革试点内容之一。

【其他审计】 2018年,温宿县审计局开展县2017年保障性安居工程跟踪审计。完成改善人居环境项目审计、城市建设征管工作领导小组办公室2017年资金征收情况审计以及温宿县永丰农业发展有限公司坐收坐支水费情况的审计调查。 (杨爱鹏)

国土资源管理

【机构概况】 1987年11月,温宿县土地管理局成立。1990年2月,各乡(镇)设立土地管理所10个,有专职土地管理员22名,由乡(镇)人民政府管理。1993年5月,与建设局合并为国土管理建设局。1995年7月,土地管理局单设;11月,县土地管理局对乡(镇)土地管理所实行垂直管理。2002年5月,温宿县土地管理局与地质矿产局合并,组建温宿县国土资源局。2012年3月,温宿县国土资源局挂“温宿县地理测绘局”牌子,实行“一个机构、两块牌子”。2016年11月4日,温宿县国土资源局挂温宿县不动产登记局、不动产登记中心牌子,实行“一个机构、两块牌子”,隶属于温宿县国土资源局二级单位。2018年12月,核定行政编制10名,机关后勤事业编制2名,内设综合办公室、业务股。下设温宿县土地收购储备整理中心、不动产登记中心和土地规划队。土地收购储备整理中心有编制2名(参照《中华人民共和国公务员法》管理)。不动产登记中心和土地规划队有事业编制10名。

【地籍管理】 2018年,温宿县国土资源局落实耕地保护责任,签订耕地和基本农田保护责任书。全县耕地面积8.25万公顷(其中基本农田面积5.33万公顷),比上年增加100.2公顷。

【建设用地审批】 2018年,温宿县国土资源局审批建设用地31宗,土地总面积1020.34公顷。

【基本农田保护】 2018年,温宿县国土资源局完成全域永久性基本农田划定方案,数据库成果已完成并上报自治区国土资源厅待审核。县人民政府与各乡(镇)签订耕地保护责任书14份,乡(镇)与村签订耕地和基本农田保护责任书134份,村与小组签订耕地保护责任书472份,组与农户签订耕地和基本农田保护责任书10427份。永久基本农田保护率63.89%。

【土地开发整理】 2018年,温宿县国土资源局完成11个土地整治项目竣工验收、古勒阿瓦提乡阿克吾斯塘村土地整治项目。

【执法监察】 2018年,温宿县土地违法立案28宗,结案28宗,涉及面积46.45公顷,耕地面积1.72公顷(其中基本农田0.99公顷)。其中拆除图斑4个,面积1.19公顷(其中基本农田面积0.74公顷)。收缴罚款158.41万元,立案率100%,结案率100%。对5宗违法占用基本农田的乡(镇),已移交县纪检部门处理。矿产违法立案处罚19宗,均已结案,收缴罚款118.5万元,立案率100%,结案率100%。

【治理非法开荒】 2018年,温宿县国土资源局核实444个图斑2.25万公顷(其中涉嫌非法开荒图斑423个,面积2.23万公顷),立案476件,结案460件,罚款1888.34万元,已执行到位1664.75万元。

【土地出让】 2018年,温宿县国土资源局办理土地招拍挂出让9宗,收取土地出让金3768.25万元,追缴土地出让金1234万元。全年收取土地出让金5002.25万元。

【矿产管理】 2018年,温宿县国土资源局抓好矿产资源管理,矿山企业采矿权年检率100%,年报率100%,储量消耗登记率100%,探矿权年检率100%,完成23家矿山企业采矿权延续变更手续。

【地质灾害防治】 2018年,温宿县国土资源局实施温宿县地质灾害防治方案,与地质灾害责任单位签订责任书30余份,巡查检查辖区内地质灾害易发地段21次,巡查检查地图市场检查和测量标志2次。

【不动产登记】 2018年,温宿县国土资源局制定《温宿县方便企业办理不动产登记行动方案》,把企业、群众一般登记压缩至受理之日起8个工作日办结(其中企业纯土地的不动产首次登记、抵押登记、在建工程抵押登记等3个工作日办结),抵押登记压缩至受理之日起5个工作日办结。受理不动产确权案件3327宗,发放不动产权证1401本,不动产证明1367本;办理一般抵押权登记51宗,面积36.6公顷,抵押金额26589.59万元;最高额抵押权登记24宗,抵押面积14.82公顷,抵押金额7612.65万元;在建建筑物抵押权登记1宗,抵押面积0.96公顷,抵押金额5029万元。

【土地确权登记】 2018年,温宿县国土资源局成立农村地籍调查及集体建设用地使用权确权登记发证工作领导小组,印发《温宿县农村地籍调查及集体建设用地使用权确权登记发证工作实施方案》,10个中标作业单位分批次进场施工。完成10个乡(镇)权属资料收集、地籍测量、房屋调查等工作。成立地方农垦国有农牧场确权登记发证工作领导小组,制定《温宿县地方农垦国有农牧场确权登记发证工作实施方案》,8个国有农牧场在地区国土资源局统一招投标下按照权属状况、权属界址、权属面积进行确权。8个国有农牧场确权面积64.59万公顷(其中吉格代牧场0.86万公顷,恰其力克牧场3.15万公顷,萨瓦甫齐牧场16.7万公顷,塔格拉克牧场16.27万公顷,博孜墩牧场25.77万公顷,青年农场0.8万公顷,共青团农场0.43万公顷,水稻农场0.61万公顷),全部按照确权面积登记发证。 (锁　玉)

市场监督管理

【机构概况】 2017 年 11 月,温宿县工商行政管理局、食品药品监督管理局、质量技术监督局整合为温宿县市场监督管理局,正科级行政单位。2018 年,温宿县市场监督管理局核定编制 95 名,实有 70 人。其中行政人员 25 人,领导 5 人。机关工勤人员 2 名。内设 10 个科室,设立 5 个股级派出机构,城镇市场监督所核定行政编制 14 名、阿热勒市场监督管理所、吐木秀克市场监督管理所、佳木市场监督管理所、克孜勒市场监督管理所分别核定行政编制 9 名。设立温宿县市场监管稽查大队、温宿县质量与计量检测所,核定事业编制 18 名,副科级领导职数 1 名,全额预算管理,隶属于县市场监督管理局管理的事业机构。

【食品安全监管】 2018 年,温宿县市场监督管理局完成高考餐饮保障,天山托木尔文化旅游节美食展、核桃节美食展、螃蟹美食展等重大活动组织和安全保障。加强元旦、春节、五一、古尔邦节、国庆节期间食品药品监督检查。出动执法检查 800 余人次,监督检查食品药品相关企业 2500 余家次,抽检农副产品食品 245 批次。办理食品违法案件 49 件,其中,生产案件 7 件涉及金额 8.3 万元,流通案件 19 件涉及金额 8.11 万元,餐饮案件 23 件涉及金额 10.61 万元,罚没款 27.02 万元。开展食品安全应急演练 2 次。

【法制宣传】 2018 年,温宿县市场监督管理局制定《温宿县市场监督管理局全面推进依法行政加快建设法治政府重大任务实施方案》,把依法行政工作纳入年度工作计划,与日常业务工作同部署、同落实、同考核,按月确定法制宣传学习重点。开展“3·15”国际消费者权益保护纪念宣传活动,设立宣传点、假冒伪劣识别台和消费者投诉受理台,向广大群众提供法律咨询、宣传消费知识和受理解决消费者投诉。以《中华人民共和国宪法》及本行业法律法规宣传为重点,开展集中宣传活动。组织“4·26”宣传咨询活动。在公职人员中开展网络学法用法和无纸化考试。开展国家公职人员反暴力、讲法制、讲秩序学法考试工作。

【年报工作】 2018 年,温宿县市场监督管理局推进信用监管工作。把未按时参加 2017 年度年报工作的企业、农业专业合作社、个体工商户,在时限内未上报年度报表的列入经营异常名录。企业年报率 94.02%,农专社年报率 85.04%,个体年报率 94.13%,总年报率 93.62%。移入经营异常名录企业 118 家、农业专业合作社 83 家、个体 421 户,吊销 56 户长期未经营企业执照。

【非公经济党建】 2018 年,温宿县市场监督管理局推动小微企业、个体工商户、专业市场党组织建设工作。全县有小微企业 713 户,个体工商户 5496 户,专业市场 2 家,小微企业、个体工商户、专业市场组织中实有党员 121 名。建立小微企业党组织 5 个、专业市场党组织 2 个,指派小微企业党建指导员 146 人,联系指导小微企业 713 户,党建覆盖率 100%;指派个体工商户党建指导员 84 人,联系指导个体工商户 5496 户,党建覆盖率 100%;专业市场单独成立党组织 2 户,党建覆盖率 100%。

【消费者维权活动】 2018 年,温宿县市场监督管理局加大消费者权益保护力度,打击侵害消费者权益行为。受理投诉 319 件,成功调解 276 件,投诉涉及金额 767.66 万元,挽回经济损失 401.98

万元。排查调解处理矛盾纠纷，向县信访局和政法委上报舆情舆论信息9条，其中，投诉最多的行业为汽车行业、通信行业、装修行业。以“3·15”打假为契机，发放各类宣传资料3500余份，受理投诉10余件，接持咨询500余人次，集中销毁收缴的食品、药品、农资等假冒伪劣商品1000余种，案值4.5万余元。

【广告监管】 2018年，温宿县市场监督管理局加大对主流媒体、印刷品单位医疗、药品等广告的监控，推进广告发布前法律咨询服务，规范广告经营单位发布行为。监测温宿县广播电视中心发布的各类广告310条次，其中，医疗广告监测132条次，保健品广告监测101条次，检查温宿县托峰明珠广播电台维吾尔语、汉语广播内容，发现药品违法广告2起。

【有机产品认证】 2018年，温宿县市场监督管理局完成国家有机产品认证示范县验收工作。温宿县有机产品认证获证组织、证书数量从创建初期的8家、8张上升到14家、21张，分别较创建初期增长75%和162.5%；有机生产基地16个，较创建初期的8个增长100%；连续三年以上获得有机产品认证组织6家，经中国质量认证中心评估“阿克苏核桃”区域品牌价值为8.11亿人民币。

【标准化工作】 2018年，温宿县市场监督管理局开展标准的有效性确认工作，结合认证示范创建，与县林业、农业等部门协作，完善有机核桃、红枣、苹果等农产品的技术操作规程。

【计量器具检定】 2018年，温宿县市场监督管理局推进质量计量标准认证。开展粮站衡器检定、加油机检定、可燃性气体报警器、燃气表、压力表等检定工作，完成检定、校准计量器具1068台(件)，出具检定、校准证书1068份，其中，衡器227台(件)，加油机计量器138个，压力表220块，天平20台，燃气表300块，热工类设备35台(件)，可燃气体检测报警器128台。

【“双随机”抽检】 2018年，温宿县市场监督管理局组织执法人员对食品、农资、建材、成品油、汽配等开展专项执法检查，检查生产、销售企业130余家次，检查产品150批次。

【药品监管】 2018年，温宿县市场监督管理局检查零售药店105家次、诊所33家次，医疗机构20余家次，保健品和化妆品经营企业49家次，药品监督抽检10批次，基本药物抽检3批次，增补药物抽检2批次；上报药品不良反应监测报告121例；医疗器械不良事件报告49例，均完成地区下发目标任务。办理案件16件，罚没款37174元，其中，药品案件12件，罚没款20302元；医疗器械案件3件，罚没款1.5万元；化妆品案件1件，罚没款1872元。

【食品药品安全宣传】 2018年，温宿县市场监督管理局制作宣传标语、横幅近800个，发放宣传单2000余份，投入经费2万余元。组织召开从业人员集中培训25期，签订责任书300余份。

【特种设备安全监管】 2018年，温宿县市场监督管理局组织开展电梯、液氨、液化石油气钢瓶、油气管道、游乐设施、锅炉、压力容器等专项检查。检查各类特种设备生产、使用单位67家，出动监察人员180人次，检查特种设备351台(套)，发现隐患87处，整改85处，下达“特种设备安全监察指令书”22份，下达“特种设备责令整改通知书”11份，使用单位分类建档120余家。完成地区特种设备万台死亡人数低于0.5人的工作目标。加强《中华人民共和国特种

设备安全法》《特种设备安全监察条例》宣传,向群众发放“电梯安全常识”“钢瓶安全使用提示”等宣传单500余份。（刘　丹）

油区管理

【机构概况】　1994年4月,温宿县支油办公室成立。1999年11月,更名为温宿县油区管理委员会办公室。2002年11月,更名为温宿县油区工作管理委员会办公室(简称温宿县油区办)。2018年,县油区办为正科级建制、隶属于温宿县人民政府管理的事业单位(参照《中华人民共和国公务员法》管理);有编制5名,实有5人;内设行政办公室、业务办公室、财务办公室3个科室。

【油气储量】　2018年,在温宿县境内从事石油、天然气勘探开发的涉油企业共有3家,分别是中石油塔里木油田分公司、中曼石油天然气集团股份有限公司阿克苏中曼油气勘探开发有限公司和新疆能源集团石油天然气有限责任公司阿克苏地区塔北石油天然气有限责任公司。3家涉油企业在温宿县矿权勘探总面积11283.05平方千米,占温宿县总面积78.5%,预测油气资源量15.93亿吨。其中,中石油塔里木油田分公司矿权勘探面积8813平方千米,占矿权勘探总面积78.1%,预测油气资源量9.79亿吨,占油气资源总量61.5%;中曼石油天然气集团股份有限公司阿克苏中曼油气勘探开发有限公司矿权勘探面积1086.26平方千米,占矿权勘探总面积9.6%,预测油气资源量4.6亿吨,占油气资源总量28.8%;新疆能源集团石油天然气有限责任公司阿克苏地区塔北石油天然气有限责任公司矿权勘探面积1383.79平方千米,占矿权勘探总面积的12.3%,预测油气资源量1.54亿吨,占油气资源总量的9.7%。

【布井与油气田生产】　2018年,温宿县境内有油气井55口,其中正在生产井5口。全县原油产量2.02万吨,天然气产量1.25亿立方米,税收收入1.185亿元。中国石油天然气股份有限公司塔里木油田分公司、中曼石油天然气集团股份有限公司阿克苏中曼油气勘探开发有限公司、新疆能源集团石油天然气有限责任公司阿克苏地区塔北石油天然气有限责任公司在县境内部署油建项目18项,其中,钻前工程5项,老井维修2项,输气管线建设工程1项,电力线路工程1项,钻井作业9口。

【物探作业】　2018年,中国石油天然气股份有限公司东方地球物理勘探公司吐哈物探分处1836队,实施塔里木盆地温宿区块探矿权范围内377平方千米三维地震勘探数据采集项目,总投资9000余万元,完成炮线1627.65千米、检波线1533.68千米、钻井4925个点。中国石油天然气股份有限公司塔里木油田分公司在温宿县境内部署“温宿县塔里木盆地古木别孜构造二维地震勘探采集项目”,该项目由中国石油天然气股份有限公司东方地球物理勘探公司川庆钻探工程有限公司山地五队施工,总投资800万元,完成9条测线、2条联络线,总长120千米,总炮次30350炮,项目自2018年4月15日开工,7月15日完工。

【协调服务】　2018年,温宿县油区办发挥协调、服务职能,加强与中国石油天然气股份有限公司塔里木油田分公司交流与合作。与中石油塔里木油田分公司开展4次走访、交流,中石油塔里木油田分公司为温宿县经济建设捐赠资金80万元、解决农赔、草赔和损坏道路赔偿资金80余万元。（陈　丽）

煤炭工业管理

【机构概况】 2018年,温宿县煤炭工业管理局(简称温宿县煤炭局)是隶属于温宿县人民政府管理的正科级事业单位(参照《中华人民共和国公务员法》管理)。有编制6名,实有6人,内设行政办、安全科2个科室。

【煤矿安全生产监管】 2018年,温宿县煤炭局落实安全生产监管执法,开展煤矿安全隐患排查治理。开展各煤矿企业安全生产工作检查32次,下达现场检查执法文书20份,查出隐患96条,整改93条,整改率96%。加大煤矿安全生产监管,完成小台兰煤矿和库尔归鲁克煤矿化解产能关闭退出和环境恢复工作。

【淘汰落后产能】 2018年,温宿县煤炭局推进煤炭工业供给侧结构性改革,开展化解产能工作。关闭退出库尔归鲁克煤矿和小台兰煤矿2处,退出产能18万吨。协助人社部门完成煤矿职工安置、债权债务清理汇总、煤矿职工安置方案审定、人员身份核查认定、债权债务清理、登报公示等工作。完成2个化解产能关闭退出煤矿的证照注销、井口封闭、建筑物拆除和环境恢复工作,通过自治区去产能验收组验收。

【办理煤矿项目】 2018年,温宿县煤炭局帮助企业消除手续跑办过程中的困难与障碍,博孜墩煤矿东井、克孜勒布拉克煤矿编制完成《地质勘查报告》《可行性研究报告》《水土保持方案报告》《规划选址论证报告》《节能评估报告》《环境影响评价报告》6个专业性编制报告,《水资源论证》《土地预审意见》2个专业性报告正在编制中。开展煤矿空白区新增资源招拍挂工作,开展《地质勘查报告》评审备案。年内8个项目核准前置手续已完成3个(节能评估、水土保持方案和社会稳定风险评估),其他5项(矿区范围划定、水资源论证、环境影响评价报告、土地预审意见、规划选址论证报告)报自治区、地区相关管理部门。

(张　扬)

安全生产管理

【机构概况】 2018年,温宿县安监局有编制11名,其中,行政编制4名,事业编制7名(参照《中华人民共和国公务员法》管理),实有11人。

【安全事故】 2018年,温宿县发生事故87起,死亡7人,受伤57人,造成直接经济损失37.18万元,其中,经营性事故7起,死亡1人,事故起数比上年下降39%,死亡人数比上年上升17%,受伤人数比上年上升8%,直接经济损失比上年下降13%。

【安全生产责任制】 2018年,温宿县成立以政府主要领导为安委会主任、政府分管领导为专委会主任、相关单位主要领导为成员的安全生产委员会,调整充实油气管道、矿产资源食品安全、道路燃气、商贸流通危险化学品等7个专业委员会,制定印发《关于调整构建温宿县“1+7”安全生产专业委员会组织体系的意见》,明确专委会、专委会主任、专委会办公室、成员单位职责和议事规则。各乡(镇)对应成立“1+X”安全生产专委会,各村、社区成立安全生产工作领导小组,明确村(社区)党支部书记、村(居)委会主任安全生产工作职责,形成县、乡、村三级组织体系。政府党组会、常务会13次专题研究安全生产工作,推动工作落实。安委会每季度召开一次安全生产工作例会,听取安全生产工作情况汇报,安排部署下一阶段工作。召开分析研判会,研究解决重大安全隐患,构建责任体系。年初,与政府班子成员、各乡(镇)、安委会各成员单位分别签订“安全生产目标责任书”,分解任务、压实责任。结合实际,印发《关于进一步落实安全生产分级管理责任加强安全生产隐患排查治理的通知》,明确责任部门、专委会安全生产监管责任、安委会办公室安全生产综合监管责任、各乡(镇)属地管理责任,规范安全生产工作报告制度。

【执法检查】 2018 年,温宿县安监局强化执法检查。检查重点监管单位,对违法行为、事故隐患,现场依法提出处理意见,下达执法文书,落实执法措施。全县各行业主管部门开展拉网式隐患排查 13 次。依法打击安全生产违法生产、经营、建设等行为。下达临时查封决定书 18 份,临时查封企业 10 家,查处“三停”(停止施工、停止使用、停产停业)企业 22 家,拘留 2 人,罚款 6.01 万元。从严查处“4·5”“8·21”事故。县委、政府组织相关单位成立事故调查组,开展事故调查处理工作,对事故相关责任单位、责任人严肃追责问责。

【专项整治】 2018 年,温宿县安监局开展专项治理行动,结合阿克苏地区 18 项安全生产专项治理行动,明确治理重点,制定印发《温宿县安全生产专项治理行动实施方案》,紧盯重点行业、重点领域、重点企业、重点部位、重点时段,采取明察与暗访相结合、定期与不定期抽查相结合方式,开展隐患排查治理。提前分析研判安全隐患,制定有针对性管控措施。强化风险分级管控。对全县重点行业领域按照“重大风险、较大风险、一般风险、低风险”4 个等级,绘制 7 个专委会行业领域“红橙黄蓝”四色分布图,制定“风险隐患辨识卡”,超前辨识预判安全风险,实施差异化动态管理。52 家企业绘制完成行业领域“红橙黄蓝”风险辨识文本。加强重大隐患整治。对地区挂牌督办的锦绣江南·春天住宅小区、康丽阳光城 6 号、7 号、8 号高层住宅楼等重大隐患,专题研究、综合整治,解决一批遗留多年的隐患问题。

【安全生产大检查】 2018 年,温宿县安监局开展各类检查 1200 余次,检查生产经营企业 1530 余家,排查各类隐患 3954 个,整改隐患 3863 个,停产整顿经营企业 60 家,拘留 2 人,下达行政处罚书 73 份,罚款 51.21 万元。对安全生产工作责任落实不到位、措施不力的托甫汗镇、克孜勒镇、交通局、交警大队等单位主要领导进行问责。

【宣传教育】 2018 年,温宿县安监局开展“安全生产月”“119”消防宣传日、“12·2”全国交通安全日等宣传教育活动,将行政处罚与政策解读、法规宣传相结合,依托广播电视、温宿零距离、政府网站等媒体,报道安全生产工作动态,曝光安全生产违法违规行为。开展各类宣教活动 648 场次,教育群众 20.87 万人次;设立宣传电子屏 413 处,发放宣传单 11.8 万份。

【推广新技术】 2018 年,温宿县安监局向全县重点企业推广应用“智慧式用电安全隐患监管服务系统”,对电气火灾安全隐患进行排查整改、消除,提供低成本的专业服务。全县重点企业安装“智慧式用电安全隐患监管服务系统”139 套。 (张董红)

农 业

社会主义新农村建设

【机构概况】 2005年10月，温宿县农村工作领导小组办公室（简称温宿县农办）成立，为县委农村议事协调机构的办事机构，正科级建制，实行财政预算管理。2017年4月，温宿县农办加挂县扶贫开发领导小组办公室和县移民管理局牌子。2018年，有编制10名，实有8人，其中领导2人。

【新农村建设】 2018年，温宿县实现农村经济总收入73.37亿元，农牧民人均纯收入17729元。建强优质特色农产品生产基地，实施林果提质增效工程。全县种植农作物8.9万公顷，优质特色林果基地实现挂果7.58万公顷，果品总产量48.13万吨。新建高效节水面积1333.33公顷，修建防渗渠161.8千米，新建防洪堤12.58千米（其中永久性防洪堤10.7千米），农村自来水改迁管道212千米，完成农村安全饮水1000户。维修加固防洪堤50千米，清理疏浚山洪沟27千米，投入防洪储备物资805.5万元，发放人员及机械补助241.36万元。成立各类合作社82家，新认定家庭农场9家，规范化运营合作社121家，辐射带动农户4719户，规范合作社财务运行管理11家。

【整村推进规划】 2018年，温宿县启动林果业“百千万培训行动计划”“科技之冬”培训活动、订单蔬菜培训，引进推广骏枣1号新品种133.33公顷，示范应用黄腐酸有机肥、水肥一体化技术等3333.33公顷。以粮棉生产为重点，引进农业机械设备，推进农业生产全程机械化，确定农机综合作业示范区813.33公顷，农牧业机械化率68%。继续实行原良种生产，农作物良种率98%。做好农村土地确权颁证工作，启动农村集体产权制度改革和清产核资工作，深化国有农林牧场改革，推进供销社改革，做好水权水价改革，开展农村土地清理，依法打击非法开荒，加快农村土地流转。农村集体产权制度改革的试点托乎拉乡有9个行政村启动农村集体产权制度改革，其中4个行政村基本完成资产清理、登记和公示，完成8个农牧场土地确权登记颁证，完成农林牧场办社会职能改革移交，筹划组建三大国有农林牧企业，与社会能人合作投资1000余万元完成3个基层农业合作社改造。完成水利固定资产统计入册，完成乡、村两级涉水组织信息摸排调查登记，启动机电井IC卡项目，安装计量设施机电井1200余眼。

（吴 青）

农业生产

【机构概况】 1962年6月，温宿县人委设农牧科。1984年7月改为县农业局。1992年成立温宿县农业农村工作委员会。1998年设农业局。2002年成立县农牧局。2003年与畜牧局分设，恢复县农业局。是县人民政府主管农业生产、农业发展规划、农业科研及推广的行政职能部门。2018年，温宿县农业局内设机构3个，综合办公室、农业产业化发展股〔农业产业化发展局、农产品加工局、乡（镇）企业局〕、设施农业股;事业单位2个,即温宿县农业项目综合办公室、温宿县农村能源办公室。有编制23个,其中:行政编制11名,事业编制10名,工勤编制2名,实有17人。局属事业单位6个,即农经局、农业技术推广站、种子管理站(农业执法监察大队)、农业检验检测中心(农林植保中心)、农业产业化服务办公室(温宿县园艺工作站)、新疆农业广播电视学校温宿县分校。

【调整优化种植业】 2018年,温宿县农业局合理优化种植业结构,提高土地产出率和资源利用率,巩固发展特色种植业,推动订单农业发展。农作物种植总面积91619.81公顷;其中小麦17155.91公顷,棉花37792.39公顷,正播玉米6036.15公顷,复播玉米6185.54公顷,水稻9760.53公顷,蔬菜种植1873.47公顷,瓜类529.53公顷,油料作物276.68公顷,其他特色小宗农作物12009.61公顷。

【农业产业化】 2018年,温宿县成立农民专业合作社532家,其中规范化运作农民专业合作社121家,获得农业厅、农业部授牌的自治区级示范社15家,获得国家级示范社称号的合作社5家。完成新建农民专业合作社80个,申报认定家庭农场6个。农业产业化重点龙头企业有30家,其中自治区级11家,地区级19家。培育壮大联合营运公司,建全壮大营运公司,联营公司加盟企业、合作社15家。与"百十一"生产基地形成利益共同体,组织县惠农联合营运公司加盟企业与"百十一"生产基地90户农户签约,订购核桃53吨,红枣550吨。租赁阿克苏华丰果业有限责任公司2万吨冷库,定为温宿县"十仓百企"的冷藏保鲜公共仓,逐步完善公共仓内部机构设施建设。通过参加全国各类农产品招商会、展会和到内地知名企业考察,向外界宣传温宿农产品资源优势。

【农业基础设施建设】 2018年,温宿县实施水稻农场防渗渠改造项目,总投资175万元,建设内容为改建防渗渠道6条,总长4.84千米,建设渠系配套建筑物58座。青年农场十三队林果基地道路建设项目,总投资201万元,建设内容为改建防渗渠道2.5千米,修建渠系配套建筑物12座。青年农场十三队林果基地道路建设项目(续建),总投资88万元,建设内容为防渗改造渠道0.952千米,配套建筑物4座。整合2018年国有贫困农场扶贫项目审计核减资金329191.12元和2018年之前结余资金395225.2元,用于实施温宿县青年农场一队果品晒场项目和青年农场六队果品晒场项目,其中青年农场一队果品晒场项目建设内容为在一队加工厂院内进行地面修整,垫连沙石铺设混凝土地坪4843平方米,厚度12厘米,购买核桃剥皮清洗机1台,核桃清洗机1台;青年农场六队果品晒场项目建设内容为在青年农场六队加油站旁空地进行地面修整,垫连沙石铺设混凝土地坪面积2378平方米,厚度12厘米,修建40平方米彩钢房1栋;铁丝网围墙320米;购买核桃剥皮清洗机1台,核桃清洗机1台。项目完工投入使用。

【劳务输出】 2018年,温宿县把扩大农村富余劳动力转移作为农民增收的突破口,围绕农村产业结构调整,从农民就业技能培训出发,创新培训用人一体化机制,引导农民就业创收。引导县域企业吸纳本地富余劳动力,支持农民创业,以创业带动就业。全县实现农村富余劳动力转移就业1.046万人次。

【落实惠农政策】 2018年,温宿县落实冬小麦补贴实际兑付资金25481333.80元,兑付农户19398户,兑付面积13067.35公顷。春小麦补贴实际兑付资金3969915.00元,兑付农户6696户,兑付面积2301.4公顷。青贮饲料补贴实际兑付资金

3601820.00元,兑付农户1191户,兑付面积2401.21公顷。苜蓿补贴实际兑付资2930977.00元,兑付农户4674户,兑付面积1953.98公顷。玉米补贴实际兑付资金1661139.00元,兑付农户10062户,兑付面积6152.37公顷。特色经济作物补贴实际兑付资金743873.40元,兑付农户1950户,兑付面积2755.09公顷。

【无公害农产品】 2018年,温宿县农业局配合自治区例行抽检4次,抽取各类样品216样,合格率99.5%。常态化开展蔬菜农药残留速测共检测蔬菜样品8类13种、1500个样,合格率100%。6个乡(镇)依托现有农残速测设备每周开展一次农残速测,开展检测288批次、5460个样,合格率100%。完成绿色食品认证6个,有机1个,地理标志1个(温宿大米)。开展全国绿色原料标准化生产基地创建工作。

【农业执法】 2018年,温宿县农业局联合市场监督管理局对全县辖区所有农资销售点进行全面检查5次,检查农资销售点176个,其中种子经营户37个、农药经营户123家,查处过期蔬菜种子410袋,包装不合格种子3.5千克(小包装袋装种子);封存过期瓶装农药93瓶子,袋装农药4.45千克(50克小包装袋装农药),不正规农药产品135瓶,责令立即整改经营户10家。

【农村能源建设】 2018年,温宿县农业局在温宿县共青团镇依格淇农场建设大型沼气工程1座,建设地点位于佳木镇托万克佳木村,项目总投资860万元,其中中央预算内投资300万元,企业自筹资金560万元。建设内容为新建容积为2000立方米厌氧发酵罐1座,容积为800立方米双层落地膜柔性储气柜1座;集水池等各类池总容积1600立方米;值班室及生产车间总建筑面积300平方米。购置仪器设备43台(套)。项目于2017年9月开工,2018年10月建设完成。

（肖冰坤）

农村经营管理

【机构概况】 温宿县农村经营管理局原称温宿县农村合作经济经营管理服务站,成立于1985年1月。2003年10月,更名为温宿县农村经济管理局。2009年1月,更名为温宿县农村经营管理局。2018年,有全额事业编制12名,实有12人,其中领导职数3人。

【农村经济总收入】 2018年,温宿县实现农村经济总收入733680万元,比上年增加57913万元,增长8.57%。其中,种植业收入196370万元,比上年减少3374万元,减少1.69%;林果业收入401177万元,比上年增加57415万元,增长16.7%;畜牧业收入110378万元,比上年增加2657万元,增长2.47%;渔业收入2635万元,比上年增加546万元,增长26.14%;第二产业6290万元,比上年增加495万元,增长8.54%;第三产业16830万元,比上年增长174万元,增长1.04%。各业收入占总收入比重分别为:种植业占26.77%,林果业占54.68%,畜牧业占15.04%,渔业占0.36%,第二产业占0.86%,第三产业占2.29%。

【集体资产清产核资】 2018年,温宿县委办公室、县人民政府办公室印发《温宿县农村集体资产清产核资工作实施方案》,各乡(镇)成立清产核资工作领导小组,制定印发本乡(镇)农村集体资产清产核资工作实施方案,明确职责任务,召开动员大会。成立县乡两级领导机构16个,印发相关文件16个,召开各级专门工作会议(现场会、推进会)182次,举办县、乡、村三级培训班176期,培训4181人次。4个乡(镇)、26个村完成清产核资工作,其中9个村完成平台录入工作,17个村进入数据录入阶段。完成清算26个村账面资产总额7688.42万元,其中经营性资产总额1597.6万元;核实资产总额11561.53万元,其中经营性资产总额2880.47万元;集体土地总面积1.21万公顷,其中农用地总面积8906.67公顷。

【产权制度改革试点】 2018年,温宿县作为农村集体经济组织产权制度改革试点县,印发《温宿县农村集体经济组织产权制度改革试点工作方案》,成立温宿县农村集体经济组织产权制度改革试点工作领导小组,明确责任分工,确定托乎拉乡托万克苏布拉克村和托万克库尔巴格村作为农村集体经济组织产权制度改革试点村。托乎拉乡作为试点乡,开展农村集体经济组织产权制度改革工作,9个村全部完成清产核资并录入平台工作,账面资产总额4382.7万元,其中经营性资产总额86.96万元,核实资产总额5908.1万元,其中经营性资产总额184.29万元,集体土地总面积6800公顷,其中农用地总面积5686.67公顷。9个村完成农村集体人员排查摸底登记备案工作,进入经济组织成员身份界定和股权设置及股份量化阶段。

【富余劳动力转移】 2018年,温宿县农民外出劳务收入944.95万元,比上年增加117.41万元,增长14.19%。

【专业合作社】 2018年,温宿县成立农民专业合作社532家,其中种植业69家,林果业244家,畜牧养殖151家,农机服务21家,手工裁剪43家,农资3家,服务业1家;有农民专业合作社联合社3家;注册资金总额142712.1643万元,社员总数11663人。获得各级扶持资金2973.04万元,其中,国家级125万元,自治区级1419.04万元,地区级194万元,县级1235万元。规范化运作农民专业合作社121家,获得农业厅、农业部授牌的自治区级示范社15家,获得国家级示范社称号的合作社5家,完成新建农民专业合作社80家。 (万　雨)

农业技术

【机构概况】 温宿县农业技术推广站原名温宿县农科所,成立于1963年。1974年,更名为温宿县农业技术推广站。2018年,县农技站为全额拨款事业单位,副科级建制;有编制22名,实有20人,其中专业技术人员15人(高级农艺师7人,农艺师3人,助理农艺师2人,技术员3人)。有植物保护组、土壤肥料组和作物栽培组3个内设科室。

【病虫害防治】 2018年,温宿县农业技术推广站完成病虫害预测预报11期,其中,农作物病虫测报9期,果树病虫情报2期。全县农作物主要病虫害整体为中等(3级)发生趋势,虫害损失整体重于病害损失。各类病虫害发生面积10.88万公顷,防治面积9.31万公顷,其中,小麦病虫害发生面积1.24万公顷次,防治面积1.06万公顷次;玉米病虫害发生面积1246.67公顷次,防治面积460公顷次;棉花病虫害发生面积7.89万公顷次,防治面积6.82万公顷次;水稻病虫害发生面积1553.33公顷次,防治面积1300公顷次。温宿县主要农作物农田草害发生面积1.47万公顷,防治面积1.25万公顷。

【植物检疫】 2018年,温宿县农业技术推广站对新疆金丰源种业股份有限公司的各类作物原、良种田进行田间检疫。开展田间检疫3501.2公顷,其中,小麦1375.87公顷，棉花1860公顷，水稻265.33公顷。经田间检疫，合格面积3434.53公顷。

【农业技术推广】 2018年，温宿县主要农作物种植面积9.16万公顷，其中，棉花种植面积3.78万公顷，平均单产136.45千克，总产7.73万吨；小麦种植面积1.72万公顷，平均单产450.8千克，总产11.56万吨；水稻种植面积9760公顷，平均单产713.7千克，总产10.45万吨；正复播玉米种植面积7386.67公顷，平均亩产696.26千克，总产7.72万吨。

【测土配方施肥】 2018年，温宿县测土配方施肥推广应用面积达90余万公顷，在全县采集处理化验土样141个。推广棉花秸秆腐熟还田、绿肥种植工作，督促指导农家肥沤制，种植绿肥作物面积4740公顷，积制农家肥153.8万立方米。开展秋季残膜调查工作，对托甫汗镇、古勒阿瓦提乡、佳木镇3个乡（镇）的30个条田150个样点进行残膜抽样调查，总调查面积179.47公顷，平均残留量0.958千克/亩。

【农业科技培训与宣传】 2018年，温宿县农业技术推广站在棉花、小麦、水稻等作物播种、生长关键时节，在各乡（镇）选择代表性高产种植典型，组织技术人员、乡（镇）及村级领导、示范农户进行现场观摩。举办测土配方施肥、四大作物高产栽培、病虫草害综合防治技术等各类培训班12期，培训10443人次，其中，县级培训2期，培训84人次；乡（镇）级培训11期，培训10359人次。（赵友伟　李　静）

种子管理

【机构概况】 1962年10月，温宿县种子站成立，2018年，温宿县种子管理站与温宿县农业执法监察大队实行“一个机构、两块牌子”管理体制，为副科级全额事业单位（参照《中华人民共和国公务员法》管理），有编制6名，实有3人。有供种企业温宿县金丰源种业公司1家，全县35家农资经营户零售外地种子。

【种子供应】 2018年，温宿县种子管理站供应销售各类农作物种子16162.32吨，其中，棉花种子3040吨，水稻种子3100吨，小麦种子9325吨，玉米种子694吨，其他种子3.32吨。

【生产与良繁】 2018年，温宿县金丰源种业公司设良繁面积5760公顷，其中，棉花良种繁殖3666.67公顷，小麦种子良繁2000公顷，水稻种子良繁493.33公顷。落实各类农作物种子良繁田3540公顷，其中，棉花良繁田1466.67公顷，品种主要有“新陆中64号”“新陆中68号”；水稻良繁田493.33公顷，品种主要有“新稻11号”“新稻19号”“秋田小町”“新稻36号”；小麦良繁田1466.67公顷，品种主要有“新冬22号”“新冬55号”；玉米133.33公顷，品种主要有“新玉58号”“新玉62号”。

【种子检验】 2018年，温宿县种子管理站委托金丰源种业公司开展种子检验工作，室内抽样检验各类农作物种子15个品种，抽取样品190份，其中，抽检棉花2500吨，抽取样品147份；水稻2300吨，抽取样品28份；小麦320吨，抽取样品15份，经过检验全部达到国家质量指标。完成小麦、棉花、水稻种子田间检验5760公顷，做好取杂、精选、收购、包装监督工作。

【新品种推广】 2018年，温宿县种子管理站引进推广国家审定棉花新品种“J206－5”1.47万公顷，推广自治区审定新品种“新陆中68号”1.73万公顷、“新陆中75号”3333.33公顷。

【新品种试验示范】 2018年,温宿县种子管理站承担自治区陆地棉早中熟组机采棉区域试验,参试品种10个;承担自治区水稻品种区域品比试验,参试品种14个;承担自治区小麦品种区域品比试验,参试品种20个;承担自治区晚熟玉米新品种生产试验,参试品种2个。通过自治区农作物品种审定委员会审定的水稻新品种2个(新粳4号、新粳5号)、玉米新品种1个(JFY5398)。

【农资打假】 2018年,温宿县农业执法监察大队开展农资市场大检查5次,检查农资销售点176个,其中,种子经营户37个,农药经营户123家,查处过期蔬菜种子410袋,包装不合格种子3.5千克;封存过期瓶装农药93瓶,袋装农药4.45千克,不正规农药产品135瓶,责令立即整改经营户10家。对30多家零售外地种子的经营户依法进行备案审查,通过备案35家。

【调解纠纷】 2018年,温宿县种子管理站接待群众投诉,调解农药、种子、肥料纠纷9起、结案9起,为农民挽回经济损失7.55万元。

【法规宣传】 2018年,温宿县农业执法监察大队在主要乡(镇)集贸市场、村委会开展农资知识、辩假识假等宣传、咨询活动。在“3·15”消费者权益保护日开展农资维权、宣传咨询活动。出动宣传车辆15辆次、执法人员60人次,发放宣传资料2000余份,咨询讲解5000余人次。 (肖冰坤)

农牧业机械化

【机构概况】 温宿县农牧业机械管理局(简称温宿县农机局)原名温宿县农牧机械管理局,成立于1975年5月。2009年1月,更名为温宿县农牧业机械管理局。2018年,县农机局为隶属于县人民政府管理的事业单位(参照《中华人民共和国公务员法》管理),正科级建制,有编制4名(领导职数3名),实有5人。下设农机安全监理站和农机服务中心2个事业单位。

【农业机械化】 2018年,温宿县农牧业机械总动力51.09万千瓦;拥有各类拖拉机19752台,其中大中型拖拉机14662台;各类配套农机具24692台(部),比上年增加1255台(部),增长4.48%。

【农机化作业】 2018年,温宿县完成机耕面积7.06万公顷,机播面积6.71万公顷,检修各类农机具4.21万台(部)。水稻机械化插秧6445.67万公顷,机械化种植率97%,机械化收获率100%;棉花机播面积3.76万公顷,其中机采棉模式播种7466.67公顷,机采模式种植占比19.86%;小麦机播面积1.72万公顷,机收面积1.72万公顷,机械化种植率100%,机械化收获率100%;玉米机播面积8980公顷,机收面积8560公顷,机械化种植率100%,机械化收获率95.3%。

【农机审验】 2018年,温宿县农机局应检验拖拉机、联合收割机19256台,已检验拖拉机、联合收割机17866台(在册拖拉机年度安全技术检验5860台,检测仪检测比例30.4%),检验率92.78%,完成目标任务的100.84%。参检农业机械的反光膜粘贴率100%,强险投保率100%。全县在册农机驾驶员18354人,农机驾驶操作从业人员17055人,持证率92.92%,完成目标任务的102.3%。农业机械登记注册990台,上牌率

98%,完成目标任务的 101.5%。

【农机安全监理】 2018 年,温宿县农机局加大对拖拉机道路交通安全监管执法力度,与交警、交通、安监等部门联合开展以整治拖拉机“非法载人”为重点的农机安全生产专项检查 35 次,出动检查人员 704 人次,查验拖拉机 3876 台次,查处纠正各类农机违规行为和安全隐患 317 件。

【农机购置补贴】 2018 年,温宿县实施中央农机购置补贴资金 1394.13 万元,补贴各类农机具 749 台(套),其中,动力机械 192 台,耕整地机械 285 台,种植施肥机械 177 台,田间管理机械 21 台,收获机械 60 台,农产品初加工机械 2 台,收获后处理机械 4 台,其他机械 8 台,带动农民投资 4771.73 万元,受益农户 576 户。

【农机培训】 2018 年,温宿县农机局举办各类农机操作和技术培训班 18 期,培训 1.1 万人次,完成目标任务的 103%;举办拖拉机、联合收割机驾驶员培训班 2 期,培训驾驶员 946 人,其中初次申领拖拉机驾驶证的驾驶人运用电子桩考仪进行考试 667 人,桩考仪考试比例达 71%;初次申领拖拉机驾驶证驾驶人运用无纸化考试系统进行考试 634 人,无纸化考试比例 67%,完成目标任务的 113.61%。

【农机化推广】 2018 年,温宿县农机局确定农机综合作业示范区 812.55 公顷,其中,林果业农机化示范区 242.01 公顷(核桃 141.01 公顷,完成目标任务的 141%;红枣 101 公顷,完成目标任务的 101%);设施农业综合机械化作业示范区 3.33 公顷,完成目标任务的 100%;水稻生产农机化示范区 567.21 公顷,完成目标任务的 106.35%。 (肖冰坤)

畜牧业

【机构概况】 1950 年 3 月,温宿县人民政府设建设科,兼管畜牧业。1962 年,温宿县农牧科成立,专门负责管理畜牧业。1978 年 12 月,县农牧科改称为温宿县畜牧局。2018 年,温宿县畜牧局为正科级建制,隶属于温宿县人民政府管理的行政单位。

【综述】 2018 年,温宿县牲畜存栏 80.18 万头(只),牲畜出栏 96.76 万头(只),家禽出栏 668.8 万羽。产肉 37271.92 吨,产奶 32626 吨,产蛋 4988 吨。有“百十一”优质牛羊肉基地 17 个,生产优质温宿羊肉、牛肉 1650 吨。

【饲草业发展】 2018 年,温宿县畜牧局完成饲草和秸秆资源化利用、收储 57.57 万吨,其中,粮食作物收储 36.68 万吨;完成饲草加工制作 14.69 万吨;棉杆加工利用 1.75 万吨,棉杆资源利用率达 10% 以上。巩固 20 个秸秆加工转化利用示范点。完成颗粒饲料和草颗粒制作 0.8 万吨。改良天然草原 8000 公顷,完成 25 个野外监测点监测工作,提交监测报告;按时开展 1 个天然草原返青期监测点监测工作,提交 2018 年返青期监测报告。

【生物灾害监测】 2018 年,温宿县畜牧局调查草原 2 个样地、8 个样方鼠害野外路线、数据汇总,提交发生趋势报告;完成 10 个样地、40 个样方蝗虫野外路线调查、数据汇总,提交发生趋势报告;10 个样地、40 个样方天幕毛虫野外路线调查、数据汇总,提交发生趋势报告;6 个毒害草监测预警点监测工作,未发现毒害草危害情况;4 个人工牧草病害监测预警点监测工作,未发现人工草地牧草病害情况。制定虫鼠害防治计划。

【草原监理执法】 2018年,温宿县畜牧局加强草原监理执法工作,年初把监理责任落实到个人,层层签订责任书,明确职责。不定期进行草原巡逻检查,处理5起违反禁牧规定案件。根据草原行政审核相关规定开展草原征占用审核工作。在塔克拉克牧场建成1个200公顷苜蓿高效节水滴灌试验田。开展制作量在80立方米以上饲用甜菜与玉米秸秆混合青贮制作试验,利用活杆菌等生物发酵技术提高青贮饲料质量。11个乡(镇)的6405户农牧民实施禁牧面积7.67万公顷,草畜平衡面积45.14万公顷。

【基地建设】 2018年,温宿县畜牧局组建培育3个养殖农民合作社,整合县博孜墩乡优质牛羊肉资源,开展牦牛肉、优质羊肉加工,进行商标注册。落实长草短喂、短草槽喂、公母畜分栏饲养、精粗料合理搭配、母畜幼畜合理补饲等科学饲养技术。全县培育3个科学养畜示范村、3个科学养畜示范场、591户科学养畜示范户。

【种畜引进】 2018年,温宿县畜牧局在阿热勒镇、依希来木其乡、佳木镇等9个乡(镇)建立县级肉羊改良示范村各1个,创建肉羊改良繁育示范户20户。强化养殖技能培训,开展接羔育幼、青贮制作、饲养管理、短期育肥培训班。开展肉羊改良细管输精推广实验工作。在依希来木其乡7大队、8大队选择120只能繁母羊,分2个实验组开展细管冻精人工授精推广实验。

【畜产品安全】 2018年,温宿县畜牧局加强对跨省、自治区和跨地区调运动物、动物产品监管,对输入动物及动物产品落实"县市审核、地区备案"制度,对以扶贫畜名义引进牲畜落实各项管理制度。落实引进动物落地监管,兽医技术部门在24小时内对所有动物进行布病检疫。对调入动物全部进行小反刍、口蹄疫强化免疫。在国内非洲猪瘟频发期间,杜绝疆外生猪及其产品进入县境。对调出动物及动物产品做布鲁氏杆菌病和包虫病实验室检测,合格后开具检疫合格证明准予调出。对拉运动物及动物产品的车辆,落实牛羊布鲁氏病验证查物工作,按要求开展抽检,对手续不全、证物不符、染疫、疑似染疫的严禁退回原产地,防止外地疫情传入。

【技术培训】 2018年,温宿县畜牧局组织举办品种改良、科学养畜类科技培训班12期,培训人员1200人次;举办品种改良科技讲座3期,受益技术员及农牧民165人次;举办涉及品种改良、科学养畜类科技之冬培训班3期,受益农牧民455人次。(何　军)

动物卫生监督

【机构概况】 温宿县动物卫生监督所前身为动物防疫监督站,2009年1月,将温宿县动物防疫监督站分设为温宿县畜牧兽医站和温宿县动物卫生监督所。温宿县动物卫生监督所隶属于温宿县畜牧兽医局管理的副科级事业单位,内设防疫监督室、检疫监督室,3个职能科室,2018年有编制16名,实有16名。

【产地检疫】 2018年,温宿县动物卫生监督所实施动物产地检疫工作,辖区内产地检疫开展面100%。严格产地检疫报检制度,根据当地实际在中心村、养殖小区合理设置报检点并配置检疫和协检人员,报检点全面公开检疫规程、收费标准和管理制度,确保动物产地检疫工作正常开展。严格产地检疫规程,按照统一规程和国家规定标准实施入门到户临床临栏临畜检疫,做到查证验标仔细、备案登记认真、开证收费规范,坚持以规模养殖场、养殖小区、养殖大户为重点,把动物防疫条件审核、养殖档案等作为产地检疫必备条件,建立完整记录和档案。

【屠宰检疫】 2018 年,温宿县动物卫生监督所加强屠宰检疫,确保肉品质量安全。落实屠宰场检疫电子出证制度,对 2 个屠宰场安排人员驻场检疫,为定点屠宰场配备电脑、开通网络。落实检疫责任,强化人员培训。组织 3 名动物检疫员参加地区培训,提高检疫操作能力和整体素质,提升动物屠宰检疫工作水平。严把动物屠宰检疫关、落实畜禽屠宰台账,强化定点屠宰场基础工作监管。

【卫生监督】 2018 年,温宿县动物卫生监督所开展《中华人民共和国动物防疫法》《新疆维吾尔自治区实施〈中华人民共和国动物防疫法〉办法》和《中华人民共和国食品安全法》等法律法规的宣传教育。规范动物检疫申报点设置及建设工作,设置报检点 37 个,保证动物检疫工作开展。为提升工作效率和监管水平,10 月 10 日,全县乡(镇)一级开通动物检疫电子出证系统。加强规模养殖场监管,将规模养殖场、屠宰场(点)、饲料和兽药店纳入定人、定时、定点监管范围实施监管,发挥信息化技术优势,加强对兽药监管,将畜产品质量安全源头监管纳入产地检疫范畴。规范设置检疫申报点和强化市场准入,落实"临栏检查、定时检疫、提前出证、集中监管"的监管机制,落实"以监促检、以检促防"措施,动物检疫报检程序和报检制度、规范临床临栏检查等制度,产地检疫率达 100%,上市动物持证率达 100%。

【兽药监管】 2018 年,温宿县动物卫生监督所强化兽药 GSP 及诊疗场所监管,从源头上确保畜产品质量安全。加强兽药经营和动物诊疗机构清理和规范管理,运用信息化技术加强对兽药监管,强化兽药经营企业和兽药使用环节专业培训,推进兽药经营质量管理规范达标认证和兽用抗菌药物整治工作,实施企业诚信体系建设工作,完善质量安全承诺制度。开展 4 次专项整治行动,收缴相关兽药 31 袋(瓶),对涉及销售使用过期兽药的企业当场提出整改意见并出具兽药没收凭证。检查全县 5 家兽药经营及诊疗企业兽药销售、50 家规模养殖场的兽药使用等情况,发现有 2 种兽药因无法追溯相关信息被依法扣押。

【畜产品质量监管】 2018 年,温宿县动物卫生监督所动物产地检疫 31.3 万头,任务完成率 89.4%,家禽产地检疫 42.1 万头,任务完成率 93.1%。开展牲畜屠宰检疫 8.52 万头(只),家禽屠宰检疫 31.72 万羽,病害动物 1 头只、家禽 580 羽,检出病害动物产品及脏器 1.7 吨,对病害畜禽及不合格产品全部进行登记备案并无害化处理。

【宣传培训】 2018 年,温宿县动物卫生监督所宣传《中华人民共和国动物防疫法》《动物防疫条例》《动物检疫管理办法》等有关法律法规,针对性开展法规、规章的宣传、告知、监管工作。开展全县检疫员培训 2 期,培训农牧民养殖户和乡(镇)场检疫员 123 人次,培训农牧民 2112 人次。培训以实用技术、《中华人民共和国动物防疫法》《动物防疫条例》《动物检疫管理办法》等内容为主。

【标识管理】 2018 年,温宿县动物卫生监督所落实追溯体系建设工作要求,严格按照《农业部关于贯彻实施〈畜禽标识及养殖档案管理办法〉的通知》规定,落实动物标识、溯源物资订购、保管、发放、使用相关制度,及时上传相关信息。对辖区内牲畜全面加施耳标,建立统一免疫档案,进行登记。运用识读设备及时补录防疫信息,上传中央数据库,按时上报动物标识及生产防疫信息报表和相关材料。实现养殖信息从纸质化管理向电子文档化管理转变,建立畜禽及畜禽产品可追溯制度。

【动物防疫监督】 2018年,温宿县动物卫生监督所强化动物卫生监督证章标志管理,落实电子出证,完善检疫证章管理制度,明确证章标志逐级发放、使用、回收制度,严格管理职责,落实“专人、专账、专库”管理。执行“先进先出”发放原则,以“动物检疫合格证明”编号自小到大顺序发放、回收、核销(上缴),建立完善动物卫生证章标志订购、发放、领用、核销(上缴)档案,翔实登记品名、数量、号段,建立永久电子档案,做到各个环节职责明确,责任到人。发放“动物产地检疫合格证明”产品B证310本,“动物产地检疫合格证明”动物B证1420本,推进跨省调运动物及其产品“动物检疫合格证明”电子出证工作,组织15名乡(镇)兽医参加地区动物检疫合格证明电子出证培训,开通县乡(镇)动物检疫电子出证系统。实现跨省区调运和乡(镇)动物及动物产品电子出证,实现全国跨省调运动物及动物产品检疫数据的互联互通,地区备案跨疆跨地区调运动物3.5万头(只)。开展动物、动物产品“动物检疫合格证明”电子出证576份。 (肖冰坤)

动物疫病防治

【机构概况】 2018年,温宿县畜牧兽医站是隶属于温宿县畜牧兽医局管理的副科级全额事业单位,有编制14名,实有13人,其中,事业单位管理岗位1人,专业技术岗位10人,工勤岗位2人;大学本科学历7人,大专学历5人;高级兽医师2人,兽医师3人,助理兽医师6人。内设办公室、畜禽疾病医治室、畜禽疾病预防检测测报室3个科室。

【防疫检疫】 2018年,温宿县畜牧兽医站防疫、检疫、驱虫、药治动物509.48万头(只),其中,口蹄疫免疫148.5万头(只)次,小反刍兽疫60.33万只,羊痘免疫55.07万只,羊三联四防免疫48.69万只,炭疽免疫56.91万只,布鲁氏病免疫53.96万只,猪高致病性猪蓝耳病免疫3.49万头(只)次,猪瘟免疫3.55万只,驱虫、药浴74.7万头(只)次,治疗4.28万(只)次。禽流感免疫176.59万羽次,新城疫免疫168.12万羽次。

【“五号病”防治】 2018年,温宿县畜牧兽医站签订“五号病”防制责任书13份,以合同防疫形式,采用灭活苗对易感牲畜进行强制免疫。加大市场检疫力度,做好幼畜补免工作,防疫免疫“五号病”148.5万头(只)次。

【禽流感防治】 2018年,温宿县畜牧兽医站印发《关于做好当前禽流感防治工作的紧急通知》,建立禽流感应急物资库,组建专家组应急分队,禽流感防疫176.59万羽。

【动物疫病监测】 2018年,温宿县畜牧兽医站通过随机抽查采血监测,对抗体监测不合格的畜禽进行重免,将检测结果作为乡(镇)场兽医站年度考核指标。开展禽流感血清检测3321份、新城疫检测2021份、口蹄疫抗体检测3702份、四大慢病监测牛结核27796份、牛布病检测29074份、羊布病检测6023份、马鼻疽检疫100份、马传贫采集血样86份送地区检验。配合地区采样送检工作,向自治区、地区送监测禽棉拭子289份、血清205份、牛OP液80份、血清189份、猪淋巴结100个、猪血清122份、猪抗凝血180份、非抗凝血199份、流产胎儿30份、羊血清187份、驴马血清86份、马鼻疽监测100份、生鲜乳检测样品20份、环境监测样品50份、犬粪便102

份，完成送检率100%。

【鲜乳安全监测】 2018年，温宿县畜牧兽医站规范生鲜乳收购程序，对鲜牛奶进行检测，采样216份，其中，三聚氰胺检测24份，β—内酰胺酶检测24份，四环素检测24份，磺胺类检测24份，氯霉素检测24份，玉米赤霉醇检测24份，理化指标检测140份。

【业务培训】 2018年，温宿县畜牧兽医站举办培训班3期，培训村级动物防疫员170人次，培训农民650人次，发放各类技术资料3500份。培训内容为实用养殖技术、禽病防疫、传染病防治、结核、布病检疫、禽流感及《中华人民共和国动物防疫法》、《动物防疫条例》。 （肖冰坤）

畜禽品种改良

【机构概况】 2018年，温宿县畜禽品种改良站是隶属于温宿县畜牧兽医局管理的副科级全额事业单位，有编制10名，实有10人，其中，管理岗位3人，专业技术岗位6人，工勤技能岗位1人。

【黄牛改良】 2018年，温宿县畜禽品种改良站为基层各配种站发放牛良种补贴细管冻精2.8万支，完成黄牛改良配种1.68万头，其中冷配1.51万头，完成107.85%。有固定黄牛冷配站48座。

【绵山羊改良】 2018年，温宿县畜禽品种改良站完成小畜改良40.01万只，其中，绵羊改良33.1万只（含肉羊改良12.52万只），山羊改良6.9万只。

【接羔育幼】 2018年，温宿县畜禽品种改良站狠抓冬春季幼畜饲养管理工作，做好母畜产前、产中、产后各项服务，繁殖各类幼畜48.58万头（只），其中，牛0.89万头，绵羊37.8万只，绒山羊8.29万只，猪0.84万头，其他畜0.76万头，幼畜成活47.41万头（只），平均成活率97.6%。

【种子工程】 2018年，温宿县畜禽品种改良站去势劣质公畜10.83万头（只），其中，牛0.21万头，绵羊7.94万只，山羊2.61万只。培育各类种公羊2180只，其中，肉羊种公羊1100只，其他种公羊1080只。引进种公畜246只，其中，卡拉库尔羊71只，细毛羊62只，绒山羊113只。

【肉羊冷配实验】 2018年，温宿县畜禽品种改良站开展肉羊细管冻精冷配实验，从地区畜牧技术推广中心领取萨福克羊细管冻精294支。在依希来木其乡2个村推广使用细管冻精250支，冷配母羊120只。

【技术培训】 2018年，温宿县畜禽品种改良站组织举办品种改良、饲养管理、黄牛冷配等培训班5期，培训252人次。 （王拥军）

林果业生产

【机构概况】 温宿县林业局成立于1984年。2018年，县林业局为科级建制财政全额拨款的行政单位，有编制19名（领导职数5名），实有17人（含森林派出所），其中，党员11人，干部16人，工勤1人。下辖温宿县公安局森林派出所、温宿县林业工作管理站、温宿县胡杨林管理站、温宿县旱让自然保护区管理站、温宿县森林防护办公室5个单位。

【综述】 2018年,温宿县树立绿水青山就是金山银山发展理念,推进生态文明建设步伐,把握农业产业结构调整这条主线,温宿县有优质特色林果基地83333.25公顷,其中各类林果挂果75846.59公顷,果品总产量48.13万吨,实现总产值40.12亿元,农民林果业年均纯收入10910元。

【生态建设】 2018年,温宿县始终坚持生态优先的战略,依托三北防护林、退耕还林工程,完成生态林建设3733.32公顷,义务植树71万株,公民义务植树尽责率92.3%。

【密植园改造】 2018年,温宿县林业局组织和引导林果技术专业合作社开展核桃密植园改造4320公顷,核桃大树改接7万株,红枣密植园改造4500公顷。

【病虫害防控】 2018年,温宿县林业局落实病虫害综合防控技术(PMI),春季喷防石硫合剂8.07万公顷,悬挂黄板672万张,杀虫灯8363盏(含新购置1500盏),飞机防治枣园病虫害13733.31公顷,规范化管理测报点12个,发布预测预报15期,将林业有害生物成灾率控制在3‰以内。

【示范园建设】 2018年,温宿县林业局推广县乡村林业科技示范,通过抓点联线、扩面,巩固提升154个1533.33公顷"两高一优"(高产、高效、优质)示范园,建立"百十一"基地12540公顷,果品总产量9.51万吨。

【"院县企"合作】 2018年,温宿县林业局挖掘整合山西、山东及自治区农科研(土肥所)等疆内外科技资源和力量,依托"科研院所+政府部门+企业组织"联动机制进行林果科研试验、示范推广和基地生产,引进推广骏枣1号新品种133.2公顷,示范应用黄腐酸配方肥、水肥一体化技术等3333.33公顷,选派2名事业单位技术人员离岗(挂职)到合作社开展创新创业试点工作,培育特色优势产业。

【产业化发展】 2018年,温宿县林业局加大对重点龙头企业、合作社扶持力度,争取林业贷款贴息1569.37万元。组织推荐8家本地企业、合作社,参加国内"森博会""广交会"等重大营销展会。

【科技培训】 2018年,温宿县林业局启动自治区"百千万培训行动计划——林果科技进万家"和"科技之冬"培训活动128场次,培训19144人次,创建"一十百千万"(1个合作社带头人+10名骨干技术员+100名农民技术员+1000户普通农户+666公顷林果标准化基地)科技培训新模式。

【林业项目】 2018年,温宿县林业局争取中央造林、重点防护林、退耕还林、经果林质量精准提升工程、退化林分修复、森林抚育等9个重大项目到位资金8301.85万元。实施生态林业脱贫专项行动,使全县贫困户从生态产业发展中获得实惠。将具备林果提质增效条件的深度贫困村(户)优先纳入项目重点扶持,实现1768户7389人贫困户享受扶持资金276.8万元。

【生态扶贫】 2018年,温宿县林业局坚持扶智与扶志相结合,采取"合作社+基地+农户"生产经营模式,在全县9个深度贫困村建立特色林果提质增效扶贫示范园13个195公顷,惠及贫困户163户。实施生态补偿政策,从2018年拟脱贫困户中甄选10名建档立卡贫困户,参与生态资源保护管理,实现家门口脱贫。整合规范林业项目资金,将具备林果提质增效条件的深度贫困村(户)优先纳入项目重点扶持,105户451人贫困户享受55万多元补助资金。

【资源保护】 2018年，温宿县林业局强化森林资源管理，严格林木采伐限额。办理采伐许可证349份，面积83.51公顷，蓄积1.3万立方米，采伐量控制在2.5万立方米限额指标内。根据国家林业和草原局交付温宿县284个108.10公顷的疑似图斑，成立森林督查专班开展疑似图斑核查，逐一开展现地自查，立刑事案件14起，行政案件6起，罚款680万元。

【文化林业】 2018年，温宿县林业局与县宣传部、柯柯牙镇等相关部门联合举办万人以上弘扬柯柯牙精神、生态休闲旅游活动2次。配合中宣部、疆内外各界媒体和记者的采访活动30余场次。（邵希强）

林业管理

【机构概况】 温宿县林业管理站（简称温宿县林管站）成立于1977年3月，副科级建制，属财政全额拨款的事业单位。2018年，有编制31名，实有23人，其中，女性13人，少数民族16人。

【林果业生产】 2018年，温宿县完成造林1066.67公顷，其中，防护林468.68公顷，苹果87.33公顷，核桃141.27公顷，沙棘183.53公顷，西梅68公顷，杏123公顷。各类果树挂果面积76824公顷，总产量48.13万吨，其中，核桃挂果面积42020公顷，产量12.66万吨；红枣挂果面积27266.67万公顷，产量19.1万吨；苹果挂果面积5580公顷，产量14.07万吨；其他果树挂果面积1957.33公顷，产量2.3万吨。

【提质增效】 2018年，温宿县完成核桃疏密1000公顷、红枣园疏密1666.67公顷、大树改接10万株、核桃标准化修剪3万公顷、红枣标准化修剪2.66万公顷。果农准备农家肥349.14万立方米、油渣2.6万吨、尿素2.7万吨、二胺4.1万吨、钾肥1.5万吨、其他肥料1万吨。果树施肥8.04万公顷，其中，红枣2.7万公顷，核桃4.48公顷，苹果7133.33公顷，香梨453.33公顷，其他446.67公顷。果树灌水面积7.66万公顷。沤制绿肥233万立方米，完成计划116.5%。完成果树整形修剪6.53万公顷，其中，红枣2.67万公顷，核桃3.13万公顷，苹果6760公顷，香梨466.67公顷。红枣打顶摘心2.66万公顷，落实保花保果措施4次，膨果期补充螯合钙。为各乡（镇）派发保花保果药剂及叶面肥，为佳木镇、共青团镇、依希来木其乡等8个乡（镇）发放喷施宝有机水溶肥404箱1616千克、芸苔素13箱130千克。为各乡（镇）发放保花座果药剂，提供噻苯隆3039瓶、赤霉酸11932袋、花仙籽1125瓶、农多收145瓶、果满田1418瓶。指导33.33公顷“骏枣一号”进行标准化管理，推进枣园优质品种改接。在共青团镇等地开展6次“骏枣一号”生产管理技术指导，改接成活率85%以上。

【示范园建设】 2018年，温宿县林管站落实示范园挂牌建档，加强标准化管理技术指导，建成“两高一优”（高产、高效、优质）示范园154个1537.64公顷、林果基地1.25万公顷，其中，红枣5133.33公顷，核桃5193.33公顷，苹果2000公顷，榛子5.33公顷，葡萄213.33公顷，总产量9.8万吨。涉及农户13411户，其中贫困户816户。共有基地954个，已挂牌24块，其中，依希来木齐乡挂牌5块（红枣1333.33公顷）；克孜勒镇挂牌5块（红枣1600公顷、苹果666.67公顷）；恰格拉克乡挂牌9块（核桃1666.67公顷）；柯柯牙镇挂牌5块（核桃1333.33公顷、苹果666.67公顷）。优质特色林果基地发展建设无公害、绿色、有机果园面积2333.33公顷。

【领导示范园建设】 2018年,温宿县建成领导示范园56个789.72公顷,其中,县级领导示范园19个357.52公顷,乡(镇)主要领导示范园22个289.27公顷,乡(镇)分管领导示范园15个142.93公顷。

【科技培训】 2018年,温宿县林管站举办以红枣、核桃的土肥水管理、嫁接整形修剪、果树病虫害防治为主的培训班128期,培训34567人次,其中,县级培训1期,培训120人次;乡级培训11期,培训2624人次;村级培训117次,培训31832人次。“科技之冬”培训34场次,培训7368人次。以托乎拉乡、佳木镇、克孜勒镇、吐木秀克镇为培训点,开展扶贫类农村实用技能培训(林果业)4期,培训贫困劳动力300人。开展科技明白人培训(自治区特色林果业技术培训)6期89场次,培训果农12420人次。依托自治区农林科学院技术力量、本土林业技术力量,开展“百千万”培训行动128场次,培训19144人次,完成目标任务1235.1%。

【林果业管理】 2018年,温宿县林管站开展红枣、核桃整形修剪、疏密、拉枝撑枝、土肥水管理、防护林种植、有害生物防控等业务工作,利用现场会、实际操作、林果业生产管理技术指导等方式提高基层林果业管理者技能。召开县级果树管理现场会10次,指导乡(镇)召开乡级现场会86次。开展日常技术指导50多次、林果业生产专项管理指导18次。

【种苗工作】 2018年,温宿县育苗70.27公顷,可产苗765.68万株,其中,新育苗46.68公顷,可产苗538.18万株;留床苗23.59公顷、可产苗245.5万株;新育杨树苗5.1公顷,可产苗76.5万株;新育沙枣苗5公顷,可产苗125万株;新育桃苗、杏苗、苹果苗、核桃苗等36.58公顷,可产苗337.3万株。

【科研项目】 2018年,温宿县林管站与自治区林科院协作项目“新疆早实核桃提质增效标准化生产示范”通过验收,推进与农科院协作的“红枣品种改良综合配套技术示范”“生态健康枣园提质增效综合技术示范与推广”项目。

【产业扶贫】 2018年,温宿县林管站在11个深度贫困村指导林果业管理2102.33公顷,建成提质增效示范园13个(杏园3个、苹果园3个、榛园1个、核桃园6个)315.36公顷,涉及贫困户359户。制定脱贫攻坚方案,在“访惠聚”驻村工作队所在的阿热勒镇依尔玛村种植苹果等林果,39户143人贫困户在重点防护林工程中受益(涉及果园7.98公顷、涉及资金5.985万元);在依尔玛村投入劳动力157人次完成全村杂品种大核桃高接换优工作,支付相应报酬8.2万元;建成高标准杏李园6.67公顷,争取2018年重点防护林工程补助5万元发放到农户手中;为果农提供各类果树栽培管理技术指导;协助成立村级家畜托管合作社1家,规范相关章程。

【生态扶贫】 2018年,温宿县林管站将阿热勒镇依尔玛村符合条件的贫困户纳入生态护林员队伍,每月基础工资0.2万元。在依尔玛村宣传退耕还林政策,鼓励果农尤其是贫困户申报参与退耕还林工程。发放新一轮退耕还林工程前两批资金24.04万元,其中涉及贫困户6户21人(贫困户果园1.43公顷,涉及退耕还林资金2.37万元)。

【结对帮扶】 2018年,温宿县林管站多次协调相关部门解决贫困户水、电等问题,做好易地搬迁户思想工作，有10户易地搬迁入住。全体在职干部与依尔玛村贫困户实行“一对一”帮扶，并结成“民族团结一家亲”亲戚。为贫困户发展产业提供菜苗0.85万株、黄腐酸复合液体肥84桶，价值1.52万元。

【“访惠聚”工作】 2018年，温宿县林管站驻阿热勒镇依尔玛村“访惠聚”驻村工作队对贫困户实行动态管理。组织贫困户25人外出拾花创收，6户20人实现脱贫。工作队党员与村干部结对，共同培养后备力量15人。申报依尔玛村北12千米防渗渠、贫困户温室建设、庭院大棚统一种植蔬菜等项目。将符合林业项目要求的果园纳进林业项目，发放相应补贴。举办实用技术培训班36期，培训农民2200人次。召开现场会6次，培训300人次。5年内种植的186.67公顷核桃全部纳入退耕还林和重点防护林项目，开展大树改接等项目。发挥派出单位后盾作用，为村民提供各类优质蔬菜苗约10万株，价值8万元；提供优质黄腐殖酸肥料20吨，价值9万元；提供优质叶面肥200千克，价值0.6万元；为群众送衣物、生活用品等折合人民币约2万元。 （邵希强）

农业产业化服务

【机构概况】 2018年，温宿县农业产业化服务办公室副科级建制，全额拨款事业单位。有编制12名，实有12人。其中，少数民族干部6人，中共党员10名。

【设施农业】 2018年，温宿县农业产业化服务办公室设施农业面积973.33公顷，育苗300万株，其中早春200万株，秋延后100万株。育苗种类主要为西红柿、辣椒、黄瓜和茄子。设施农业亩均效益4900元，其中新建温室基地6.67公顷、改造8公顷，提升214座温室，总投资6000万元，其中，地区补助建设资金1500万元，其他资金主要来源于社会融资。温室基地从2018年8月起开始规划建设，年底建成投产。

【技术培训】 2018年，温宿县农业产业化服务办公室在全县各乡（镇）开展“科技之冬”设施农业技术培训，举办设施农业培训班6期，其中，专业技术人员培训班1期，从业者培训班5期，培训群众2300人次。培训内容主要以温室大棚结构及建造技术、西红柿、辣椒、黄瓜无公害栽培管理技术、西（甜）瓜育苗和栽培管理技术、春茬蔬菜集中育苗技术、蔬菜病虫害综合防治技术等为主；在集中育苗、大苗移栽及生产的各个关键环节，不间断对农民进行栽培技术实地培训，在生产管理的关键时期，分批、分期组织农民进行栽培和病虫害防治方面技术培训。

（肖冰坤）

草原管理

【机构概况】 温宿县草原站于1980年2月成立。2009年1月，列入参照《中华人民共和国公务员法》管理的事业单位，增挂温宿县草原监理所牌子。2018年，温宿县草原站（监理所）为副科级建制，参照公务员管理全额拨款事业单位，有编制20名，实有20人。

【人工种草】 2018年，温宿县草原站完成苜蓿保留面积2186.67公顷，完成地区下达任务的109%；种植苜蓿 1213.2 公顷,完成地区下达任务的 100%;果麦地套种草木犀 2333.33 公顷,完成地区下达任务的 100%;果园种草 2836.67 公顷,完成地区下达任务的 101.3%;间作套种块茎类作物 4833.33 公顷,完成地区下达任务的 100 %;种植一年两熟玉米 206.67 公顷,完成地区下达任务的 103%。

【草原保护】 2018 年,温宿县草原站改良天然草原 8000 公顷,完成地区下达任务的 100%。完成 25 个野外监测点监测数据的上报、汇总和监测报告的提交,完成地区下达任务的 100%。开展 1 个天然草原返青期监测点监测数据的上报和监测报告的提交,完成地区下达任务的 100%。完成 2 个样地、8 个样方的鼠害野外路线调查、数据汇总和发生趋势报告的提交。完成 10 个样地、40 个样方蝗虫野外路线调查、数据汇总和发生趋势报告的提交。完成 10 个样地、40 个样方天幕毛虫野外路线调查,数据汇总和发生趋势报告的提交。完成 6 个毒害草监测预警点监测和 4 个人工牧草病害监测预警点的监测工作,未发现人工草地牧草病害情况。鼠虫害防治工作得到控制。

【饲料加工】 2018 年,温宿县草原站完成饲草和秸秆资源化利用,饲草和农作物秸秆收储 57.57 万吨,其中粮食作物收储 36.68 万吨,完成地区下达任务的 100.7%。完成"三贮一化"加工制作量 14.69 万吨,完成地区下达任务的 104.9%。加大棉秆资源利用水平,棉秆加工利用 1.75 万吨,完成地区下达任务的 102.9%,棉秆资源利用率 10% 以上,完成地区下达任务的 100%。完成颗粒饲料和草颗粒制作 0.8 万吨,完成地区下达任务的 114%。巩固 20 个秸秆加工转化利用示范点,完成地区下达任务的 100%。

【饲用甜菜示范】 2018 年,温宿县草原站在恰克拉克乡种植 1.33 公顷饲用甜菜,制作饲用甜菜 80 立方米。

【秸秆开发利用】 2018 年,温宿县草原站建立农作物秸秆机械收储、打包、加工示范乡 1 个(托乎拉乡),师范点机械收储、打包、加工比例 89% 以上。

【牧草种子质量监督】 2018 年,温宿县草原站组织人员做好牧草种子引种指导和质量监督,牧草种子经营单位检查率达 100%。

【草原监理】 2018 年,温宿县实施禁牧面积 7.66 万公顷、草畜平衡面积 45.14 万公顷,发放草原生态保护补助奖励 4582.13 万元。草畜平衡区内牲畜转移落实到各乡(镇),通过秋季牲畜出栏、舍饲圈养、品种改良等途径,完成禁牧和牲畜平衡任务。实施草原生态保护补偿奖励机制,禁牧区域未发现偷牧现象。对管护员开展专题培训 6 期。3 座管护站 12 名管护人员严格落实管护巡逻制度,查获违规放牧 5 起。加大农民合作社扶持力度,在塔格拉克村、博孜墩柯尔克孜民族乡组建草畜联营合作社 5 个。

【宣传草原法规和火灾应急知识】 2018 年,温宿县草原站组织草原监理员通过发放普法宣传挂图、宣传册、张贴宣传标语、悬挂宣传横幅等方式,向农牧民发放草原防火宣传资料 3800 余份,草原防火手册 240 多册,张贴横幅标语 15 条,出动宣传车 12 次,制作宣传图片 15 幅、展板 1 个,设立咨询台 2 个、开展电视宣传 1 次,受教育群众 12.5 万人次,草原宣传覆盖率在 91% 以上。

【草原执法】 2018 年,温宿县草原站把监理责任落实到个人,层层签订责任书,明确职责。按时上报草

原违法案件查处统计表。定期不定期进行草原巡逻检查,年内查处5起违反禁牧规定案件。全年未发生草原信访案件。（安晓芳）

水　利

【机构概况】 1950年3月,温宿县人民政府成立建设科履行水利职能。1957年3月,成立水利科。1997年,更名为水利局。2018年,温宿县水利局有编制43名,其中,行政编制10名,事业编制31名(参照《中华人民共和国公务员法》管理),工勤事业编制2名,实有38人。有7个内设机构:温宿县水利技术规划中心、温宿县水利工程质量监督检查站、温宿县渔政管理站(水利技术推广站)、温宿县水政监察大队、温宿县防汛抗旱办公室、温宿县改水防病领导小组办公室、温宿县塔河治理项目建设管理领导小组执行办公室。

【水资源管理】 2018年,温宿县水利局制定冬、春灌溉计划,由县人民政府出文下发至各用水户。通过新疆维吾尔自治区落实水资源管理"三条红线"控制指标考核,完成灌溉面积10.65万公顷。实施高效节水,新增滴灌面积1333.33公顷。

【农村饮水安全】 2018年,温宿县水利局完成安全饮水入户1000户,试推行农村饮水阶梯水价方案。实行精准计量、按方计费管理模式,开展农村自来水IC卡水表安装试点工作。

【推行河长制】 2018年,温宿县水利局制定出台《关于调整充实温宿县全面推行河(湖)长制领导小组成员的通知》《温宿县河(湖)长制工作实施方案》,明确河(湖)长制工作职责和工作目标。编制完成《温宿县一河一策方案报告》。设置河长公示牌29个,其中,主要干支流跨县、兵团县级公示牌9个,主要干支流跨乡、兵团乡级公示牌有20个。利用标语、海报、网络、宣传栏等多种形式宣传河(湖)长制,印发河(湖)长制工作手册200份,发放宣传海报260份、宣传单5000份,利用村村通广播宣传覆盖10万人次;建立区域与流域相结合,以县、乡、村三级河长为主要成员的河长制组织体系。设立县级河长6名(2名总河长、4名副总河长),乡级河长22名(11名乡级河长,11名乡级副河长),村级河长45名,分属16个成员单位、5乡6镇和45个行政村(社区),构成县乡村三级责任体系。开展巡河工作,发现、整改问题。县级河长巡河9次,出动72人次;乡级河长巡河58次,出动444人次。

【固定资产投资】 2018年,温宿县水利局完成田间高效节水项目,新建高效节水面积2666.67公顷,总投资4000万元(为中央投资,其中当年投资500万元,于4月底完工),拨付资金2866.3万元。完成台兰河灌区骨干工程节水改造青年农场干、支渠防渗项目,修建防渗渠22646米、配套渠系建筑物48座,到位资金6703万元,已拨付资金5809.7万元,于4月底完工。完成阿克苏河阿热勒大桥防洪工程,新建防洪堤1.88千米,到位资金378万元,已拨付资金378万元,于6月初完工。完成交通运输基础设施建设项目改迁农村供水管道工程,主要改迁管道长212千米,已拨付资金589.95万元,于5月底完工。完成自治区补助资金田间高效节水项目,新建高效节水面积1333.33公顷,到位资金2000万元,已拨付资金960万元,完成建设任务。维修加固防洪堤35千米。（杨　云）

库木艾日克托什干河流域管理

【机构概况】 1986年2月,温宿县库木艾日克托什干河水管总站(简称温宿县库托河水管总站)成立。2018年,温宿县库托河水管总站属于温宿县水利局管理的自收自支事业单位,副科级建制,有事业编制128名(其中领导职数4名),实有人数145名,其中,在编人员110名,编外人员10名,合同工23名,公益性岗位人员2名。内设行政办、财务室、审计股、党建精神文明办公室、水管股、工程股、水政股,下设革命大渠水管分站、红沙漠水管分站、托乎拉水管总站、托甫汗水管分站、帕什塔什水管分站、阿热勒水管分站和恰格拉克水管分站7个分站。主要负责库木艾日克河、托什干河和柯柯牙河等三河灌区(托乎拉乡、吐木秀克镇、阿热勒镇、恰格拉克乡、柯柯牙镇、托甫汗镇、国防团农场)的分水、配水、防洪、小型水利工程勘测设计、水费征收、防洪工程的监测与保护、维护及引、供水工程的管理等工作。

【灌溉管理】 2018年,温宿县库托河水管总站灌溉面积47769公顷,其中,小麦8322.3公顷,水稻7061.1公顷,玉米2719.2公顷,棉花2186公顷,果园20448公顷,林带2877.5公顷,鱼塘310.5公顷,瓜菜1149.3公顷,苜蓿279公顷,其他2416.1公顷。

【防汛抗旱】 2018年,温宿县库托河水管总站分别在吐木秀克镇、阿热勒镇、托甫汗镇阿亚克其村、托乎拉乡和红沙漠水库灌区防洪施工159处,梢石坝和洪沟清淤2.22万米,新修防洪堤坝39处6366米,维修防洪堤坝121处15844米。用石料28851方、铁丝9.6吨、铁丝笼20690个、木头15959根、三脚架2929个、树梢7378吨、钢筋笼38个、编织袋10677个,投入人工35627工日。

【水利工程管理】 2018年,温宿县库托河水管总站协调资金200余万元,用于水库和帕瓦里泵站附属设施建设。

【水费征收】 2018年,温宿县库托河水管总站制定水费征收管理办法,落实岗位责任制及奖惩措施,全年征收水费2100万元。 (古丽给乃·艾尔肯)

台兰河流域管理

【机构概况】 1956年,温宿县台兰河水管总站成立,属副科级自收自支事业单位。2018年,温宿县台兰河水管总站有编制163名,实有182人,其中在编136人(副科级领导干部3名),编外16人,合同工30人。内设行政办、工会办、水管水政防洪综合办、工程股、财务股、后勤股及佳木阿库木水源地7个办公室,下辖东风站、团结站、阿库木站3个直属站和佳木、依希来木其、克孜勒、古勒阿瓦提、博孜墩5个基层水管分站,主要承担灌区内供水、小型水利工程勘测设计、水费征收、防洪工程的监测与保护、维护及引、供水工程的管理等。

【灌溉管理】 2018年,温宿县台兰河水管总站采取集中轮灌、阶段性供水等措施,安排各乡(镇)灌溉水量。台兰河灌区总灌溉面积65185.33公顷,完成灌溉总面积197913.93公顷,用水定额159.68立方米/亩(0.07公顷)。总引水量为4.74亿立方米,其中,台兰河引水量3.68亿立方米,佳木—阿库木水源地0.49亿立方米,洪水引水量0.57亿立方米。

【机井维护】 2018年,温宿县台兰河水管总站在机井停运期间,组织人员对机井及相关设施进行检修,排除故障、安全隐患65次,维修电路2000米,投入资金6万元。

【防汛抗旱】 2018年,温宿县台兰河水管总站台兰河灌区防汛抗旱领导小组成立,部署台兰河流域内重点防洪段、点工作,从5月10日起实行24小时防洪值班制度。汛期前,组织人员检查台兰河灌区内防汛物资、防汛设施、通信联络设备,配备防汛物资,加固防洪重点段、点。新建、维修、加固防洪坝307处,总长13740米。其中,新建防洪坝53处4200米,维修防洪坝254处9540米,投入鹅卵石1.42万立方米、铁丝9765千克、铁丝笼8580张、木头3834根、树梢3810吨、三角架639个、人工12372工日,总投入370.62万元。

【水利工程建设】 2018年,温宿县台兰河水管总站投资477.69万元重建革命大渠古力提坎洪沟渡槽水毁地段;投入2.63万元更换维修养护东风闸、团结闸启闭机;投入1.5万元完成老龙口一二级电站退水闸电路改造维修工程;投入1.3万元维修加固总站及监控、倒刺网等安全设施。

【水费征收】 2018年,温宿县台兰河水管总站征收水费7959.7万元,其中上缴县财政水费4050.86万元。

(马昌青)

防雹增雨

【机构概况】 温宿县人工影响天气办公室(原名温宿县防雹队)组建于1991年3月。2015年,根据温党编办〔2015〕14号《关于温宿县人工影响天气办公室更名等有关事宜的通知》文件精神,温宿县防雹队更名为温宿县人工影响天气办公室。2018年在全县布设6个人影作业点,具体分布在:佳木镇、共青团镇、柯柯牙镇、吐木秀克镇、阿热勒镇、恰克拉克乡。拥有高炮15门,固定火箭发射架27部,流动火箭作业车10辆,固定点和流动作业点防雹覆射面积达8.53万公顷。

【人工防雹减灾】 2018年,温宿县人工影响天气办公室在全县范围内开展人工防雹减灾工作。5月2日开始进点。截至10月10日,实际出现强天气实施作业的有144次,作业炮弹10135发、火箭弹2791枚,出动流动火箭作业车489次。

【业务技能培训】 2018年,温宿县人工影响天气办公室加大业务人员培训力度,提高作业水平。2018年4月18—21日,对29名基层作业点工作人员和机关单位干部职工进行三七高炮理论、高炮安全操作、故障排除、火箭理论、火箭实际操作等培训。业务技能培训采取理论和实际操作演练相结合方式进行,并通过试卷测试和实际操作考评来检验培训效果。

【技防建设】 2018年,温宿县人工影响天气办公室加强对作业点检查力度。整个作业期间,对全县6个基层炮点进行安全检查20余次,组织安全学习4次,撰写各类心得体会10篇。提高工作人员责任意识,确保基层安全作业。年初单位领导分别与各部门负责人签订“温宿县人影办目标管理责任书”12份。严格招录临时工政治审核关,建立健全临时工档案。

(陈 俊)

农业综合开发

【机构概况】 1995 年 7 月,温宿县农业综合开发办公室(简称温宿县农业综合开发办)成立。2018 年,温宿县农业综合开发办为参照《中华人民共和国公务员法》管理正科级事业单位,有编制 8 名(其中领导职数 3 名),实有 8 人。内设综合科、工程科、资金管理科、预算科 4 个科室。主要职能是利用国内、国外资金改善农业生产基本条件和生态环境,加强农业基础设施建设,提高农业综合开发能力,增加农牧民收入。

【农业综合开发项目】 2018 年,温宿县农业综合开发办有项目 4 个,总投资 2272 万元,其中,财政资金 1960 万元,自筹资金 312 万元。

【土地治理项目】 2018 年,温宿县固定资产投资项目有:佳木镇 333.33 公顷高标准农田建设项目,总投资 630 万元,其中,中央财政资金 450 万元,自治区级财政配套资金 144 万元,地区财政配套资金 18 万元,县级财政配套资金 18 万元。项目建设内容为防渗渠 9.09 千米,配套渠系建筑物 112 座,量水设施 8 座;改良土壤 66.67 公顷,土地平整 133.33 公顷,机耕道路 6.6 千米;营造农田防护林 1.33 公顷;科技培训 500 人次。实验林场 333.33 公顷高标准农田建设项目总投资 630 万元,其中,中央财政资金 450 万元,自治区级财政配套资金 144 万元,地区财政配套资金 18 万元,县级财政配套资金 18 万元。项目建设内容为防渗渠 8.25 千米,配套渠系建筑物 105 座,量水设施 7 座;改良土壤 66.67 公顷,机耕道路 5.07 千米;营造农田防护林 3.33 公顷;科技培训 500 人次。依希来木其乡 333.33 公顷高标准农田建设项目总投资 630 万元,其中,中央财政资金 450 万元,自治区级财政配套资金 144 万元,地区财政配套资金 18 万元,县级财政配套资金 18 万元。项目建设内容为防渗渠 8.6 千米,配套渠系建筑物 178 座,量水设施 6 座;改良土壤 100 公顷,机耕道路 8.7 千米;科技培训 500 人次。

【产业化经营项目】 2018 年,温宿县实施产业化经营项目——2000 吨果品保鲜库新建项目总投资 382 万元,其中,中央财政资金 50 万元,自治区级财政配套资金 16 万元,地区财政配套资金 2 万元,县级财政配套资金 2 万元,企业自筹资金 312 万元。项目建设内容为保鲜库 1179 平方米,分选间 748 平方米,制冷设备 1 套,辅助设备 2 台。 (肖冰坤)

重点农业企业简介

【温宿县浩源葡萄酒庄有限公司】 温宿县浩源葡萄酒庄有限公司成立于 2010 年,是温宿县招商引资企业。位于县柯柯牙镇戈壁新村 6 组 1 号(原十万亩生态园)。注册资金 1000 万元,经营范围:果木种植、综合农业开发、农业高新技术咨询服务、农业高新基地建设、畜禽养殖、水产养殖、农业生态旅游观光等。

有年加工葡萄酒 1000 吨(150 万瓶)及 750 吨葡萄干生产线厂房及公共设施(含地下一层窖藏区、地上一层葡萄酒生产区、局部二层制干葡萄晾晒区),总投资 6000 万元,建筑面积 15167.21 平方米,占地 2.2 公顷。

公司基础设施有容量 100 万立方米的蓄水池(投资 5837.8 万元)1 座,426.67 公顷葡萄庄园全套地埋滴灌管网系统,6000 平方米庄园生活区、农机修配区、办公区等。

有酿酒葡萄园 146.67 公顷(37.4 万株,投资 870 万元),从法国梅西公司引进的高端嫁接苗 10 个品种 32 个品系,其中,红葡萄品种有赤霞珠、美乐、品丽珠等 7 种,白葡萄品种有霞多丽、小芒森、贵人香 3 种。有无核白鸡心(香妃)、无核紫(黑加仑)、红巴拉多等多个品种的制干葡萄 40 公顷(约 10 万株),新玉、克瑞森、美人指等鲜食葡萄 50 余种,樱桃、西梅、石榴等各类特色果树 1 万余株,大叶青杨防风林 24.13 公顷(10.7 万株)。

有畜牧养殖区 39166 平方米,从新西兰引进温血弗里斯兰、重挽克莱斯太尔、阿拉伯马等 5 种 23 匹,总投资 1700 万元。

【新疆金丰源种业股份有限公司】 新疆金丰源种业股份有限公司成立于 1999 年 10 月,是新疆阿克苏地区一家集农作物种子育、繁、推为一体的种子企业。注册资本 1 亿元,注册地址:新疆阿克苏地区温宿县仓前路 12 号。主要经营范围:各类农作物种子生产,农作物种子批发零售;棉花收购、加工、销售;农业技术推广服务;农副产品购销等。是自治区育、繁、推一体化重点种子生产经营企业,也是自治区农业产业化重点龙头企业、高新技术企业、扶贫龙头企业。通过 ISO9001:2015 质量管理体系认证。2016 年 5 月,公司在新三板挂牌上市。

2018 年,公司在新疆境内共有 3 家子公司和 7 家销售分公司,建立的直营店、经销店达 500 多个。在温宿县有核心育种基地 100 公顷,在阿克苏地区建立的棉花、水稻、小麦、玉米等农作物种子良繁基地累计达 1 万公顷(其中棉花良繁基地 6666.67 公顷)。有良种棉加工厂 2 个,种子加工厂 1 个,拥有国内先进的棉花轧花、剥绒、打包生产线 2 条,年可生产加工皮棉 1.2 万吨。棉种脱绒、色选、磁选、包衣、定量包装生产线 1 条,年可生产加工棉种 8000 吨。粮食种子精选加工、包衣、定量包装生产线 1 条,年可生产加工粮食种子 1.6 万吨。

2018 年,生产销售棉花、水稻、小麦、玉米等主要农作物种子 1.8 万吨。公司总资产约 4.8 亿元,营业收入约 3 亿元,净利润约 1400 万元。

金丰源种业的研发中心开展棉花、水稻、小麦、玉米等作物品种的研发选育,与中国农科院、新疆农科院、新疆巴州农科院等疆内外科研院校建立良好合作关系。在新疆温宿县、阿瓦提县、阿拉尔市等 8 地设立科研育种试验站。2018 年,研发投入达 600 多万元。公司拥有知识产权和品种授权的棉花、水稻、小麦、玉米农作物品种 49 个。

公司获得一系列荣誉。2013 年,被中国种子协会评为 AA 级信用企业。2014 年,获得国家工商总局颁发的“国家守合同重信用企业”荣誉称号。2018 年,自主选育的水稻新品种“金稻 2 号”获得农业部举办的首届全国优质稻(粳稻)品种食味品质鉴评金奖。2018 年,被自治区种子协会评为 AAA 级信用企业。

【温宿天山雪特色农产品有限公司】 温宿天山雪特色农产品有限公司位于阿克苏地区温宿县托乎拉乡派出所对面,占地面 3.25 公顷,注册资本金 608 万元,为农副食品加工行业民营企业,主要经营范围:稻米和果品收购、加工、销售,水果制品、炒货食品、坚果食品加工、销售。项目总投资 608 万元。2006 年 6 月,开工建设,12 月,竣工投产。拥有主要加工设备 1 套,年设计产能 4 万吨大米,实际产能 1 万吨大米。企业正常生产期拥有员工 20 人,其中,管理人员 2 人,技术人员 4 人;少数民族 12 人;女员工 5 人。2012—2016 年被评为阿克苏地区农业产业化重点龙头企业。公司生产的“天山雪”米系列产品在 2006 年、2013 年被自治区评为新疆名牌产品。

2018 年,实现工业总产值 2230 万元,销售收入 2476 万元,利润 74 万元。

【新疆香域绿色生物科技发展有限公司】 新疆香域绿色生物科技发展有限公司成立于2015年1月20日,公司地址位于温宿县水稻农场场部,是一家集粮食收购、加工、销售为一体的企业。公司注册资金1200万元,占地面4.86万平方米,加工设备引进湖北永祥生产线,是阿克苏地区规摸较大的无尘作业的水稻生产加工企业,已取得国家食品安全QS证书。2015年,被评为自治区守合同重信用企业、阿克苏地区农业产业化重点龙头企业。公司以质量管理为已任,实行法人负责制,下辖三个车间、两个库房、三个部门,有员工50人,其中,大专以上学历12人,专业技术人8人,并接纳原水稻农场加工厂下岗职工3人。

2018年,实现工业总产值5000万元,销售收入2150万元,利润1100万元,税金135万元。

【温宿县金穗粮油购销有限责任公司】 温宿县金穗粮油购销有限责任公司由原温宿县粮油购销公司改制后于2003年5月挂牌成立,属国有独资企业,公司注册资本人民币1327万元,下设7个粮站、1个城镇仓库。公司经营政策性粮食的收购、储存、保管、批发、零售和加工。

2018年,温宿县金穗粮油购销有限责任公司有党员18名,有职工165人,其中,在职职工82人,退休职工83人,全部职工签订劳动合同并参加基本养老统筹。有领导班子成员5人、基层管理人员8人、专业技术人员45人(其中中级职称41人),管理人员占18%,技术人员占52%。内设行政部、人事部、仓储部、财务部、配送中心。公司主营业务范围是负责政策性粮食的收购、储存、保管、批发、零售和加工;蔬菜、大米、面粉、食用油、肉类、禽类、蛋、奶批发(销售)。

温宿县金穗粮油购销有限责任公司总资产19838万元,其中固定资产5177万元,负债17717万元。实现销售收入12096万元,利润79万元。全年收购粮食4.8万吨,其中,小麦3.76万吨,水稻1.04万吨。

温宿县金穗粮油购销有限责任公司承担2680吨省级储备、5000吨县级地方储备任务,公司有配套的仓储设施和粮食保管技术人员。公司下属粮站7个和城镇仓库1个,有效仓容2.25万吨,总仓棚面积32469平方米,地坪总面积45032.9平方米,公司仓储存储量约6万吨。公司有专职保管员17人,专职检化验员17人。公司开展粮食仓储规范化管理工作,按照《粮油储藏技术规范》的要求,建立完整的储备粮食库存台账。

【阿克苏果满堂果业开发有限公司】 阿克苏果满堂果业开发有限公司成立于2008年3月,位于温宿县十万亩(6666.67公顷)生态园内,占地面积720公顷,注册资金1000万元,为农副食品加工行业民营企业,主要经营范围:果树种植与销售。项目总投资3.2亿元。2008年3月,开工建设;2010年10月,竣工投产。拥有红枣、核桃加工设备,烤房,挖掘机,装载机,叉车,滴水罐等30余台套。年设计产能5000吨红枣,实际产能为2000吨红枣。企业正常生产期拥有员工280人,其中,管理人员26人,技术人员6人;少数民族8人;女员工110人。公司已获得国家质量技术监督局有机认证;被评为国家级林业龙头企业、自治区级扶贫龙头企业;自治区级农业产业化重点龙头企业;2014年"南疆红"作为新的枣树品种,经新疆林木良种审定委员会认定并颁发"林木良种"证书。

2018年,实现工业产值2100万元,销售收入1200万元,利润20万元。产品主要销往上海、河南、湖南、湖北、广东、海南等地。 (种 强)

旅 游

综 述

【机构概况】 温宿县旅游局前身是温宿县外事侨务旅游办公室。2005 年 1 月 14 日,温宿县旅游局成立。2018 年,县旅游局为县政府正科级行政管理部门,有编制 10 名,实有 10 人。

【旅游接待】 2018 年,温宿县接待游客 85 万人次,比上年增长 43.15%;旅游总收入 1.5 亿元,比上年增长 61.81%。接待旅游包机 1 架、旅游专列 15 趟、金华疗(休)养团(队)20 趟。

【旅游扶持】 2018 年,温宿县兑现 2017 年度旅行社组团来温奖励 6.07 万元,出台《温宿县 2018 年旅游奖励实施细则(试行)》。支付地区专列(包机)补助 35.61 万元。争取资金 293 万元,完成目标任务的 127%。改建旅游厕所 7 座,其中,大峡谷、海立方景区、聚鸿山庄分别获自治区 10 万元、30 万元、25 万元奖补资金。

【旅游援疆】 2018 年,浙江省金华市援疆指挥部投入 413 万元,实施帕克勒克游客服务中心附属工程项目,开展旅游宣传、营销、推广活动,拍摄旅游宣传专题片。建成帕克勒克景区防洪工程、游客服务中心、旅游厕所。派出旅游宣传推介工作小组赴浙江省金华市开展旅游资源宣传、招商推介和农副特产销售等活动。

【宣传推介】 2018 年,温宿县把阿克苏"多浪·龟兹"文化旅游节与温宿天山托木尔文化旅游节绑定举办,借助地区在政治、经济、客源等各方面的优势和影响力,宣传温宿旅游资源。5 月 12—15 日,举办第十四届阿克苏"多浪·龟兹"文化旅游节暨第六届温宿天山托木尔文化旅游节开幕式,接待游客 4.4 万人次,带动消费 800 万元。6 月 23 日,配合中央对柯柯牙精神宣传,在十万亩生态园举办温宿县第六届天山托木尔文化旅游节(阿克苏·温宿 2018——弘扬柯柯牙精神 骑行徒步好果园活动)。11 月 17 日,在温宿海立方举办 2018 冬游阿克苏——温宿天山托木尔冰雪文化旅游节活动启动仪式暨"金桥杯"越野场地赛·百车穿越挑战活动。落实地区组织的乌鲁木齐专场宣传推介项目。参加乌鲁木齐、西安、成都、上海、天津、杭州、金华等城市的旅游推介会 8 场次。

【旅游扶贫】 2018 年,温宿县培育乡村旅游农(牧)家乐 180 余家,带动就业 800 余人,其中,易地搬迁人员 45 人,贫困人口 139 人。选送 12 人参加自治区百名少数民族青年旅游服务技能培训班。利用冬闲时间,培训博孜墩柯尔克孜民族乡、柯柯牙镇旅游从业人员 200 名。

(侯红君)

旅游管理

【行业管理】 2018 年,温宿县做好春节、五一、端午等节点及日常期间旅游行业安全生产工作,发现安全隐患60条,立查立改59条,整改率98.3%。协助自治区、地区开展旅游企业服务质量、服务水平问卷调查2次。

【项目建设】 2018年,温宿县拨付托木尔大峡谷景区国家旅游发展基金补助地方项目资金200万元。争取国家、自治区、地区项目奖补资金255万元。帕克勒克草原景区、托木尔大峡谷景区、天山托木尔森林公园旅游景区基础设施建设1000万元纳入中央预算内项目,完成申报前期手续办理并入库。梳理出第一批适合招商的景区开发、营地建设、道路交通、乡村旅游、农家乐集群、旅游集散中心、酒店等类别的项目52个,其中,与投资商进行接洽项目9个,签订投资项目意向书7个,签约金额28.4亿元,开工建设项目2个(汉易农业生态园和龙泉湖整体开发项目)。县域旅游企业完成投资12979.95万元。180家乡村农家乐、7座旅游厕所、城镇游园、小段旅游公路、柯柯牙十万亩生态园标识系统等完成投资约7100万元。

【等级创建】 2018年,温宿县托木尔平台子创建国家AA级旅游景区,柯柯牙镇假日农庄创建三星级农家乐,托甫汗镇水上漂农庄创建三星级农家乐通过地区旅游协会初评。督促大峡谷开展国家AAAAA级旅游景区创建工作,草拟《温宿县托木尔大峡谷创建国家AAAAA级旅游景区实施方案》,成立温宿县托木尔大峡谷创建国家AAAAA级旅游景区工作领导小组,编制《温宿县全域旅游三年行动计划和实施纲要》、《温宿县旅游专项规划》(重点含托木尔南天山国家级旅游度假区、柯柯牙国家级生态旅游示范区项目规划设计内容)。 (侯红君)

重点景区简介

【托木尔世界自然遗产】 新疆天山托木尔,位于天山中部山系,温宿县城北部。2013年6月,天山托木尔列入世界自然遗产,核心区3448.28平方千米,缓冲区2801.2平方千米,占新疆天山世界自然遗产四大片区(托木尔、喀拉峻——库尔德宁、巴音布鲁克、博格达)总面积的59.87%、54.33%,托木尔集中体现新疆天山独特的地质地貌、植被类型、生态系统、生物多样性和自然景观,构成新疆天山规模宏大的立体画卷。

托木尔是天山主峰区域,主峰托木尔峰海拔高达7443米,多条山脉在这里汇聚,形成了群峰簇拥、雄伟壮丽的雪峰冰川奇观,汗腾格里峰、台兰峰、雪莲峰等20座山峰海拔超过6000米,众多高峰交汇成巨大山结,雄踞于整个天山之上,是整个天山的代表和象征。托木尔—汗腾格里是天山最大的山岳冰川分布区,也是世界上三大山岳集中分布区之一,该区域共发育670多条冰川,包括3条面积超过300千米的超大型冰川,是天山最大现代冰川发育中心,是世界著名的山岳冰川分布区之一,也是全球超大型山岳冰川的集中分布区之一,被称为山岳冰川的博物馆。

托木尔遗产地在方圆70千米的水平距离内,海拔从1450米升至7443米,发育天山南坡最完整、最典型的7条垂直自然带,即暖温带荒漠带、温带荒漠草原、山地草原带、亚高山草甸带、高山草甸带、高山垫状植被带和冰雪带。托木尔区域是全球200个生态区中“中亚山地草原与林地生态区”中的天山山麓干旱草原生态区的典型代表。托木尔遗产地分布着金雕、秃鹫、胡兀鹫、高山雪鸡、雪豹、盘羊和北山羊等最典型的高山裸岩和冰川积雪带动物物种。托木尔遗产地是世界上雪豹重要的天然栖息地之一和中亚分布中心。

托木尔遗产地南侧的低山岳陵地带，分布着广阔的红层沉积，经过流水的侵蚀，这些红层成为沟壑纵横蔚为壮观的峡谷地貌，峡谷内到处是红崖赤壁和千姿百态的山峰山柱，远远望去，犹如荒城古堡，展现一种荒凉之美，更引人注目的是大峡谷红层地貌与托木尔的雪山冰峰相映衬，形成了红与白、冰与火般的强烈反差和对比，是天山南北两侧褶皱和断裂构造带中规模最大、美学价值最高的红层峡谷地貌，是天山峡谷风光的典型代表。

【天山托木尔大峡谷】 天山托木尔大峡谷是世界自然遗产、国家地质公园、国家 AAAA 级景区。天山托木尔大峡谷距温宿县城东北 80 千米，地处温宿县博孜墩乡境内山区中，距国道 314 线 30 千米左右。景区总面积约 300 平方千米（含地质独特构造——盐丘地貌区域），典型景观集中在峡谷中部区域，山体以红色砂岩、页岩为主要构成，峡谷谷口宽 160 米，入口处河床平坦，灌木稀少，沙细柔软，河床顺峡谷缓缓升高，直至雪山脚下，间有清泉从时宽时窄的河床缓缓涌出。峡谷群南北两侧有近 200 平方千米的戈壁草原，主要分布和生长着麻黄草、梭梭草等耐旱植物，黄羊、野猪、野兔、狼经常出没于峡谷、戈壁和草原之间。

大峡谷两侧群峰耸立，山体以棕红色为主体，间有淡绿色、米黄色、乳白色穿插其中，顿显五彩斑斓，雨水过后更是色彩鲜艳。进入谷中约 1000 米后，大峡谷相继分为 8 条较大支谷，长短不一的小支谷在峡谷群中约有 1000 多条，较大支谷风格迥异，小支谷千变万化，在漫长的地质年代中把地层切割的斑驳陆离，形态万千。峡谷内部视野时而开阔，时而郁闭，峰回路转，时暗时明，峡谷群峰叠嶂，万仞攒空，气势磅礴，极具震撼力。

峡谷内分布有少量灌木、胡杨树和耐旱盐生植物，峡谷两侧断崖因风吹日蚀、雨水冲刷，形成了许多令人叹为观止的传神奇景，如：英雄谷、幽情谷、双塔谷、紫澜山、胡杨双雄、万僧朝圣、千年古堡、千山雄风、太空来客、驿路城池、双塔争锋、情俑、千古壁画、千屋万塔、一线云天、星河飞瀑、三心石、二意柱、巨轮飞渡、赤柱坡、雄鞭口、望心门、赤砂墩等气势壮观的 100 多处山体造型。

【天山神木园】 天山神木园是国家 AAAA 级景区。天山神木园位于天山托木尔峰南侧前山区，面积 45.33 公顷，海拔 1700 米。园林外四周为戈壁荒丘，内却以草绿、树怪、泉多而闻名遐迩。园林高出地面 50 米，满山遍野绿草如茵。草地里有十余处泉水，从草地穿行而过。很多千年古树千姿百态。

【海立方欢乐海世界】 海立方欢乐海世界是国家 AAA 级景区，位于温宿县城区。拥有海浪池、六彩滑梯、大喇叭、水寨、儿童嬉水池、漂流河、高速滑梯、炮筒滑梯、雪橇滑梯等国内顶级游乐设备，致力打造全疆顶级海洋为主题风格的游乐胜地。

【西游乐园】 西游乐园是国家 AA 级景区。位于温宿县温宿镇甘泉社区。从国道 314 线（或航班）到阿克苏市向北 12 千米可达。属城郊型文化主题景区。西游乐园占地面积 1.5 万平方米，南北长 320 米、宽

55 米,主体为 5 座仿古唐代风格建筑,依古史和传说复原高老庄前后两院、大雄宝殿和南天门黑风洞、五行山、定海神针、滴水观音等景观,园内还依景布置 20 余座神话典故人物雕塑。鲜明的仿唐建筑风格、浓郁的西游历史文化和引人入胜的传奇故事是景区独具特色的最大亮点。景区以中国佛教文化为背景,以《西游记》神话故事为主线,再现西域佛教文化的博大精深。景区以全新的声、光、电、景、画等艺术手段再现了《西游记》中猪八戒在高老庄抢亲的情景及唐僧师徒四人西天取经的艰难历程。

【新疆天山托木尔森林公园】 天山托木尔森林公园位于托木尔峰南边,海拔 2500 米,属于山地寒温带草原带,是该片区许多珍稀动物的栖息之所,此外,丰富多样的高山植物在此生长繁衍。景区距离阿克苏市区 90 千米,邻近城市中心区,依托吐和高速建立交通联系,有柏油公路联通,是距离阿克苏市中心最近的高山生态旅游景区,总面积 53 平方千米。

每年 5—9 月,草原上万物复苏,牧草肥沃,郁郁葱葱。11 月过后,草原上银装素裹,可以欣赏到难得的草原冰雪景致。该草原除了具有较高的旅游观光价值外,也是周边地区牧民放牧的重要牧场之一。森林公园景区翠绿的草原景观以及生机勃勃的生态环境,为终年白雪皑皑的托木尔峰增添了一丝绿意和生机,如同“绿色的心脏”,为托木尔峰提供源源不断的绿色血液。

【帕克勒克草原】 帕克勒克草原是国家 AA 级景区。位于新疆天山托木尔世界自然遗产区域科其喀尔峰(冰川)东南缘,距离温宿县城 50 千米。游览面积 122 平方千米,平均海拔 2650 米,景观以雪峰、冰川、森林、草原、灌木、繁花、河流、峡谷、毡房、牧人、牛羊、房车、帐篷、木屋、夯土院落、冰碛石景、深山小村等原生态元素构成,被誉为天山深处最纯美的童话天堂,最静谧的休憩胜地。

【阿克布拉克草原】 阿克布拉克草原是国家 AA 级景区,位于温宿县博孜墩柯尔克孜民族乡阿克布拉克村 3 组,草原美不胜收,蓝天白云绿草地、悠闲自在的马牛羊、奔放洒脱的牧羊人,构成一幅唯美的画卷。

(侯红君)

财政　税务

财　政

【机构概况】　1950年3月，温宿县人民政府设立财政科。1984年7月，财政科更名为温宿县财政局。2018年，温宿县财政局内设办公室、预算股、国库股、文行股、经建股、农财股、社保股、乡财股(涉农补贴股)、审计监察股、评审中心、综改办、采购办(资产股)、金融办(企财股)、支付中心14个股室。有编制72名(其中，行政编制25名，事业编制47名)，实有干部60人(其中，党员36人，退休党员12人)。下设乡(镇)财政管理局、农村综合改革办公室。

【地方财政收入】　2018年，温宿县完成地方财政收入54653万元，比上年增收2232万元，增长4.3%。其中，公共财政收入48547万元，比上年增收4030万元，增长9.1%，调入资金11808万元；新增债券16000万元，置换债券24164万元。上级补助收入280155万元，其中，固定数额补助收入31450万元，增值税和消费税税收返还收入801万元，所得税返还收入285万元，其他返还性收入2027万元，体制补助收入4120万元，均衡性转移支付收入20473万元，边疆地区转移收入4602万元，县级基本财力保障机制奖补资金收入16498万元，结算补助收入2097万元，义务教育等转移支付收入5381万元，城乡居民医疗保险转移支付收入8918万元，基层公检法司转移支付收入4291万元，基本养老金转移支付2114万元，贫困地区转移支付收入7129万元，产粮(油)大县奖励资金收入1513万元，重点生态功能区转移支付收入3888万元，农村综合改革转移支付收入974万元，企业事业单位划转补助收入1000万元，专项转移支付收入162594万元，政府性基金预算收入6106万元，比上年减收1798万元，减少22.7%。

【地方财政支出】　2018年，温宿县完成地方财政支出369063万元，比上年增支21631万元，增长6.2%。其中，公共财政预算支出354554万元(含上级财政补助支出278803万元和新增债券16000万元)，比上年增支15706万元，增长4.6%；一般公共服务38967万元，增长0.7%；国防287万元，增长31%；公共安全33052万元，减少39.9%；教育84715万元，增长30.6%；科学技术3224万元，减少1.8%；文化体育与传媒2087万元，减少12.9%；社会保障和就业20629万元，增长0.4%；医疗卫生25234万元，增长2.6%；节能环保13333万元，增长114.6%；城乡社区事务5494万元，减少73.8%；农林水事务76871万元，增长42.1%；交通运输20492万元，增长1.6倍；资源勘探电力信息等事务457万元，减少59.8%；商业服务业等事务2077万元，增长1.3倍；国土气象等1664万元，减少77.6%；住房保障18472万元，增长19%；粮油物资储备187万元，增长1.5倍；债务付息5912万元，比上年减少5.6%；债务发行费用33万元，比上年减少37.7%；其他1367万元；政府性基金预算支出14509万元，比上年增支5925万元，增长69%。

【社会保障体系】　2018年，温宿县解决169个行政事业单位949名公益性岗位人员社保及岗位补贴

2421万元;支付各类职业技能培训资金55万元,惠及1032名失业待业人员,拨付灵活就业人员社会保险等各类补贴支出176万元。建立多层次商业医疗保险体系,为全县10881名职工(其中,在职8069人、离退休2812人)开展商业补充医疗保险续保业务,参保资金110万元。提高全县城市、农村居民最低生活保障对象生活待遇1.4万人,发放城乡低保资金4509.6万元;拨付资金669.88万元,帮助受灾群众改善生活条件。拨付残疾人康复资金180.3万元,用于残疾儿童、白内障患者康复救治等。

【"收支两条线"管理】 2018年,温宿县财政局按照"深化改革、完善机制,扩面增量、拓展范围、整体推进"的要求,深化非税收入改革,严格预算外资金和专项资金管理,落实收支两条线制度规定,推行"收(罚)缴分离"制度,预算外资金专户储存率100%。加强政府性基金和行政事业性收费的管理工作,规范收费行为。

【政府采购】 2018年,温宿县财政局规范资金审批流程,完成采购项目3699批次,节约资金4295.33万元。

【农村税费改革】 2018年,温宿县财政局推进农村综合改革,通过农村中小学收费专项治理整顿活动,遏制强行收取各种费用和打车收费现象。执行自治区和上级部门的有关政策,防止农村乱集资、乱摊派、乱收费现象。

【依法理财】 2018年,温宿县财政局加强预算单位财务收支日常监督管理,针对财政专户过多、重复设置、管理分散的现象,清理各类财政资金账户。拓展财政投资评审业务,前移评审关口,审核项目520个,审定金额85083.67万元,审减金额1102.05万元,审减率1.28%。开展"小金库"专项治理,检查预算单位7个,检查财政拨付资金0.9亿元。严控"三公经费"支出,落实预算支出管理和支出审核制度。

【会计管理】 2018年,温宿县财政局强化财务管理和会计监督,取得会计专业技术初级资格97人、中级资格16人。举办财务人员培训班4期,培训财务人员750人次,完成目标任务300%。

【国库集中支付】 2018年,温宿县财政局落实国库集中支付制度,实施直接支付45844笔、270449万元,授权支付10490笔、27119万元。

【"乡财县管乡用"改革】 2018年,温宿县财政局深化"乡财县管"改革,加强"乡财县管乡用"制度建设,建立健全预算编制、资金审批、票据管理、现金管理、财务管理等多项管理制度,规范乡级财政管理。

(宋乃贵)

税　务

【机构概况】 1950年3月,温宿县税务局成立。1994年6月,分设为国税局和地税局。2018年7月20日,温宿县国家税务局和温宿县地方税务局合并成立国家税务总局温宿县税务局。设置10个内设科室、2个派出机构、1个事业单位。有编制98名(其中,行政编制93名,两个税务局划转编制5名),核定领导职数5名,实有干部104人。

【收入情况】 2018年,温宿县税务局组织各项收入75026.18万元,比上年增长1.09%,增收806.61万元，其中，税收收入 73387.28 万元，比上年增长 1.7%，增收 1227.47 万元；非税收入 1638.9 万元，比上年下降 20.43%，减收 420.86 万元。

【税源结构】 2018 年，温宿县税务局管户 7460 户，其中，个体工商户 5421 户，企业 2032 户，临时登记户 7 户，一般纳税人有 657 户，行政事业单位 364 户。

【税收征管】 2018 年，温宿县税务局制订《深化增值税改革宣传辅导工作计划》，通过微信公众号发布 6 条信息，阅读量达 232 人次，发放宣传材料 50 余份，通过税企互动平台发送短信宣传 8102 户次，通过温宿国地税纳税服务 QQ 群方式覆盖纳税人 492 户，通过微信群消息方式覆盖纳税人 220 户，并就登记办理、开票软件升级、发票开具、纳税申报等重点内容对纳税人开展 2 班次 57 人和对内部税务干部培训 1 班次 36 人的宣传辅导培训。截至 12 月底，有各类纳税人 7836 户，其中，一般纳税人 812 户，小规模纳税人 7024 户，涉及增值税税率下调的增值税一般纳税人 723 户，一般纳税人转登记小规模纳税人 119 户。5—11 月，增值税入库税款 13367.74 万元，比上年同期入库的 17195.59 万元，减少 3827.85 万元，减幅 22.26%。

【纳收评估】 2018 年，温宿县税务局依托税收风险管理系统开展纳税评估工作。纳税评估 42 户（其中，原国税 27 户，原地税 15 户），查补税款（含滞纳金）4773989.57 元（其中，原国税局 4407898.76 元，原地税局 366090.81 元），收入贡献率为 0.91%。调减留抵 61.76 万元，清缴欠税 23.99 万元。

【税收优惠政策】 2018 年，温宿县税务局享受各类税收优惠政策企业 174 户，其中，享受税基类税额减免企业 8 户，减免金额 868.51 万元；享受所得税减免企业 37 户，减免金额 2997.59 万元；享受减免税额企业 129 户，减免税额 2802.04 万元。

【干部教育培训】 2018 年，温宿县税务局选派业务骨干参加国家税务总局举办的视频培训班 13 期，参训人员 78 人次；参加自治区税务局举办的培训班 10 期，参训人员 10 人次；参加地区税务局举办的培训班 23 期，参训人员 47 人次；参加本县举办的培训班 5 期，参训人员 15 人次；本局自行举办培训班 6 期，培训人数 255 人次。培训内容涉及深化国税、地税征管体制改革方案、办公室相关业务、督察内审、企业所得税、收入规划分析、消防安全知识、政务管理、党建等。

（马文涛）

银行 保险

银 行

中国工商银行温宿县支行

【机构概况】 中国工商银行温宿支行(简称工行温宿支行)成立于1984年9月。2005年10月,中国工商银行温宿支行改制为中国工商银行股份有限公司温宿支行。2018年,有员工22人,其中,管理人员4人,女员工13人,少数民族员工4人。

【存款业务】 2018年,工行温宿支行各项存款余额95774万元,比上年减少4026万元,其中,对公存款余额61566万元,增加1655万元;储蓄存款49293万元,增加3950万元。

【贷款业务】 2018年,工行温宿支行各项贷款余额63333.5万元,增加15623.5万元,其中,公司贷款余额37134.5万元,增加16752.5万元;个人贷款余额26199万元,减少1129万元。

【银行卡业务】 2018年,工行温宿支行发放银行卡9838张,其中,借记卡8238张,信用卡1600张,实现温宿县域客户的全覆盖。有电子银行注册客户124520户,其中,个人客户124297户,企业客户223户。 (罗晓刚)

中国农业银行温宿县支行

【机构概况】 1955年10月20日,中国农业银行温宿县支行成立。从1957年5月至1965年10月,与中国人民银行经过两次合并、分设,1979年11月,中国农业银行温宿县支行恢复成立。2009年1月,中国农业银行温宿县支行改制为中国农业银行股份有限公司温宿县支行(简称中国农业银行温宿县支行)是国有独资股份商业银行。2018年,有在职干部员工42人,其中,少数民族员工19人,女员工21人。内设“三农”金融部、支行综合业务管理部、支行营业部,下设红旗坡支行,营业网点设有对外服务窗口10个,24小时自助服务终端11台。

【存款业务】 2018年,中国农业银行温宿县支行各项存款余额85187万元,较年初增长9400万元,存量市场份额占比8.9% ,较年初上升0.37%,增量份额占比13.6%。其中,储蓄存款余额66561万元,较年初增长8741万元,存量市场份额占比10.42%,较年初上升0.02%,增量份额占比10.31%;对公存款余额18626万元,较年初增长659万元,存量市场份额占比5.85%,较年初上升0.41%,增量份额占比35.76%,其中,机构类存款余额12197万元,较年初下降1093万元;公司类存款余额6429万元,较年初增长1752万元。同业存款余额44万元。

【贷款业务】 2018年,中国农业银行温宿县支行各项贷款余额35712万元,较年初下降2627万元,其中,个人贷款余额25762万元(农户贷款余额1966万元,非农个贷 18796 万元），较年初下降 3327 万元；公司类贷款余额 9950 万元，较年初增长 700 万元。

【中间业务收入】 2018 年，中国农业银行温宿县支行实现中间业务收入 428 万元，较上年减少 47 万元。

【信贷管理】 2018 年，中国农业银行温宿县支行加大对本县优质林果收购企业的信贷支持，辅以便于结算的企业网银、POS 机、惠农通服务点等电子银行产品。以惠农卡为基础，加大对特色林果业、棉花种植户的投入支持。做好个体户及农户的购房按揭贷款。（阿依努尔·托合提）

中国农业发展银行温宿县支行

【机构概况】 中国农业发展银行温宿县支行（简称农发行温宿县支行）成立于 1997 年 12 月，是温宿县唯一的一家政策性银行，承担国家规定的农业政策性金融服务，主要业务是办理农产品收购、储备、调控和吊销贷款；办理农业农村基础设施、水利建设和流通体系建设、农业综合开发、生产资料和农业科技贷款；办理棚户区改造和农民集中住房建设贷款；办理易地扶贫搬迁、贫困地区基础设施、特色产业发展、专项扶贫贷款等。2018 年，有正式员工 16 人，其中，少数民族 10 人，女职工 8 人。下设会计结算部、信贷业务部和办公室。

【存贷款及利润】 2018 年，农发行温宿县支行信贷支持企业 11 户，发放贷款 129335.88 万元。年末贷款余额日均存款余额 38592.2 万元，人均存款 1721.89 万元，完成任务的 128.67%。中长期贷款月均余额 49974 万元，增幅 24.30%。实现拨备后利润 2338.21 万元，增加 1882.17 万元，增幅 412.72%，人均利润 106.28 万元。

【财务管理】 2018 年，农发行温宿县支行开展财务会计基础工作专项整治活动。完成营改增系统和综合业务系统升级工作，实现“三证合一”的变更和账户管理。规范会计核算行为，强化固定资产管理。贯彻落实基建、财务管理等制度，完成装修工程、新建营业用房、机房的竣工和决算。做好新反洗钱管理系统、固定资产报表管理系统、增值税管理系统、“金猴工程”系统的正常运转报送工作。

【信贷管理】 2018 年，农发行温宿县支行推进不良贷款清收工作，清收不良贷款 2392.7 万元。开展风险排查、合规经营专项检查、“信贷队伍建设年”活动，实现上年发放的粮食棉花贷款“双结零”，发放夏粮收购贷款 0.9 亿元、棉花收购贷款 8.2 亿元。发放棚户区改造中长期贷款 5830 万元、全国首笔贫困村提升工程中长期贷款 26524.88 万元。

【企业文化】 2018 年，农发行温宿县支行开展客户服务文化、信贷文化、内控合规文化等专业服务规范工作。推行廉洁从业承诺制，领导干部，信贷、财会岗位及涉及经费支出、物品采购工作人员签订“廉洁从业承诺书”25 份，与企业签订“银企廉政共建协议书”13 份，回访企业 13 个，回访率 100%。与温宿县法院建立工作联系机制。开展反假币、反洗钱、反对非法集资宣传 3 次。（陈　燕）

中国建设银行温宿县支行

【机构概况】 1979 年 10 月，中国人民建设银行阿克苏分行温宿支行成立。1996 年 3 月，中国人民建设银行温宿支行更名为中国建设银行温宿县支行。

2004 年,中国建设银行温宿县支行更名为中国建设银行股份有限公司温宿支行(简称中国建设银行温宿县支行)。2018 年,中国建设银行股份有限公司温宿县支行隶属于中国建设银行股份有限公司阿克苏分行,有正式员工 15 人,其中,党员 7 人,女性 5 人,少数民族 4 人。

【存款业务】 2018 年,中国建设银行温宿县支行一般性存款时点余额 9.63 亿元(其中,对企业存款时点 5.66 亿元,个人存款时点月余额 3.9 亿元,比年初增加 3900 万元),比上年减少 2.8 万元。

【贷款业务】 2018 年,中国建设银行温宿县支行各项贷款时点余额 3.34 亿元(其中个人贷款余额 2.3 亿元),比年初增加 1.3 亿元。（王 琼）

新疆温宿农村商业银行股份有限公司

【机构概况】 1988 年 4 月 9 日,温宿县农村信用合作联合社成立, 2006 年 12 月 26 日,统一法人社改革完成,正式营业。2018 年 11 月 18 日,温宿县农村信用合作联合社改称新疆温宿农村商业银行股份有限公司(简称温宿县农商银行),有营业网点 17 个,其中,总行营业部 1 个,支行 16 个。总行机关设有综合办公室、会计结算部、信贷管理部、计划财务部、风险合规部、审计部、个贷部、企贷部、纪检监察部、机构业务部、电子银行部、安全保卫部 12 个职能部门。有在职员工 187 人。

【存款业务】 2018 年,温宿县农商银行各项存款 62.65 亿元,占全县存款的 61.62%,比上年增加 6 亿元,增幅 10.59%,其中,储蓄存款 43.74 亿元,占比 69.82%,比上年增加 6.29 亿元,增幅 16.80%;对公存款 18.91 亿元,占比 30.18%,比上年减少 0.29 亿元,降幅 1.51%;个人定期存款余额 29.44 亿元,占各项存款 46.99%,比上年增加 6.48 亿元,增幅 28.22%;财政存款余额(包含国有公司)10.57 亿元,占各项存款余额 16.87%,比上年减少 4.40 亿元,降幅 29.39%;各项存款总额在全县 6 家金融机构中位居首位。

【贷款业务】 2018 年,温宿县农商银行各项贷款余额 550711.57 万元(含转贴现 95404 万元),占全县贷款的 66.43%,其中,正常类贷款 366413.2 万元,关注类贷款 70796.54 万元,次级类贷款 17961.63 万元,可疑类贷款 136.19 万元,无损失类贷款。全年发放各类贷款 61.51 亿元,收回各类贷款 54.23 亿元,各项贷款较年初增加 7.28 亿元,增幅 15.24%。法人类贷款余额 16.12 亿元,占各项贷款的 38.18%,较上年增加 1.71 亿元,增幅 11.87%;个人类贷款 26.1 亿元,占各项贷款的 61.82%,较上年减少 1.09 亿元,降幅 4.01%;个人贷款中城市个人贷款余额 5.19 亿元,较年初增加 0.47 亿元,增幅 9.96%,其中,公职人员消费贷款余额 2.2 亿元,较上年减少 0.16 亿元,降幅 6.77%。涉农贷款余额 41.35 亿元,占各项贷款的 90.82%(不含转贴现),较上年增加 3.51 亿元,增幅 9.26%;涉农贷款中农户贷款余额 22.98 亿元,较上年减少 0.55 亿元,降幅 2.35%;农户贷款中小额信用贷款余额 7.38 亿元(含农贷通 6.53 亿元),占农户贷款的 32.11%;农户联保贷款余额 1.98 亿元,占农户贷款的 9.02%;土地承包经营权抵押贷款余额 10.05 亿元,占农户贷款的 45.83%;"两免"扶贫小额信用贷款余额 0.6 亿元,较上年增加 0.13 亿元,增幅 27.66%;"两居"贷款余额 0.15 亿元,较上年减少 0.05 亿元,降幅 25%。各项贷款余额在全县 6 家金融机构中位居首位。

【不良贷款】 2018 年,温宿县农商银行不良贷款余额 18097.82 万元,占比 3.29%,较年初增加 6491.82 万元,增幅 55.94%,其中,农户不良贷款 4733.38 万元,占比 26.15%,比年初增加 3630.98 万元;法人客户不良贷款 12990.92 万元,占比 71.78%,比年初增加 2487.78 万元。

【信用工程建设】 2018 年,温宿县农商银行对 34199 户农户建立信用资料并评定信用等级、核定信用额度、建立电子档案。已评定信用户占全辖农户总数的 99.66%,其中,AAA 信用户 3239 户,占信用户总数的 9.47%,授信额为 15758.2 万元;AA 信用户 4419 户,占信用户总数的 12.9%,授信额为 16818 万元;A 信用户 24623 户,占信用户总数的 72%,授信额为 51697 万元;农户评定授信总额 8.4 亿元。

【银行卡业务】 2018 年,温宿县农商银行发行银行卡 182550 张(其中,福农卡 1452 张,惠民金卡 881 张),较年初增加 18743 张,完成计划的 234.29%;卡存款余额 123758.32 万元,较年初增加 3478.97 万元;卡均存款余额 0.67 万元,实现银行卡业务手续费收入 244.13 万元;银信通 100005 户,较年初增加 19508 户,完成计划的 243%。发行 IC 卡 92051 张、社保卡制卡 122576 张、激活社保卡 84114 张,激活率 68.6%。发展特约商户 493 户,布放 POS 终端 685 台,助农取款 POS 机 113 台,覆盖率 100%,助农取款、转账 65228 笔,交易金额 17942.18 万元。在线运行自助设备 53 台,其中,自动存取款机 22 台,自动取款机 31 台,离行式自助设备 9 台。全年发展企业网银客户 523 户,交易 8.17 万笔 38.61 亿元;个人网银 12733 户,交易 2.25 万笔 9.58 亿元;手机网银 11449 户,交易 1.267 万笔 2.67 亿元。条码支付业务商户 835 户,完成区联社计划的 181%。

【业务培训】 2018 年,温宿县农商银行制定业务培训计划,对各业务部门提出具体培训要求,举办信贷、会计、审计、消防等业务培训班 18 期,培训员工 2415 人次。

【安全保卫】 2018 年,温宿县农商银行按季召开安全保卫工作分析会议 4 次,安全保卫教育培训(含消防培训演练)4 次,参会 860 人次。集中监控中心远程监控巡查辖区 17 个营业网点营业场所的环境安全、ATM 机环境安全、柜台业务合规性操作、押运交接等。更换机关大楼自动消防控制系统 1 套、消防卷帘门 2 个;年检灭火器 519 个,设置微型消防站 1 个,增加防火门 5 个,安装防火窗户 1 个,消除消防故障 12 次;5 名员工考取消防员证,1 名员工考取电梯安全管理员证;联系安防设备供应商检修监控报警设备故障 77 次、安检机故障 3 次、身份证仪故障 7 次。 (苗 婷)

保 险

中国人寿保险温宿县支公司

【机构概况】 1997 年 8 月 19 日,中国人寿保险股份有限公司温宿县支公司(简称中国人寿温宿县支公司)成立,注册地址为新疆阿克苏地区温宿县温宿镇东大街 76 号。2018 年,有正式员工 7 人,业务员 80 人。经营范围是承保人民币和外币的各种人身保险业务,包括各类人寿保险、健康保险、意外伤害、法定人身保险业务;代理国内保险机构检验、理赔及其委托的其他有关事宜等。

【业务工作】 2018年,中国人寿温宿县支公司实行柜面直销,完成上级公司给柜面下达的保费目标任务3.6万元。互动业务在分渠道经营中超额达成上级公司下达的指标。审核各类理赔案654件554万元,结案率100%,实现零差错。

【风险防范】 2018年,中国人寿温宿县支公司设立单独的单证岗,加强公司有价单证的风险管控,所有印章交予上级公司。细化、强化单证日常管理,根据单证日常管理办法规定,加大单证管理考核、处罚力度。在经营管理中,抓好非正常退保风险、业务销售误导风险以及公司内部人员贪污挪用资金等风险的防范。加大关键岗位的抽查力度,强化关键岗位工作人员信息的统计与上报,完成变动岗位人员的检查与维护录入。 (张 铭)

中国人民财产保险温宿支公司

【机构概况】 1982年,中国人民财产保险股份有限公司温宿支公司(简称中国人民财产保险温宿支公司)成立,是隶属于中国人民财产保险股份有限公司分支机构。2018年,有员工77人,其中,管理人员5人,一般员工25人,营销员47人,女员工48人,少数民族员工40人。内设综合部、直销业务一部、直销业务二部、中介业务部、营销业务一部、营销业务二部、农村保险事业部、保险扶贫事业部,下设阿热勒营销服务部、吐木秀克营销服务部、恰克拉克营销服务部、佳木营销服务部、克孜勒营销服务部、古勒阿瓦提营销服务部、依希来木其营销服务部、五团营销服务部。主要经营范围是车辆保险、财产险、工程险、责任险、货物运输险、保证保险、政策性农业保险等。

【业务工作】 2018年,中国人民财产保险温宿支公司直接赔款8152.9万元,比上年增加1061.2万元,简单赔付率比上年上升2.26%,提供各类风险保障200亿元。

【保险服务】 2018年,中国人民财产保险温宿支公司在各乡(镇)建立营销服务部8个,聘任农村协保员140余人,实现乡(镇)农村保险服务全覆盖,方便农牧民就近参保、理赔。 (陈 涛)

公路运输　商贸

交通运输

【机构概况】　1986 年 10 月，温宿县交通局成立。2011 年 12 月，温宿县交通局更名为温宿县交通运输局，由事业机构调整为政府工作部门，全额财政拨款正科级行政单位。2018 年，有编制 11 名，其中领导职数 3 名。下设城市客运管理办公室、农村公路养护管理站和农村公路工程质量监督站 3 个事业单位。有出租汽车公司 1 家，出租汽车 150 辆。有班线客运车辆 420 辆，座位 9063 座，客运量 1005.2 万人次，客运周转量约 23351 万千米。货运车辆 980 辆，总吨位 3728 吨，货运量约 784384 吨，货运周转量约 3076 万吨。城市出租车完成客运量 35.17 万人次。出租车行业稽查 1260 辆次，查获违章车 17 辆。营运车辆按期二级维护率 99% 以上。

【公路建设】　2018 年，温宿县交通基础设施项目总投资 2.2 亿元，开工项目 14 个。争取资金 16159 万元，超额完成争取资金任务的 234%。新建农村公路 207 千米，投资 1.7 亿元。复工通村油路项目 207 千米，投资 5000 万元。投资 3804 万元完成依希来木其乡至阿克苏公路 25.1 千米。完成佳木镇县道 307 线、拱拜孜村水毁项目、博孜墩乡易地搬迁项目、吐木秀克镇易地搬迁项目、托乎拉转盘至天山雪米加工厂道路建设项目、托乎拉转盘至托甫汗公路 6 条道路 25 千米前期准备工作。

【交通扶贫】　2018 年，温宿县交通运输局促进贫困村出行与经济发展，投资 230 万元，完成 3 个深度贫困村新改建农村公路 7.2 千米。

【农村公路养护】　2018 年，温宿县交通运输局制定农村公路日常养护实施方案，组织各乡（镇）开展日常养护工作，投资 257.96 万元养护县道 307 线、县道 309 线、乡道 081 线、乡道 075 线、村道 110 线破损路面，沥青修补面积 3.4 万平方米，完成上级任务的 340%。开展乡（镇）党政领导及农村公路管理站负责人农村公路养护知识普及培训 1 次。

【客运市场管理】　2018 年，温宿县交通运输局查处各类非法营运车辆 28 辆。接到投诉 21 起，处理 21 起，处理率 100%。落实《出租汽车驾驶员从业资格管理规定》，培训出租汽车驾驶员初学从业资格人员 134 人，过期证件第二次换发 17 人，参加继续再教育 39 人，注册从业人员 58 人。组织系统各单位召开各类安全生产教育培训大会 24 次，参加教育学习的车主、驾驶员 4650 人次，发放宣传单约 800 份。成立燃油补贴发放领导小组和工作机构，明确工作职责和任务，发放出租车燃油补贴 151 辆 37725 元。

【安全生产】　2018 年，温宿县交通运输局成立以局长为组长，运管局、客运站、企业负责人等为成员的交通运输行业安全生产领导小组，明确单位主要领导为安全生产第一责任人，把安全生产管理纳入日常工作，与单位年度目标考评、领导干部绩效考核相挂钩，每月定期不定期对客运站、企业进行安全生产大检查。开展道路、桥梁、车辆、修理厂安全检查52次,发现安全隐患75起,整改75起。开展客运车辆安全专项治理,督促落实安全生产制度。开展公路项目施工违章作业专项治理,排查公路项目施工现场,安全检查15次,发现安全隐患10起。

【路政执法】 2018年,温宿县交通运输局路政执法里程1693千米,其中,县道8条249千米,乡道71条846千米,村道28条586千米,专用公路1条12千米。路政执法人员巡查75次,行程1.1万千米,上路率100%。

【党风廉政建设】 2018年,温宿县交通运输局制定《温宿县交通运输局2018年党风廉政建设工作方案》,与所属股(室)签定"党风廉政建设工作责任书",建立健全领导班子廉政约谈制度、责任追究制度、重大事项报告制度、廉政监督机制,完善反腐倡廉惩防体系。制定《温宿县交通运输局2018年纠风工作实施方案》,做好党务、政务、财务公开工作,明确"收支两条线"、物资采购等规定,召开"三重一大"专题会议14次。开展机关效能作风建设,治理懒、散、庸、推、拖、贪等不良风气,完善《机关工作人员考勤制度》《岗位责任制》《首问责任制》《限时办结制》等行政效能管理制度,建立行政效能监督台。

(丁小平)

供销合作

【机构概况】 1951年,温宿县供销社成立。2013年,温宿县供销社机关纳入机构编制管理序列,隶属于县人民政府,为财政预算管理事业单位,内设行政办、财务室、业务科3个职能科室,核定编制8名(其中领导职数3名),实有10人。设立党支部2个(中共温宿县供销社机关支部委员会、中共温宿县供销社棉麻公司支部委员会),有党员30人;下设公司6个(其中,参股公司2个,集体所有制公司1个,控股公司1个,全资公司2个),在职10人;成立专业合作社和联合社11个,乡(镇)下设基层社8个、协会2个。主要负责对全县供销系统体制机制改革的统一指导,产业发展的统一规划,资产保值增值的统一调配,网络建设的统一实施、人员培训统一管理等工作。

【"新网工程"建设】 2018年,温宿县供销社以建设新农村为主线,整合改造传统经营网络,完善、强化服务功能及经营体系,建成各类经营网点20个,基本形成三级营销网点。

【农资供应】 2018年,温宿县供销社购进各类化肥4200吨,销售化肥2900吨,库存1300吨;购进总额1149.2万元,销售总额796.5万元。

【产业化发展】 2018年,温宿县供销社以资本合作、土地合作等多种途径,采取合作制、股份合作制等多种形式,吸纳农民和各类新型农业经营主体加入农民专业合作社。建立为农服务、物流配送、农产品收购、加工、储藏、电子商务、销售等一体化社会服务平台。依托社属阿克苏惠森电商公司和"金太阳""太阳红"果业农民专业合作社,开展线上线下和农产品订单签订、销售等工作,销售各类农产品1327.42吨,销售金额1400.9万元。组织加盟企业、合作社拓展红枣、核桃、苹果、香梨等农产品产销通道,为县域特色农产品销售寻求线上线下合作销售商搭建农产品销售平台。温宿惠农联运公司及加盟企业(合作社)销售各类农产品16935吨,销售金额19857万元。

【特色农产品销售网点】 2018年，温宿县供销社加强与援疆指挥部、金华市供销社、金华市圆疆公司合作，完善农产品销售通道的各项服务功能。金华市圆疆公司在金华市区及各县市开设各类销售网点34家(个)，其中，旗舰店1家，直营店1家，加盟店24家，单位食堂机关小超市7家，超市专柜1个；建设完成新疆农产品仓储加工配送中心1个，完成线上渠道合作网店建设3家，微信销售公众号2个。全年销售温宿县特色农产品10378吨，销售金额13576万元。

（张自力）

城乡供电

【机构概况】 1966年10月，温宿县电站成立。2004年4月21日，更名为阿克苏电力有限责任公司温宿供电公司。2018年，国网温宿县供电公司有职工186人。有供电所6个，220千伏变电站1座，主变1台，总容量180兆伏安；110千伏变电站5座，主变9台，容量421.5兆伏安；35千伏变电站14座，主变25台，容量160.05兆伏安。35千伏输电线路26条，总长447.67千米；10千伏线路81条(其中，公网10千伏线63路条，专用10千伏线路9条)，总长2078.19千米。公用变压器1073台，配变总容量162.86兆伏安，专变4809台，担负着县域内8镇5乡81461户供电任务。全年售电量5.9亿千瓦时。

【电网建设】 2018年，温宿县实施电网建设项目。建成10千伏及以下配网项目已完成1项(2018年博孜墩乡配网建设工程)，完成大修项目1项，完成投资1533.69万元。

【安全生产】 2018年，国网温宿县供电公司坚持月、周、日安全风险管控机制，安全运行365天，长周期安全运行2793天。开展安全性评价及秋冬季安全大检查专项活动，查找隐患184项，整改率100%。结合季节性特点及负荷情况完成监察性隐患整改11条，夜巡26次，特巡156条次，正常巡视439条次，上报缺陷1713条，消除缺陷1719个，消缺陷及时率96.19%，清理树障72272棵。治理低电压台区166台，更换重过载配变59台，调整三相负荷不平衡的台区99台，完成323台分支断路器保护定值的整定及核查工作。推进“四集中”(检修、巡视、消缺、急修)管理，开展防震减灾、防暴处突等应急演练。完成重大会议、重大节日期间保电任务12次。

【市场营销】 2018年，国网温宿县供电公司售电量5.9亿千瓦时，比上年4.95亿千瓦时增长19.17%，完成年度计划5.16亿千瓦时的114.25%。综合线损率年计划8%，完成7.58%，比年计划下降0.52个百分点。电费回收率100%。全年增加用户5147户，市场净增容量11.86万千伏安。加快温宿县电气化进程，完成替代电量1980.36万千瓦时。

【优质服务】 2018年，国网温宿县供电公司实行首问负责制，开展“3·15”国际消费者权益日宣传活动，聘请行风义务监督员，服务进社区；开通微博、微信服务平台、营业网点百度地图。摸底排查公司供电辖区内146个驻村点的用电情况，排查问题20项，主动上门现场服务，解决问题20项。组织开展高危及重要用户、居民集中小区、供暖企业的用电隐患排查，查处用户侧隐患26项，跟踪督促整改。参播新广行风热线4期，阿广行风热线2期。拓宽缴费、业务报装服务渠道，推广“掌上电力”APP，推广便捷的电力服务。

（王昌燕）

重点工交商贸企业简介

【国电阿克苏河流域水电开发有限公司】 国电阿克苏河流域水电开发有限公司位于温宿县萨瓦甫齐牧场(营区位置),注册资本金36934.8万元,为电力行业国有企业,主要经营范围:水力发电及相关产品的开发和生产经营,其中,小石峡水电站占地面积334公顷,项目总投资107350万元。2009年12月,开工建设;2012年12月,竣工投产。拥有主要设备为水轮发电机组5台(套),年设计发电量为4.19亿千瓦时,实际年发电量为4.19亿千瓦时。吐木秀克水电站占地面积278.2公顷,项目总投资57488万元。2008年2月,开工建设;2009年12月,竣工投产。拥有主要设备为水轮发电机组2台(套),年设计发电量为2.58亿千瓦时,实际年发电量为2.58亿千瓦时。台兰河一二级水电站占地面积125.33公顷,项目总投资76250万元。2010年10月,开工建设;2012年12月,竣工投产。拥有主要设备为水轮发电机组2台(套),年设计发电量为3.03亿千瓦时,实际年发电量为3.03亿千瓦时。企业正常生产期拥有员工177人,其中,管理人员41人,技术人员44人;少数民族44人;女员工40人。2015年1月,公司被评为电力安全生产标准化二级企业;9月,公司获"新疆跨越式发展最具成长力企业"奖。

2018年,实现总产值1.4亿元,上缴税金304万元。

【新疆新华水电投资股份有限公司塔尕克水电厂】 新疆新华水电投资股份有限公司塔尕克水电厂位于温宿县萨瓦甫齐牧场,占地面积124.57公顷,为水力发电行业国有企业,主要经营范围:水力发电。项目总投资35821.99万元。2005年12月,开工建设;2008年3月,竣工投产。拥有主要设备为:发电机、主变压器两台(套),年设计发电量2.739亿千瓦时,实际年发电量为2.739亿千瓦时。企业正常生产期拥有员工33人,其中,管理人员10人,技术人员32人;少数民族1人;女员工11人。

2018年,全年发电量为27800万千瓦时,实现工业总产值6110.75万元,工业增加值3100万元,销售收入6110.75万元,利润3200万元,上缴税金338万元。

【温宿县曦隆燃气开发有限公司】 温宿县曦隆燃气开发有限公司位于温宿县新城区泉城街东段,占地面积1.08公顷,为燃气生产和供应业民营有限公司,主要经营范围:石油天然气管道项目投资、开发;天然气销售;天然气安装工程、管道运输服务。项目总投资9500万元,拥有主要设备压缩机、加气机、干燥器、过滤器、恒电位仪等专业设备,年输气量5亿立方,实际年输气量1亿立方。企业正常生产期拥有员工152人,其中,管理人员17人,技术人员53人;少数民族57人;女员工50人。公司已获得19个荣誉称号,25个证书。

2018年,实现工业总产值1.15亿元,利润1232万元,上缴税金40.4万元。

【浙能阿克苏热电有限公司】 浙能阿克苏热电有限公司是浙江省能源集团有限公司在新疆的下属国有企业(由浙江浙能电力股份公司独资控股),是根据国家援疆工作要求,以及新疆维吾尔自治区、浙江两省区党委、政府签署的《能源战略合作协议》,而成立的一家从事电力投资、热力供应、煤炭及天然气开发利用的综合能源开发投资企业,位于新疆维吾尔自治区阿克苏市纺织工业城温州路。公司着力开发建设浙能新疆阿克苏纺织工业城热电厂工程(2×350MW)和供热管网。项目拟建设2台35万千瓦超临界热电联产机组，具备700/吨时供汽能力和400万平米供暖能力，同步安装脱硫、脱硝装置，全部使用中水作为生产用水水源。

2018年，实现工业总产值3.8亿元，上缴税金343万元。

【新疆乌苏啤酒(阿克苏)有限公司】 新疆乌苏啤酒(阿克苏)有限公司位于温宿县交通路3号，占地面积4公顷，注册资本金1000万元，为酒、饮料制造行业外资有限公司。拥有主要设备为酿造设备、发酵设备、全自动罐装设备、检验设备等；年设计产能6万千升，实际产能5万千升。企业正常生产期拥有员工113人，其中，管理人员10人，技术人员14人；少数民族45人；女员工47人。

2018年，实现工业总产值1.3亿元，上缴税金1334万元。

【温宿县银峰盐业有限责任公司】 温宿县银峰盐业有限责任公司位于温宿县迎宾路93号，占地面积3970.53公顷，注册资本金1500万元，为轻工业国有企业，主要经营范围:盐及盐产品的生产、销售:矿盐开采:预包装食品、酒类的批发。项目总投资1930万元，2009年6月，开工建设；2010年3月，竣工投产。拥有主要设备真空制盐设备1台套，年设计产能3万吨，实际产能3万吨。企业正常生产期拥有员工121人，其中，管理人员12人，技术人员35人；少数民族65人；女员工39人。

2018年，产品生产产量1.6万吨，实现工业总产值4350万元，销售收入4150万元，利润1100万元，上缴税金485万元。

【温宿县佳华建材有限公司】 温宿县佳华建材有限公司位于温宿县佳木镇台兰河6公里处，占地面积5.33公顷，注册资本金1600万元，为建材行业民营有限责任公司，主要经营范围:混凝土搅拌，建筑用沙的开采及销售。项目总投资6000万元。2011年7月，开工建设；2012年3月，竣工投产。拥有主要设备120混凝土生产线2条、180混凝土生产线1条、混凝土泵车及搅拌车等车辆40余辆，年设计产能100万立方米，实际产能7.32万立方米。企业正常生产期拥有员工60人，其中，管理人员8人，技术人员24人；少数民族30人；女员工10人。

2018年，实现工业总产值2463.78万元，利润82万元，上缴税金73.9万元。产品主要销售到阿克苏地区各县(市)、新疆生产建设兵团各团场。

【阿克苏和鑫塑化有限责任公司】 阿克苏和鑫塑化有限责任公司位于温宿县交通路58号，占地面积2公顷，注册资本金600万元，为橡胶和塑料制品业民营有限责任公司，主要经营范围:聚乙烯薄膜，聚乙烯管材、聚乙烯塑料管，聚乙烯泡沫包装材料制造、销售；复合肥生产、销售；化工原料，化工建材，化肥，农副产品销售；废旧物资回收。项目总投资1000万元，2014年1月，开工建设；2016年7月，竣工投产。拥有主要设备地膜吹塑机13台套，年设计产能8000吨农用薄膜，实际产能5000吨。企业正常生产期拥有员工52人，其中，管理人员7人，技术人员3人；少数民族22人；女员工6人。

2018年，实现工业总产值2433万元，销售收入5284万元(含去年库存)，利润777万元，上缴税金13万元。

【阿克苏恒远中汇彩印包装有限公司】 阿克苏恒远中汇彩印包装有限公司，是新疆恒远彩印包装股份有限公司阿克苏子公司，注册资本1000万元，于2017年10月正式投产。拥有12650平方米的生产厂房，设计、制版、印刷和后工序都采用先进配套的流水线生产作业。主要引进高端设备有京山

JET－300 七成高速瓦楞生产线，京山 YKMR1200 型高清印刷开槽模切机，旭恒 1620 全自动清废模切机，美光 1650 全自动裱纸机，台湾 TRANS-PACK702 全自动打包机以及最先进的碰线机、圆压、圆模切机，唐城 Y90 全自动订糊一体机，日产量高达 10 万套彩箱。公司有员工 80 人，其中制版、印刷机、模切机的重要工序的骨干力量均由广州资深技术人员担任。

2018 年，实现工业总产值 6120 万元，销售收入 2150 万元，利润 600 万元。

城乡建设 环境保护

住房和城乡建设

【机构概况】 温宿县住房和城乡建设局成立于1984年7月，时称温宿县城乡建设环境保护局。2002年11月，机构名称改为温宿县建设局。2012年3月，设立温宿县住房和城乡建设局，并一直沿用。2018年，温宿县住房和城乡建设局属正科级行政单位，隶属于温宿县人民政府。有行政办、城乡规划科、建筑业和建筑市场管理科、建筑工程质量安全监督站、住房保障办、行政审批科、市政工程站、城管监察大队、园林绿化队、环卫队、车队11个内设科室。有领导5人，干部50人，其中，少数民族干部20人；退休职工14人。辖城镇供排水公司、城乡建设(集团)有限责任公司、安居富民办、城市建设征收工作领导小组办公室4个下属单位。

【城市基础设施】 2018年，温宿县住房和城乡建设局投资1292万元完成市政基础设施建设项目，投资520万元完成新城区生态综合治理项目，新增城区绿化供水管网28.33千米，新建城市污水管网12千米，将温宿县污水并入阿克苏市统一处理。贯通复兴大道、发展大道等5条温宿县至阿克苏市快速道路，形成五纵八横的道路总体格局。

【城区绿化】 2018年，温宿县住房和城乡建设局坚持城在林中、水在城中、人在园中的建设理念，通过城区绿线种植、街头空地种植、街头游园绿化和主道路绿化带补种等项目，实施复兴大道、稻香路、托峰路等7个改造工程，补植补栽梧桐等乔木7.33万棵。实现城区绿化总面积382.29公顷，绿地面积341.89公顷，城市建成区绿化覆盖37.63%，绿地率31.65%，人均公共绿地面积16.98平方米。

【固定资产投资】 2018年，温宿县住房和城乡建设局下达社会投资项目22个，总投资25.93亿元，计划完成投资9.53亿元，实际完成投资额11.63亿元，完成投资计划的122%。其中，新建项目完成投资3.33亿元，续建项目完成投资8.3亿元。

【保障性住房】 2018年，温宿县住房和城乡建设局积极争取政策性金融支持和自治区资金补助，推进危旧房棚户区改造，完成投资1.9亿元，完成棚户区征迁改造859户，建成第二小学片区10913平方米停车场修建并完善周边绿化，实施新城街片区5992平方米人行道、2100平方米沥青道路以及3021平方米混凝土路面的修建工作，全面改善老城区生态和居住环境；投资30241.94万元完成安居富民工程任务4991套，入住4991户，入住率100%，“四类人员”安居房开工871户，竣工871户，录入纸质档案4991户，全年到位上级补助资金15888.72万元。

【建筑市场管理】 2018年，温宿县住房和城乡建设局按照法定招标程序，完成房屋建筑和市政公用工程招投标77项，总建筑面积24.14万平方米，总投资3.46亿元；办理建筑施工许可证175份，总建筑面积62.88万平方米，工程总投资13.74亿元；办理质量安全监督手续123项，竣工验收备案手续28

项;组织开展180余次工程质量现场巡查工作,下发建设工程质量安全整改(停工)通知书72份,排查安全隐患100处,受理群众投诉8件,办理8件,办结率100%。

【房地产管理】 2018年,温宿县住房和城乡建设局发挥政府对房地产市场宏观调控作用,规范房地产市场管理,批准新建商品房预售许可12.3万平方米,房产交易系统录入信息4517条,出具房屋登记意见书2500件;狠抓房地产去库存工作,完成商品房去库存14.4万平方米,超额完成任务18.5%。

【安全生产】 2018年,温宿县住房和城乡建设局对建筑工地、燃气企业、加气站(点)和物业小区开展安全生产大检查65次,排查各类安全生产隐患356处,现场立查立改180条,下发整改督办57份;对各族群众进行安全用气宣传,共发放宣传手册3600份,张贴宣传通告2400张,落实每年一次入户安全检查2.3万户。

【城市管理执法】 2018年,温宿县住房和城乡建设局落实《新疆维吾尔自治区实施〈城市市容和环境卫生管理条例〉行政处罚办法》《城市道路管理条例》等法律规定,加强城市执法力度,查处违反市容市貌案件815起、乱摆摊设点行为621起、查处乱贴乱挂1100起、没收沿街发售各类小广告300份、查处违章建筑22起、下发限期整改通知书20份、办理设置门头牌匾备案手续85件。

【特色乡(镇)建设】 2018年,温宿县住房和城乡建设局对接相关部门,投资3.75亿元推进托甫汗镇特色乡(镇)建设。投资720万完成托甫汗镇保障性住房小区内附属工程建设项目,投资4500万元完成小区外附属工程建设项目的45%。改变托甫汗镇农业基础薄弱,农村发展相对滞后的现状,更好地服务群众,实现镇域经济协调发展。 (伍腊梅)

城乡供水

【机构概况】 温宿县自来水公司建于1983年,排水公司建于1992年。2000年4月,自来水公司和排水公司合并,成立温宿县城镇供排水公司(简称温宿县供排水公司)。2016年11月,公司上划到阿克苏水务集团有限公司。是自主经营、自负盈亏、独立核算的法人单位。担负全县的生活、生产用水的供应,供排水管道安装、维修、维护等工作。设客户服务中心、生产科、一水厂、二水厂、洪积平原泵站、木本粮油林场砖场泵站。2018年,有在岗在编24人、合同工15人。供水量1万立方米/日,城镇用水人口6万人。供水普及率99%,入户率98%;排水普及率94%,排水入户率89%。

【经营管理】 2018年,温宿县供排水公司完成供水量359万立方米,售水量337万方。收缴水费761万元,水费回收率99%。新接供排水用户147户。开展节能降耗、技术改造工作,完成远程数据监控、水厂调度监控中心技术平台的搭建工作,水源地、二水厂、开发区水厂、砖厂供水站的远程调度及各水厂安保监控工作。公司进行规范化管理,保障城镇供水及居民生活饮用水安全,通过自治区的供水规范化考核检查。新水厂安装使用电解食盐法饮用水加氯设备。

【基础设施建设】 2018年,温宿县供排水公司历时7天完成革命大渠DN300的供水干管、DN500的排水干管的改线引水工程。完成新水厂的基建扫尾工作。

【供水服务】　2018年,温宿县供排水公司开展客户中心标准化服务活动。安装供水及绿化DN20～DN300管道5972.3米,安装排水DN300～DN500管道804米,安装1～1.8米PE检查井53套,安装DN1.2米砼筑检查井48套,更换、安装φ15～40水表249块、DN50～DN100水表计19块、IC卡水表145块,抢修DN160～DN600供水主管道抢修21次,抢修单位及居民给水管道86次,疏通排水主管道及通单位及居民排水管道并清井65次,更换供排水、消防井、及雨水检查井井盖124套。来电来访处理率100%,追踪率100%,办结率100%,用户满意率98%。

【安全生产】　2018年,温宿县供排水公司完善供排水设施巡检方案,建立水厂机泵电器运行台账,发现跑冒漏、破损丢失井圈、井盖立即维护,更换供排水主管道井盖100余套。备好应急抢修器材,增强供排水管网应急处置预案能力。举办安全知识培训、讲座9次,组织预案应急演练6次。开展"安全生产月"教育宣传活动和"119"消防知识宣传培训。

【党建工作】　2018年,温宿县供排水公司党支部注重抓好支部建设,开展职工文化建设、社区共建等活动。开展道德讲堂活动6次。结合"访惠聚"、脱贫攻坚等工作,开展"民族团结一家亲"活动。每月组织职工到扶贫点吐木秀克镇尤卡克托喀依村走访慰问,与结亲户、扶贫户同吃、同住、同劳动、同学习、同娱乐,向群众宣传政策、法律,开展爱心捐赠,一对一结对帮扶贫困户。到爱国主义教育基地吐木秀克镇栏杆村、地区博物馆和阿克苏烈士陵园开展爱国主义、革命传统教育。　（逄亚丽）

环境保护

【机构概况】　1984年7月至1998年4月,温宿县环境保护职能由温宿县城乡建设环境保护局承担。1998年5月,温宿县环境保护局成立。2018年,温宿县环境保护局为正科级行政单位,隶属于温宿县人民政府,是代表温宿县人民政府行使生态环境保护职能的部门。内设行政办、财务室2个科室。有编制14名,其中,行政编制人数5名,事业编制8名(其中参照《中华人民共和国公务员法》管理5名),工勤编制人数1名。实有13人(其中,女性4人,少数民族5人)。下辖环境监察大队、环境监测站2个单位。主要负责拟订环境保护规划、监督管理大气、水体、土壤等污染防治工作、主要污染物排放总量控制、重大环境问题的统筹协调、环境统计等。

【污染防治】　2018年,温宿县环境保护局开展空气污染治理工作。加强燃煤污染治理,下达燃煤锅炉拆改污染减排任务15家,完成29家,完成率193%;挥发性有机物(VOCs)综合整治率100%。推进水污染治理,完成1个县域城镇及15个农村水源地调查评估工作。开展土地污染治理,确定土壤污染重点行业企业12家,详查单位13个,核实农用地详查点位109个。

【整改反馈意见】　2018年,温宿县认领13项中央环保督察第八督察组反馈阿克苏地区整改意见,其中年底前需要完成6项交账工作,实际完成6项。

【污染源普查】　2018年,温宿县环境保护局完成第二次全国污染源普查第一阶段清查核实工作,清查工业企业813家、独立燃烧设施441处、加油站加气站42家、建成区以外三产7家、集中式污染处理设施17处、入河排污口8处。完成第二阶段入户工作,完成一般类污染源普查7类,其中,工业源191家,生活源锅炉71家,集中式污染治理设施1处,加油站27家,工业园区2处,入河排污口8处,行政村154个。按期转入第三阶段质量核查。

【污染减排与管控】 2018年,温宿县环境保护局实施减排项目19个,实现消减化学需氧量830.53吨、氨氮63.3吨、二氧化硫39.86吨、氮氧化物5.96吨。淘汰老旧机动车807辆。

【环境监察执法】 2018年,温宿县环境保护局查处环境违法案件6起,其中行政拘留案件1起。

【环境投诉】 2018年,温宿县环境保护局依法处理环境违法行为,消除各类环境污染事故隐患。受理各类投诉信访14件,处理14件,处理率100%,查处率100%。

【环境评估】 2018年,温宿县环境保护局守住生态环境底线,禁止高污染、高能耗、高排放项目进入温宿县。办理建设项目环评备案236个,环境影响报告书(表)初审26个。

【饮用水管理】 2018年,温宿县环境保护局强化水质监测。昆玛力克河、托什干河、台兰河的水质均达到Ⅲ类及以上优良水质,集中饮用水源达到Ⅲ类,水质达标率100%。 (李麦平)

气象服务

【机构概况】 温宿县气象局始建于1965年11月,当时机构名称叫温宿县气象站。1991年,机构名称改为温宿县气象局,并一直沿用。2018年,有在编职工7人(其中,大专学历5人,党员2人,维吾尔族3人),临时工2人。有气象信息(协理)员1113人,13个乡(镇)均成立气象信息服务站,104个村实现气象信息接收全覆盖。

【公共气象服务】 2018年,温宿县气象局着重在农事关键季节、重大转折灾害性天气过程等做好气象监测和服务。落实领导带班值班制度,在防汛抗旱关键时期,安排干部双值班,实现24小时全天候值班,值班人员关注上游天气关键区天气变化情况,发布各类天气预警预报。通过新疆预警短信1.0系统、企信通等短信发布平台,向县委政府、各乡(镇)、县直各相关单位发布各类预警预报信息。5—8月汛期气象服务期间,为温宿广播电台制作发布《未来24小时天气预报》123期,水利、国土、民政、旅游等多部门联合会商形成《多部门联合会商材料》31期,发布《天气过程预报》13期、《天气实况汇报》40期、《托木尔峰文化旅游专报》10期、麦滋巴赫冰川堰塞湖《卫星遥感资料》4期。通过新疆气象灾害预警短信1.0系统、企信通、国家突发事件预警信息发布平台发布大风、雷电、暴雨、冰雹、高温等预警信号112次、短信384次、44.16万人次。向县委、政府发布6月30日冰雹暴雨强对流天气预报,得到及时处理。

【防灾减灾体系】 2018年,温宿县人民政府召开温宿县各常委、主管安全生产及农业生产的县长、县直农口各单位、各乡(镇)领导参加会议,温宿县气象局在第十三届政府第八次常务会议上,宣传《新疆维吾尔自治区大风暴雨暴雪天气灾害防御办法》。为"访惠聚"驻村工作组做好天气预报服务工作。将"访惠聚"驻村工作队成员名单录入至新疆预警短信1.0

系统，确保"访惠聚"驻村工作人员能收到气象信息并做好相关防御工作。温宿县"访惠聚"驻村工作领导小组向各村队书记队长推送气象服务信息 APP 软件。

【服务和灾害防御体系】 2018 年，温宿县气象局完善气象信息（协理）员队伍建设，对气象信息（协理）员进行气象防灾减灾科普培训。各乡（镇）建立气象信息服务站，配备人员、办公场地、设备等。推进防灾减灾体系的建设，补充完善中小河流山洪灾害地质风险普查。建立气象灾害预警体系，在天气关键上游区均建立山洪监测站点。通过完善温宿业务一体化服务平台，实现大风、降水、温度等要素便捷监测。

【设备维护及安全管理】 2018 年，温宿县气象局对各类仪器进行维护管理，在汛期维护区域自动站雨量设备。对网络设备实行内外网物理隔离，严禁插拔 U 盘，对外网设备进行升级查杀病毒，对内网设备安装补丁和专用病毒查杀工具。组织开展对地面观测、天气预报、农业气象观测等业务的学习。

【执法检查】 2018 年，温宿县气象局对严重影响区域站气象探测环境的乡（镇）进行执法检查，对在气象探测站周围堆放杂物、存在火灾隐患的问题，责令有关乡（镇）立即整改。对加油加气站、轧花场、易燃易爆化工企业进行地毯式执法检查，要求加强防雷防静电管理，规范操作，预防雷击事故。

【气象现代化建设】 2018 年，温宿县气象局将其他区域站更换的温度传感器、自动雨量传感器、太阳能板、蓄电池等设备，经过改造，恢复天山度假村气象监测站。将 4 个要素自动气象监测站升级改造为 6 要素自动气象观测站。

【气象灾害调查】 2018 年 4 月 19 日下午 19 时 20 分至 20 日早上 8 时 30 分，温宿县克孜勒镇、佳木镇、古勒阿瓦提乡、依希来木其乡遭受冰雹灾害。全县受灾面积达 503.8 公顷，其中，棉花受灾面积 348.8 公顷，苹果受灾 60 公顷，梨子受灾 12 公顷，杏子受灾 6.7 公顷，桃受灾 9.3 公顷，核桃受灾 67 公顷，380 个小拱棚受灾，预计损失达 124.45 万元。

2018 年 5 月 7 日，温宿县域出现大风沙尘天气，其中，克孜勒镇、佳木镇、古勒阿瓦提乡、吐木秀克镇农作物受灾严重。全县农林作物受灾面积达 1133.3 公顷。主要受灾作物为棉花 1026.6 公顷、玉米 12.7 公顷、小麦 13.3 公顷；核桃 55.5 公顷、苹果 7.6 公顷；其他作物 17.6 公顷。26 座温室大棚、104 座小拱棚不同程度受灾。19 座易地扶贫搬迁彩钢羊圈受损。造成直接经济损失 381 万元。

2018 年 5 月 17 日晚 22 时 30 分左右，温宿县局部地区出现暴雨天气，其中吐木秀克镇、古勒阿瓦提乡农作物受灾严重，全县农林作物受灾面积达 93.8 公顷，其中，棉花 62.7 公顷，水稻 12.5 公顷，玉米 3 公顷，小麦 9.6 公顷，核桃 0.4 公顷，胡萝卜 0.3 公顷，5.3 公顷防护林受灾，300 米防洪坝部分地段被冲毁，预计损失 19.94 万元。

2018 年 5 月 20 日白天，温宿县普遍出现雷雨天气，局地伴有大风、冰雹天气，温宿镇降雹 9 分钟，冰雹直径约 1 厘米，造成农作物受灾，全县受灾面积达 1333.3 公顷，预计损失 1259.1 万元，其中，共青团镇有棉花、核桃、小麦、苹果受灾，面积达 866.6 公顷，预计损失 490.6 万元；柯柯牙镇核桃、苹果、红枣受灾，面积达 466.7 公顷，预计损失 768.5 万元。

2018 年 5 月 23 日夜间至 24 日上午，温宿县大部乡（镇）出现大风天气，全县受灾面积达 3500.5 公顷，预计损失 764.5 万元，其中，水稻 30 公顷，小麦 333.3 公顷，核桃 2866.7 公顷，棉花 200 公顷，玉米 30 公顷，打瓜 40.5 公顷，30 个小拱棚受损，博孜墩乡村委会宣讲栏、办公室门窗破损。

2018 年 5 月 28 日 20 时至 29 日 08 时,温宿县大部乡(镇)出现大风沙尘天气,共 7 个乡(镇)农作物受灾严重。温宿县受灾面积 1026.8 公顷,预计损失 329.03 万元,其中,棉花 657.9 公顷,小麦 23.2 公顷,果树 345.7 公顷,72 个小拱棚受灾。

2018 年 6 月 5 日 17 时 20 分至 17 时 35 分,温宿县共青团镇出现降雹天气,降雹持续时间 15 分钟左右,此次天气造成农作物、林果业受灾严重,受灾农林作物有小麦、棉花、玉米、西瓜、核桃、红枣、香梨、大棚蔬菜等,以上作物基本绝收。受灾面积达 2033.3 公顷,造成经济损失达 3709 万元。

2018 年 8 月 1 日 16 时 35 分至 23 时 50 分,温宿县部分乡(镇)出现强对流天气。暴雨引发洪灾,共造成温宿县吐木秀克镇境内渠道损毁 3000 米、水闸损坏 15 座、洪沟淤积 4000 米,水利设施受灾直接经济损失约 450 万元;暴雨洪灾导致蔬菜、玉米、苜蓿、核桃等农林作物不同程度受灾,受灾面积 148.5 公顷,11 吨小麦玉米被冲走,农林业直接经济损失 170.5 万元;受灾群众 398 人;羊圈倒塌 8 座,死亡家禽和羊 394 只,畜牧业直接经济损失 73.8 万元;其他损失 52.1 万元;损失 746.4 万元。

2018 年 8 月 30 日 15 时 40 分许,温宿县博孜墩乡出现冰雹暴雨天气,造成直接经济损失 55.1 万元,其中油菜受灾 73.5 公顷,冲毁防渗渠 120 米,冲毁路基 0.15 千米。

2018 年 12 月 1 日 08 时至 20 时,温宿县遭遇大风灾害天气,此次大风天气损坏大棚 354 个,经济损失 500 万元;7 家棉花加工企业损失籽棉 155 吨,经济损失 145 万元;另有黑木耳种植基地 6 处、路灯 106 个、电线杆 58 个、国旗杆 9 个、广告牌公示栏 146 个、太阳能热水器 67 个遭到不同程度损坏,损失 187.6 万元。全县造成经济损失 832.6 万元。

(谢伦胜)

邮政　通信

中国邮政温宿县分公司

【机构概况】　温宿县邮政局成立于1951年1月。1954年1月，邮政电信机构合一，成立温宿县邮电局，开展邮政、电信两项业务。1970年，邮政和电信机构分设，成立温宿县邮政局和温宿县电信局。1973年，邮政局和电信局合并，温宿县邮电局恢复。1998年10月，邮政和电信机构分设，温宿县邮政局和温宿县电信局成立。2015年3月，更名为中国邮政集团有限公司新疆维吾尔自治区温宿县分公司(简称中国邮政温宿县分公司)。2018年，有市场部、办公室2个内设机构。有职工61人，其中少数民族30人。辖12个乡(镇)邮政支局、4个邮政代办网点、3个储蓄网点。

【工作业绩】　2018年，中国邮政温宿县分公司完成业务收入1583万元，完成年度计划(1600万元)的101.48%，金融翼业务完成收入126.5万元，完年度计划(158万元)的96.2%，金融类业务收入占全部业务收入比重的26%。

【基础网点建设】　2018年，中国邮政温宿县分公司调整基层网点组织结构，增加收入占比。建立健全基层邮政专业化经营管理的体系，为县古城路支局开办火车票订购、新邮预定、代开税票、代办车险、代办车管业务等，对各网点的基础设施进行更换，对服务标识和信箱信筒进行统一配置，为窗口营业人员统一配置工作服和工号牌，对营业电源、营业终端、验钞机、利率牌、报刊分发系统等进行更新改造，为东大街支局配备两台ATM机。

【邮政储蓄】　2018年，中国邮政温宿县分公司对邮政业务收入计划和储蓄余额净增计划实行“一个计划、分层考核”的模式。激励各基层网点超产创收，分别下达年度保证计划和目标，实行“下不保底、上不封顶”的工效挂钩考核办法。在年初确定全年任务和奖罚措施，鼓励职工提前完成任务。

【邮银合作】　2018年，中国邮政温宿县分公司将信贷业务与农资销售相结合。温宿县邮政局与邮储银行温宿县支行建立邮银联席会议制度。邮政局与邮储银行分别抽调业务骨干，组成信贷与农资销售小组，在各乡(镇)、团场，进行拉网式专访及销售。邮储银行在放贷款的同时，加大邮政农资业务宣传力度。为优先购买邮政农资的农户放贷。农资销售人员在销售农资的同时，向农户宣传邮储银行小额信贷政策，收集大户信息资料。促进农资销售，拓宽农资销售渠道。　(代海蓉)

中国电信温宿县分公司

【机构概况】　中国电信温宿县分公司的前身是温宿县邮电局，1954年1月成立，邮政电信机构合一，开展邮政、电信两项业务。1970年，邮电和电信机构分设，撤销温宿县邮电局，成立温宿县电信局和温宿县邮政局。1973年，邮政局和电信局合并，恢复温宿县邮电局。1998年10月，撤销温宿县邮电局，分设温宿县电信局和温宿县邮政局。温宿县电信局为正科级建制，实行垂直管理，为独立国有电信企业。2001年，更名为新疆电信有限公司温宿县分公司。2007年，更名为中国电信股份有限公司温宿分公司(简称中国电信温宿县分公司)。2018年，有员工10名，设综合办和维护部两个部门。

【业务范围】 2018年，中国电信温宿县分公司以四大基础业务(固定电话、移动通信、光纤宽带、宽带电视)为核心，加强用户信息安全、网络安全和信息化建设。

【维护管理】 2018年，中国电信温宿县分公司加强装维工程师技能培训，提升重点区域网络质量改造，对宽带装维全流程时间管控，优化现场流程，完善支撑体系，每个乡(镇)配备专业的装维工程师。维护服务时间比上一年缩短4个小时。

【网络管理】 2018年，中国电信温宿县分公司进行网络改造，将铜芯网络线全部更换为光纤，完成县城和乡(镇)光网改造，100M起步、1000M为主流的高速宽带覆盖服务区。加大农民的通信网络问题的解决力度，155个行政村、社区已全部通达宽带、固定电话和手机等。完善县、乡、村4G网络建设。

【党建工作】 2018年，中国电信温宿县分公司加强党员思想政治建设，落实党风廉政建设主体责任。开展“两学一做”专题教育活动。坚持党建与生产经营相结合，组织党员学习与培训，落实党员干部各项工作责任，开展学习年度先进人物和新疆公司第三届“十佳”道德模范活动。 (刘一丹)

中国移动温宿县分公司

【机构概况】 中国移动通信集团新疆有限公司温宿县分公司(简称中国移动温宿县分公司)成立于1999年8月，隶属于中国移动通信集团新疆有限公司阿克苏地区分公司。2018年，温宿县移动公司有员工43人，下设经理、副经理、综合班组、政企客户班组、市场班组、工程建设班组。市场部下设6个乡(镇)片区、1个县城网格。

【市场发展】 2018年，中国移动温宿县分公司实施宽带惠民、网络电视(乐播TV)下乡工程，投资600余万元，通过有线宽带FTTH和无线宽带WLAN接入方式，解决校园、城乡接合部、县城、乡(镇)、村连及矿区等偏远地区的网络覆盖不全的问题。结合“访惠聚”驻村工作，进行村级宽带建设，满足251个住村工作队上网需求。有线宽带覆盖全县182个小区、村、镇行政单位，宽带用户6000户。通过优价惠民活动，降低宽带价格，提升接入宽带速度(由4M提升至50M、100M，提升10～25倍)。发展麦西来甫商城、视频、音乐、维文手机报等少数民族特色业务。整合“无线城市”、打造“和生活”一站式本地信息服务平台，涵盖无线政务、生活服务、医疗保健、购物优惠服务信息。

【网络建设及通信保障】 2018年，中国移动温宿县分公司持续完善网络覆盖，加强对人口增长情况的摸查和农村弱覆盖等区域的2G网络建设，推进4G网络向乡、村延伸，进一步强化传输网络建设，加大宽带和专线建设力度，形成融合语音通信、数据流量服务、信息化服务为一体的精品网络。通过开展突出问题专项整治,优化调整网络资源等各种方式挖潜增效。

【信息化建设】 2018 年,中国移动温宿县分公司聚焦重点项目建设,完成温宿县远程教育专网建设,覆盖乡(镇)、村,接入 168 个点位;社区、乡(镇)政府一体化平台专网建设,接入 35 个点位;综治网专网项目实现县直单位、乡(镇)政府及村,接入 68 个点位;所有药品企业信息化业务接入"药品集散中心";与公安局洽谈三维门、高空云台等项目建设。

【业务服务】 2018 年,中国移动温宿县分公司持续开展专项服务提升工作。落实透明消费举措,落实对骚扰电话、淫秽色情信息、垃圾短彩信集中治理工作。落实实名制登记工作,新入网客户、老客户实名制登记率 100%。公司加大自助服务设备铺设力度,加强电子渠道推广、使用、宣传,开设微信"阿克苏地区移动公司"公共账号。

【企业文化】 2018 年,中国移动温宿县分公司组织开展道德大讲堂、"最美移动人"评选、志愿服务、社区帮扶等活动;关注环境、承担社会责任,实施"绿色行动计划"等节能减排项目。　(郭春雨)

中国联通温宿县分公司

【机构概况】 中国联通公司温宿县营业部成立于 2002 年 5 月。2008 年由原联通公司与原网通公司融合,成立中国联合网络通信有限公司温宿县分公司(简称中国联通温宿县分公司),是综合性电信运营企业。

【经营举措】 2018 年,中国联通温宿县分公司以 4G 网络管控,3G 网络最快为契机、结合区域特点开展品牌宣传、产品营销活动,推出流量王、语音王、全能王、包年宽带优惠等"惠农""惠民""惠商"产品。业务上,将企业产品、资源与群众需求有机结合,将服务送到家门口、厂门口,使消费、服务更便捷。

【提升服务水平】 2018 年,中国联通温宿县分公司将"满意在联通"服务活动和行风评议紧密结合,加快实体客户服务网络的发展,促进企业形象的改观,推动行风的转变和服务水平的改善。

【打造综合电信业务网】 2018 年,中国联通温宿县分公司投资 1300 余万元建设 4G 网络,精品 3G 网络优势突显,WCDMA 信号覆盖 99%;3G、4G 网络在国道、高速公路、旅游景点、娱乐场所等地实现全面覆盖,乡村覆盖接近 100%;在宽带网络建设方面,紧抓移动网和数固网的融合契机,将宽带网络覆盖县城及各乡(镇)主要区域。

【营造和谐发展氛围】 2018 年,中国联通温宿县分公司对职工进行《中华人民共和国劳动合同法》等法律法规和公司规章制度的宣传,营造和谐健康的企业文化氛围;开展三八、五一、中秋、十一等节点群众性文化体育活动,把青年职工思想教育同文化活动结合起来,在寓教于乐的过程中打造积极、健康、向上的群众性文化。　(李凤霞)

教 育

教育管理

【机构概况】 1950年3月,温宿县人民政府教育科成立。1984年8月,教育科改为教育局。2018年,温宿县教育局为财政预算管理正科级单位,有编制42名,实有35人(含人民政府教育督导室2人),其中,领导班子成员6人(含教育督导室2人),一般干部29人。内设行政办公室、工会办公室、勤工俭学办公室、思想政治教育办公室、组织人事股、教育股、招生办公室、发展规划股、资助中心、教研室。

2018年,温宿县有各级各类学校(含幼儿园)181所(不含24个小学教学点),其中,幼儿园115所(民办幼儿园8所),小学49所,初级中学7所,九年一贯制学校5所,完全中学2所,高级中学2所,职业中学1所。教职工4517人(少数民族2506人),其中专职教师3604人(中级职称404人,高级职称78人)。在校生和幼儿教育儿童57872人,其中,学前在园幼儿16771人(少数民族14719人),小学在校生26100人(少数民族23104人),初中在校生9335人(少数民族8035人),普通高中在校生5176人(少数民族3895人),职业高中在校生490人。

【基础教育】 2018年,温宿县落实控辍保学工作机制,跟踪随访学生到校情况,巩固15年免费教育成果。全县中小学适龄少年儿童入学率分别为101.3%和99.5%,在校生实现零辍学。中小学到校率分别为99.83%和99.91%,巩固率分别为100.2%、103.6%。

【对口援助】 2018年,浙江金华提供教育援疆资金200万元,其中,县第四中学提升改造项目援助50万元,幼儿园国家通用语言有声童书馆和国学馆项目投资150万元。选派55名援疆教师教授教学示范课32节、举办专题讲座12次,培养青年教师55名。在浙江金华培养培训温宿籍骨干教师6名。

【学前教育】 2018年,温宿县有幼儿园115所668个班(含民办幼儿园8所52班),在园幼儿16771人(含民办幼儿园在园幼儿1646人),基本普及学前三年免费教育。

【教育惠民政策】 2018年,温宿县落实教育保障经费12294.71万元,实施农村义务教育学生营养改善计划,落实经费2081.55万元,为24175名学生提供营养餐。落实南疆普通高中资助政策补助资金1083.63万元,落实中等职业学校政策补助资金245.41万元。为159名家庭经济困难大学生发放援疆助学金等各类资助金44.2万元,所有贫困学生应助尽助。

【新课程改革】 2018年,温宿县深化基础教育新课程改革,通过组织课改观摩学习、教育研讨、专题讲座和高效课堂竞赛活动,提升教育教学质量。在全县范围内推广实施县第二中学"以讲学稿为载体的小组合作"课堂教学模式、县第二小学课堂教学模式、温宿镇第六小学课堂模式。

【教科研活动】 2018年,温宿县教育局开展以现场授课、评课、课标解读、研讨为主的教科研活动,发挥

11名教研员、7个教学能手培养工作室、12个一体化发展牵头学校、34名教学能手引领示范作用，到乡（镇）学校开展送教活动106次。全县479名骨干教师结对帮扶544名青年教师。抓好课题研究，顺利结题小课题14个，其中，自治区级3个，地区级1个，县级10个。

【国家通用语言文字教育】 2018年，温宿县成立以县委书记为组长、县长和相关常委为副组长，16个县直相关单位为成员的县国家通用语言文字普及攻坚工程领导小组，制定《温宿县国家通用语言文字普及攻坚工程三年（2018—2020）工作实施方案》，开展国家通用语言文字“推普周”活动。通过增加课时、强化培训、分层辅导、组织开展演讲比赛、书法大赛、朗诵比赛及“我爱国语”系列主题活动等方式，提升学生使用国家通用语言文字的水平，实现从学前至高中国家通用语言文字教育全覆盖。

【项目建设】 2018年，温宿县投入资金17564.11万元，完成县第二小学搬迁建设项目；投入资金3009.37万元，完成县第二幼儿园改扩建项目；投入103.71万元，维修改造8所乡（镇）幼儿园园舍；投入4507万元，改造农村义务教育阶段薄弱学校71所。

【教育信息化】 2018年，温宿县实施教育信息化工程，实现光纤进班全覆盖。开展“一师一优课、一课一名师”活动，全县教师晒课2423节，获得县级以上优质课101节。搭建教师教学交流学习平台，组建优质教学资源库，面向全地区推送优质课30节。

【教学设备】 2018年，温宿县投入510万元，为各学校购置课桌椅5000套、图书14.44万册及一批信息化设备。

【教育教学质量】 2018年，温宿县落实教研员“3+2”（教研员每周3天深入学校组织开展常规教学督导、学科研讨、片区赛课等教研活动，开展国家通用语言文字教学指导工作；每周2天在办公室总结、反馈）工作机制，督导评估中小学118所，印发通报6期，处理教学成绩提升滞后学校13所。细化“两交叉三统一”（交叉监考、交叉巡考，统一测试、统一阅卷、统一分析）教学质量监测体系，组织全县87所中小学35405名学生期末统一考试，组织召开三级教学管理与质量分析会，健全教学质量奖惩机制，把质量提升与绩效工资发放、评优选先、提拔任用直接挂钩。全县高考上线率94.38%，高考录取率70.41%（其中本科录取率23.58%），其他省市高中班录取116人，其他省市中职班录取95人，其他省市初中班录取194人。

【考风考纪管理】 2018年，温宿县实施考风考纪和招生考务工作“1233”（“1”是杜绝“高考移民”；“2”是反对考务工作人员的腐败和考场腐败；“3”保障考生各类信息材料的准确无误、保障试卷的安全保密、保障考生的人身安全；“3”是任务落实到单位、工作人员落实到岗位、责任落实到人头）工程，组织普通高中学业水平考试、中考、其他省市初中班考试。

【教辅用书征订】 2018年，温宿县各中小学教辅征订工作坚持“三限”（限品种、限数量、限价格）原则和自愿原则，通过组织一线教师评审、推荐，发放《致家长的一封信》，征求家长意见，由学校从新华书店统一代购，确保一个学科征订一本教辅资料。

【教师培训】 2018年，温宿县通过外派培训、县内培训相结合的方式，选派骨干教师赴内地参加培训11人，中小学及幼儿园教师参加继续教育集中培训及计算机集中培训1121人次；参加自治区级国家通用语言提升培训 14 人、岗位能力提高培训 2 人,组织 388 名教师参加县级国家通用语言强化提升培训,3 名教师参加“国培计划”示范性项目培训,43 名教师参加地区提升培训,培训教师 2204 人。

【对口支教】 2018 年,温宿县安排支教教师 19 名,其中,赴外县支教教师 8 名,县域内支教教师 11 名。

【教师资格认定】 2018 年,温宿县进行教师资格认定 201 人,其中,春季 66 人,秋季 135 人。

【校园安全】 2018 年,温宿县落实《中小学校岗位安全工作指南》要求,开展“安全第一课、放学 5 分钟”安全教育活动,向 5 万余名学生宣传交通安全、消防安全、食品卫生安全、用电安全和春季防传染病等安全知识。各学校结合校园周边综合治理,健全校外预防学生意外事故长效机制,对学生校外安全实行网格化管理,保障学生生命安全。成功创建地区级平安校园 9 所、县级卫生红旗单位 8 所。

【思想道德建设】 2018 年,温宿县结合德育示范校、依法治校示范校创建和复验,加强中小学生思想道德建设,创建地区级德育示范校、依法治校示范校 4 所,创建县级文明校园 12 所,完成地区级复验学校 4 所。实施“师德师风整治年”专项活动,组织开展教师师德师风专项学习 80 余场。开展第 17 个“公民道德建设月”和“雷锋日”活动 120 余场次,组织教职工 800 余人聆听全国人大代表库尔班·尼亚孜关于“两会”精神暨推进国家通用语言报告会,开展教育系统第 21 届“红旗飘飘,引我成长”主题教育系列活动,76 名选手参加县级演讲、朗诵决赛活动,参加地区复赛选手 9 名,推选优秀征文 30 余篇。依托第 36 个民族团结教育月,开展“民族团结·从我做起”宣讲 40 余场次,组织联谊活动 80 余场次。开展进步创建评选活动,评选县级民族团结示范学校 12 所、民族团结先进典型 15 人、民族团结好班级 160 个、民族团结好少年 35 人。（苟金斌）

教育督导

【机构概况】 1989 年 3 月,温宿县教育局督导室成立。1996 年,温宿县教育局督导室更名为温宿县人民政府教育督导室。2018 年,温宿县人民政府教育督导室与教育局合署办公,为政府直属财政预算管理副科级事业单位,核定编制 5 名,实有 4 人,其中,主任 1 人,副主任 1 人,工作人员 2 人。主要职能是行使教育执法、监督评价,以巩固“两基”成果,促进教育事业持续和谐发展。

【教育督导】 2018 年,温宿县人民政府教育督导室健全挂牌教育督导包联体系,落实中小学责任督学常态化挂牌督导制度,采取常规、随机、专项督导相结合的方式,督导各学校开学条件保障、校园欺凌、安全管理、教育教学等重点工作 23 次,实现责任督学挂牌督导全覆盖。

【义务教育标准化建设】 2018 年,温宿县成立以县长为组长、县四套班子分管领导为副组长,县直相关单位、各乡(镇)为成员的领导小组,签订“温宿县推进义务教育均衡发展目标责任书”,实施《温宿县创建教育强县工作规划》《温宿县推进义务教育均衡发展规划》《温宿县中小学校布局调整规划》,把全县 121 所学校调整为 87 所,优化教育资源配置,推动教育资源共享。义务教育标准化建设通过初评验收。（苟金斌）

县直学校简介

【温宿县第一中学】 温宿县第一中学始建于1959年,学校占地面积3.07公顷,建筑面积21782平方米。2018年,在职在岗教职工134人,开设教学班35个,在校学生1896名,其中住校生1456名。内设行政办、党建办、教务处、教研室、思政办、安全办、团委、纪检室、网信办、总务处、宿管科11个行政管理机构和11个学科教研室。曾经获自治区高中生男子校园足球比赛体育道德风尚奖及自治区青少年科技活动特色学校等称号。

【温宿县第二中学】 1973年,温宿县第二中学成立。占地面积8.13公顷。2018年,有编制260人,实有教职工262人,其中中高级职称教师81人,内设行政办、教务处、政教处、总务处、纪检室、团委、工会、党建办、教研室9个科室。有教学班71个,在校学生3598人,其中,初中生1353人,高中生2245人,少数民族学生1585人。先后荣获全国素质教育先进单位、全国语文教改示范校、全国艺术教育先进集体、自治区示范性家长学校、自治区德育示范校、自治区示范性普通高中等称号。

【温宿县第三中学】 2009年,县第一小学并入第三中学,校园面积39102平方米,建筑面积17575.12平方米。2018年,有在编职工134人(其中,中学部95人,小学部49人),专职教师56人,管理岗财务工勤人员6人,高级教师18人,中级职称40人。有教学班62个,在校学生2631名,其中,中学教学班21个871人,小学教学班41个1760人。先后荣获自治区级卫生红旗单位、绿色学校,地区学校管理示范校、地区级文明单位、花园式学校等称号。

【温宿县第五中学】 2012年,温宿县第五中学成立,浙江金华全额援建,占地面积9.67公顷。2018年有教学楼3栋、图书行政楼1栋、多功能学术交流厅1栋、科技楼1栋、学生公寓式宿舍楼2栋、教师公寓楼1栋、开水房及洗澡堂1栋,体艺楼1850平方米,国际标准400米8道塑胶运动场及2层看台1座。按照《新疆维吾尔自治区义务教育学校办学基本标准》配置各类专用教室、办公室、食堂、公寓式学生宿舍、教师周转房等教学、生活用房。有教职工150名,专职教师142名,其中,本科学历125人,大专学历17人;高级职称3人,一级职称26人,二级职称38人,三级职称5人。开设教学班51个,在校学生2294名。被教育部命名为国防教育特色学校、足球特色学校,被自治区命名为青少年民族团结手拉手“结对子”示范校、网络研修示范校、自治区级平安校园等。

【温宿县第二小学】 1959年,温宿县第二小学成立,建筑面积26802.95平方米。2018年,内设行政办、党建办、教研室、教务处、德育处、财务室、总务处、工青妇办公室、安全办公室9个管理科室。有教学班51个,在校学生1874名,教职工121人。被自治区命名为德育达标示范校、学生阳光体育运动先进学校、自治区级工人先锋号、地区教学质量示范校、家庭教育示范校、民族团结进步先进基层党组织。

【温宿县幼儿教育中心】 1994年,原民汉托儿所和民汉幼儿园合并成立温宿县幼儿教育中心。2014年1月,搬迁至温宿县城南环西路51号,新园占地16268.9平方米,分教学区、活动区、住宅区,下设行政办、党建办、教研室、校医室4个科室。有职工50人,开设班级14个,在园幼儿450人,采取游戏教学,以语言、科学、社会、美术、体育、音乐等活动为主,寓教于乐。

(苟金斌)

职业教育

新疆农业广播电视学校温宿县分校

【机构概况】 1985年,温宿县农业广播学校成立。2018年,新疆农业广播电视学校温宿县分校是财政全额拨款事业单位,副科级建制。有编制11名,实有11人,其中,副高级职称2人,中级职称6人,初级职称3人。开设农学、植保、畜牧兽医、果树栽培、农经、种子等专业。

新疆农业广播电视学校温宿县分校有县级培训中心1个,办公室5间,多媒体培训室1间,普通培训室和远程教育培训室各1间,投影设备2套,打印机7台,计算机培训中心1间,电脑25套,图书室、教材档案资料室1间,占地面积1600余平方米。乡(镇)、管辖区有农牧民科技培训室22间,农村科技书屋1个,有图书资料1000余种,实训基地3个,占地13.3万平方米。

【职业教育培训】 2018年,新疆农业广播电视学校温宿县分校开展农业科技培训2期,培训223人次;开展农民实用技术培训3期,培训5343人次。托乎拉乡库如力村农业培训基地提升为国家级培训基地。

(巴吐尔·达尼西)

科技　文体　广电

科　技

【机构概况】　温宿县科学技术委员会（简称温宿县科委）成立于1976年11月。温宿县科协成立于1979年4月，初建时与县科委合署办公。1984年7月，科委与科协分设。1993年5月，县科委与县科协合并。2002年5月，温宿县科学技术委员会更名为温宿县科学技术局（简称温宿县科技局）。2013年5月，温宿县科技局与科协分设。2018年，温宿县科技局属于正科级行政单位。有编制7名，其中，行政编制5名（领导职数3名），事业编制1名（参照《中华人民共和国公务员法》管理），工勤人员编制1名，实有7人。内设科技兴县办、行政办。

【科技项目】　2018年，温宿县科技局面向社会征集科技兴阿项目4个，争取“富民强县”项目资金50万元。建立科技项目动态管理机制，完善项目申报、验收、审核等流程和环节，通过实地调研等方式对项目实施情况进行跟踪指导。

【维护知识产权】　2018年，温宿县科技局加强知识产权宣传、保护。在“专利宣传周”“科技活动周”开展知识产权进社区、进校园活动，发放宣传资料800多份，接待来访群众咨询600余人次。选派1名企业业务骨干参加地区知识产权培训。激励自主知识产权创新，申报专利15个，其中，发明专利3个，外观设计专利4个，实用新型专利8个。

【执法检查】　2018年，温宿县科技局与市场监督管理部门开展联合执法执法检查2次，对县城周边超市、日用品店等300余件商品进行专项执法检查，查除涉嫌假冒专利5件。

【科技特派员选聘】　2018年，温宿县科技局强化科技特派员选聘工作。鼓励企事业单位、农林牧业科技人员深入企业、农村开展创新创业服务，引导高校毕业生、返乡农民工、退伍转业军人、乡土人才及农村妇女等参与科技特派员农村科技创业行动。从38名科技特派员中优选11名在养殖、农学、畜牧、园艺方面有专业职称的科技特派员服务贫困村。

【“科技明白人”培育】　2018年，温宿县科技局培育农业“科技明白人”39327户72203人，占劳动力的75.1%，完善“科技明白人”师资库，建立师资力量99人，建立示范基地109个，实训基地64个，开展各类技术培训283场次，惠及群众102292人次。

【科技培训】　2018年，温宿县科技局围绕实施乡村振兴战略和脱贫攻坚，举办以科学种养、标准化生产、农作物病虫害防治等为主要内容的各类培训450期，培训9.7万人次。　（石胜聪）

文化体育

【机构概况】　1953年，温宿县人民政府设立文教科。1969年4月，更名为文教卫生组。1984年，文化与体育机构合并改称文体局。1987年8月,文化、体育机构分设,成立县文化局。1993年5月,教育局、文化局、体委合并为教育文化体育局。1995年5月,教育局从教育文化体育局中分出,成立文化体育局。2002年6月,县文体局与县广电局合并为文化体育广播电视局。2011年12月,在机构改革中更名为文化体育广播影视局,挂新闻出版局(版权局)牌子。2018年12月,温宿县文化体育广播影视局是正科级行政单位,隶属于温宿县人民政府,是代表温宿县人民政府行使文化、体育、广播影视和新闻出版职能的部门。有编制20名,其中,行政编制5名,事业编制15名(其中参照《中华人民共和国公务员法》管理8名),实际有19人。辖县广播电视中心、电影放映管理中心、文化馆、图书馆、文化艺术中心5个下属单位。

【阵地建设】 2018年,温宿县文化体育广播影视局加强公共文化基础设施建设,在阿热勒镇和吐木秀克镇实施农民体育健身工程项目2个,该项目已投入使用;争取援疆资金4510万元,在阿温大道建成温宿县图书馆和广电中心综合楼,主体工程已基本完工;为部分社区及农林牧场改制后新成立的行政村配备篮球架30副、室外健身路径12套,投入基层综合性文化服务中心建设资金401.5万元。

【脱贫攻坚】 2018年,温宿县文化体育广播影视局成立脱贫攻坚领导小组,多次开展贫困乡(镇)、村缺项摸底调查工作,分类建立全县未建设文化活动室贫困村实名制管理台账,明确责任分工和工作任务。为博孜墩乡、吐木秀克镇、柯柯牙镇等地贫困户更新“村村通”设备280套,免费发放调频收音机100个,地面无线数字接收设备110套,调试安装“村村通”设备201套,维修调频大喇叭310套。完成“户户通”建档立卡35529户、“村村通”建档立卡19324户,为175户贫困户收听收看广播电视提供设备,为建档立卡贫困户安装中宣部、中央文明办捐赠的电视35台。20个行政村基层综合性文化服务中心建设任务达标14个,5个社区通过资源整合共享全部达标。

【市场监管】 2018年,温宿县文化体育广播影视局对城区、各乡(镇)书店、文化用品店和打字复印店进行检查,清查音像店45家、书店24家、打字复印店78家,查处销售非法出版物商店4家,收缴非法出版物220余本、盗版光碟5200余张。落实广播电视节目播出审查、重播重审制度,审查广播节目4893期4280小时;审查自办电视新闻节目4609期798小时,其他自办节目1967期487小时,电视剧146部6645集4478小时,电影810部1280小时,在播各类节目4780期(集)5860小时。在春节、五一等重大节假日,多次开展文化娱乐活动场所火灾隐患排查、安全生产检查等,出动人员140人次,出动车辆70辆次,检查经营场所240家次,排查出一般安全隐患14起,对检查中发现的薄弱环节和事故隐患,责令经营业主立即进行整改。

【群众性文化活动】 2018年,温宿县文化体育广播影视局依托传统节假日、重大节庆日和农闲季节,组织开展农村百日文体竞赛活动567场次,惠及群众25万余人次;组织民间艺人送戏下基层演出30场次,惠及群众1.05万人次;开展百日广场文化活动50场次,惠及群众1.29万人次;组织开展送电影下乡1360场次,惠及群众23.8万人次。文化馆免费开办少儿美术、电子琴、吉他、舞蹈、成人广场舞(麦西来普)辅导培训、广场舞培训18期2185人次;举办农民画培训班2期,27名农民画家创作作品53幅,开展“基层业务辅导”46场次,指导培训人员159余人次;举办廉政书画作品展,展出作品220幅,

3000余名机关党员干部分批进行学习参观；举办第二届“浙阿同心 携手圆梦”中华优秀传统才艺秀大赛。图书馆全天开放，接待服务读者8770人次，开展阅读推广服务活动28场次。乡（镇）文化站免费为群众提供图书借阅、下棋、打乒乓球、打篮球、体育健身、培训等服务。发挥“一乡一队”“一村一队”宣传作用，在节假日开展文艺演出、联谊活动及篮球、排球、叼羊、拔河比赛等文体活动。

【文物保护】 2018年，温宿县文化体育广播影视局通过政审聘用10名文物看护员，签定“温宿县自治区野外文物保护单位看护人员管理责任书”，每月对文物保护单位及相关保护设施的巡查不少于4次，巡查期间现场填写“巡查日志”和拍摄影像资料，上报（传）文物保护管理所；对看护员开展政策法规知识和巡查工作注意事项培训2次，文物看护员到文物遗址附近农户家中开展宣讲活动38次。对5处自治区重点文物保护单位集中巡查4次，对33处县级文物保护单位开展集中巡查2次。在温宿镇农贸集市日，在主要街道悬挂文物保护宣传条幅2条，在温宿县托乎拉转盘发放宣传单400余张。在城市基本建设、改造工程开工前期，对是否存在文物古迹进行调查，出具调查报告；没有出具调查报告的工程，严禁开工建设。出具实地勘察报告2份，上报地区文物局审批。

【农村电影“2131”工程】 2018年，温宿县电影放映管理中心在全县13个乡（镇）、140个行政村放映各类公益性影片1418场（其中，故事片1243场，科教片526场），完成自治区目标任务121.8%、地区目标任务104.3%，群众观看27.5万人次；开展电影放映进社区、进小区、进学校、进广场活动，放映电影85场次。

【宣传报道】 2018年，温宿县文化体育广播影视局开设《在以习近平新时代中国特色社会主义思想指引下——新时代新气象新作为（新篇章）》《党的十九大报告摘要》《深入贯彻习近平在全国“两会”重要讲话精神》《访惠聚》《民族团结一家亲》《壮阔东方潮 奋进新时代 纪念改革开放40周年》《脱贫攻坚进行时》《天蓝地绿水清美丽阿克苏》等专栏24档，播出相关稿件407篇，转载新疆电视台等媒体稿件244篇55.2小时，制作播出党的十九大精神、“民族团结一家亲”、纪念改革开放40周年等公益广告、宣传标语458条138.5小时，制新闻1134条，播出138期420小时。对外宣传工作完成稿件492条，其中，中央电视台用稿10条，中央人民广播电台用稿2条，新疆电视台用稿151条，新疆人民广播电台用稿26条，地区电视台用稿276条，地区广播电台用稿212条。参加新疆维吾尔自治区优秀广播电视节目评比活动，选送18件广播电视节目作品参评，论文《浅谈电视编辑应掌握的基本技能和编排手法》获新疆广播电视论文奖二等奖；评论《落实好政策刻不容缓》、新闻长消息《家庭医生进入到普通老百姓家》、荧屏导视节目《收视指南》喜迎党的十九大特别节目3件作品获新疆广播电视节目三等奖；长篇连播《高腔》获新疆广播文艺奖汉语三等奖。

【群众体育】 2018年，温宿县文化体育广播影视局实施全民健身计划，指导各乡（镇）开展麦西来甫、民族式摔跤、拔河、篮球、斗鸡、斗狗、斗羊等丰富多彩的民族传统文化活动。阿热勒镇举办农牧民运动会；柯柯牙镇帕克勒克举办骑行、徒步、斗鸡、斗羊、赛马等活动；温宿镇托峰社区开展金温同心杯启动仪式；开展全县中学生第十一届排球比赛；从学校中选拔44名运动员，开展为期20天的集训，参加地区青少年足球、篮球、排球三项竞技比赛，获得男子排球第二名的成绩。组织各乡（镇）行政村、社区110名群众开展为期3天的广场舞和健身操社会体育指导员培训班。

【竞技体育】 2018年,温宿县文化体育广播影视局加大竞训力度,组队参加阿克苏地区青少年篮球、排球、足球竞技比赛,获得男子排球第二名的成绩;组队参加2018年阿克苏地区第二届浙阿“同心杯”系列体育赛事,获得男子排球第二名的成绩。

(侯红君)

广播电视

【机构概况】 温宿县广播电视中心成立于1952年,当时机构名称为收音站。1962年10月,改称为县广播放大站。1964年,改称为县人民广播站。1984年8月,改称为广播电视局。2002年6月,在温宿县机构改革中,原温宿县广播电视局事业职能从行政职能中剥离出来,行使其事业职能,名称变更为温宿县广播电视中心。2018年,为正科级建制、财政全额预算管理事业单位。有编制44名,实有26人,聘用7人。内设行政办公室、新闻部、技术部、托峰明珠经济广播节目部、广告节目部5个科室。主要负责广播、电视节目的收录和转播工作。

【新闻宣传及专题栏目】 2018年,温宿县广播电视中心播发制作本台记者采写新闻1800条。开设《在以习近平新时代中国特色社会主义思想指引下——新时代新气象新作为(新篇章)》《党的十九大报告摘要》《深入贯彻习近平在全国“两会”重要讲话精神》专栏3档,播出本台记者采制的相关稿件75篇,转载新疆电视台等媒体稿件190篇,播出时长56小时。制作播出党的十九大精神公益广告、宣传标语1.05万条次102小时。开展“不忘初心、牢记使命”、党的十九大精神等主题宣传报道活动。落实广播电视节目播出三级审查、重播重审制度,遵守新闻宣传纪律。围绕县委、县政府工作中心开展一系列宣传活动,推出《民族团结一家亲》《脱贫攻坚》《访民情、惠民生、聚民心》《改革开放40年》《聚焦总目标、作风再整顿》等20余个专栏。广播电视共开办新闻自办节目4个750期948小时、对农自办节目7个1120小时、生活类自办节目5个1440小时、综艺类自办节目6个2400小时。对温宿县“两会”“党代会”、温宿县春节联欢晚会、第十四届阿克苏“多浪·龟兹”文化旅游节开幕式暨第六届温宿天山托木尔文化旅游节、温宿县首届诗词诵读大赛等活动进行报道。春节前夕拍摄和制作8个“新春大拜年”短片,录制45人的《2018温宿县服务窗口单位及政府职能部门公开承诺》节目。常态化开设《党旗映天山》《守护好我们的美丽家园》等专栏。制作《四一五国家安全日宣传公益》《2018中秋传统节日》《纪念改革开放40周年》《精准扶贫、攻坚克难、共筑中国梦》等至少6条公益广告。

【对外宣传】 2017年11月至2018年10月,温宿县广播电视中心在地区级(含地区级)以上主流媒体刊播稿件760条,其中,中央电视台用稿10条,中央人民广播电台用稿10条,新疆电视台用稿100条,新疆人民广播电台用稿100条,地区电视台用稿280条,地区人民广播电台用稿260条。《三部门向30万贫困户赠送电视机》《“十城百店”助力“疆果东送”》在CCTV1《新闻联播》、CCTV13《新闻直播间》、CCTV13《朝闻天下》播出。《阿热勒镇702个孩子的暖冬新棉服》《真扶贫·强基层　咱们是一家人》等一批优秀稿件在新疆一套《今日聚焦》栏目播出。

【节目审读】 2018年,温宿县广播电视中心成立审读工作领导小组,健全各类审读制度。审读维吾尔语、汉语广播(1980年1月至2017年12月)各类节目5250期4310小时,审读维吾尔语、汉语电视(1980年1月至2017年12月)各类自办节目6499期1267小时、影视剧7455部5758小时,审读2018年以来在播各类节目(包含影视剧)9750期(集)6890小时。

【节目创优】 2018年,温宿县广播电视中心制作《上班路上》《下班快乐》等广播节目。在广播微信平台上开展爱心捐赠、爱心送考等公益活动,打造《幸福986、路上好朋友》品牌。创作的《89岁老党员立遗嘱缴特殊党费》《我和亲戚守边防》《温宿县实施退耕还林工程实惠50万人》等9个节目获地区级以上奖项,其中,创作的《落实好政策刻不容缓》《家庭医生进入到普通老百姓家》等5个节目获自治区级以上奖项。

【技术维护】 2018年,温宿县广播电视中心加大乡(镇)广播电视设施和农村大喇叭覆盖工程的维护力度,定期进行巡回检修。投入260余万元,购置新天馈系统和2台发射机,5名自收自支人员工资纳入财政保障。为博孜墩柯尔克孜民族乡、吐木秀克镇、柯柯牙镇等地更换"村村通"设备280套,发放调频收音机100个,地面无线数字接收设备100套,调试安装中宣部、中央文明办为建档立卡贫困户捐赠电视35台和"村村通"设备82套。完成35529户"户户通"建档立卡工作。投入41万元,建成新机房。维吾尔语、汉语广播安全播出11880小时,维吾尔语、汉语电视安全播出17280小时。

【托峰明珠广播介绍】 托峰明珠广播开播至2018年,节目不断创新,形成以新闻、经济、生活服务类节目为主,娱乐、休闲为辅的立体节目框架。托峰明珠维吾尔语广播以时政、对农服务类节目为主,音乐、休闲类节目为辅。托峰明珠交通音乐汉语广播全天18小时不间断播出,维吾尔语广播全天17小时不间断播出。托峰明珠汉语广播节目有《下班快乐》《新闻早报》《上班快乐》《车舞飞扬》《食全食美》《政策与法》《986万事帮》《新鲜小说秀》《音乐下午茶》等16档广播自办节目播出14小时/天,占全天总播出量的77.8%。维吾尔语广播开办的节目有《新闻快报》《情系农民》《生活门诊》《法治温宿》等12档,自办节目播出12小时/天,占全天总播出量的66.7%。

(詹　丽)

医疗 卫生

卫生管理

【机构概况】 温宿县卫生局原名温宿县人民政府卫生科,成立于1952年9月。1984年4月,机构名称改为卫生局。2016年2月29日,温宿县卫生局与温宿县人口和计划生育委员会合并为温宿县卫生和计划生育委员会。2018年2月,卫生局和计划生育委员会机构分设。2018年,温宿县卫生局是正科级行政单位,隶属于温宿县人民政府。有办公室(党建工作办公室)、医政医管股(科教与监督股)、疾病预防控制股(基层卫生股)3个内设科室。有编制11名(其中,行政编制6名,自定事业编制4名,机关工勤事业编制1名;领导职数3名)。辖县人民医院、维吾尔医医院、妇幼保健院、疾控中心、卫生监督所、艾滋病防治领导小组办公室、地方病防治领导小组办公室7个下属单位。

【医药卫生体制改革】 2018年,温宿县卫生局建立基层首诊、双向转诊、急慢分治、上下联动的分级诊疗工作机制,两家二级医院上转患者1573人、下转患者3801人,县域内就诊率92.36%;县级医院实行采购"两票制"(药品从药厂卖到一级经销商开一次发票,经销商卖到医院再开一次发票)的药品288种,乡(镇)卫生院162种。公立医疗机构销售药品2860.48万元,取消药品加成,实行零差率销售,为患者让利429.07万元;县人民医院与5家上级医院签订区域医疗联合体协议,与地区第二人民医院合作治疗结核病;县维吾尔医医院与2家上级医院签订区域医疗联合体协议。2家县级医院分别与5个乡(镇)卫生院建立医共体机制,选派第一院长5人,投入67.1万元完成3个乡(镇)卫生院手术室建设,义诊346人次,手术534例,培训6期150人次。县人民医院与11个乡(镇)卫生院开通远程医疗服务,开展远程会诊414人次;组建家庭医生签约团队118个,常住人口签约服务15.42万人,签约率70.15%,其中,重点人群签约8.79万人,签约率91.79%,建档立卡贫困人口和计划生育特殊家庭签约100%;设立社区卫生服务站9个,配备医务人员32名;制定医疗废物处置工作方案,县直医疗卫生单位选派10名高资历专业技术人员对口支援5家乡(镇)卫生院。举办各类医疗培训班26期,培训2985人次;开展中医、民族医药服务的乡(镇)卫生院和村卫生室分别达到100%、93%;制定下发《进一步改善医疗服务行动计划实施方案》,二级医院布局诊区设施,实施预约诊疗,推行远程医疗、多学科联合诊疗模式。县人民医院自助挂号9830人次,自助查询结果5850人次,预约病人5980人次。浙江金华市援建国医馆投入使用,全院临床科室基本诊疗技术达标率86.31%,12个重点学科达标率94.21%,医技科室基本技术达标率96.15%;完善临床用血质量管理体系。

【基层卫生工作】 2018年,温宿县卫生局开展常规免疫工作。儿童常规免疫接种率维持在99.64%,含麻疹成分疫苗接种率99.97%;为11个乡(镇)卫生院配备DR,所有乡(镇)卫生院配备彩超、全自动生化分析仪、血球分析仪等医疗设备。全科医生有36人,每个乡(镇)卫生院均有1~2名全科医生;落实乡村医生各项补助及养老政策，符合条件的村医全部纳入养老保险；完善公共卫生体系建设；加强艾滋病、结核病等重大传染病防控及妇幼卫生健康工作。

【医疗惠民】 2018年，温宿县卫生局投入体检经费1437.18万元，体检19.07万人，健康档案建档率100%；贫困人口体检率、健康档案建档率、家庭医生签约服务、健康小药箱使用率100%。取消县域内转诊手续，落实县域内住院先诊疗后付费、免收起付线、免收住院押金和“一站式”即时结算制度。贫困人口享受先诊疗后付费政策1460人，一站式结算医疗救助806人次，惠民资金40.1万元。实施健康扶贫行动计划，大病患者集中救治一批301人，慢病患者签约服务管理一批1432人。

【其他医疗卫生】 2018年，温宿县卫生局落实安全生产党政同责、一岗双责，成立安全生产督查组，检查门诊、诊所、医院等各级各类人员密集场所265家次，查处一般隐患数764处，整改落实764处。强化卫生监督工作，查处非法行医案件6起（移交司法机关2起），行政处罚3万元，没收违法所得1.5万元，没收药品器械48箱。加强卫生应急工作，修订完善各类卫生应急预案，开展传染病防控、防震减灾、消防、防汛抗洪医疗救援等应急演练12次，完成重大活动医疗保障66次，120指挥中心出诊1445次，接诊1351人次。　（李小东）

计划生育

【机构概况】 1984年6月，温宿县计划生育委员会成立。2006年12月，改名为温宿县人口和计划生育委员会。2016年2月29日，温宿县人口和计划生育委员会与温宿县卫生局合并为温宿县卫生和计划生育委员会。2018年2月，卫生局和计划生育委员会机构分设。有办公室（党建和财务）、业务科2个内设科室，有编制9名（领导职数3名），其中，行政编制6名，工勤编制1名，事业编制2名。有计划生育协会、流动人口办公室、计生服务站3个下属单位。

【宣传教育】 2018年，温宿县计划生育委员会在县电视台托峰明珠广播电台开通《人口与计划生育》《人口与社会》专栏，制作节目48期。在乡（镇）村开展巡回宣讲活动120余场次，计生政策法规知识竞赛160场次，开展婚育新风进万家活动15场次。在宣传月及农闲期间，组织各族群众和基层“两委”班子成员、村妇代会成员及乡、村计生干部开展计划生育应知应会知识宣传培训，举办计划生育业务知识培训班60期。

【村（居）民自治】 2018年，温宿县计划生育委员会基层协会制定与相关法律法规相适应的计划生育村民自治章程和村民公约，村委会与村民签订“计划生育诚信协议书”，明确群众的权利义务和计生部门的职责。在“5·29”协会纪念日，各乡（镇）场开展知识竞赛、文艺演出、关爱女孩、慰问贫困家庭、时装秀、集体婚礼等活动。

【优质服务】 2018年，温宿县计划生育委员会在服务大厅设置安装便民服务柜、导医台、展示柜等便民设备，公开服务流程、服务项目、收费价格，设立监督投诉电话，为育龄群众发放5万余册免费技术服务手册。在全县各乡（镇）、药店、流动人口密集处、居民区等地设立132个免费药具发放点，购置2台免费避孕药具自助发放机。

【利益导向】 2018年，温宿县计划生育委员会为

10092户各族群众发放各项计生奖励扶助金3365.19万元;459名农牧民领证家庭子女享受到考学加分政策;为156名考取高校的农牧民证家庭子女兑现奖励金48万元;为275户失独家庭购买重大疾病和医疗保险2.75万元。

【信息统计】 2018年,温宿县计划生育委员会每月统计妇幼活产数、免疫规划数、出生婴儿落户数与计生人口统计数据进行核查比对,每两个月开展公安、民政、教育、社保等相关数据与计生数据进行对比分析,查找差距原因,查漏补缺,进一步缩小部门间人口数据统计差距。（张　莉）

县直医疗机构

县人民医院

【机构概况】 温宿县人民医院建于1962年,是一所集医疗、急救、科研、教学、康复和预防保健为一体的二级甲等综合医院(差额拨款单位)、县域医疗中心,承担着全县各族人民群众的医疗救治、120急救和卫生专业技术人员的教学培训工作。

医院医疗用地3.8公顷,业务用房3.4万平方米,绿化率30%,编制床位400张(实际开放550张),人员编制374名。2018年,全院有职工570人,卫生专业技术人员占80%(其中,高级职称36名,中级职称68名),县级拔尖人才7名,地区科技英才6名,县级科技英才5名。

医院设有22个职能科室、29个临床、医技科室。其中骨科、普外科、妇产科、心血管内科、儿科、消化内科、急诊科、检验科8个学科为县重点学科,设有中医、皮肤、口腔、眼视光、妇保和儿保等特色专科门诊,眼科、康复医学科为特色专科。拥有CT、DR、数字胃肠机、四维彩超、电子胃镜、全自动生化分析仪、高压氧舱、全套血液透析仪和康复理疗等百余台设备。建设有标准的手术室、ICU、产房、血液透析室、内窥镜室,可开展常见病、疑难病、急危重症诊治。

【综述】 2018年,温宿县人民医院坚持以“深化公立医院改革”和“学科建设规划实施”为主线,开展医疗、科研教学、人才培养、设施建设以及文化推广等工作。全院门急诊14.2万人次,比上年上升3.28%;出院病人2.17万人次,比上年上升8.13%;住院病人手术5011例,比上年上升13.17%,其中,开展三、四级手术2148例,占比47.48%;床位使用率90%,较上年上升2.8%;平均住院日7.2天,体检3.92万人次,开展远程会诊312例。向上级医院转诊病人2794人次,比上年下降6%,转院率11.41%。

【公立医院改革】 2018年,温宿县人民医院落实公立医院改革举措,稳步推进各项医改工作。年内统计分析12次,通过院周会重点推进,各项控制指标为:医疗费用增长13.87%,人员支出占比49.1%,医疗服务收入占比31.23%,百元医用耗材22.66元,取消药品加成后价格实际补偿比例175.74%,临床路径占比39.03%,药占比27.32%。落实药品零差率,执行医疗服务价格调整政策。全年为患者让利468.11万元,门诊收入占医疗收入的19.74%,比上年降低5.36%;住院收入占医疗收入的80.26%,比上年上升1.42%;检查、化验收入占医疗收入的32.31%,比上年降低7.79%;卫生材料收入占医疗收入的8.79%,比上年上升20.9%;挂号、诊察、床位、治疗、手术和护理收入总和占医疗收入31.23%,比上年上升4.69%;百元医疗收入消耗的卫生材料费用22.66元,比上年降低9.17%。全年门诊病人次均费用为151.78元，比上年增长2.03%；住院病人人均医药费用4059.03元，比上年增长3.56%。

推进医联体、医共体建设及对口支援工作。成立医共体理事会，建立第一院长负责制，任命3名班子成员挂职卫生院第一院长；确定3个科室对口帮扶3所卫生院；为其配备价值62万元的急需设备，推进医共体卫生院标准化建设；投资167万元，为11个乡（镇）卫生院建立远程会诊系统，帮助其开展远程心电诊断、影像诊断工作，年内开展远程心电诊断81例，远程影像诊断1.9万例；选派30名专家骨干定期坐诊、查房、培训、带教，年内指导开展手术80余例，诊疗病人1100余人次，开展培训30余次，推广适宜技术3项。通过帮带，自主开展手术200余例。推进对口支援工作，选派4名骨干定点支援2所卫生院，开展义诊活动15次，义诊病人1850人次，筛查白内障患者350人，免费发放药品1500余元。

【学科建设】 2018年，温宿县人民医院申报地区重点学科2个，申报地、县重大人才项目16项，自治区级继续医学教育项目6个，推进项目规范管理，发表论文21篇；成立呼吸内科和泌尿外科，开设特色科室“国医堂”，规范口腔科建设；申报开展颈椎爆裂骨折合并上肢不全瘫手术、温灸技术、种植牙手术等新技术33项；购置关节镜、彩超、口腔种植牙、前列腺电切镜、眼科OCT等设备。

【人才队伍建设】 2018年，温宿县人民医院招聘各类技术人才75人，选派10名中青年骨干外出进修；筹建临床医技科室示教室16个；开展短期培训44期52人次；组织参加各类继续医学教育学习班35期366人次；协办远程继续医学教育4期670人次；主办继续医学教育学习班1期238人次；开展“三基”考试4期2985人次，全县执业医师考前培训1期120人次；执业医师考试国家线通过率60%，各学科均有高级职称技术人员。

【协助援温】 2018年，温宿县人民医院推行组团式援疆工作，邀请金华市中心医院、金华市中医院5名专家来院开展为期一周的学术交流活动。浙江金华第九期二批5名援疆专家于9月3日到位。开展金华温宿光明行项目，筛查白内障患者334人次，免费开展复明手术194例；援助资金30万元，开展关爱青少年儿童眼健康工程，筛查8000人次，建立青少年儿童屈光发育档案5000份。

【自身建设】 2018年，温宿县人民医院完成综合治理宣传月等系列专题宣传活动10次，医院职工大型活动4次，举办“大美新疆 大爱故事——民族团结故事万人讲”选拔赛，组织全院党员重温入党誓词4次。聘请专家，对各科室通讯员进行培训，鼓励科室投稿，本院微信平台更新信息620条，制作各类宣传展板80余块，完成县电视台新闻5条，网站刊稿16篇，《阿克苏日报》新闻12篇，温宿零距离微信平台发布信息10条。推动医院节能减排，完善节能管理制度，落实成本核算，分批次更换高耗能器具，以90.5分的成绩通过国家机关事务管理局的验收。

【公共卫生】 2018年，温宿县人民医院开展健康教育与健康宣传85期420人次时；完成居民健康档案纸质版建档22049人次，电子建档21483人次；免疫规划接种11361人次，妇幼随访7261人次，慢病随访9875人次，结核病社区管理53人次，精神病管理113人次，家庭医生签约11963人次，签约率56.9%，其中重点人群签约率100%。

【项目建设】 2018年，温宿县人民医院在援疆项目支持下，投资105万元建设“国医堂”，该项目于2018

年5月中旬开始动工,建筑面积约350平方米,已正常投入使用。已开展针灸、推拿、艾灸及拔罐中医特色治疗。免费治疗白内障患者253例,为县域内5300余名中小学生进行免费眼健康体检并建立屈光发育档案。

【传染病防控】 2018年,温宿县人民医院成立结核病集中治疗点,负责全县涂阳病人集中治疗工作。年内结核病门诊筛查3447人次,治疗肺结核病人1032人次,集中收治病人134例。上报传染病1009例,死因监测153例,食源性疾病1例。针对县域内出现的麻疹、流行性腮腺炎等疫情,配合疾控中心进行流行病学调查。

【药事管理】 2018年,温宿县人民医院平均每月基本药物种类达223种,基本药物种类占比达58.04%,基本药物销售金额占比达55.87%;全年抗菌药物使用比率58.31%,病原学检查率37.1%,抗菌药物使用强度34.48DDD。开展细菌耐药监测,对胆汁、分泌物、粪便、尿液、脓液、血液、痰液、羊水、阴道分泌物、引流液等标本进行统计,检出排名前5位的细菌有大肠埃希菌、解脲支原体阳性、肺炎克雷伯菌、金黄色葡萄球菌、阴沟肠杆菌。发现产β内酰胺酶菌株112例,超广谱β内酰胺酶菌123例,耐甲氧西林葡萄球菌90例,多重耐药菌3例。

【优质护理服务】 2018年,温宿县人民医院继续推广优质护理服务工作,开展特色亮点服务,做实基础护理,推进与改进责任包干制工作模式,落实以护理工作量、护理质量、患者满意度、技术难度等为评价基础的绩效考核办法及护士能级管理工作。推行床旁结算工作。

【医疗应急管理】 2018年,温宿县人民医院规范建设第一分院、第二分院、克孜勒中心医务室和看守所医务室,配备约30万元的医疗设备、药品、耗材,选派医务人员66人次长期驻守。组织各类会议医疗保障、应急演练、传染病防控等外派工作50余次120个工作日。

【社会公益活动】 2018年,温宿县人民医院捐赠8万元用于驻村点建设村民活动室,年内义诊6次。以中层干部为主,结对帮扶吐木秀克镇曲达村和托万克塔尕尔村贫困户126户350人,发放低保差额补助16.28万元,捐赠扶贫改厕项目和蔬菜拱棚建设项目24.2万元,开展义诊活动6次,为贫困户购买牲畜12只、禽苗270只、煤12吨等,帮助扶贫户销售辣椒4.6吨,增收8000余元。 (高 茹)

县维吾尔医医院

【机构概况】 温宿县维吾尔医医院成立于1985年,是一所以中医民族医学为主、中西医结合,集医疗、急救、教学、科研、预防保健等多位一体的县级二级甲等中医民族医医院(差额事业单位),是城镇职工、居民医疗保险、新型农牧区合作医疗保险定点单位。

2018年,核编床位130张,新建住院楼实际开放床位185张、其中精神病科床位50张。全院在职职工213人,其中正高职称1人,副高职称4人,中级职称12人,初级职称52人。

医院设置有急诊科、内科、外科、康复科、妇科5个临床科室,单设理疗科,其中康复科、妇科为地区级重点专科。设药械科、影像科、功能科、检验科等医技科室,有党政办、人事科、医务科、护理部、财务科(医保物价)、总务科(后勤、安保、项目办)等职能科室。设备配备全自动生化分析仪、全自动五分类血球仪、全自动电解质仪等多种检验设备;彩超、多导心电图仪、心电监护仪、动态心电图、DR 数字化 X 光机、胃肠透视机、智能通络治疗仪、热疗仪、脑循环治疗仪等多项康复理疗设备。

【民族医药特色】 2018 年,温宿县维吾尔医医院重视民族医适宜技术推广,选派骨干参加疆内外民族医药各类适宜技术培训班,采取膝下药浴法、孜玛特土盐热敷疗法治疗腰痛,科玛特(药熏)疗法治疗坐骨神经痛等 45 种适宜技术,在各乡(镇)卫生院推广拔罐治疗寒性腰痛、涂油疗法治疗肩周炎、推拿手法治疗颈椎病、蛋清包扎法治疗关节扭伤等 10 种适宜技术,在医院综合目标考核中将民族医药诊疗方案及具体措施纳入相关指标,在诊疗活动中采用中医、民族医诊疗,中医民族医治疗达标率 85%。

【队伍建设】 2018 年,温宿县维吾尔医医院有医师 41 名,其中,有执业(助理)医师资格证人员 34 名,占医师总数 82.9%;中医类别执业医师执业(助理)医师 25 人,占执业(助理)医师总人数 61%;有药剂人员 12 名,其中民族医药专业药剂人员 10 名,占药剂人员的 83.3%。

【重点专科建设】 2018 年,温宿县维吾尔医医院使用中医、民族医特色治疗技术 20 多种,开设维吾尔医治疗室。门诊使用火罐、针灸、电针、刮痧、盐炕、TDP 热疗等非药物治疗技术 10 余种,采用非药物疗法治疗人数占门诊总人数 12% 以上。中医、民族医药处方使用率占总处方 80%。康复科、妇科两个重点专科开展师承教育工作。各科室在临床应用中,根据本科室特点使用中医、民族医特色项目诊疗技术,医院配备盐炕、牵引仪、按摩床,足浴养生机、紫外线光疗仪、熏蒸、空气压迫循环,经络穴位测评、半导电体激光、电针、远光束激光、TDP 治疗仪等中医诊疗设备,设备使用率达 90%。

【应急管理】 2018 年,温宿县维吾尔医医院制定防震减灾、消防、突发公共卫生事件处置、紧急医疗救援等方面配套制度、措施。开展消防安全培训 5 次,消防演练 4 次。参加各类应急医疗救援 43 次,出动医务人员 130 人次。做好安全医疗隐患排查,为重点物品、毒麻药品制定管理制度,指派专人管理,落实环境保护目标管理责任制,制定工作方案,成立领导小组,进行全院动员。按标准处理医疗垃圾,院内达到美化、绿化、亮化、净化标准。

【药事管理】 2018 年,温宿县维吾尔医医院有中药饮片类药物 238 种、中成药 48 种、西药 90 种,院内方剂 152 种,中药使用率 80%。抗菌药物使用率在门诊治疗中控制在 10%,住院治疗中控制在 13%。

【传染病防控】 2018 年,温宿县维吾尔医医院成立传染病防控工作领导小组,储备防控药品,加强疫情监测,建立传染病报告管理制度。加强对社区卫生服务站的管理,督导社区按要求做好医疗和公共卫生工作。

【社区医疗】 2018 年,温宿县维吾尔医医院开展医疗卫生预防保健服务,建立和完善家庭、个人健康档案。开展社区常见病治疗、巡诊,定期进行家庭访视。开展多种形式的卫生知识普及,宣传生理、心理、社会等与健康密切相关的知识,倡导科学的生活方式。

【扶贫工作】 2018 年,温宿县维吾尔医医院组建扶贫医疗服务团队深入乡村,为每位扶贫对象提供免费上门诊疗、宣传政策等服务。通过免收押金、开通绿色通道、开设扶贫病房、设立零起付线、高比例报销医药费(报销比例 90%,比普通病人提高 5%)等措施,在职业范围内推进扶贫帮困工作。

(木叶沙尔·阿不力米提)

县疾病预防控制中心

【机构概况】 1987年3月,温宿县卫生防疫站成立。2005年5月,改称为温宿县疾病预防控制中心(简称温宿县疾控中心)。2018年,温宿县疾控中心为财政预算管理正科级事业单位,有编制27名,实有24人,其中,领导干部2人,一般干部21人,工勤人员1人;少数民族14人;卫生专业技术人员21人(其中,中级职称4人,初级职称14人,员级3人)。有退休职工20人。固定资产697.4万元,占地总面积7333.3平方米,业务办公用房2771平方米。内设疾病控制科、免疫规划科、结核病防治科、地方病防治科、慢性病防治科、综合卫生科、检验科、性病/艾滋病科、预防医学门诊部和行政办公室、后勤保障科。

【传染病监测】 2018年,温宿县疾控中心报告法定乙、丙类及其他传染病25种3148例,比上年上升11.27%,发病率1276.28/10万,排除肺结核病例后,发病率563.54/10万,发病率控制在650/10万以内。排名前三位的病种为肺结核1758例、乙肝471例、梅毒258例。

【免疫规划管理】 2018年,温宿县有疫苗接种点143个。产房新生儿疫苗接种信息上传后3天内审核率98%,各接种单位数据上传、备份率、卡证个案信息和自治区信息系统平台一致率、儿童预防接种个案重复率、儿童基本信息录入完整率均达到自治区要求。报告6例疑似预防接种异常反应病例。各乡(镇)除"A+C"流脑疫苗外,其他免疫规划疫苗接种率均≥95%。完成入托入学儿童查验证、适龄儿童两轮脊灰疫苗补充免疫活动和疫苗针对性传染病监测等工作。

【结核病控制】 2018年,温宿县疾控中心治疗管理病人1223例,集中隔离治疗涂阳病人188例,其中转阴出院123例。病人总体到位率98.23%,大疫情和专报系统吻合率99.92%,病原学阳性率29.38%,肺结核患者成功治疗率95.97%,病原学阳性患者的密切接触者筛查率99.22%,肺结核患者规范管理率100%,肺结核患者规范服药率95.85%。落实肺结核患者"集中服药+营养早餐"工作,为纳入管理的病人按时提供免费药物和营养早餐。完成15岁以上人群的筛查、登记和转诊工作。

【艾滋病防治】 2018年,温宿县疾控中心完成扩大检测HIV155039人次。艾滋病感染者/病人完成疫情报告质量100分,首次流调质量98.4分,随访检测率99.4%,配偶/固定性伴检测率98.7%。干预吸毒人群、性病就诊者等高危人群338人次,干预覆盖率100%,干预检测率76.3%。完成新增抗病毒治疗65人,抗病毒治疗覆盖率83.9%。美沙酮门诊维持治疗4人,年治疗保持率84%。

【地方病防治】 2018年,温宿县疾控中心完成自治区、地区下达的碘缺乏病、包虫病、饮水型地方性氟中毒、麻风病等疾病的监测和防治任务以及城乡生活饮用水枯水期、丰水期两批采样检测任务。居民食用碘盐含碘率100%,育龄妇女补碘率100%;B超检查成人2089名,未发现疑似包虫病病例,摸底登记的家犬驱虫率96.8%;完成298名8~12岁学生氟斑牙检查,查出氟斑牙患病病例118例,氟斑牙检出率39.6%。

【慢性非传染性疾病管理】 2018年,温宿县疾控中心开展慢病管理工作,除老年人健康管理率低于国家要求达到的水平外,居民健康档案电子建档率、高血压患者管理率、糖尿病患者管理率、严重精神障碍在册患者管理率等指标均达到或高于国家要求。

【检验检测】 2018 年,温宿县疾控中心完成艾滋病初筛、艾滋病 CD4、生活饮用水、碘盐含碘量、包虫病、布病、疟疾等样本检测。通过国家、自治区下发的碘盐、水氟和艾滋病初筛考核样的质量考核,并取得国家、自治区下发的碘盐质控网络并合格的实验室证书、实验室氟测定质量考核结果证书、艾滋病检测筛选实验室能力验证证书。

【教育培训】 2018 年,温宿县疾控中心举办疾控知识培训班 12 期,受训人员 933 人次。参加自治区、地区举办的各类培训班 21 期。每季度检查乡(镇)卫生院基本公共卫生、督导考核疾控工作开展情况。

(柴宗学)

县妇幼保健院

【机构概况】 1986 年 8 月,温宿县妇幼保健站成立。2015 年 10 月,更名为温宿县妇幼保健院。2016 年 10 月,温宿县妇幼保健院与温宿县人口和计划生育服务站合并为妇幼保健计划生育服务中心。2017 年 8 月 19 日,温宿县妇幼保健计划生育服务中心分设为温宿县妇幼保健院、温宿县人口和计划生育服务站。2018 年,温宿县妇幼保健院隶属于温宿县卫生局全额预算事业单位,相当于正科级。核定编制 17 名(其中领导职数 3 名),实有 17 人。内设保健科、综合门诊部、行政办 3 个科室。

【门诊工作】 2018 年,温宿县妇幼保健院接待患者 2890 人、B 超 2050 人次、婚前医学检查 B 超 1025 人次、药流 14 人次、上环 68 人次、取环 20 人次、传染病复查 133 人次、“三病”(心脏病、高血压病、甲状腺功能亢进)孕妇免费检查 90 人次。

【孕产妇“绿色通道”】 2018 年,温宿县妇幼保健院建立健全危重孕产妇转诊救治网络,做好高危孕产妇的转诊和救治工作。公布急救电话、配备基本急救设施,组织开展孕产妇妊娠风险评估工作(五色管理)。建立贫困高危孕产妇救助基金,免费接送孕产妇。成立专家组,对高危孕产妇进行会诊。建立逐级转诊制度,明确各级医疗保健单位管理、诊治权限,及时向上转诊高危孕产妇。

【出生医学证明管理】 2018 年,温宿县妇幼保健院把出生医学证明和出生记录同时使用、统一管理和发放。全年办理出生医学证明 75 份。

【入托儿童体检】 2018 年,温宿县妇幼保健院对县直医疗机构儿童开展入托体检,检查儿童 1080 人。

【孕产妇儿童系统管理】 2018 年,温宿县妇幼保健院加强产科能力建设,推行住院分娩制度,定期为孕产妇检查。年内,全县孕产妇 2345 人,活产数 2389 人,孕产妇建卡率 91.51%,孕产妇系统管理率 90.05%,住院分娩率 99.95%,高危孕产妇住院率 100%,孕产妇死亡人数 1 人。有 1579 名农村孕产妇分娩。新生儿访视 2155 人,产后访视率 91%;母乳喂养 1571 人,喂养率 80.89%;新生儿死亡 7 人,死亡率 2.96‰;婴儿死亡 13 人,死亡率 5.5‰,5 岁以下儿童死亡 46 人,死亡率 19.46‰;开展 7 岁以下儿童系统保健 24312 人,7 岁以下儿童保健覆盖率 90%;3 岁以下儿童系统管理 8362 人,管理率 91%。

【增补叶酸】 2018 年,温宿县目标人群服用叶酸人数4248人,增补叶酸知识知晓率95.71%,叶酸服用率94.63%、叶酸服用依从率83.1%。

【新生儿疾病筛查】 2018年,温宿县妇幼保健院新生儿疾病筛查1286名,筛查率99%,未发现先天性甲状腺功能低下症可疑患儿。开展新生儿听力筛查1289人,筛查率99%,未发现听力障碍可疑患儿。

【婚前医学检查】 2018年,温宿县妇幼保健院免费开展婚前医学检查2066对,婚检率94.77%以上,检查出HIV 9人,梅毒21人,乙肝3人。

【农村妇女宫颈癌筛查】 2018年,温宿县妇幼保健院联合县妇联、县卫生局,开展宫颈癌筛查工作,采用宫颈脱落细胞学液基检查法,完成宫颈癌筛查3800余人。

【艾滋病、梅毒、乙肝母婴阻断】 2018年,温宿县妇幼保健院向各医疗卫生机构免费发放艾滋病检测试剂和采血器,实行逢孕必检、住院分娩必检和自愿咨询制,建立自愿咨询检测门诊(VCT)26个,接受艾滋病、梅毒和乙肝检测孕产妇1499人,艾滋病、梅毒和乙肝检测率97.69%;母婴阻断HIV感染孕妇4名,免费发放阻断药物,定期肝肾功能检测。随访感染产房分娩儿童,对18月龄儿童进行HIV检测,检测率100 %,其中1名儿童阳性。对乙肝表面抗原阳性产妇所生新生儿免费接种乙肝免疫球蛋白。免费治疗梅毒孕产妇,未发生母婴传播现象。 (杨雪琴)

社会民生

民政工作

【机构概况】 温宿县民政局成立于1950年3月，前身是县人民政府民政科。2018年，温宿县民政局有编制44名，实有人数43人，其中领导职数4人，全额拨款正科级事业单位。下属温宿县老龄工作委员会办公室（正科级）、低保办（副科级）、社会组织党工委（副科级）、黄埔敬老院（股级）4个单位，并挂牌温宿县双拥领导小组办公室。内设行政办、党建办（基层政权和社区建设办）、社会保障科、婚姻登记管理中心、社团和民办非企业单位管理办、区划地名办、殡葬管理所7个股级机构。

【低保工作】 2018年，温宿县享受城乡低保政策对象4935户11134人，其中，农村低保3624户8884人、城市低保1311户2250人。发放城乡低保3188.9万元，其中，城市低保1188.49万元，农村低保2000.41万元。农村低保标准每人每年3456元、城市低保标准每人每月428元。为全县1191名80周岁以上高龄老人发放基本生活补贴83.79万元；为全县2316名残疾人（困难残疾人792人，重度残疾人1524人），发放"残疾人两项补贴"222.34万元。为贫困户688户1654人建档立卡，发放低保金322.1万元。审批城乡低保479户1160人，清退3626户9790人（城市1039户2210人，农村2587户7580人）。

【城乡特困群体救助】 2018年，温宿县民政局投入302万元，为全县低保对象、五保对象、特困群众采购发放过冬煤4986吨、取暖补助62.47万元；投入365万元，采购面粉、清油、大米、过冬衣物等救灾物资。

【敬老院建设与管理】 2018年，温宿县有县乡敬老院6个，其中，县级敬老院1个、乡（镇）敬老院5个（阿热勒镇、托乎拉乡、吐木秀克镇、佳木镇、古勒阿瓦提乡），床位205个〔其中县级敬老院床位91个、乡（镇）敬老院床位114个〕；有公办儿童福利院1个，建筑面积4919平方米，床位223个。核定在编在岗敬老院工作人员15人（其中县级敬老院10人、农村敬老院5人），县敬老院临时聘用人员16人；全县供养五保对象127人，其中，分散供养42人，集中供养85人，集中供养率67%。发放五保对象供养资金85.67万元，其中集中供养发放67.32万元，分散供养发放18.35万元。分散供养五保对象每人每月基本生活费343元，集中供养五保对象每人每月基本生活费660元；全县享受孤儿基本生活费儿童71名，其中集中供养24名，分散供养47名，发放供养资金51.96万元，其中集中供养发放25.92万元，分散供养发放26.04万元。集中供养孤儿生活补助每人每月900元，分散供养孤儿生活补助每人每月600元标准发放。

【医疗救助】 2018年，温宿县民政局网络实施医疗救助5545人次，支出救助资金339.1万元。资助参加城镇居民医保13374人次，落实参保资金122.49万元。免费将15823名城乡低保对象纳入商业补充医疗保险范围，缴纳保险费用348.11万元。城乡医疗救助按照年最高2万元标准执行，医疗救助对象主要为城乡低保户、特困户孤儿,特殊困境儿童,精神病患者等。

【婚姻登记和收养登记】 2018 年,温宿县民政局加强婚姻登记收养管理,办理结婚登记 1599 对,离婚登记 295 对,补发结婚证 2057 对,登记合格率100%;执行《收养登记条例》,办理收养登记 7 件,合格率 100%。

【收容遣送】 2018 年,温宿县民政局开展乞讨流浪救助工作,建立与公安沿街便民警务站协同机制,安排专人早晚街路巡查。救助流浪乞讨人员 5 人,资助 1.6 万元。会同卫生部门对全县精神障碍患者进行摸底调查,详细掌握人员底数、分级情况,共筛查精神障碍患者 1083 人,救助治疗精神病患者 105 人,全部送往地区康宁医院集中收治。

【民间组织管理】 2018 年,温宿县民政局规范公开社会组织办理程序,严审组织名称、章程、活动场所、负责人身份规范性等,对社会组织年检情况进行通报。全县登记社会组织 32 家。其中社会团体 13 家,民办非企 19 家。

【殡葬管理】 2018 年,温宿县民政局推进公益性生态公墓建设,倡导科学、文明、节俭、生态殡葬新风尚。新建少数民族生态公墓 123 处,占地面积 26.23 公顷,绿化面积 11.31 公顷。

【优抚安置】 2018 年,温宿县有各类优抚对象 196 人。发放各类优抚对象抚恤金 211.11 万元,优抚对象医疗救助实现"一站式"即时结算服务,全年 151 名优抚对象医疗和体检费 11.53 万元,优抚对象医疗优惠政策 100% 落实。春节、"八一"期间,为全县 155 名优抚对象和义务兵家属发放价值 25 万元慰问品。为义务兵家属优发放 33.17 万元优待金,为退伍军人发放 149.85 万元自主就业一次性经济补助金。

【双拥工作】 2018 年,温宿县委、政府将"双拥"工作列入重要议事日程,制定年度双拥工作要点。重大节日期间积极开展慰问活动,县四套班子领导带队为驻温军(警)部队送去生活电器、油粮肉、瓜果等慰问品。各共建单位积极开展军民共建座谈会、军地共建联谊会等形式多样的慰问活动,为共建部队送去羊肉、大米、清油、矿泉水等价值 1.95 万元的慰问品。

【基层政权建设】 2018 年,温宿县民政局巩固和推进村政务、财务公开制度建设,在全县 140 个行政村和 15 个社区设立永久性村务公开栏。

【行政区划和地名管理】 2018 年,温宿县有县级行政区域界线 4 条,其中与拜城界线长 154 千米、与新和界线长 52.8 千米、与阿克苏界线长 243.6 千米、与乌什界线长 142.4 千米。与新疆生产建设兵团第一师有行政区域界线 3 条,其中与新疆生产建设兵团第一师四团托峰镇界线长 1.6 千米、与新疆生产建设兵团第一师五团沙河镇界线长 118.1 千米、与新疆生产建设兵团第一师六团双城镇界线长 44 千米;有乡级行政区域界线 43 条,界线长 1079.7 千米。完成实验林场片区管委会整体移交界限确认工作;科学化标准地名运用卫星遥感图、航拍图、第二次全国地名普查系统库等为依据实地调查为辅,多图线条叠加,科学化、规范化、合理化绘制温宿县 8 镇(含 3 个试点镇)5 乡地址图库示意图 645 张编码 100049 个。13 个行政村、2 个社区居委会、11 条街路、4 个商住小区更命名。

【村(居)民自治】 2018 年,温宿县民政局印发"村

(居)民委员会信息登记表”,指导各乡(镇)采集村(居)民委员会基础信息,包括村(居)民委员会的名称、地址、户数、村民小组数、法定代表人、委员会各成员信息等数据。完成全县145个村(居)民委员会相关信息录入和赋码工作。

【新社会组织党建】 2018年,温宿县民政局协调各类社会组织开展活动及社会公益事业,建立完善新型社会组织党建工作,聘请10名政治立场坚定、党建工作经验丰富的党员积极帮助社会组织开展党建工作,建立党组织7个。 (侯政新)

老龄事业

【机构概况】 1987年9月,温宿县老龄工作委员会办公室(简称温宿县老龄委)成立,属财政全额拨款正科级事业单位。2018年,温宿县老龄工作委员会办公室有编制3名,实有2人。

【老龄工作宣传】 2018年,温宿县老龄委在全县开展“关爱老年人,从我做起”为主题的敬老活动,在“敬老月”期间,组织成员单位开展《中华人民共和国老年人权益保障法》进机关、进乡村、进社区、进学校的宣传教育。在农贸集市日举办宣传活动2场次。

【慰问服务】 2018年,温宿县老龄委慰问老年人20人,慰问物资折合人民币1万元。各成员单位组织志愿者帮助老年人解决实际困难,参与志愿活动100余人次,服务老年人200余人次,办理老年人优待证4031个、老年人优惠服务证1276个。

【文体活动】 2018年,温宿县老龄委组织34名老年运动员参加阿克苏地区第十一届老年人运动会,参加柔力球、门球、国际象棋、象棋、钓鱼等比赛项目,获得团体第三名。聘请专业老师为学员制定教育规划,安排课程,开展报告会、读书班、专题讲座等活动丰富老年大学教育内容。为城乡老年人免费赠阅《老年康乐报》158份。

【纠纷调解】 2018年,温宿县老龄委接待老年来信来访12人次,调处涉老法律案件3件次,提供涉老法律服务10人次。 (高 洋)

扶贫开发

【机构概况】 2002年11月,温宿县扶贫开发领导小组办公室(简称温宿县扶贫办)成立,为县扶贫开发领导小组的常设办事机构,正科级建制。2017年4月,调整到县农村工作领导小组办公室挂牌,同时加挂移民管理局牌子。2018年,有行政编制5名,其中领导职数1名,实有5人。

【脱贫工作】 2018年,温宿县扶贫办制定印发脱贫攻坚实施方案和实施计划,明确三年目标任务和2018年工作重点,确立“主攻2018、带动2017、辐射2019”工作思路,实施“六个一批、三个加大力度”脱贫举措。2018年,温宿县建档立卡贫困人口6282户22126人,贫困村14个,其中深度贫困村11个。脱贫738户2610人,贫困村退出3个(柯柯牙镇艾肯博依村、博孜墩柯尔克孜民族乡吾斯塘博依村、吐木秀克镇托万克斯日木村)。

【责任机制】 2018年,温宿县扶贫办完善县、乡、村三级脱贫攻坚领导小组,落实脱贫攻坚“双组长”责任制,明确基层组织和阵地建设、社会保障、教育扶贫等16个专项组职责任务,层层签订年度目标责任书。召开县委常委会19次、政府常务会、党组会12次、工作部署会35次、扶贫开发领导小组会13次,研究部署脱贫攻坚工作。制定《温宿县“十三五”脱贫攻坚规划》《温宿县深度贫困地区脱贫攻坚实施方案(2018—2020年)》《关于抓党建促脱贫攻坚的实施意见》等40余个文件,明确脱贫攻坚时间表、路线图。建立“村每周一例会、乡(镇)每半月一落实、县每月一推进”工作机制。

【帮扶责任体系】 2018年,温宿县扶贫办统筹行业扶贫、社会扶贫、援疆扶贫各方力量,构建大扶贫格局。推进定点帮扶,健全脱贫攻坚责任机制,制定《温宿县脱贫攻坚“百企帮百村、千人帮千户”精准帮扶实施方案》,自治区、地、县140个单位、90家企业定点帮扶118个村,投入资金502.5万元,实施项目9个。下派“访惠聚”驻村工作队155支,驻村干部940人,选派第一书记155人,并建立14个贫困村“五个一”包联体系。引导社会组织扶贫,搭建社会扶贫平台,发挥社会团体、基金会等社会组织在资金、技术、市场、管理等方面的优势,重点在产业扶持、医疗救助、教育捐助、爱心公益等方面,给予贫困户生产生活帮助。引导援疆省市社会组织扶持贫困村11个、投入款物金额1270万元,捐赠物资金额600万元。开展援疆帮扶,投入援疆资金2054万元,实施援疆扶贫项目4个,受益群众1278人。推进“211专项扶贫行动”“十城百店”“百村千厂”等工程,引进卫星工厂7家,在内地开设温宿特色农产品实体店53家。实施“携手奔小康”行动,金华各县市区结对帮扶10个深度贫困村;发挥援疆人才专业优势,开展送医、送教、送技术活动76场次,惠及贫困群众830人。选派党政挂职干部11人、专业技术人才60人;引导企业结对帮扶贫困村数11个,帮助销售农产品1.5万吨,销售额3.1亿元。

【“六个一批”】 2018年,温宿县扶贫办实施转移就业脱贫一批,通过跨县整建制干部带队驻厂转移、县域转移及就地开发扶贫车间和卫星工厂转移方式,实现贫困户转移就业1371人。实施产业发展脱贫一批,在11个深度贫困村建成林果示范园,实现全覆盖;905户贫困户将388头扶贫牛、5170只扶贫羊入股合作社托养,实现养殖业稳定增收1000元以上;重点推进以蔬菜为主的农副产品及食用菌订单生产增收脱贫工程,修建拱棚669座,在11个深度贫困村成立农副产品生产专业合作社14个,种植订单蔬菜38.59公顷,按照“企业+合作社+贫困户”的订单生产、销售的模式,销售蔬菜789.2吨,收入90.3万元,带动贫困户683户,户均增收1321.5元;成立以黑木耳为主的菌类种植专业合作社,实行“合作社工厂化集中培育菌棒、农户分散培养种植、合作社统一回购销售”的经营模式,97户贫困户推广种植黑木耳9.14万棒,户均增收580元左右。完成年度目标任务的205%。实施土地清理再分配脱贫一批,清理土地1573.33公顷,实现收益346.6万元,人均每月1000元,年度目标上岗200人,解决400名公益性岗位贫困人口务工问题,年度目标任务完成200%。实施护边员优化调整脱贫一批,实现144名贫困户护边员上岗就业,年度目标任务完成100%。实施生态补偿脱贫一批,实现19名贫困户草场管护员、生态护林员上岗就业脱贫,年度目标任务完成127%。实施综合社会保障措施兜底脱贫一批,年度兜底目标128人,将49户147名贫困人口纳入低保兜底范畴,年度目标任务完成114%。

【“三个加大力度”】 2018年,温宿县扶贫办加大教育扶贫力度,落实教育惠民政策4类资金1816.24万元,受益贫困家庭学生6410人。加大健康扶贫力度，实施健康扶贫“三个一批”分类救治，大病救治218人，慢性病签约服务管理1679人，重病兜底保障21人；实现贫困人口参加医疗保险、大病保险、医疗救助全覆盖，免费为所有贫困人口进行健康体检，提供家庭医生签约服务，覆盖率100%。加大基础设施建设力度，修建硬化路7.2千米，砂石路20.97千米。解决安全饮水21户82人，完成安居房建设130户，贫困户自来水入户、安全住房、生活电力、广播电视、通村道路实现全覆盖。

【扶贫项目和资金监管】 2018年，温宿县扶贫办健全2018—2020年扶贫动态项目库，整合、收录174个50316.05万元项目，覆盖行政村118个（其中深度贫困村11个，贫困村3个），从库中提取两批次5类40个财政专项扶贫发展资金项目。加快项目实施，按照“周检查、周通报、周排名”工作机制，推进60个扶贫项目实施。按程序加快资金拨付进度，按照“县扶贫办初审、财政局复核、县分管领导把关、扶贫开发领导小组双组长审签”的工作方式，加快扶贫项目支付进度，各类扶贫资金到位8022.6万元，已支付7595.82万元，支付率94.7%。

【扶贫小额信贷】 2018年，温宿县扶贫办利用贷款贴息、风险补偿等政策工具，落实扶贫小额信贷政策措施。县财政投入风险补偿担保金700万元，申请贷款户数3227户，申请信贷金额12671.3万元，发放小额信用贷款2321户，发放金额8494.6万元，有效信贷需求覆盖率达85%，其中发放贷款870户3444.3万元。

【建档立卡信息调整】 2018年，温宿县扶贫办采取现场指导监督、集中录入方式，如期完成修正和补录工作。“卡户籍”三者比对完成100%，三项常规工作修正完成100%，摸底排查问题18类3975条。完成贫困户补录3户7人，家庭成员录入127人，上年人口自然减少97人，清退人员16人。

【实名制管理】 2018年，温宿县扶贫办开展实名制台账数据复核5次，进行公示公告，建立完善乡村脱贫户“卡户籍”“一户一策”等8类台账，县直单位“五通七有”“六个一批”“三个加大力度”等29类台账。

【扶贫对象动态管理】 2018年，温宿县扶贫办制定印发《温宿县2018年度扶贫对象动态管理和信息采集工作方案》，3次召开县乡安排部署暨培训会议。在入户采集、信息填报、台账建立、系统录入等各个过程签字确认，完成系统录入工作。贫困户家庭成员自然增加389人、减少797人、转移31人。贫困户整户转移116户392人，清退65户186人，清退补录3户11人；家庭成员清退14人，清退补录309人；需合户2户7人。 （秦广勇）

劳动就业

【就业再就业】 2018年，温宿县人力资源和社会保障局建立健全县、乡、村三级公共就业服务体系，规范村级站点就（失）业登记、职业介绍、职业培训、就业援助、创业指导等一站式就业服务流程。2018年，全县实现城镇新增就业3722人；实现农村富余劳动力转移就业14155人；完成职业技能培训4009人（贫困劳动力1715人），其中，农村富余劳动力转移就业培训2497人（贫困劳动力1637人），城镇失业人员培训170人，创业培训320人（贫困劳动力78人），企业在岗职工培训670人，基本素质培训352人；2018届高校毕业生实名登记774人，实现就业753人，就业率

97.3%;城镇登记失业率控制在2.15%以内。

【职业培训】 2018年,温宿县人力资源和社会保障局不断完善职业培训管理机制,严格职业培训报备制度,实行职业培训实名登记;对全县有培训意愿的富余劳动力、城镇失业人员及未就业大中专毕业生开展国家通用语言、果树园艺工、农艺工等符合县域经济社会发展需要的技能培训4009人,其中去冬今春城乡劳动力职业技能培训1006人(其中贫困劳动力482人);培训结业934人,鉴定、考核合格911人;组织500名建档立卡贫困劳动力开展专项培训,其中,手绣制作工278人,电子设备装接工104人,假发制作88人,蔬菜园艺工30人;完成320人创业培训(包含贫困劳动力64人,未就业高校毕业生50人);组织110名符合条件的城乡富余劳动力开展中级工职业培训;完成纺织服装产业工人基本素质培训352人;分批次组织纺织服装企业岗前培训670人;组织城乡富余劳动力144人开展国家通用语言专项培训;联合农业、林业、畜牧等主管部门,组织全县907名(其中贫困家庭劳动力669人)农村富余劳动力开展实用技能培训,其中,林果业技术培训353人,畜牧养殖培训273人,蔬菜种植技术培训281人。

【劳务输出】 2018年,温宿县人力资源和社会保障局加大劳务输出宣传力度,逐步建立健全县、乡、村三级公共就业服务体系,加强信息网络建设,加大劳动力培训力度和跟踪服务,通过产业促就业、固定资产项目吸纳就业、政府有组织转移就业、季节性劳务输出、鼓励灵活就业和自主创业等多种形式,加大农村劳动力转移就业工作力度。全年转移农村富余劳动力14155人次,其中转移城镇就业3722人次。

【小额担保贷款】 2018年,温宿县人力资源和社会保障局扩大创业担保贷款人员范围,拓宽贷款发放渠道,对有创业意向和已创业人员开展一助一创业帮扶活动。鼓励高校毕业生、下岗失业人员、城镇困难人员自主创业,促进创业带动就业。全年审核发放创业担保贷款11笔,放贷金额92万元。

【职业介绍机构】 2018年,温宿县人力资源和社会保障局与工商局对接温宿县企业信息,联合劳动监察大队和两后生办公室对温宿县企业用工需求情况进行摸底,开发岗位2861个。通过电视和乡村大喇叭向外播报岗位信息,在服务大厅设立就业信息查询点,供用人单位和求职人员查看。为求职人员进行岗位介绍、政策扶持提供方便、快捷的信息支持,引导企业来市场登记41家,求职登记500余人,成功推荐就业360人。以"春风行动"、就业援助月、民营企业招聘周等活动为契机,组织1327人参加在乡(镇)组织的招聘会和地区组织的5场大型招聘会,发放各类宣传单3000余份,其中有852人与用人单位达成协议。

【执法监察】 2018年,温宿县人力资源和社会保障局共受理欠薪案件31起,涉及188人,涉及金额173万元;督促30家企业开设农民工工资专户,发放农民工工资2036.7万元;120个在建项目预存农民工工资保证金2017.3万元,退还40个完工达标项目农民工工资保证金863.7万元;劳动监察年审企业271家,年审合格率97.4%;对7家年审不达标企业,整改到位后通过年审平台补录相关证明材料,劳动合同签订率达98%以上;依法查处各类劳动保障监察案件111件,案件查处率达100%,涉及人员988人,涉及金额1099万元,所涉及到的欠薪案件均立案和协调处理。

【劳动仲裁处理】 2018年,温宿县人力资源和社会保障局开庭审理劳动争议仲裁案件,依法做出裁决,劳动争议仲裁案件结案率达100%。全年受理劳动

争议仲裁案件41起,开庭审理39起,结案39起,不予受理1件。（李　博）

社会保障

【机构概况】 温宿县社会保险管理局成立于1982年,时称为温宿县劳动服务公司。1994年更名为温宿县劳动就业保险管理局。2001年更名为温宿县社会保险管理局。2017年,新型农牧区合作医疗管理中心整合至温宿县社会保险管理局。温宿县社会保险管理局是县人力资源和社会保障局所辖二级局,属全额事业单位(参照《中华人民共和国公务员法》管理),副科级建制。2018年,核定编制49名(参照《中华人民共和国公务员法》管理人员编制32名,全额事业编制16名,工勤编1名),其中领导职数3名;实有47人。内设行政办、财务室、居民养老征缴科、五险征缴科、待遇支付科、医疗生育科、基金财务科、稽核科、网络信息管理科、档案管理科10个科室。

【企业养老保险】 2018年,温宿县10525人参加企业养老保险,完成目标任务的117%;征缴养老保险基金11848万元,完成目标任务的138%;为5872名企业离退休人员发放养老金18993万元;基金滚存结余3261万元。

【机关事业养老保险】 2018年,温宿县9629人参加机关事业单位养老保险,完成目标任务的116%,征缴基金16544万元,完成目标任务的109%;为温宿县机关事业单位2795名退休人员发放基本养老金16524万元。

【职工医疗保险】 2018年,温宿县23623人参加职工医疗保险,征缴医疗保险基金11735万元,完成目标任务的114%;按规定为46571人次支付基本医疗保险金4678万元。

【失业保险】 2018年,温宿县13222人参加失业保险,完成目标任务的142%,征缴失业保险基金815万元,完成目标任务的109%;按规定为112名下岗失业人员发放失业保险金113万元;基金滚存结余1014万元。

【工伤保险】 2018年,温宿县13380人参加工伤保险,完成目标任务的156%,征缴工伤保险基金682万元,完成任务的133%;按规定为83人支付工伤保险金713万元;基金滚存结余184万元。

【生育保险】 2018年,温宿县15529人参加了生育保险,完成目标任务的158%,征缴生育保险基金498万元,完成任务的120%;按规定为536人支付生育保险金363万元;基金滚存结余1651万元。

【城乡居民医疗保险】 2018年,温宿县197356人参加城乡居民医疗保险,征缴医疗保险基金3552万元;按规定为319612人次支付基本医疗保险金9906万元。

【城乡居民养老保险】 2018年,温宿县104554人纳入城乡居民社会养老保险范畴,其中,参保缴费90168人,享受养老待遇14386人。征缴基金2318万元,为14386名退休人员发放养老金2599万元;滚存结余14324万元。（胥良勋）

乡(镇)建设

温宿镇

【概况】 温宿县温宿镇地处温宿县城南端偏西,东、北两面是坎坡高崖,西、南与托乎拉乡毗邻,是温宿县政治、经济、文化、交通中心,镇人民政府驻甘泉社区——文化路5号。2018年,有230个编制,实有干部职工236人,下辖15个社区、4个机关站所、2所学校、3所幼儿园、268个居民小组;总人口21296户63071人,有维吾尔族、汉族、柯尔克孜族、回族等11个民族,其中,少数民族33970人;辖区内有党政事业单位、学校、医院、银行等单位131个,非公有制企业及个体工商户2879家,城镇工商服务从业人口占总人口的82%。

党委下辖党组织29个,其中,党总支2个,党支部26个,党员732名(含预备党员59名),入党积极分子168名,团员179名,妇女代表184名,“访惠聚”驻村工作队15个75人;有12个人大代表小组,温宿镇第十一届人大代表62人。全镇财政总收入4215.40万元。

【社区管理】 2018年,温宿镇党政、各社区落实出租房屋管理规定,强化流动人口动态管控,做到全镇2749套出租房屋、9234名流动人口不漏管、不失控。结合社区党建工作机制,坚持行业、单位、社区、企业党建互动机制,吸纳辖区内单位党组织负责人56人兼职委员。整合企事业单位191个,非公有制企业及个体工商户2879家参与区域化基层治理,建立迎宾社区、交通路社区、姑墨社区为党建工作示范区。召开党建工作联席会议45次,开展集中民主议事231项。持续推动“访惠聚”任务落实,温宿镇工作队长兼第一书记的有15人,15个社区75名“访惠聚”工作队员;按照“访惠聚”驻村工作要求入户走访,将入户走访与回访相结合,回访率100%。解决各类问题149个,排查线索45条,化解矛盾隐患39个,开展困难帮扶52件次。

【政治思想宣传】 2018年,温宿镇开展以“九项惠民工程”为主题的各类宣讲1361场次;不断推进“一社区一品牌”“传统文化进社区”“送戏下基层”活动,多措并举打造百人文艺队,编排一批文化节目赴社区演出。举办各类文体活动162场,举办百日广场文化活动14场,开展“传统文化进社区巡回演出”活动6场,参与居民4万余人。加强外宣工作,国家级媒体刊稿1篇,自治区级媒体刊稿9篇,《阿克苏日报》刊稿15篇,“今日姑墨”微信公众号编发信息900余条。

【社会治安综合治理】 2018年,温宿镇组建普法志愿者及普法宣讲团队伍,建立专职普法督导员机制,聘请镇、社区法律顾问,组织普法宣讲团和法律顾问定期深入社区进行法制宣传教育活动,全年开展普法专题教育活动和宣传活动156场次,受教育人员56780人次。不断深化民族团结宣传教育,开展“民族团结万人讲”等宣传活动,推进“民族团结一家亲”和民族团结联谊活动,576名党员干部职工与2106户各族群众结对认亲,开展各类联谊活动160余场次,打造嵌入式居住示范点5个、小区3个。解决群众困难诉求156件,评选民族团结模范单位29

个,其中,地区级2个,县级4个,镇级23个;评选民族团结先进个人154人,其中,自治区级3人,地区级5人,县级9人,镇级137人。

【社会事业发展】 2018年,温宿镇实现新增就业2032人(其中就业困难人员383人),完成目标任务的145%;开展职业技能培训,受训41人,完成目标任务的126%;辖区应届高校毕业生就业97%,完成目标任务的107%,城镇登记失业率3.5%。城镇居民基本养老保险参保3670人,完成目标任务的116%;城镇居民基本医疗保险参保3.1万人,完成目标任务的177%。季节性劳务输出935人次,收入315万元。推进全民免费健康体检工作,参加体检3.6万人。规范城镇低保工作,为低保对象1037户2084人发放补助907.31万元;为99户临时救助家庭发放救助金9.9万元;为2505户6185人发放医疗救助金8.85万元;为35户医疗救助困难户发放二次救助费7.84万元。推进双拥优抚工作,为29名优抚对象发放生活补助24.53万元。推进棚户区改造859户,基本解决中低收入家庭住房问题。修建5座报刊亭,拆除城区7个餐饮场所和企业燃煤锅炉。

【党的建设】 2018年,温宿镇推进"两学一做"学习教育常态化、制度化,贯彻落实干部选拔任用、监督管理、关心关爱机制。落实强基层强基础各项措施,深化"访惠聚"驻村工作。完善社区硬件设施,完成龙泉社区、稻香社区阵地主体工程建设和泉城社区阵地改造。开展"聚焦总目标 作风再整顿"专项活动,整治形式主义和官僚主义,落实党风廉政建设各项责任,查处一批违反政治纪律和作风不实案件。

(蒋 燕)

2018年温宿县温宿镇各社区基本情况表

表1

社区	社区干部(名)	小区(个)	楼栋(个)	居民小组(个)	总户数(户)	总人口(人)
交通路社区	13	9	99	20	2537	7521
友谊社区	9	8	31	30	896	2712
迎宾社区	16	10	39	12	1375	4264
新泉社区	18	7	109	16	1596	5909
欣业社区	12	2	9	20	7	122
校场社区	17	4	8	13	252	1577
明园社区	17	5	37	14	2073	5884
泉城社区	10	6	92	18	1642	4867
民生社区	27	1	33	22	2144	5846
龙泉社区	18	4	68	26	1651	3972
柯克牙社区	20	—	—	12	629	2020

续表 1

社区	社区干部（名）	小区（个）	楼栋（个）	居民小组（个）	总户数（户）	总人口（人）
九阳社区	16	20	51	14	1452	4595
姑墨社区	22	9	83	26	2161	5903
甘泉社区	17	21	58	20	1962	5677
稻香社区	10	7	78	5	919	2202

吐木秀克镇

【概况】 温宿县吐木秀克镇位于天山托木尔峰南麓，东与托乎拉乡接壤，南隔库木艾日克河与恰格拉克乡相望，西与乌什县毗邻，距温宿县城30千米。南北宽46千米，东西长84千米。温宿县吐木秀克镇成立于2001年2月26日。2018年，温宿县吐木秀克镇人民政府机关站所有编制数96名，实有119人。全镇总人口3945户15502人，第一产业收入44379万元，比上年增加2072万元，增长5%；第二、三产业收入1412万元，比上年增加10万元，增长0.7%。

【农业经济发展】 2018年，温宿县吐木秀克镇种植业生产总值9458万元，比上年减少259万元，减少3%；林果业生产总值24041万元，比上年增加1430万元，增长6%；畜牧业生产总值10880万元，比上年增加383万元。

【基础设施建设】 2018年，温宿县吐木秀克镇实施扶贫易地搬迁工程，建成住宅284户、抗震安居房433户、游牧民定居182户。结合护边员管理工作，修建流动性理发店，3个村建有洗澡堂。修建柏油路4条4.5千米、防渗渠9条21.8千米；新建闸口130个、涵洞桥56个；山洪沟清淤12千米，防渗渠清淤56千米；维修水泥坝100余米。

【惠民工程】 2018年，温宿县吐木秀克镇发放惠民补贴5877.3万元，纳入低保532户1274人。农牧民参加就业培训1056人次，新增城镇就业439人，转移就业3190人次，其中到阿克苏纺织工业城67人。

【教育事业】 2018年，温宿县吐木秀克镇落实南疆15年义务教育、学前三年免费教育政策。全镇1314名学生享受国家营养餐补助。中小学入学率100%。

【社会事业发展】 2018年，温宿县吐木秀克镇投资184.29万元完成2所卫生院、11个村卫生室标准化改造，配齐卫生院和村卫生室办公设备。全镇参加医疗保险13678人（其中贫困人员4789人），参加率100%，上缴医疗保费246.21万元；参加养老保险6907人（其中贫困人员3115人），参保率100%，上缴养老保险费616.7万元，保障60岁以上老人的最低生活。梳理解决困难诉求582件，化解群众矛盾纠纷287件，排查治理安全隐患317件。6个深度贫困村分别建设冷库6个、惠民超市6个、小拱棚564座。在各村修建防渗渠18.83千米。

【基层组织建设】 2018 年,温宿县吐木秀克镇建立“访惠聚”驻村工作队帮带村干部制度,村第一书记帮带村党支部书记,工作队员帮带村“两委”班子其他成员,村干部与后备干部开展“一对一”传帮带工作。通过上党课的方式,分批次组织村“两委”干部参加培训。强化村“两委”班子国家通用语言扫盲工作。强化村级储备年轻干部培养,逐村建立储备年轻干部库,为各村选配村级储备年轻干部 198 名,科技副职 12 名。强化村干部国家通用语言培训,设置初、中、高三个培训班级,分类开展国家通用语言培训,初级班培训 2661 人,中级班培训 843 人,高级班培训 242 人。开设挂牌流动课堂 146 个、“红领巾”小课堂 603 个,邻里结成互学对子 887 对。开展群众帮扶工作 28 场 260 余人次,组织开展主题红歌比赛 1 场 15 人次、主题文艺联谊活动 4 场 700 余人、观看红色电影 1 次 30 余人次。递交入党申请书 650 人,培养入党积极分子 319 名、发展对象 58 名。

【社会治安综合治理】 2018 年,温宿县吐木秀克镇定期、不定期安排专人督察人防、物防、技防措施落实的情况,确保重要场所的安全,采取步巡和车巡相结合的方式,对集市、村队主要交通干道进行巡防,做到果断处置街面异常情况。

【精神文明建设】 2018 年,温宿县吐木秀克镇每周组织机关站所干部学习最少 2 次。由 4 名镇级、24 名村级宣讲员成立宣讲队 1 支,开展巡回宣讲 3 次,每季度培训草根宣讲员 1 次。发挥文化能人作用,有文化能人 13 名。组织 12 个行政村 250 余人成立传统文化“一村一品”文艺队,举办镇级文艺活动 2 场。 (岳 鑫)

2018 年温宿县吐木秀克镇行政村基本情况表

表 2

村名	村民小组(个)	耕地(公顷)	牲畜出栏头(只)	粮食总产量(吨)	村集体经济收入(万元)	人均纯收入(元)	贫困人口(户/人)
尤喀克塔尕克村	3	294	7830	1886.39	21.36	11044.72	121/451
托万克塔尕克村	4	321.4	8095	2048.57	20.96	11120.45	186/645
尤喀克托喀依村	3	152	6254	929.35	9.27	10810.8	122/470
托万克托喀依村	6	325.07	15090	2070.65	17.18	11064.95	161/631
曲达村	6	283.33	17025	2139.96	9.62	9335.72	159/538
吐木秀克村	3	125.8	17356	1145.34	6.83	7764.44	67/224
尤喀克斯日木村	4	247.13	9735	1675.62	22.74	12098.83	18/66
托万克斯日木村	3	213.2	6284	1319.62	19	14411.36	81/309
兰杆村	6	448.33	14605	2786.69	41	14677.83	50/176

续表2

村名	村民小组(个)	耕地(公顷)	牲畜出栏头(只)	粮食总产量(吨)	村集体经济收入(万元)	人均纯收入(元)	贫困人口(户/人)
帕万拉村	4	273.33	8375	1749.27	25.71	13838.91	52/180
河崖村	6	258.73	18800	1615.13	24.70	10785.72	326/1113
塔木里克村	6	85.53	36525	542.40	0	8677.07	31/94

2018年温宿县吐木秀克镇主要社会经济指标情况表

表3

项目	指标	
农业	农业总产值(万元)	9458
	粮食播种面积(公顷)	3021
	粮食总产量(吨)	19909
	棉花播种面积(公顷)	2.07
	棉花总产量(吨)	2
	其他作物播种面积(公顷)	660.73
	其他作物总产量(吨)	14309
林果业	特色林果产品面积(公顷)	5733.33
	特色林果产品总产量(吨)	18600
畜牧业	存栏(头/只)	165974
	出栏(头/只)	123641
林业	造林面积(公顷)	94.67
	人工林存活面积(公顷)	80.47
工业	总产值(万元)	0
广电	广播覆盖率(%)	95
	电视覆盖率(%)	95
	电话普及率(%)	100
财政	总收入(万元)	2687.41
	总支出(万元)	2687.41

续表 3

项目	指标	
教育	中学(所)	1
	小学(所)	5
	幼儿园(所)	11
	教职工总数(名)	255
	中高级教职工职称(名)	29
	在校学生总数(名)	2901
卫生	乡卫生院(所)	2
	村卫生室(所)	11
	专业技术人员(名)	32
	病床(张)	26
农机	拖拉机(台)	1395
	播种机(台)	98
	收割机(台)	55
	轧草机(台)	130
	农用机械使用率(%)	95
人口	总人口(人)	15502
	总户数(户)	3945
	农牧民人均收入(元)	11039.87
	人口出生率(‰)	8.28
	人口死亡率(‰)	6.45
	人口自然增长率(‰)	1.83

阿热勒镇

【概况】 温宿县阿热勒镇位于温宿县城西南，地势西北高，东南低，平均海拔 1174 米。东与阿克苏市为邻，南与乌什县依麻木镇、阿合雅镇隔河相望，西与新疆生产建设兵团第一师四团接壤，北与恰格拉克乡接壤，距温宿县城约 39.5 千米。阿热勒镇人民政府于 2002 年成立。2018 年，全镇有行政编制 61 名，事业编制 73 名。辖 16 个行政村、87 个村民小组、9 个站(所)。草场面积 35.81 公顷，总人口 6423 户 24134 人，其中，女性 12547 人，少数民族 9 个 23241 人。

【农业农村经济】 2018年,温宿县阿热勒镇实现农业农村生产总值56804万元、工业总产值346万元。粮食播种总面积6292公顷,粮食总产55523.45吨;棉花播种面积1152.2公顷,总产1792.2吨;其他农作物播种面积1096.7公顷,总产9879.3吨。林果业总面积6165.66公顷,其中,挂果总面积5109.6公顷,果品总产量25932.2吨。有8个行政村享受退耕还林粮食补助、生活补助,退耕还林户183户,退耕还林面积130.98公顷。栽植防护林24.8公顷。设施农业面积0.43公顷。林下蔬菜种植面积124公顷,秋冬蔬菜种植面积222.4公顷,特色农作物种植面积1096.7公顷。

【畜牧业】 2018年,温宿县阿热勒镇牲畜存栏73150头(只),能繁母畜存栏45469头(只),牲畜出栏65800余头(只),养殖家禽56.16万羽。产肉3225吨,产奶4150吨,产蛋450吨。鼓励农民标准化养殖,培育养殖大户7个、牛育肥户7户,肉羊、肉牛育肥示范户5户,完成7个标准化棚圈建设。政策性保险参保牲畜4152头(只),外购生产母畜565头。完成黄牛冷配2489头,改良肉用绵羊14996只,完成劣质公畜去势1350头(只)。建立养殖档案和防疫档案,完成畜禽疾病防、检、驱、治32.72万头(只)次,家畜禽产地检疫19.8万头(只),佩带免疫标识。检查畜禽养殖场、农贸市场、畜禽屠宰检疫点、肉类经营场所60次,出动检查车辆95台次,检查动物性食品安全114人次,检查畜禽15万头(只),死畜无害化处理率100%。布鲁氏菌病检测3815头(只),结核病检测3815头(只)。加工制作青贮饲料1.52万吨,种植粮饲兼用玉米20公顷,创建棉秸秆加工转化利用示范点1个。

【政治思想宣传】 2018年,温宿县阿热勒镇开展民族团结、政策理论大宣讲活动,发放涉及法律法规、惠农惠民、民族宗教等方面材料185套9878份,组织宣讲328场次,受教育群众4.5万人次。

【精神文明建设】 2018年,温宿县阿热勒镇开展党委中心组学习14次、干部学习38场次,撰写读书笔记400余篇。开展政策宣讲2512场次。组织开展发声亮剑活动521场次,发言干部群众1700余人次;组织球类比赛210场次,参与群众2.5万人次;开展麦西来甫、文艺会演、斗鸡、斗羊等各类活动298场次,参与群众5.6万人次;组织茶话会、座谈会等136场次,各类文体活动768场次,参与人数2.5万人次。

【基层组织建设】 2018年,温宿县阿热勒镇开展国家通用语言培训。设立国家通用语言学习流动课堂86所,发放学习资料及用具4457套;举办党员干部国家通用语言培训班12班次,参训800余人次。调整3名国家干部到村担任党支部书记,调整49名村“两委”班子成员。发展农民党员122名,储备村级后备干部258名。推进村级组织“星级化”创建,整顿2个软弱涣散党组织。解决群众困难557件,化解矛盾纠纷187件;开展各类联谊活动134场,参加26260人次。

【脱贫攻坚】 2018年,温宿县阿热勒镇贫困户实行县、镇两级干部包联走访全覆盖。全镇有建档立卡贫困户928户3458人,贫困村1个(托万克麦盖提村),贫困人口占总人口比例14%。全年脱贫53户208人。利用建档立卡数据库,分析贫困成因及特点,研究制定帮扶计划928份,分类管理实名制台账18本,开展“扶贫周”活动,实现“一村一策,一户一方案”。建立2018—2020年扶贫资金项目库,涉及扶贫项目3类3个,争取扶贫资金356.07万元,扶贫项目落地7个,涉及金额389万元、受益423户。针对扶贫项目开展就业技能培训2场,培训贫困群众90名;结合就业创业意愿和企业用工需求开展技能培训6场,培训贫困群众132人。整建制转移就业95名,人均增收1.6万余元;富余劳动力就业377人,人均增收0.7万元。季节性转移贫困人口659名,人均增收0.7万元,累计增收19.3万元。落实低保兜底政策,把162户535名贫困群众纳入低保范围,发放低保金247.34万元。引导2143名贫困人口参加养老保险。为12户贫困户建安居房,为15个村通动力电,为82户贫困户通安全饮水,贫困户自来水入户、安全住房、广播电视、通村道路实现全覆盖。增加低保户167户447人,低保户合计713户1608人。发放农村低保275.53万元,发放城市低保25.07万元,兜底脱贫发放11.53万元。发放残疾人补贴227人21.79万元。为15名五保老人每人每月补助343元,为2名孤儿每人每月发放600元。救助386户496人,发放面粉3.29吨、大米2.27吨、清油1.6吨、煤796吨。

【传染病防治】 2018年,温宿县阿热勒镇有0~6岁儿童3150人,出生总儿童156人,完成各种免费疫苗接种5497人次。上报乙类传染病8例,做好对AFP主动监测报告工作,监测报告率、“零”报告率100%,报告无AFP病。管理孕产妇172人,孕产妇早孕检查153人,早检率92%。完成全民体检19842人,体检率100%,发现阳性疾病5285人次。签约16316人次,签约率71%,其中重点人群签约服务人数12994人次,覆盖率95%。贫困人口签约服务3625人次,签约率100%。开展传染病、艾滋病防治等宣传活动69次,发放宣传册(单)1850余份,制作宣传栏102个,受益1.08万人次。

【计划生育】 2018年,温宿县阿热勒镇享受“农村领取光荣证家庭子女考学兑现奖励”资金13人(其中,享受6000元奖励3人,享受4000元奖励1人,享受2000元奖励9人)。举办计划生育专职人员和基层计划生育宣传员、发药员业务培训班36期10620人次;举办基层计划生育宣传员业务培训班78期3320人次;在16个行政村举办计划生育培训班64期1889人次;开展政策法规、奖励扶助优惠政策宣传培训班2期239人;开展流动人口计划生育清理清查工作4次,开展流动人口宣传培训195人次。

【教育事业】 2018年,温宿县阿热勒镇坚持教育优先发展战略,落实义务教育阶段中小学生“两免一补”(免学杂费、免教科书费、补助寄宿生生活费)政策和完善控辍保学机制,教育基础设施建设不断完善。全面落实南疆15年义务教育及各项教育资助政策,做好贫困家庭子女控辍保学工作以阻断贫困代际传递,中小学适龄少年儿童入学率均为100%。11名建档立卡家庭大学生享受援疆助学金、新生入学资助、慈善助学金4.1万元。落实教育保障经费。义务教育阶段541名建档立卡家庭在校学生享受助学金120.75万元,46名建档立卡高中生享受助学金23.46万元。

【普法宣传】 2018年,温宿县阿热勒镇制定普法依法治理工作计划,聘请法律顾问17名,每周在村开展不少于2个小时的法律咨询、援助,创建5个民主法治示范村。选聘专职普法督导员2人,组建普法志愿队1支5人、普法宣讲队18支60人,开展法制宣传68场次,发放普法宣传材料1.3万份,受教育群众1.25万人次。借助网络学法平台,全镇在册公职人员378人参与网络学法活动。

【防洪工作】 2018年,温宿县阿热勒镇绿化河流沿岸5.25千米,栽植树木24.8公顷。修建防渗渠4千米。农业灌溉1.02万公顷,维修、清淤防渗渠40千米。组织4000余人加固修缮沿河17处防洪点7.3千米,修建防洪坝1.85千米,维修防洪坝8.4千米,雇用铲车595小时、挖掘机100小时、拖拉机2865台,购买木头24846根、树枝16119吨、沙石袋7100个、铁丝4.3吨、铁丝笼1666个、石头15290立方米、三脚架4241个。

【安居富民】 2018年,温宿县阿热勒镇完成安居富民工程建设任务809户,其中,建成379户,扩建430户,完成目标任务的100%,开工率、竣工率、入住率、“三区分离”率、地面硬化率均达100%。发放安居富民补助资金2783.87万元。

【社会事业】 2018年,温宿县阿热勒镇向阿克苏地区南工业园区整建制转移就业146人,人均增收1.6万余元;富余劳动力就业1371人,人均增收0.7万元;向温宿县古勒阿瓦提乡季节性劳务输出4096人次,人均增收0.7万元。在集市日提供免费摊位,组织贫困户2300余人出售农产品15次,增收15.9万元。

【惠民工程】 2018年,温宿县阿热勒镇投资500万元,实施村级惠民生项目10个。建成创业孵化基地4个、农贸市场1个、公共场所5个、乡村旅游娱乐房屋1处,修建防渗渠3条;实施扶贫项目7个,其中,建设喀什博依村就业创业小集市1个,大杨树村就业创业小集市1个、防渗渠1条,托万克麦盖提村小型冷库1个、小拱棚1个、蔬菜种植补助项目1个,提格艾日克村家禽养殖项目1个。 (何 蕊)

2018年温宿县阿热勒镇行政村基本情况表

表4

村名	村民小组(个)	耕地(公顷)	牲畜存栏头(只)	牲畜出栏头(只)	粮食总产量(吨)	村集体经济收入(万元)	人均纯收入(元)	贫困人口(户/人)
结格吉村	6	444.11	5764	4841	3108.14	14.90	10483.70	53/189
依尔玛村	6	555.47	5730	4813	4167.12	16.20	9520.40	47/152
吾斯塘博依村	4	454.80	5385	4605	2844.09	17.30	13592.60	25/96
吐尔拜提尤喀克买里村	6	318.32	4840	4065	2745.45	11.10	12478.1	47/180
吐尔拜提阿热买里村	5	386.66	5076	4263	2620.44	35.50	12010.10	49/177
吐尔拜提喀拉都维村村	5	458.94	4921	4133	3011.54	14.80	11655.70	26/108
皮亚其村	6	423.62	5326	4473	3650.34	37.30	8675.10	59/204
乌尔奇托万克买里村	5	307.26	2772	2328	2553.46	8.00	10733.40	41/134
夏合吐尔村	5	391.26	6631	5770	3862.53	26.60	12563.20	38/119
尤喀克麦盖提村	5	428.53	3410	2864	3200.14	31.10	9200.10	22/86

续表 4

村名	村民小组（个）	耕地（公顷）	牲畜存栏头（只）	牲畜出栏头（只）	粮食总产量（吨）	村集体经济收入（万元）	人均纯收入（元）	贫困人口（户/人）
巴格其艾日克村	5	393.28	4897	4313	2560.77	20.8	10587.40	36/123
大杨树村	5	394.34	4349	3653	3070.44	21.70	10554.60	47/122
喀什博依村	6	388.04	4653	3908	1647.47	18.80	10100.80	76/260
托万克麦盖提村	8	380.60	6838	5744	3179.20	49.80	8654	328/1416
提格艾日克村	5	501.43	4932	4142	1927.79	32.70	12043.80	34/92
花果村	5	2331.66	2006	1885	6151.34	32.70	34923.60	0/0

2018 年温宿县阿热勒镇主要社会经济指标情况表

表 5

项目	指标	
农业	农业总产值（万元）	56804
	粮食播种面积（公顷）	6292
	粮食总产量（吨）	55523.45
	棉花播种面积（公顷）	1152.2
	棉花总产量（吨）	1792.2
	其他作物播种面积（公顷）	1096.7
	其他作物总产量（吨）	9879.3
林果业	特色林果产品面积（公顷）	5109.6
	特色林果产品总产量（吨）	25932.2
畜牧业	存栏（头/只）	73150
	出栏（头/只）	65800
林业	造林面积（公顷）	36.8
	人工林存活面积（公顷）	31.28
工业	总产值（万元）	346

续表 5

项目	指标	
广电	广播覆盖率(%)	100
	电视覆盖率(%)	95
	电话普及率(%)	95
财政	总收入(万元)	8081.97
	总支出(万元)	8081.97
教育	中学(所)	1
	小学(所)	2
	幼儿园(所)	12
	教职工总数(名)	435
	中高级教职工职称(名)	62
	在校学生总数(名)	5738
卫生	乡卫生院(所)	1
	村卫生室(所)	16
	专业技术人员(名)	30
	病床(张)	40
农机	拖拉机(台)	3385
	播种机(台)	339
	收割机(台)	113
	轧草机(台)	417
	农用机械使用率(%)	95
人口	总人口(人)	24134
	总户数(户)	6423
	农牧民人均收入(元)	12010.45
	人口出生率(‰)	15.8
	人口死亡率(‰)	4.3
	人口自然增长率(‰)	11.5

佳木镇

【概况】 温宿县佳木镇位于天山南麓，台兰河灌区上游，东与第一师五团接壤，西与依希来木其乡毗邻，距温宿县城26千米，阿克苏市28千米，314国道贯穿全镇。全镇辖14个行政村，70个村民小组，14个站所，2018年全镇总户数5232户，总人口20291人，其中少数民族17646人，占86%，已婚育龄妇女4067人。新出生人口178人，人口出生率为8.3‰，死亡人口108人，人口死亡率5.4‰，自然增长率为2.9‰。农村经济总收入主要由种植业、特色林果业、畜牧业、二三产业和劳务输出经济组成。

【农业农村经济】 2018年，温宿县佳木镇实现农业总产值79137万元，其中，种植业16527万元，林果业48485万元，畜牧业9440万元，二、三产业收入2629万元，设施农业收入2056万元；农牧民人均纯收入19427.64元，比上年增长6.8%。

【种植业】 2018年，温宿县佳木镇优化农业产业结构，全年种植小麦1400公顷、总产量1.2万吨；玉米种植800公顷、总产量0.92万吨；复播玉米落实面积133.33公顷、总产0.08万吨；棉花面积4200公顷、总产量0.8万吨。

【林果业】 2018年，温宿县佳木镇坚持把发展林果业作为促进农民快速增收致富的支柱产业来抓。林果业挂果面积9133.33公顷，果品总产6300吨，农牧民人均林果收入占人均纯收入的60%。

【畜牧业】 2018年，温宿县佳木镇不断加大牲畜品种改良力度。全年年存栏数43676头(只)，出栏72500头(只)，不断加强牲畜防疫驱治工作，强化农牧民牲畜防疫驱治知识宣传教育普及。

【精神文明建设】 2018年，温宿县佳木镇在各行政村主干道、314国道两侧、农户房顶，为每家每户制作铁制、统一长短的旗杆，悬挂国旗5548面，其中更新更换1016面；统一模板制作和规范中央、自治区重大决策部署标语口号宣传版面23处600余块；利用“村村通”大喇叭，收集爱国歌曲100余首，录制“自治区惠民政策明白册”3版、镇村两级党员干部发声亮剑音视频13版；全镇2450名群众手机多媒体卡拷录爱国歌曲、“自治区惠民政策明白册”、各级干部发声亮剑音视频。完成外宣任务自治区级3篇，地区级完成6篇，县级完成25篇；打造文化户文化大院7家；在县城开展“百日广场文体活动”演出1场。

【社会事业】 2018年，温宿县佳木镇开展中心组学习13次；开展冬季万人大宣讲活动136场次，受益群众3万余人次；开展群众性文体活动，举办农村百日文体活动9次，观看群众1200余人；利用“村村通”大喇叭广播全国“两会”精神、脱贫攻坚知识、党的惠民政策、农机推广使用和计生等知识，时间达360小时；学习全国“两会”精神，弘扬柯柯牙精神，营造脱贫攻坚农户宣传氛围；开展持续发声亮剑动员会22次，组织返乡大学生发声亮剑359人，机关干部发声亮剑125人，组织返乡大学生开展教育26次；举办庆春节晚会1次，举办元宵节晚会1次，设立“扫黄打非”基层站点4个。

【基础设施建设】 2018年，温宿县佳木镇坚持基础设施先行，加大交通基础设施建设，不断改善各族群众生产生活环境。新建农村公路25.4千米,对50余千米砂石路进行维护,新建、维修、维护、自来水老旧管道20.15千米,通水通电实现全覆盖,实施农村改厕810户。

【惠民生工程】 2018年,温宿县佳木镇改造改建安居工程588户,完成美丽乡村庭院改造建设和三区分离334户。实施惠民生工程9个,其中,7个访汇聚项目(加依村综合体育设施:修建200平方米地面硬化及大舞台1座,购置体育健身器材5套;绿戈壁村机井维修:维修机井1口及附属设施;托万克土曼村便民服务超市、尤喀客吐曼村村内公共活动场所:铺设沥青路共1.4千米;兰杆村防渗渠:修建上口2.5米、下口1米、0.5立方米/秒流量U形防渗渠1.2千米;拉帕村安全饮水建设:修建自来水管网4千米及附属工程;佳木阔坦村农产品保鲜冷库:修建库容150吨保鲜冷库及附属),1个自治区青少年基金协会项目(通吐尔村家长学校附属工程建设:地面硬化、路沿石、绿化管网、新建化粪池、卫生间改造等附属设施建设),1个地区水利项目(喀赞阿斯玛村"最后一公里"渠道建设项目:修建250米渠道及3座建筑物)。

【基层组织建设】 2018年,温宿县佳木镇通过村民大会推荐一批,对不胜任现职工作的分流一批,调整村党支部书记4名、村委会主任6名、村"两委"副职28名,14个行政村村"两委"班子成员调整后党员占比达70%,具有中专以上学历42人,正职年龄段主要集中在35~45岁。加强村两支队伍建设,建立动态跟踪培养机制,将农村致富能手、种植养殖大户、返乡知识青年、退役军人、大中专毕业生等224人充实到村级储备年轻干部库;28名村级储备年轻干部经过多层次培训、多岗位锻炼后调整到村"两委"班子任职;确定24名村"两委"副职为村"两委"正职重点培养对象。全年有459名农牧民群众递交入党申请书,190人通过党小组会议推荐、党支部会议提名、党员大会表决被列为入党积极分子,75人确定为发展对象,经镇党委审议吸收预备党员70名,转正预备党员39名。驻村各支力量组织开展大型融情活动147场次,结对认亲2597对;成立宣教队33支,开展宣讲496场次,受教育群众102148人次;组建党团志愿服务队36支777人,帮助孤寡老人、困难儿童解决实际问题1336件。

【社区建设】 2018年,温宿县佳木镇喀赞阿斯玛社区建立于2010年5月,有居民254户1180人,其中,少数民族961人;社区居委会干部5人;有镇人民政府、派出所、警务站、卫生院、文化站、财政所、供电所、水管站、粮站、邮政、供电所以及学校(其中,中学1所,小学2所,幼儿园1所)等机关单位,有各类商铺172家,砂石料场3个,搅拌站1个。 (贾俊强)

2018 年温宿县佳木镇行政村基本情况表

表 6

村名	村民小组（个）	耕地（公顷）	牲畜存栏头（只）	牲畜出栏头（只）	粮食总产量（吨）	村集体经济收入（万元）	人均纯收入（元）	贫困人口（户/人）
加依村	5	1631.98	5022	7450	1640	118.97	21191.95	36/126
通吐尔村	6	1397.19	4684	7000	1495	84.03	21107.22	25/103
阿热勒巴格村	5	484.14	2551	4500	1502.2	51.73	18668.03	45/150
萨依买里村	3	189.76	1759	1000	243	0.03	22028.17	11/35
绿戈壁村	3	340.84	1090	3500	1058.1	16.76	18254.91	30/90
托万克吐曼村	5	953.7	6094	7550	3623	70.15	19805.9	31/114
尤喀克吐曼村	7	457.5	3576	7000	1380	53.37	20931.65	20/65
兰杆村	5	437.91	2646	5500	1570	24.5	17024.4	30/104
绿园村	5	450.4	3575	5500	1705	11.5	18765.87	21/79
喀赞阿斯玛村	5	617.3	3727	5500	765	42.83	21662.61	36/116
喀什艾日克村	5	568.38	3947	5500	1280	44.48	17679.57	40/150
拉帕村	5	808.8	2899	5500	1250	53.18	16569.98	34/102
英买里村	6	1486.7	1592	3500	305.7	2.83	18860.16	0/0
佳木阔坦村	5	529.9	514	3500	323	0.04	23388.14	0/0

2018 年温宿县佳木镇主要社会经济指标情况表

表 7

项目	指标	
农业	农业总产值（万元）	79137
	粮食播种面积（公顷）	2884.93
	粮食总产量（吨）	18140
	棉花播种面积（公顷）	4200
	棉花总产量（吨）	8017
	其他作物播种面积（公顷）	15.7
	其他作物总产量（吨）	80

续表 7

项目	指标	
林果业	特色林果产品面积(公顷)	13440
	特色林果产品总产量(吨)	6300
畜牧业	存栏(头/只)	43676
	出栏(头/只)	72500
林业	造林面积(公顷)	60.6
	人工林存活面积(公顷)	29.3
工业	总产值(万元)	281
广电	广播覆盖率(%)	100
	电视覆盖率(%)	100
	电话普及率(%)	100
财政	总收入(万元)	7733.24
	总支出(万元)	7956.78
教育	中学(所)	1
	小学(所)	4
	幼儿园(所)	7
	教职工总数(名)	342
	中高级教职工职称(名)	40
	在校学生总数(名)	3520
卫生	乡卫生院(所)	2
	村卫生室(所)	14
	专业技术人员(名)	29
	病床(张)	75
农机	拖拉机(台)	1520
	播种机(台)	68
	收割机(台)	49
	轧草机(台)	130
	农用机械使用率(%)	93

续表7

项目	指标	
人口	总人口(人)	20291
	总户数(户)	5232
	农牧民人均收入(元)	19427.64
	人口出生率(‰)	8.30
	人口死亡率(‰)	5.40
	人口自然增长率(‰)	2.9

克孜勒镇

【概况】 温宿县克孜勒镇位于温宿县东南方向,距离温宿县城40余千米。2018年有16个行政村,84个村民小组,总人口6344户23497人。机关干部编制数54名,实有70名;乡直事业站所编制数67名,实有63人。

【农业农村经济】 2018年,温宿县克孜勒镇完成工农业总产值11.78亿元,比上年增长8.77%;实现农牧民人均纯收入20639.9元,比上年增长5.99%。完成第一产业生产值11.42亿元(其中,种植业收入4.81亿元,林业收入5.55亿元,牧业收入1.06亿元),第二产业生产值0.13亿元,第三产业生产值0.23亿元。

【种植业】 2018年,温宿县克孜勒镇实现粮食作物种植面积2556.47公顷,总产量16243吨,总产值3655.99万元;棉花种植面积9596.6公顷,其中机采棉1333.33公顷,棉花总产量18127吨,总产值27720万元;蔬菜面积334.69公顷,产量7141.9吨,瓜果类种植面积267.4公顷,产量5214.3吨。

【林果业】 2018年,温宿县克孜勒镇实现林果挂果面积13480公顷,总产10万吨,其中,核桃挂果面积4573公顷,总产量12904吨;红枣挂果面积7446.6公顷,总产量55984吨;其他挂果面积1460.4公顷,总产量31115吨;完成植树造林40.8公顷,退耕还林面积104.06公顷,发放退耕还林补贴548.37万元;建成林果业示范园共35个,其中,高产示范园28个327.73公顷,低产田改造示范园7个56.67公顷。

【畜牧业】 2018年,温宿县克孜勒镇主要抓以牛、羊为主的大牲畜繁育,加快农业产业结构的调整步伐。全年实现牲畜存栏6.59万头(只),出栏8.48万头(只)。按照“科学养学”示范创建考核标准完成年度“科学养学”三级示范体系建设任务。完成产肉2600.8吨,产奶3071吨,蛋产475吨。备用冬季青贮饲料14400吨、其他饲草料61200吨。实施产地检疫436580头(只)次,家禽产地检疫331060羽次。

【农机普及】 2018年,温宿县克孜勒镇拥有农机具6922台。新增拖拉机66台,各种农机工具110台,采棉机6台,联合收割机3台。发放农机补贴84户。

【安居工程建设】 2018年,温宿县克孜勒镇新建扩建富民安居房678户,完成率100%,其中,新建300户,扩建378户;建档立卡贫困户27户。完成改厕182户。

【水利建设】 2018年,温宿县克孜勒镇抓好防洪工作。利用项目资金新修镇级防渗渠15千米,村级防渗渠29千米。新接入饮水188户,更新自来水管20.2千米。

【政治思想宣传】 2018年,温宿县克孜勒镇组织中心组学习10次、理论考试3次,撰写调研报告4篇、心得体会20余篇,班子成员深入联系点面向农民群众讲党课活动40余次;各党支部开展理论政策大学习、大讨论活动10余次,撰写心得体会10篇;一般干部开展学习40余次、理论考试3次,撰写心得体会10余篇、读书笔记3万字。宣讲团开展巡回宣讲200余场,发放宣传资料1000余份,受教育群众2.5万人次。

【精神文明建设】 2018年,温宿县克孜勒镇结合社会主义核心价值观、公民道德建设、"民族团结一家亲""我们的节日"等主题,组织开展朗诵、演讲比赛、知识竞赛、农牧民运动会、"一村一品"等系列活动,编排各类文艺节目70余个,巡回演出48场;组织草根宣讲员深入各行政村(社区)开展巡回宣讲40余场;大喇叭广播涵盖各村组、各民族,广播1600个小时,受教育群众2.7万人。

【文化体育工作】 2018年,温宿县克孜勒镇建立健全各项制度,规范管理镇文化站,开展各种活动150余场次,体育活动36场次。坚持现代文化为引领,围绕诺肉孜节、国际劳动妇女节、国际劳动节、古尔邦节等重大节庆日,开展节庆专题文化活动8场次,观看群众达到1万余人次;结合每周一升国旗、农牧民夜校,在镇广播上发声亮剑2次,召开干部大会集体发声亮剑2次,各行政村开展发声亮剑60余次。志愿服务队伍人数已经达到400余人,开展志愿者服务活动10余次。

【教育工作】 2018年,温宿县克孜勒镇抓好教师培训和对15~50周岁文盲的培训工作,扫盲率达100%,农区非文盲率达99%,复盲率控制在2‰以内。

【爱国卫生】 2018年,温宿县克孜勒镇落实地方病、结核病、艾滋病及氟中毒预防知识宣传教育要求,开展疾病预防宣传14次,受益3万余人次,城镇居民知晓率达95%,农村居民知晓率达90%,流动人口知晓率达90%。开展大规模爱国卫生环境整治活动6次,出动干部群众700余人次,悬挂横幅30幅,下发倡议书600余份,开辟宣传栏16个,出动垃圾清运车30辆次,清除卫生死角20余处,清运垃圾20余处。

【人口和计划生育】 2018年,温宿县克孜勒镇有已婚育龄妇女5252人。新出生253人(其中,一孩54人,二孩133人,三孩66人),死亡152人。持光荣证家庭374户。落实国家法律法规规定的奖励政策。考学兑现奖励金23名学生,共计6.8万元。南疆四地州奖励对象603人,奖励金总额237万元;城镇居民奖励对象5人,奖励金总额1.5万元,自治区少生快富奖励对象29人,奖励金总额5.1万元,已经全额发放到人。强化信息管理,加强生育登记服务工作。发放一般生育服务证270个,生育登记率98%,规范生育登记资料。依规审批发放再生育特批生育服务证5个、光荣证375个。

【民政工作】 2018年,温宿县克孜勒有低保户365户862人,其中,城市低保户71户133人,农村低保户294户729人。五保户4家4人,其中,集中供养

3户3人,分散供养1人。优抚对象4人。享受80岁以上老年人生活津贴207人。有贫困户491户1991人,其中,脱贫户261户1118人,未脱贫230户873人。有残疾人755人,享受两项补贴190人,享受医疗救助人员24人。

【劳动保障】 2018年,温宿县克孜勒开展促进就业工作,新增城镇就业156人,办理就业失业登记证人员95名。农村富余劳动力转移就业1370人,其中,稳定就业392人,季节性就业978人;建档立卡贫困户就业人员133人。城乡职业培训540人,56名大中专毕业生就业。城乡居民养老保险参保10245人,满60岁办理退休手续人员102人,60岁以上享受养老保险1718人。

【基层组织建设】 2018年,温宿县克孜勒实施村级组织队伍建设,选拔科技副职16名到村任职;按照正职、副职1∶3比例,配备村级储备年青干部255名,其中7名重用进村"两委"班子;进一步健全村级事务监督组织机构,补选配齐村务监督委员会成员80名。推进"两学一做""5+X"活动常态化。推进强基层强基础措施。加大阵地建设投入力度,统筹规划在村级阵地种花种树,打造园林式阵地。坚持每周开展一次小活动、每月开展一场大型活动。结合扫黑除恶专项斗争,整顿2个软弱涣散基层党组织。集中举办村级骨干力量普通话强化培训班,培训村干部84名、年轻储备干部125名。发展落实农牧民党员机制,引导优秀团员青年入党,各村入党积极分子由包村镇领导、"访惠聚"驻村工作队和村"两委"进行帮教培养。全年递交入党申请书382人,确定入党积极分子273人、新发展党员82名,预备党员转正84人。推进党团一体化建设。新发展团员52名,开展党团志愿活动220场次,参与团员2.3万人次;在妇女群众中开展"最美家庭"创建、模特大赛、"最美服装秀"等活动74场次,参与群众3.5万人;新创建纺织业联合工会1个,新入会员35人;开展"金秋助学"宣传活动18场次,受教群众2万余人;开展"三会一课"活动共18次。

【"访惠聚"工作】 2018年,温宿县克孜勒镇有"访惠聚"驻村工作队16个102人。各驻村工作队结合各村实际,选优配强人员,开展各项工作。宣传教育群众74场次,受教育群众2.6万人次,化解矛盾纠纷152件,解决群众困难524件。 (梁富爽)

2018年温宿县克孜勒镇行政村基本情况表

表8

村名	村民小组(个)	耕地(公顷)	牲畜存栏头(只)	牲畜出栏头(只)	粮食总产量(吨)	村集体经济收入(万元)	人均纯收入(元)	贫困人口(户/人)
其克特村	8	1267.3	3601	4751	1066.74	23.1	20442	31/127
其曼村	8	1031.6	4889	6003	1018.14	105.72	19451	33/149
巴夏克其村	7	947	5956	7070	1506.20	105.72	21199	43/169
乌克铁热克村	5	773.7	5142	5756	1210.81	61.91	21756	63/257
依尔玛村	6	988.8	6539	8721	1630.24	140.4	21381	57/202

续表 8

村名	村民小组(个)	耕地(公顷)	牲畜存栏头(只)	牲畜出栏头(只)	粮食总产量(吨)	村集体经济收入(万元)	人均纯收入(元)	贫困人口(户/人)
古洛克村	3	359.6	3153	4267	840.78	34.8	22190	29/102
加格达村	4	990.9	3740	4854	1623.51	86.5	21183	29/91
阿热买力村	5	587	3778	4892	945.61	48.81	20625	35/153
帕曼村	7	563.6	5208	6322	1586	53.85	21702	32/130
喀勒克村	6	1073.9	5334	6448	1335.48	58.9	22272	38/150
喀拉萨村	7	1240.6	5380	6994	1124.92	68.92	21592	59/258
青年新村	4	486.2	3375	4491	483.83	0.03	21230	0/0
喀什博依村	2	580.3	2237	3351	576.09	1.65	16527	3/13
喀什克沙亚提村	5	953.3	2911	4025	643.37	0	18494	7/30
博然其村	4	1287.3	2059	3173	417.35	0	17770	3/12
克尔库木村	3	1867.6	2568	3682	233.47	11	20303	3/10

2018 年温宿县克孜勒镇主要社会经济指标情况表

表 9

项目	指标	
农业	农业总产值(万元)	117800
	粮食播种面积(公顷)	2556.47
	粮食总产量(吨)	16243
	棉花播种面积(公顷)	9596.6
	棉花总产量(吨)	18127
	其他作物播种面积(公顷)	395
	其他作物总产量(吨)	24.55
林果业	特色林果产品面积(公顷)	140
	特色林果产品总产量(吨)	100000
畜牧业	存栏(头/只)	65900
	出栏(头/只)	84800

续表 9

项目	指标	
林业	造林面积(公顷)	37.61
	人工林存活面积(公顷)	36.5
工业	总产值(万元)	1306.72
广电	广播覆盖率(%)	95
	电视覆盖率(%)	100
	电话普及率(%)	95
财政	总收入(万元)	8846.25
	总支出(万元)	8942.09
教育	中学(所)	2
	小学(所)	12
	幼儿园(所)	15
	教职工总数(名)	477
	中高级教职工职称(名)	226
	在校学生总数(名)	6765
卫生	乡卫生院(所)	2
	村卫生室(所)	16
	专业技术人员(名)	40
	病床(张)	35
农机	拖拉机(台)	1978
	播种机(台)	174
	收割机(台)	68
	轧草机(台)	53
	农用机械使用率(%)	93
人口	总人口(人)	23497
	总户数(户)	6344
	农牧民人均收入(元)	21073
	人口出生率(‰)	5.37
	人口死亡率(‰)	3.16
	人口自然增长率(‰)	2.21

托乎拉乡

【概况】 温宿县托乎拉乡位于新疆天山中段托木尔峰南麓,塔里木盆地北缘,地理坐标为北纬40°51′41″~42°15′13″、东径79°21′50″~81°29′58″之间,位于温宿县城以西,东与温宿县城相接,南与阿克苏市依干其乡接壤,西与吐木秀克镇相连,北与柯柯牙镇相接,温宿县托乎拉乡人民政府驻地位于温宿县城以西1.5千米处,总人口3579户13824人。

乡人民政府机关站所有编制264名,实有290人,所涉及站所为民政社保服务中心、村镇规划所、广播站、计生办、财政所、农村经济发展中心、卫生院、托乎拉乡中学、托乎拉乡第一小学、托乎拉乡第二小学、托乎拉乡中心幼儿园。

农业总产值35445.5万元,其中,农村经济总收入35445.5万元,比上年增加1019.4万元,增长2.96%。人均纯收入18519.8元,比上年增加1065.8元,增长5.21%。农作物播种面积3305.03公顷,其中,粮食播种面积2709.7公顷,总产74719.7吨;棉花播种面积0.33公顷,总产0.07吨;其他作物播种面积595公顷,总产91040吨。

【社会事业发展】 2018年,温宿县托乎拉乡城乡居民养老保险5455人,按月领取养老金996人;促进就业再就业工程,农村劳动力转移就业1.2万人。核实低保户177户363人,享受城市低保22户33人,享受农村低保95户185人,发放低保金31万余元。城镇居民医疗保险12012人,城乡居民养老保险5460人。60岁以上人员领取养老金1027人。劳动力实用技能培训221人,创业培训6人;劳动力转移2097人次,其中,稳定就业539人,季节性转移1558人次。

【基层组织建设】 2018年,温宿县托乎拉乡坚持党委中心组学习制度,每月党政班子成员集中学习不少于一次。培养村级年轻储备干部149名,建立村级年轻储备干部培养责任制,按照“四议两公开”(“四议”即党支部会提议、两委会商议、党员大会审议、村民代表会议或村民会议决议;“两公开”即决议公开、实施结果公开)的工作程序落实村级重大事务;结合党员发展5个阶段25个步骤,有193名农牧民群众递交入党申请书,44人列为入党积极分子,56人确定为发展对象,吸收56名预备党员,预备党员转正37名;坚持以夜校+模式为主,全面推行“一托七”(“一个主体”即农牧民夜校集中学;“七个支撑”即流动课堂重点学、领里结对相互学、亲子互动辐射学、干部辅导学、干部带头示范学、日常测评督促学、活动引导比着学)培训方式,初级班有1477人,中级班847人,高级班297人;督促“访惠聚”驻村工作队深入开展“1+2+5”(“一个目标”:维护社会稳定;“两项任务”:建强基层组织、做好群众工作;“五件好事”:落实惠民政策,拓宽致富门路,推进脱贫攻坚、办好实事好事、壮大党员队伍)八项任务,托乎拉乡党委坚持每月召开“访惠聚”驻村工作推进会,每月对工作队进行考核排名。

【精神文明建设】 2018年,温宿县托乎拉乡打造库如力村村史馆和河畔村红色爱国教育基地。组织各行政村文艺骨干学习制作中华传统手工灯笼,在乡范围内进行推广。编排一村一品宣传精品节目37个,组织文化一村一品活动60余场次。各级干部的一人一档进行规范化制作,对学校、卫生院、机关(站)所在职及退休干部975人开展谈心谈话。

【基础设施建设】 2018年,温宿县托乎拉乡完成安居富民211户,“三区”(生活区、种植区、养殖区)分离406户,外地群众落户及嵌入式居住60户155人,天然气入户137户。推进饮水安全工程,完成托乎拉乡库尔巴格水厂改扩建,铺设自来水管网74千米,解决6800余人安全饮水问题。完成托乎拉乡9个村道路通达工程,新建柏油路10.5千米,解决5000余人出行难的问题。

【设施农业】 2018年,温宿县托乎拉乡设施农业种植面积156.09公顷,其中,温室大棚272座30.80公顷,亩(0.67公顷)均效益13698元;拱棚1715座16.09公顷,陆地蔬菜65.33公顷,林下蔬菜43.87公顷,年产蔬菜7117.5吨。托乎拉乡有农机机械1170台,其中,拖拉机947台,播种机89台,收割机134台,农作物全部实现机械收割。

【实施惠民工程】 2018年,温宿县托乎拉乡实施惠民生项目9个,完工已投入使用项目9个,项目总投资450万元,全部为自治区2018年村级惠民生工程项目专项资金,其中,防渗渠建设项目3个,每个50万元,总投资150万元,建设地点位于稻园村、玉斯屯克库尔巴格村、思源村;垃圾收集项目1个,总投资50万元,建设地点位于托乎拉村;便民服务超市项目1个,总投资50万元,建设地点位于玉斯屯克苏布拉克村;加工厂建设项目1个,总投资50万元,建设地点位于河畔村;村内道路项目1个,建设地点位于库如力村;村内公共活动场所建设项目1个,总投资50万元,建设地点位于托万克苏布拉克村;路灯安装项目1个,总投资50万元,建设地点位于思源村。

(彭　建)

2018年温宿县托乎拉乡行政村基本情况表

表10

村名	村民小组(个)	耕地(公顷)	牲畜存栏头(只)	牲畜出栏头(只)	粮食总产量(吨)	村集体经济收入(万元)	人均纯收入(元)	贫困人口(户/人)
托乎拉村	9	456.6	3681	650	925	43	18170	38/114
库如力村	8	833.3	750	230	100	2	12750	13/44
稻园村	7	346.07	1680	530	2149	39	17146	18/48
托万克苏布拉克村	5	566.6	3418	2461	3800	62.1	21212	32/108
托万克库尔巴格村	4	396	520	420	2030	43	20900	24/71
尤喀克苏布拉克村	3	496	2157	1000	1449.05	32	21863	6/12
尤喀克库尔巴格村	4	746.66	2805	1160	4018	52	20837	19/63
思源村	4	505.4	2230	870	2278	87	21422	22/57
河畔村	3	763.6	3700	900	4040	163.8	24780	5/17

2018年温宿县托乎拉乡主要社会经济指标情况表

表11

项目	指标	
农业	农业总产值(万元)	35445.5
	粮食播种面积(公顷)	2709.7
	粮食总产量(吨)	74719.7
	棉花播种面积(公顷)	0.33
	棉花总产量(吨)	0.07
	其他作物播种面积(公顷)	595
	其他作物总产量(吨)	91040
林果业	特色林果产品面积(公顷)	171
	特色林果产品总产量(吨)	513
畜牧业	存栏(头/只)	36837
	出栏(头/只)	42365
林业	造林面积(公顷)	13.6
	人工林存活面积(公顷)	13.6
工业	总产值(万元)	0
广电	广播覆盖率(%)	100
	电视覆盖率(%)	95
	电话普及率(%)	98
财政	总收入(万元)	4982.37
	总支出(万元)	4982.37
教育	中学(所)	1
	小学(所)	2
	幼儿园(所)	6
	教职工总数(名)	210
	中高级教职工职称(名)	33
	在校学生总数(名)	2252

续表 11

项目	指标	
卫生	乡卫生院(所)	1
	村卫生室(所)	9
	专业技术人员(名)	22
	病床(张)	18
农机	拖拉机(台)	947
	播种机(台)	89
	收割机(台)	134
	轧草机(台)	0
	农用机械使用率(%)	100
人口	总人口(人)	13824
	总户数(户)	3579
	农牧民人均收入(元)	18519.8
	人口出生率(‰)	10.2
	人口死亡率(‰)	2.95
	人口自然增长率(‰)	7.25

恰格拉克乡

【概况】 温宿县恰格拉克乡位于北纬 41°10′15″～41°18′54″、东经 79°49′36″～80°5′24″之间，天山中段托木尔峰南麓，塔里木盆地北缘，温宿县城西部，距县城 35 千米，阿克苏市 60 千米，东界隔库马里克河与温宿县托甫汗镇、吐木秀克镇相望，西南两面与温宿县阿热勒镇接壤，北至温宿县吐木秀克镇和兵团第一师四团。2018 年，全乡总人数 4308 户 17347 人，辖 10 个行政村，56 个村民小组。乡政府机关有编制 99 名，实有人数 85 人。有党组织 20 个，党员 782 人，共青团组织 10 个，团员 488 人。

【农业农村经济】 2018 年，温宿县恰格拉克乡退耕还林 313.33 公顷，新植防护林面积 224.67 公顷，更新 9.33 公顷；对 10 个行政村村委会进行绿化、美化。林果挂果面积 5433.33 公顷，总产 2.31 万吨；全乡建设“百十一”工程优质特色农产品林果基地 1333.33 公顷；水稻、小麦、玉米等粮食总面积 6186.67 公顷，总产 5.58 万吨；前进村、苏亚克斯村、喀拉都维村建设“百十一”工程优质特色农产品粮食基地 1000 公顷；设施农业面积 373.33 公顷，百亩(6.67 公顷)连片露地蔬菜基地 5 个，总产 0.81 万吨，核桃示范基地 2 个，总产 0.11 万吨；牲畜存栏 60916 头(只)，出栏 72923 头(只)，改造牲畜圈 324 个，发放补贴 194.4 万元；组织农业机械化培训 2280 人次，水稻机械化插秧面积 980 公顷，发放农机补贴

83.9 万元。

【政治思想宣传】 2018 年,温宿县恰格拉克乡开展各类民族团结宣传活动 340 场次,受教育群众 18 万人次。全乡各级党员、干部 434 人结对认亲 1427 户,常态化开展“民族团结一家亲”联谊活动 146 场次,解决群众困难诉求 367 件。获得 1 个地区级“民族团结一家亲”先进集体荣誉、2 个县级“民族团结一家亲”先进集体荣誉称号。

【惠民工程】 2018 年,温宿县恰格拉克乡完成农村安居工程 539 户、“三区分离”525 户、农村改厕 510 户。建成通村柏油路 45 千米,自筹资金 100 余万元建设集文化、休闲、娱乐、健身于一体小游园。落实乡卫生院、村卫生室标准化建设,整合医疗资源,就诊人数达 36214 人次,比上年增加 3.2%,家庭医生签约率 81%,十类重点人群签约率 100%,连续 5 年无投诉、无差错、无医疗事故。专职配备计生专干 14 名,为 986 人发放各类计划生育奖励金 385 万元,征收抚养费 30 万元。为 80 户低保户发放城镇低保金 37.05 万元,为 271 户低保户发放农村低保金 127.8 万元,发放高龄补贴 6.62 万元、五保金 1.23 万元、社会医疗救助金 160.06 万元、退伍军人优抚金 8.36 万元,为困难学生发放帮扶金 10.44 万元。推进精准扶贫精准脱贫,投入 177 万元实施扶贫项目 2 个,受益贫困户 105 户,实现 14 户 72 人脱贫,贫困发生率降至 2.77%。

【精神文明建设】 2018 年,温宿县恰格拉克乡组织党委中心组学习 20 次,干部职工学习 68 次,开展各类宣讲活动 360 余次。配齐配强村级阵地软硬件设施,建成 3 个村级文化大舞台,开展各类文体文艺活动 152 场次,举办“庆祝中华人民共和国成立 69 周年暨改革开放 40 周年大型农牧民文艺会演”“农民趣味运动会”“传承中华文化艺术节”等大型文体活动,获得温宿县红歌大赛一等奖。

【社会事业发展】 2018 年,温宿县恰格拉克乡巩固和深化“两基”成果,加大对教育支持力度,全乡中小学生辍学率为零。学前教育普及率 95%,1212 名学龄前儿童应入尽入,入学率 100%。组织开展卫生防病知识宣传 15 次,受教育群众 3000 余人次;投入 2.05 万元,完成 9 个村级卫生室标准化建设,全民免费健康体检常态开展,惠及群众 14789 人,完成率 98%,发放医疗救助小药箱 4300 个,预防接种脊髓灰质炎疫苗、乙肝等 10 种疫苗应接种 5471 人,接种率 100%。为享受南疆地州计划生育家庭特殊奖励制度的家庭 972 户发放奖励金 381.54 万元,为享受自治区“少生快富”工程的家庭 10 户发放奖励金 1.8 万元,为享受农村部分计划生育家庭奖励扶助制度 71 人发放奖励金 6.81 万元,为国家计划生育家庭特别扶助制度 10 人发放奖励金 5.4 万元;领取“光荣证”198 人。举办各类职业技能培训 4 场次,受教育群众 112 人次。完成城镇失业人员登记 157 人,实现稳定就业 699 人;为符合条件 125 名各类失业人员办理就业失业登记证,转移农村富余劳动力 1812 人次。年初与各行政村签订“环境保护目标责任书”12 份;开展爱国卫生活动,结合每周五爱国卫生日,开展环境整治活动 368 次。举办大型文体活动 4 场次、送文化下农村演出活动 25 场次、农村体育活动 221 场次、乡村百日文体竞赛 241 场次。“村村通”“户户通”、大喇叭设备完好率 100%,音响率 100%,安全播出率 100%。

【基础设施建设】 2018 年,温宿县恰格拉克乡实施“访惠聚”惠民生项目 11 个,其中,包括叶克艾日克村实施路灯建设 100 盏、道路亮化等项目,喀拉萨尔村、苏亚克斯村、古勒巴格村、庆塔买里村实施防渗渠建设项目(1.3～1.5千米),和谐村修建280平方米村民活动中心和250平方米村级活动场所项目,恰格拉克村修建1000平方米农贸市场项目,吉格代村修建280平方米便民服务超市项目,前进村(原代甫台尔村)修建300平方米林果烘干房及附属设施项目,喀拉都维村修建200平方米农业技术服务站及附属设施项目。（肖　莹　徐海艳）

2018年温宿县恰格拉克乡行政村基本情况表

表12

村名	村民小组(个)	耕地(公顷)	牲畜存栏头(只)	牲畜出栏头(只)	粮食总产量(吨)	村集体经济收入(万元)	人均纯收入(元)	贫困人口(户/人)
叶克艾日克村	5	615	4852	5009	724.77	33.68	15262.92	35/136
喀拉萨尔村	10	1561	12045	12494	4852.97	58.11	18763.15	37/122
恰格拉克乡村	8	1324	10643	10941	3974.67	79.83	18771.33	28/101
吉格代村	4	1016	7913	8081	3837.85	112.41	23520.83	24/73
前进村	6	1113	8352	8619	8174.35	197.67	19365.35	29/94
苏亚克斯村	5	633	4598	4751	7598.96	170.22	22839.93	25/110
古勒巴格村	4	547	4353	4418	4172.41	79.39	16469.00	35/107
喀拉都维村	8	1060	3630	3935	9008.08	94.39	16304.81	47/168
庆塔买里村	4	680	6678	13612	2276.48	8.53	20208.49	0/0

2018年温宿县恰格拉克乡主要社会经济指标情况表

表13

项目	指标	
农业	农业总产值(万元)	17498
	粮食播种面积(公顷)	5689.20
	粮食总产量(吨)	44620
	棉花播种面积(公顷)	836.3
	棉花总产量(吨)	1354.8
	其他作物播种面积(公顷)	0
	其他作物总产量(吨)	0

续表 13

项目	指标	
林果业	特色林果产品面积(公顷)	5433.3
	特色林果产品总产量(吨)	23.1
畜牧业	存栏(头/只)	60916
	出栏(头/只)	72923
林业	造林面积(公顷)	234
	人工林存活面积(公顷)	224
工业	总产值(万元)	0
广电	广播覆盖率(%)	100
	电视覆盖率(%)	95
	电话普及率(%)	100
财政	总收入(万元)	2187.54
	总支出(万元)	2187.54
教育	中学(所)	1
	小学(所)	4
	幼儿园(所)	7
	教职工总数(名)	224
	中高级教职工职称(名)	64
	在校学生总数(名)	3539
卫生	乡卫生院(所)	1
	村卫生室(所)	11
	专业技术人员(名)	43
	病床(张)	24
农机	拖拉机(台)	2507
	播种机(台)	195
	收割机(台)	72
	轧草机(台)	420
	农用机械使用率(%)	98

续表 13

项目	指标	
人口	总人口(人)	17347
	总户数(户)	4308
	农牧民人均收入(元)	18479.84
	人口出生率(‰)	10.49
	人口死亡率(‰)	7.38
	人口自然增长率(‰)	3.11

依希来木其乡

【概况】 温宿县依希来木其乡地处南北疆交通要道国道314线两侧,位于天山南部的洪积平原上,距地域性中心城市阿克苏市18千米,距温宿县城17.5千米;坐落在县城以东,东与佳木镇毗邻,南与克孜勒镇接壤,西以红旗坡农场和实验林场片区管委会为界,北临塔格拉克牧场。2018年,全乡有编制数107名,实有106人,辖12个行政村、9个站所。总人口4554户17644人。

【农村经济】 2018年,温宿县依希来木其乡耕地总面积1.4万公顷,人均占有耕地0.7公顷。林果业总面积1.11公顷,全乡棉花种植面积1023.87公顷,总产量1859吨。正播玉米种植面积763.06公顷。小麦指导性种植面积1372.19公顷,其中,冬小麦1082.67公顷,亩均单产470.01千克,春小麦289.52公顷,亩均单产414.04千克;复播玉米播种面积258.32公顷。落实领导干部棉花高产示范田13块,全年种植特色作物面积335.41公顷;牲畜存栏68947头(只),召开县级农业农村现场会6次,迎接地区级调研3次,自治区级现场会1次。

【社会事业】 2018年,温宿县依希来木其乡开展政治理论学习、宣传思想文化、民族团结教育及民生建设等工作,结合“两学一做”“聚焦总目标 作风再整顿”专项活动学习教育,学习贯彻习近平总书记重要讲话、党的十九大精神、《中国共产党纪律处分条例》、中央八项规定等宣传教育,开展发声亮剑活动;抓好“五大专项”整治,确保全乡文化市场纯洁稳定、网络空间安全稳定、舆论环境向上;由党政领导干部带头,动员全乡范围内各级干部、宗教人士、信教群众参与“民族团结一家亲”活动;推进全民健康体检工作。全乡建档立卡贫困户有352户1434人,其中,已脱贫150户633人,未脱贫202户801人,贫困户退出20户97人。乡安居富民工程建房任务620户,一般户560户,四类人员60户,其中,建档立卡贫困户4户,五保户16户,低保户22户,残疾户18户。全乡开工620户,开工率100%;竣工620户,竣工率100%;已入住620户,入住率100%。安居富民纸质档案以及电子档案系统录入100%完成。“美丽乡村”庭院改造和“三区分离”建设任务800户,完成800户,完成率100%。为620户发放补贴金19029015.6元。

【党的建设】 2018年,温宿县依希来木其乡把基层组织建设、软弱涣散基层党组织整顿和“访惠聚”工作统筹兼顾,同安排、同部署,强化基层党组织政治功能和服务功能。村级组织“星级化”管理有序推进,制定村级组织“星级化”的创星和追星计划,明确任务,积极促星。多措并举抓“两学一做”“聚焦总目标 作风再整顿”专项活动学习教育,营造浓厚氛围,注重引导,选派工作能力强、经验丰富的机关干部到重点村担任村党支部书记,畅通群众举报渠道。抽调干部专门负责开展“访惠聚”活动各项工作,加强监督指导,把上级党委、政府决策部署落在实处。

(李姗薇)

2018年温宿县依希来木其乡行政村基本情况表

表14

村名	村民小组	村集体经济收入(万元)	人均纯收入(元)	耕地面积(公顷)	粮食总产量(吨)	棉花总产量(吨)	牲畜存栏(头/只)	牲畜出栏(头/只)	贫困人口(户/人)
克孜勒都瓦村	3	22.61	18476.70	456.80	1014.19	133.81	3318	2488	26/105
依希来木其村	7	11.34	19859.35	591.33	1333.40	417.89	4941	3705	24/85
阿克托格拉克村	4	17.35	20361.46	380.67	692.28	92.2	6894	5170	23/89
阔依其村	8	79.51	23541.30	1346.67	2889.88	102.67	14826	1119	71/287
苏盖提艾日克村	5	62.83	14794.44	1018.33	322.06	3.92	9348	7011	3/8
拜什买热克村	4	13.15	20358.29	561.20	1659.96	109.48	7783	5837	34/127
海楼村	4	39.56	19640.13	601.73	897.95	22.5	4841	36930	45/192
苏鲁瓦村	7	53.46	21401.26	733.26	1846.96	54.45	4776	3582	37/147
强尕克村	4	67.67	21259.88	880.67	718.97	155.8	3827	2871	25/98
依来克村	2	33.88	20714.32	430	559.84	19.7	3397	2547	18/75
斯也克村	5	49.8	21406.75	1200	2211.45	746.6	4996	3747	37/158

2018 年温宿县依希来木其乡主要社会经济指标情况表

表 15

项目	指标	
农业	农业总产值(万元)	18430
	粮食播种面积(公顷)	34436
	粮食总产量(吨)	14147
	棉花播种面积(公顷)	1023.87
	棉花总产量(吨)	1859
	其他作物播种面积(公顷)	0
	其他作物总产量(吨)	0
林果业	特色林果产品面积(公顷)	16.6
	特色林果产品总产量(吨)	75400
畜牧业	存栏(头/只)	68348
	出栏(头/只)	79441
林业	造林面积(公顷)	43.13
	人工林存活面积(公顷)	42.25
工业	总产值(万元)	0
广电	广播覆盖率(%)	100
	电视覆盖率(%)	100
	电话普及率(%)	100
财政	总收入(万元)	1856.2
	总支出(万元)	2079.44
教育	中学(所)	1
	小学(所)	8
	幼儿园(所)	8
	教职工总数(名)	143
	中高级教职工职称(名)	20
	在校学生总数(名)	3750

续表 15

项目	指标	
卫生	乡卫生院(所)	1
	村卫生室(所)	11
	专业技术人员(名)	24
	病床(张)	12
农机	拖拉机(台)	1840
	播种机(台)	95
	收割机(台)	28
	轧草机(台)	46
	农用机械使用率(%)	97
人口	总人口(人)	17644
	总户数(户)	4554
	农牧民人均收入(元)	19909.88
	人口出生率(‰)	17.49
	人口死亡率(‰)	10.99
	人口自然增长率(‰)	6.5

古勒阿瓦提乡

【概况】 温宿县古勒阿瓦提乡位于温宿县城东南方向,距温宿县城58.8千米,东邻阿克苏市,南界第一师六团,西接青年农场及克孜勒镇,北靠恰其力克牧场。2018年,乡政府机关有编制63名,其中,行政编制60名,工勤编制3名,实有61人。内设五室一部(党政办公室、综治办公室、党建办公室、宣教办公室、经济发展办公室、武装部);辖11个行政村,53个村民小组,总人口4296户16946人,耕地面积15886.53公顷。

【农业农村经济】 2018年,温宿县古勒阿瓦提乡农村经济总收入9.37亿元,其中,种植业收入5.95亿元,林果业收入2.41亿元,畜牧业收入1.13亿元,二、三产业收入1720万元。农牧民人均纯收入19289.97元,比上年增长5.87%。种植冬、春小麦1306.67公顷,总产0.91万吨。种植棉花15513.3公顷,总产3.43万吨。种植玉米510.07公顷,总产3.15万吨。搭建农户庭院永久性拱棚64.4公顷,林下蔬菜种植98.26公顷。扩大林果业面积,栽种苹果13.33公顷,核桃改良635.33公顷,种植防护林29.06公顷。完成果树整形修剪2388.67公顷、红枣摘心2253.33公顷。举办林果业理论培训班16期,培训农牧民9000余人。畜牧业稳步发展,全年牲畜存栏59888头(只),出栏66217头(只),饲养家禽

343799 羽，肉类产量 2895.2 吨，奶类总产 2887.8 吨，产蛋 479 吨。推广农业机械化，宣传农机补贴政策，加强农机操作员安全生产培训，培训 2250 人。调试维修全乡农机 1269 台，发放农机补贴 68 人 15.47 万元。富民安居新建 299 户，扩建 273 户。

【政治思想宣传】 2018 年，温宿县古勒阿瓦提乡开展中心组学习 13 次，班子成员讲党课 12 次，撰写调研报告 12 篇、心得体会 5 篇，一般干部开展学习 40 余次，撰写心得体会 12 篇。组织开展民族团结宣讲 150 余场，聆听宣讲 54 万人次。参观红色收藏室 6 万人次。订阅报纸 10 万份、杂志 3 万本，组织草根宣讲员深入各村开展《新疆维吾尔自治区去极端化条例》《新疆维吾尔自治区民族团结进步工作条例》巡回宣讲 6 次；组织文艺巡回演出 6 场(次)、专题培训 3 次，受教育群众达 143 万人次。

【精神文明建设】 2018 年，温宿县古勒阿瓦提乡推进“去极端化”宣传教育各项工作，集中村级 12 支 33 人草根宣讲队伍，开展党的方针政策、法律宣传教育活动。整合党建、统战、教育、文化、工会、团委、妇联等干部力量，借助网络平台、手机微信、古勒阿瓦提乡零距离、QQ 群等网络平台，进行信息发布，开展宣传；通过组建演出队，推广民间文化。11 个村建立村级文艺演出小分队，创作一批群众喜闻乐见的文艺节目。乡文明办在五一、五四等节日，组织全乡青少年参观乡爱国主义教育基地。常态化开展党员干部发声亮剑活动，开展“我是中国公民”集体宣誓。

【社会事业发展】 2018 年，温宿县古勒阿瓦提乡强化控辍保学措施，小学适龄儿童、少年入学率、到学率均达 100%，中学入学率 100%，到校率 99%；强化素质教育和师资队伍建设，多措并举提高教学质量，有 34 名学生考入其他省市初中班，1 名考入其他省市高中班。非文盲率达 100%，复盲率控制在 2%。开展流动人口清理清查 4 次。发放计划生育补助金 359.34 万元，开展计生培训班 30 次，发放宣传手册 1500 余份，开展大型宣传活动 4 次，计划生育基础普及率 99%。开展艾滋病宣传 11 次，受益 1 万余人次，全民免费健康体检率 100%。为 25 户 39 人发放城市低保金 14.88 万元；为 225 户 591 人发放农村低保金 33.28 万元；为 135 名 80 岁以上老年人发放低保金 13.48 万元；为 8 名优抚对象发放低保金 6.24 万元；为 8 户 8 人五保户、5 名分散五保户发放低保金 2.05 万元。组织党员干部为贫困户办好事实事，对农村五保户、低保户、残疾人、优抚对象中的贫困户和特困户进行医疗救助，为全乡符合临时救助条件的 4 人发放救助金 2 万元。举办创业培训班 8 期，参加培训 400 余人次。通过电话查访、入户走访等方式，摸底富余劳动力 185 人。参加社会养老保险率 100%，城乡居民医疗保险参保率 100%。

【基层组织建设】 2018 年，温宿县古勒阿瓦提乡储备村级后备干部 183 名，发展党员 81 名。确定每周一、周五为干部走访日。严肃党风党纪，落实党风廉政建设责任制，查处一批违反政治纪律和侵害群众利益案件，通过问责倒逼责任落实。

【惠民工程】 2018 年，温宿县古勒阿瓦提乡申报项目 13 个，其中，“访惠聚”项目 11 个，涉及资金 540 万元；扶贫项目 1 个，涉及资金 100 万元；买里艾日克村畜牧养殖合作社建设项目 1 个，涉及资金 100 万元。

（肖　峰）

2018 年温宿县古勒阿瓦提乡行政村基本情况表

表 16

村名	村民小组(个)	耕地(公顷)	牲畜存栏(头/只)	牲畜出栏(头/只)	粮食总产量(吨)	棉花总产量(吨)	村集体经济收入(万元)	人均纯收入(元)	贫困人口户/人
古勒阿瓦提村	6	1651.67	7044	7788	3779.80	2013.94	149.30	11588.41	33/117
古勒艾日克村	5	1201.7	4696	5192	1870.71	2004.69	155.05	21887.03	27/96
巴格其村	6	873.93	6870	7215	3144.22	1162.32	76.62	12670.14	32/143
买里艾日克村	8	1241.33	7218	8874	4209.99	3173.99	171.54	14733.78	30/100
桥头村	3	980	4342	4804	765.58	1530.50	99.82	15317.69	13/63
博斯坦托格拉克村	3	1048.93	3340	4274	884.91	2019.49	70.82	22394.14	16/52
提根村	5	1444.33	5270	5690	1385.49	6838.00	251.46	33376.62	18/64
阿克吾斯塘村	3	1776.67	4142	4294	1648.29	3460.41	54.12	29410.55	13/62
米勒艾日克村	5	3305.8	5870	6790	2410.02	6376.90	119.38	25269.62	18/79
色格孜勒克村	4	958.4	4975	5293	1170.83	3178.70	124.59	28355.62	20/76
英艾日克村	5	1404.4	6119	6030	1214.13	2304.82	135.94	23293.57	22/90

2018 年温宿县古勒阿瓦提乡主要社会经济指标情况表

表 17

项目	指标	
农业	农业总产值(万元)	59503.47
	粮食播种面积(公顷)	2917.17
	粮食总产量(吨)	22483.98
	棉花播种面积(公顷)	15513.30
	棉花总产量(吨)	34063.75
	其他作物播种面积(公顷)	3918.69
	其他作物总产量(吨)	44501.53
林果业	特色林果产品面积(公顷)	5968.65
	特色林果产品总产量(吨)	281282.06

续表 17

项目	指标	
畜牧业	存栏(头/只)	59888
	出栏(头/只)	66217
林业	造林面积(公顷)	51.72
	人工林存活面积(公顷)	520
工业	总产值(万元)	462
广电	广播覆盖率(%)	99
	电视覆盖率(%)	100
	电话普及率(%)	86
财政	总收入(万元)	8749.07
	总支出(万元)	8749.16
教育	中学(所)	1
	小学(所)	1
	幼儿园(所)	10
	教职工总数(名)	188
	中高级教职工职称(名)	35
	在校学生总数(名)	1922
卫生	乡卫生院(所)	1
	村卫生室(所)	11
	专业技术人员(名)	25
	病床(张)	33
农机	拖拉机(台)	1350
	播种机(台)	350
	收割机(台)	21
	轧草机(台)	2
	农用机械使用率(%)	100

续表 17

项目	指标	
人口	总人口(人)	16946
	总户数(户)	4296
	农牧民人均收入(元)	19289.98
	人口出生率(‰)	16.33
	人口死亡率(‰)	9.17
	人口自然增长率(‰)	7.16

博孜墩柯尔克孜民族乡

【概况】 博孜墩柯尔克孜民族乡地处天山南麓，距温宿县东北方向 100 千米，东界拜城县，南靠佳木镇、第一师五团，西邻柯柯牙镇，北接伊犁昭苏县、与哈萨克斯坦共和国接壤。

2018 年，温宿县博孜墩柯尔克孜民族乡辖行政村 9 个、站所 15 个。总人口 2149 户 7373 人。农业总产值 13051 万元，粮食播种面积 1324.72 公顷、总产量 6237.48 吨，其他作物播种面积 1318.66 公顷、总产量 6922.94 吨。博孜墩柯尔克孜民族乡有行政编 44 名，实有 39 人。

【农业农村经济】 2018 年，温宿县博孜墩柯尔克孜民族乡种植小麦 906.57 公顷，玉米 340.35 公顷，油菜 262.8 公顷，洋芋 361.54 公顷，蔬菜 75.27 公顷(其中小拱棚种植蔬菜 4 公顷)，种植沙棘 10 公顷，杏树 7.33 公顷，杨树 15.46 公顷，退耕还林 63.33 公顷。牲畜产肉 3443.2 吨，产奶 3926 吨，产蛋 142 吨，产山绒 8.43 吨，产羊绒毛 234.2 吨。完成 1780 户“三区分离”庭院改造项目，富民安居建设新建 11 户。农牧民实用技术培训 3157 人次，农业内部转移与季节性转移就业人数 1849 人次。农牧民人均纯收入 7009 元。

【政治思想宣传】 2018 年，温宿县博孜墩柯尔克孜民族乡组织党委中心组学习 13 次，干部政治理论学习 50 次。健全机关理论学习各项制度，建立学习督查和考核制度。坚持实行每周三晚上机关干部学习制度，组织干部学习“五观”“三史”“中国梦”、爱国主义、社会主义核心价值观等精神。乡派出所、司法所等执法单位深入各中小学，采用以案说法的形式，为农民及青少年讲法 12 场次，受教育人数 5000 余人次。全年开展集中宣讲 190 余场次，印发宣传资料 7000 余份，受教育群众 6500 余人次。利用每周一升国旗开展发声亮剑活动 322 场次，发声亮剑人数 950 余人，参与群众 6000 余人次。

【精神文明建设】 2018 年，温宿县博孜墩柯尔克孜民族乡提坎库如克村创县级文明乡(镇)(村)。开展第 16 个公民道德建设月活动，发放公民道德宣传单 5000 余张，办公民道德建设黑板报 3 期。博孜墩乡中学开展以向“我身边的雷锋”学习为主题的征文比赛，读雷锋日记、学雷锋座谈会等活动。动员号召各族干部群众师生学习身边好人事迹，推荐民族团结、助人为乐、爱岗敬业 3 个先进模范参与“我推荐、我评议身边好人”网络投票活动，参加投票人数约

4000人次。开展“道德讲堂”活动,邀请模范宣讲,选树先进典型。

【扶贫工作】 2018年,温宿县博孜墩柯尔克孜民族乡有贫困户1412户4710人,有自治区级贫困村2个、深度贫困村3个。全年完成深度贫困村吾斯塘博依村脱贫摘帽。

【教育事业】 2018年,温宿县博孜墩柯尔克孜民族乡落实学生每日到校情况报告制、国家干部包户责任制、学生因病请假制、落实奖惩机制,继续巩固“两基”教育成果,做好控辍保学工作。落实贫困学生资助制,保障贫困家庭的孩子上得起学。改善小学、初中硬件教学条件,提高辖区教育均衡化水平。

【爱国卫生】 2018年,温宿县博孜墩柯尔克孜民族乡落实每周一、周日卫生大扫除及节庆等重要日子的全乡卫生大清查工作。创建卫生示范乡村工作,做好春季除“四害”工作。开展针对爱国教育月、世界无烟日、世界卫生日的宣传教育活动12次。

【劳动保障】 2018年,温宿县博孜墩柯尔克孜民族乡下发城乡养老保险任务3520人,社保所对各村下发医疗任务6553人。职业培训任务870人,办理就业失业证书58人。

【民政工作】 2018年,温宿县博孜墩柯尔克孜民族乡有享受城市低保200户529人,其中特殊低保户32户81人。发放低保金31.98万元;80岁以上老年人44人,发放低保金3.91万元;五保户2户2人,发放0.8万元。地区残疾人“两项补贴”9.6万元,兑付补贴资金9.6万元,享受农户200户,“四老”人员生活补助12.30万元,兑付补贴资金12.30万元,享受农户16户。退伍军人生活补助2.28万元,兑付补贴资金2.28万元,享受农户3户,补贴资金录入涉农“一卡通”系统9.6万元,录入农户200户,录入率达100%。

【全民健康体检】 2018年,温宿县博孜墩柯尔克孜民族乡开展全民健康体检活动,对7912名农民群众及机关站所干部进行体检工作,摸准基层群众健康状况,方便农牧民及时享受均等化的基本公共卫生服务。

【实施惠民工程】 2018年,温宿县博孜墩柯尔克孜民族乡财政专项扶贫资金项目共9个项目,总投资782.5万元,受益贫困户956户;财政扶贫发展资金项目共4个项目,总投资603万元,受益贫困户411户;财政以工代赈资金项目1个,为博孜墩乡提坎库如克村小流域治理建设护岸工程,洪水标准为10年一遇(保护人口544人,保护耕地面积70公顷),设计洪水流量为417立方米/秒,总投资220万元;中央预算内资金项目1个,新建博孜墩乡干部周转宿舍40套,每套35平方米,总投资280万元。

【基层组织建设】 2018年,温宿县博孜墩柯尔克孜民族乡依托村级阵地,开展各类活动495场次,参与群众达7.8万人次。143名机关(站)所干部与7支队伍共同深入开展住户走访,累计住户6180余户次、走访各族群众6.7万户次,办实事好事780件。抓好村级阵地建设,完成两个行政村地面硬化2400平方米,40套干部周转宿舍,项目开工率100%。结合托峰计划工作,强化国家通用语言培训,实现国家通用语言水平“三个讲清”村“两委”后备干部141名。全年递交入党申请书386人,入党积极分子233人,新发展党员74名,预备党员转正74人;发展团员36名,开展党团志愿活动230场次,参与团员数达1.4万人次;在妇女群众中开展最美家庭创建、最美服装秀等活动62场次,参与群众1.2万人次。

【"访惠聚"工作】 2018年,温宿县博孜墩柯尔克孜民族乡有"访惠聚"驻村工作队9个49人,走访群众6.5万户次18.7万人次,走访贫困户1.3万户次、"四老"人员1300余人次,排查化解矛盾纠纷569件;开展九项惠民政策宣传教育活动240余场次,受教育群众4.5万人次。

【特色旅游】 2018年,温宿县博孜墩柯尔克孜民族乡发展特色旅游业建设项目,统一改造博孜墩村4组57户居民院落,其中重点改造特色旅游民宿8户。沿大峡谷—阿克布拉克村—雪源村—乡政府—博孜墩村—吾斯塘布依村旅游环线实施旅游项目。推广新开通的温宿托木尔大峡谷—博孜墩自驾游线路,推广新创建的阿克布拉克景区AA级景区工作,推进温宿托木尔大峡谷国家AAAA级景区创建工作。 (李雷震 高泽民)

2018年温宿县博孜墩柯尔克孜民族乡行政村基本情况表

表18

村名	村民小组(个)	耕地(公顷)	牲畜存栏头(只)	牲畜出栏头(只)	粮食总产量(吨)	村集体经济收入(万元)	人均纯收入(元)	贫困人口(户/人)
雪源村	2	71.07	3554	1141	251.97	10.08	6319.05	45/144
阿克布拉克村	3	92.42	10900	7400	19.35	8.84	5850.60	34/80
尤喀克买里村	3	17.2	8936	3523	18.06	0.14	7526	10/38
提坎库如克村	5	207.25	3451	6003	360.44	8.88	6682.75	144/388
博孜墩村	6	497.87	20183	7380	132	10.2	6571	6/19
克孜布拉克村	2	121.4	4302	6872	371.93	5.05	6435.19	1/1
库尔干村	2	215.73	5015	955	690	0	7333.94	15/46
吾斯塘博依村	2	710.39	7396	2714	1695.6	79.08	9721	0/0
博孜也尔村	2	276.13	3105	692	730.95	0	4497.18	3/10

2018 年温宿县博孜墩柯尔克孜民族乡主要社会经济指标情况表

表 19

项目	指标	
农业	农业总产值(万元)	13051
	粮食播种面积(公顷)	1032.72
	粮食总产量(吨)	6237.48
	棉花播种面积(公顷)	0
	棉花总产量(吨)	0
	其他作物播种面积(公顷)	1176.28
	其他作物总产量(吨)	6922.94
林果业	特色林果产品面积(公顷)	7.33
	特色林果产品总产量(吨)	101
畜牧业	存栏(头/只)	72800
	出栏(头/只)	72600
林业	造林面积(公顷)	15.46
	人工林存活面积(公顷)	11.90
工业	总产值(万元)	0
广电	广播覆盖率(%)	100
	电视覆盖率(%)	100
	电话普及率(%)	100
财政	总收入(万元)	3361.60
	总支出(万元)	3361.60
教育	中学(所)	2
	小学(所)	1
	幼儿园(所)	7
	教职工总数(名)	96
	中高级教职工职称(名)	8
	在校学生总数(名)	831
卫生	乡卫生院(所)	2
	村卫生室(所)	9
	专业技术人员(名)	24
	病床(张)	31

续表 19

项目	指标	
农机	拖拉机(台)	753
	播种机(台)	125
	收割机(台)	4
	轧草机(台)	50
	农用机械使用率(%)	30
人口	总人口(人)	7373
	总户数(户)	2149
	农牧民人均收入(元)	7009
	人口出生率(‰)	8.60
	人口死亡率(‰)	0.60
	人口自然增长率(‰)	8.00

托甫汗镇

【概况】 2017 年 12 月 6 日,温宿县托甫汗镇成立,位于温宿县城西南方向,距县城 10 千米。2018 年,辖 8 个行政村、31 个村民小组,总人口 1798 户 6860 人,其中,少数民族 4092 人,占总人口 58.9%。

2018 年,温宿县托甫汗镇有编制 52 名,其中,行政编制 25 名,事业编制 27 名。机关内设党政办、党建办、综治办、经济发展办和社会事务办以及武装部;下设农业(畜牧业)发展服务中心、文化体育广播电视服务中心、村镇规划建设发展中心、社保保障(民政)服务中心、财政所(农村合作经济经营管理服务站)。

2018 年,温宿县托甫汗镇完成国民经济生产总值 36645 万元,其中,种植业收入 7046.4 万元,林果业收入 21968 万元,畜牧业收入 5648.17 万元,劳务输出收入 280 万元,二、三产业收入 1741 万元。农牧民人均纯收入 18166.16 元。

【种植业】 2018 年,温宿县托甫汗镇农作物播种面积 2402 公顷,其中粮食作物种植 2239 公顷(其中,水稻种植面积 1696.3 公顷,亩均单产 727 千克;正复播玉米面积 66 公顷,亩均单产 573 千克;棉花播种 64.8 公顷,亩均单产 86 千克;冬小麦 424 公顷,亩均单产 459 千克)。蔬菜种植面积 266.9 公顷,其中,温室 178 座 34 公顷,产量 5250 吨;大中小拱棚 751 座 5.6 公顷,产量 292.5 吨,庭院永久性温室大棚 46 座 0.37 公顷。露地蔬菜 193 公顷,产量 13032 吨;林下种植蔬菜 84.9 公顷,马铃薯 85.4 公顷,甜菜 5.8 公顷,豆类 32.1 公顷。水稻引进专用有机肥,实现每亩增产 4 千克。推广使用机械育秧等技术和农作物病虫害防治新药。

【林果业】 2018 年,温宿县托甫汗镇林果业总面积 3342 公顷,其中,核桃 2450 公顷,红枣 80.93 公顷,苹果794公顷,香梨17.2公顷。挂果面积3212公顷,产量30946.13吨,其中,核桃6087.82吨,红枣499.12吨,苹果24075.95吨,香梨253.19吨。完成林果清园3342公顷,果树修剪3342公顷。核桃新嫁接面积38.6公顷25522株(嫁接品种为"温185号"和"新新2号"为主,嫁接成活率90%以上),补接核桃26公顷5283株,低产园改造5.3公顷1009株,2次防治核桃黑斑蚜苗面积2450公顷。增加防护林面积11.88公顷,补植防护林82公顷,义务植树2.97万株。抓好落实12个284.3公顷高产林果业示范园和8个155.2公顷低产林果业示范园的施肥、修剪、病虫害防治工作。为543户农民554.7公顷林果发放补贴3010230元。

【畜牧业】 2018年,温宿县托甫汗镇牲畜存栏9750头只,出栏5420头只,能繁殖母畜存栏达6780头只。家禽养殖量4.65万羽,养殖出栏1.35万羽,产肉13.5吨,产奶0.7吨,产蛋450吨。绵羊断尾520只,完成黄牛改良201头,肉羊改良280只。畜禽防疫5.78万头,其中,驱虫1.08万头,羊痘9823个,三联四防9550头,检疫5565头,治疗123头只,"五号病"防疫苗492头,牛疫病检测385头,禽流感防疫4.65万羽,新城市疫苗4.32万羽。加工青贮饲料3000吨、秸秆饲料4万吨,完成饲料储存4.8万吨。举办专业技术培训5期,培训村民2856人次。

【水利建设】 2018年,温宿县托甫汗镇投资3.02万元,建成防渗渠9条6600米,节制分水闸8座,涵洞桥19座,涵洞38个;维修渠道3条1.2千米,防洪点54个2636米,防洪拉运卵石3785立方米。完成灌溉面积5086.27公顷,其中,套种小麦499.53公顷,林果园2895.67公顷,瓜菜182公顷,水稻1403.43公顷,玉米14.8公顷。防护林带143公顷(5年以下),建坝20个1069米,维修坝34个1567米。使用铁丝1590吨、铁丝笼4450张、钢筋笼8个、木头1098根、三角架366个、树梢1818吨、拖拉机1843天、人工6753工日、铲车6753小时、挖掘机273小时。

【农机管理】 2018年,温宿县托甫汗镇有拖拉机701台(大型541台,小型161台),各种牵引机械637台,其中,小麦播种机6台,插秧机15台,收割机21台。有农机驾驶员693名,持证率98%,耕地机械率97%,插秧机械率100%,平均机械率99%,培训379名。

【基层组织建设】 2018年,温宿县托甫汗镇分层次开展党员干部培训12场次,领导干部讲授专题党课6期次,观看专题片12期次,交流讨论12场次,撰写理论文章、心得体会500余篇,组织测试6场次,受教育党员干部1500余人次。开展各类检查15次,查出问题22件,纠正问责偏轻偏软2件,整顿不作为之气12件,整顿漂浮之气8件,通报曝光12次,组织处理乡科级及以下干部13人,纪律处分乡科级及以下干部6人。查办案件27件,涉及党员干部28人,党纪处分28人,追缴款项28460元,重新发放收缴羊62只、牛4头。定期召开发展党员专题培训会议,严格党员发展审批,吸收预备党员41人。村"两委"正职、副职均按1:3的比例储备后备人选。

【流动人口管理】 2018年,温宿县托甫汗镇落实流动人口管理机制,建立出租房屋房东、经营业主、雇主、用工单位流动人口信息报告和管理责任制度,全年登记外来人员1101人、外出人员266人,摸排人户分离91户256人,占比3.7%。摸排登记出租房屋53间,开展安全检查572次。

【结对认亲活动】 2018年,温宿县托甫汗镇干部结对认亲744对，推进“民族团结一家亲”和民族团结联谊活动，开展民族团结结亲联谊活动90场次，组织干部进机关、村、宗教活动场所开展民族团结主题宣讲32场次，参加11350人次。

【宣传教育活动】 2018年，温宿县托甫汗镇开展社会主义核心价值观、中国梦宣传教育、党史国史新疆史教育，开展各类宣教活动312场次6.5万人次。组织党员干部、教师开展发声亮剑活动320场次1600人次。常态开展学习宣传活动450余场次，开展群众宣教大会420场次。

【脱贫攻坚】 2018年，温宿县托甫汗镇有建档立卡贫困户75户241人，其中脱贫14户51人。落实49户贫困户畜牧养殖项目，每户补贴1万~1.3万元。落实“百企帮百村，千人帮千户”帮扶工作方案，全覆盖帮扶贫困户。

【学前教育】 2018年，温宿县托甫汗镇建成投入使用幼儿园4所，有13个班级376名幼儿。

【全民健康体检】 2018年，温宿县托甫汗镇应参加体检群众4958人，实际体检4624人，完成率93.26%，其中，0~6岁儿童531人，发现贫血儿童12人；7~14岁学生713人，发现阳性病32人；15~64岁人群3298人，多发病为高血脂、高血压、胆囊结石、胆囊炎、肾结石、糖尿病等，合计阳性病患者946人；65岁以上人群310人，阳性病例36人。

【就业指导】 2018年，温宿县托甫汗镇实现80后就业9人、90后就业4人、富余劳动力就业13人、整建制季节性就业7人。职业技能培训39人，取得资格证书37人。开展就业和社保宣讲4场次。

【实施安居富民】 2018年，温宿县托甫汗镇完成安居富民房建设86户，其中，扩建10户，贫困户2户，建档86户。发放补助资金129.5万元。

【惠民资金发放】 2018年，温宿县托甫汗镇发放低保金654894元，发放粮食39515千克、清油2920千克、优抚金103739元、老年人生活补助25470元、孤儿生活费补助9600元、残疾人补贴金41760元。参加新农保1000人，参合率100%。

【民生项目建设】 2018年，温宿县托甫汗镇建成防渗渠2.73千米，总投资100万元；实施交通项目5个25千米(072A、072B、托万克托甫汗村、稻泉村、路南村)；实施特色小城镇建设项目，完成384套保障性住房主体工程建设，开工建设主干道3条。

(董悦兰)

2018年温宿县托甫汗镇行政村基本情况表

表20

村名	村民小组(个)	耕地(公顷)	牲畜存栏头(只)	牲畜出栏头(只)	粮食总产量(吨)	村集体经济收入(万元))	人均纯收入(元)	贫困人口(户/人)
酒花楼村	4	41.4	0	0	364.97	0	24609.15	0/0
新村	4	52.76	0	0	444.18	0	16887.9	0/0
路南村	3	4	4700	2000	30	0	18799.96	0/0

续表 20

村名	村民小组(个)	耕地(公顷)	牲畜存栏头(只)	牲畜出栏头(只)	粮食总产量(吨)	村集体经济收入(万元)	人均纯收入(元)	贫困人口(户/人)
稻泉村	3	26.76	320	57	282.07	0	26931.4	0/0
尤喀克托甫汗村	3	251.29	3470	1677	2117.63	64.4	15867.93	1/4
托万科托甫汗村	7	482.74	845	1530	4583.91	76.26	21088.4	10/28
托甫汗村	2	202.49	962	292	1677.75	13.88	9701.81	21/81
阿亚克其村	5	1401.74	4642	977	13882.36	72.47	11995.49	38/113

2018 年温宿县托甫汗镇主要社会经济指标情况表

表 21

项目	指标	
农业	农业总产值(万元)	36645
	粮食播种面积(公顷)	2463.20
	粮食总产量(吨)	23382.88
	棉花播种面积(公顷)	64.86
	棉花总产量(吨)	85
	其他作物播种面积(公顷)	1067.2
	其他作物总产量(吨)	26604.99
林果业	特色林果产品面积(公顷)	3253
	特色林果产品总产量(吨)	33382.87
畜牧业	存栏(头/只)	14939
	出栏(头/只)	6533
林业	造林面积(公顷)	43.3
	人工林存活面积(公顷)	2866
工业	总产值(万元)	0
广电	广播覆盖率(%)	100
	电视覆盖率(%)	100
	电话普及率(%)	100

续表 21

项目	指标	
财政	总收入(万元)	1664.04
	总支出(万元)	1510.76
教育	中学(所)	0
	小学(所)	1
	幼儿园(所)	4
	教职工总数(名)	103
	中高级教职工职称(名)	73
	在校学生总数(名)	1140
卫生	乡卫生院(所)	1
	村卫生室(所)	7
	专业技术人员(名)	16
	病床(张)	2
农机	拖拉机(台)	308
	播种机(台)	10
	收割机(台)	15
	轧草机(台)	2
	农用机械使用率(%)	95
人口	总人口(人)	6860
	总户数(户)	1798
	农牧民人均收入(元)	18166.18
	人口出生率(‰)	5.69
	人口死亡率(‰)	4.11
	人口自然增长率(‰)	1.58

柯柯牙镇

【概况】 温宿县柯柯牙管理区成立于2015年6月，2017年12月撤管理区设镇，地处温宿县城北3千米。东与温宿镇相邻，南至温宿县迎宾路，西与吐木秀克镇接壤，北与吉尔吉斯斯坦交界；2018年核定行政编制49名，事业编制19名，工勤编制3名，实有人员68人。直属事业机构6个，农业(畜牧业)发展服务中心6人,社会事务保障民政服务中心1人,村镇规划建设发展中心4人,财政所(农经站)4人,文化体育广播电视服务中心3人,计划生育生殖健康服务站1人。辖13个行政村,辖区草场面积9.67万公顷,辖75个村民小组,总人口3864户11460人,其中,少数民族5521人。村民代表337人,妇女代表313人,乡土人才94人。

【惠民工程】 2018年,温宿县柯柯牙镇将民生项目作为民心工程,完成惠民生项目25个,"访惠聚"项目10个,中央专项扶贫资金(发展资金)项目15个,争取专项配套项目资金1890.5万元;新修灌溉防渗渠18.41千米,闸门和相关配套设施500余个;安装太阳能路灯100盏,铺设砂石路5千米,农村柏油路2.4千米,落实农机具59户,发放农机补贴5.15万元。

【农业农村经济】 2018年,温宿县柯柯牙镇完成示范园建设11个,改造低产低质果园12个;顺利完成有机绿色核桃标准化生产基地创建工作,申报无公害核桃产品认证333.33公顷,申报绿色核桃产品21个、红枣产品3个、苹果1个,完成果树修剪9333.33公顷,嫁接优质果木473.87公顷,计31.9万株。果园总面积11573.34公顷,挂果面积10005公顷。核桃产量21301吨,产值383418万元;苹果1.47万吨,产值84525万元;红枣1.88万吨,产值13377万元;出售优质苗木10万株,产值33万元;果品出售6.8万吨;林果业总产值65213万元。

【社会事业发展】 2018年,温宿县柯柯牙镇全镇共有低保户88户187人,其中,兜底贫困户36户78人。全年发放低保金73.7万元,其中,农村低保资金48.58万元,城市低保资金25.11万元。2018年受理乡(镇)层面临时救助33人,发放资金2.17万元,孤儿1户2人,发放生活补助资金1.2万元。为12名优抚对象发放补助金10.13万元,28名80岁以上老人发放生活补贴1.75万元。为低保户发放冬季取暖煤90吨,31名医疗救助对象发放救助金10.61万元,发放低保医疗补助金4.78万元。

【基层组织建设】 2018年,温宿县柯柯牙镇建强基层根基,把基层党组织打造成破解难题、推动发展、服务群众和维护稳定的坚强堡垒。着力构建三级组织架构,组建村干部队伍84人,小组长队伍249人,"十支队伍"1148人;着力固强村级组织基层力量,完善村规民约、细化职责分工,落实村组织、村干部综合考核管理制度,采取月督查月通报、责任倒查和奖优罚劣的方式,督促村干部对各项工作安排的落实;严格村民小组长待遇报酬,配齐13个行政村75名村民小组长和174名副组长,每月按时考核足额发放村民小组组长600元、副组长300元工作报酬。

【核桃品种开发】 2018年,温宿县柯柯牙镇始终把"出精品、保品牌"作为创建核桃龙头企业的关键一环,注重加强与自治区林科院、专家科研站所的技术协作,在国家认证推广的9个主要品种"新2""185号""81""新早丰""新萃丰""扎343""温179""温233""新巨丰"品种改良上下功夫,9个品种增强抗逆性,达到早实、丰产、壳薄、内褶壁退化,出仁率和出油率高、仁色浅、口感香等改良目标,有力提升产品品质。

【"宝圆"品牌打造】 2018年,温宿县柯柯牙镇强化绿色产品认证。有北京中环认证中心认证的有机绿色核桃400公顷。组织"宝圆"核桃积极参加疆内外推介会、展销会等相关行业的系列活动,顺利获得自治区"消费者放心食品"和"中国水果"知名品牌称号。宝圆牌核桃大批量打入北京、上海、广州、深圳、南京、杭州、西安、成都、长沙等大中城市市场,产品销量覆盖长三角和珠江三角,并走向国外市场。

2018 年温宿县柯柯牙镇行政村基本情况表

表 22

村名	人口(户)	人口(人)	村民小组数	林果地(公顷)	林果总产量(吨)	粮食总产量(吨)	人均纯收入(元)	贫困人口(户/人)
艾肯博依村	225	869	5	106.6	1348.84	0	8324.07	57/107
龙口村	162	556	3	176.13	2134.46	0	25240.83	0/0
柯克亚村	198	637	5	288.07	5662.12	0	34386.39	0/0
萨依巴格村	285	895	4	141.13	1897.08	0	10085.88	83/254
核桃新村	330	1120	5	342.2	2531.23	0	27991.31	0/0
果林村	311	901	4	616	4851.08	0	39819.38	0/0
英沿村	512	1712	4	399	1906.16	9.34	14325.9	15/64
英巴村	307	767	8	781.34	3506.25	0	29478.78	0/0
园林村	226	501	7	755.4	3996.75	0	38420.76	0/0
绿化新村	360	790	8	2844.67	10850.44	0	64184.04	0/0
戈壁新村	315	610	15	4620.53	15355.87	0	63429.79	0/0
帕克勒克村	400	1358	7	502.27	640.89	55.65	9386.86	23/61
塔格拉克村	233	744	3	0	0	294	9527.85	24/32

2018 年温宿县柯柯牙镇主要经济指标情况表

表 23

项目	指标	
农业	农业总产值(万元)	8740
	粮食播种面积(公顷)	63.53
	粮食总产量(吨)	359
	棉花播种面积(公顷)	0
	棉花总产量(吨)	0
	其他作物播种面积(公顷)	1044.13
	其他作物总产量(吨)	15395

续表23

项目	指标	
林果业	特色林果产品面积(公顷)	11573.34
	特色林果产品总产量(吨)	54681.17
畜牧业	存栏(头/只)	75202
	出栏(头/只)	2283
林业	造林面积(公顷)	33.33
	人工林存活面积(公顷)	33.33
工业	总产值(万元)	154
广电	广播覆盖率(%)	100
	电视覆盖率(%)	100
	电话普及率(%)	100
财政	总收入(万元)	3204.29
	总支出(万元)	3147.98
教育	中学(所)	0
	小学(所)	2
	幼儿园(所)	1
	教职工总数(名)	49
	中高级教职工职称(名)	23
	在校学生总数(名)	300
卫生	乡卫生院(所)	2
	村卫生室(所)	7
	专业技术人员(名)	21
	病床(张)	8
农机	拖拉机(台)	524
	播种机(台)	0
	收割机(台)	0
	轧草机(台)	0
	农用机械使用率(%)	90

续表 23

项目	指标	
人口	总人口(人)	11460
	总户数(户)	3864
	农牧民人均收入(元)	27420.34
	人口出生率(‰)	5.7
	人口死亡率(‰)	2.6
	人口自然增长率(‰)	3.1

(梁　芳)

共青团镇

【概况】 温宿县共青团镇成立于2017年11月17日,位于温宿县城西南,距温宿县城52千米。2018年,有行政编制57名,事业编制19名,机关内设党政办、党建办、综治办、经济发展办和社会事务办以及武装部。隶属管理单位5个,分别是农业(畜牧业)发展服务中心、文化体育广播电视服务中心、村镇规划建设发展中心、社保保障(民政)服务中心、财政所(农村合作经济经营管理服务站)。辖10个行政村57个村民小组,总人口3340户11593人,其中,少数民族8741人。

【种植业】 2018年,温宿县共青团镇农作物播种面积8366.3公顷,其中粮食作物种植2079.2公顷。水稻种植面积575.6公顷、亩均单产0.61吨;正复播玉米总面积309.7公顷,亩均单产0.57吨;棉花播种5317.9公顷,亩均单产0.41吨;冬小麦1008.304公顷,亩均单产0.35吨。蔬菜总种植面积26.7公顷,其中,温室7座面积0.33公顷,总产量1.47吨;大中小拱棚751座,面积5.6公顷,总产84.3吨;露地蔬菜193公顷,总产量13032吨;林下种植蔬菜84.9公顷;甜菜54.68公顷;有温室大棚7座0.327公顷、庭院永久性温室大棚7座0.327公顷;水稻引进专用有机肥,实现每亩增产0.004吨,推广使用机械育秧等技术、农作物病虫害防治等新药,有效控制病虫害面积8366.3公顷,覆盖率100%。

【林果业】 2018年,温宿县共青团镇林果业总面积4340公顷,其中,核桃2066.7公顷,红枣1486.7公顷,苹果626.7公顷,香梨50.7公顷。挂果面积3212公顷,总产量2.51万吨,其中,核桃4700吨,红枣7400吨,苹果1.2万吨,香梨1000吨。全年完成林果清园4340公顷、果树修剪4340公顷、新嫁接核桃132.87公顷87692株、补接核桃28.87公顷19052株、低产园改造23.87公顷18008株(嫁接品种“温185号”和“新新2号”为主,嫁接成活率90%以上)、2次防治核桃黑斑蚜苗面积2066.7公顷。新增防护林面积184.9公顷,补植防护林480公顷,义务植树13.36万株、完成5个80公顷高产林果业示范园和9个101.9公顷低产林果业示范园的施肥、修剪、病虫害防治工作。为108户184.86公顷发放补贴总金额 1386450 元。

【畜牧业】 2018 年,温宿县共青团镇牲畜存栏 37650 头(只),出栏 45114 头(只)。能繁殖牧畜存栏 18561 头(只)。家禽养殖 2.0251 万羽,养殖出栏 1.43 万羽。全年产肉 1485 吨,产奶 1864.5 吨,产蛋 255.4 吨。购买引进优质种公羊 31 只,劣质公畜去势 4886 头,羊断尾 518 只,黄牛改良 403 头,肉羊改良 833 只。畜禽防疫 23.6 万头,其中,驱虫 28510 头,羊痘 35023,三联四防 25350 头,检疫 1949 头,治疗 3845 头只,“五号”防疫苗 57152 头,牛“两病”检测 1432 头,禽流感防疫 21598 羽,新城市疫苗 13698 万羽。饲草料种植 1074.65 公顷,青贮饲料 10400 吨,秸秆饲料 13.7 万吨,完成饲料储蓄 8400 吨。开展黄牛品种改良去势,肉羊改良及饲料管理,家畜及家禽疫病防治等专业技术培训 10 期,受培训村民 2450 人次。

【水利建设】 2018 年,温宿县共青团镇新建防渗渠 2 条 11.90 千米、节制分水闸 23 座、涵洞桥 15 座、涵洞 8 个,维修渠道 3 条 1.2 千米,总投资 895.78 万元。全镇有防洪点 24 个,总长 9 千米,拉运防洪卵石 3785 立方米。完成灌溉面积 6601.2 公顷,其中,小麦 1193.9 公顷,林果园 4340 公顷,瓜菜 182 公顷,水稻 575.6 公顷,玉米 309.69 公顷。有 5 年以下防护林 143 公顷。新修坝 20 个 1.07 千米,维修坝 34 个 1567 米。防洪用铁丝 1.02 吨,铁丝笼 613 张,木头 2526 根,三角架 421 个,树梢 3502 吨,拖拉机 1751 台,钢筋笼 8 个,人工 6181 工日,铲车 1963 小时,挖掘机 312 小时。

【农机管理】 2018 年,温宿县共青团镇有拖拉机 701 台,其中,大型 285 台,小型 416 台。有各种农机具 637 台,其中,小麦播种机 6 台,收割机 17 台;农机驾驶员 693 名,驾驶持证率 98%;耕地机械率 100%,插秧机械率 100%,平均机械率 100%,培训人数 616 名。

【基层组织建设】 2018 年,温宿县共青团镇开展理论学习 12 次,班子自查问题 68 条,班子成员自查问题 347 条,一般干部自查问题 1800 余条;新发展党员 41 名,开展党员干部培训 10 场次,领导干部专题党课 3 期次,观看专题片 3 期次;撰写理论文章、心得体会 840 余篇,应知应会测试 6 场次;开展交流讨论 16 场次,受教育党员干部 500 余人次;开展各类检查 21 次,通报曝光 21 次,查出问题 38 件。解决群众困难诉求 130 条,排查安全隐患 121 个;给低保户、五保户发放过冬煤 230 吨,组织贫困户转移就业 40 余人,帮助 3 名困难群众申请临时救助 28 万元,一般医疗救助 28 人 2.8 万元;查办案件 27 件,组织处理 47 人,党纪处分 24 人,政纪处分 3 人。

【流动人口管理】 2018 年,温宿县共青团镇严格落实流动人口管理工作机制,建立出租房屋房东、经营业主、雇主、用工单位流动人口信息报告和管理责任制度,登记外来人员 406 人,登记外出人员 551 人,摸排人户分离人员 543 户 1517 人,摸排登记出租房屋 64 间,开展安全检查 572 次。

【结对认亲活动】 2018 年,温宿县共青团镇组织开展亲戚手拉手,暖冬在行动、“迎新春送祝福”、民族团结最强音等主题教育活动,推进“民族团结一家亲”和民族团结联谊活动。结对认亲 820 对,开展民族团结结亲联谊活动 110 余场次,组织干部深入机关、村、宗教活动场所开展民族团结主题宣讲 40 场次,参加活动 7814 人次。

【脱贫攻坚】 2018 年,温宿县共青团镇共有贫困户

126 户 406 人，脱贫 71 户 218 人。完成 92 户贫困户畜牧养殖业项目每户补贴 1 万元，总共补助 92 万元，落实百企帮百村，千人帮千户工作方案，全覆盖帮扶贫困户不落一户，不落一人。

【学前教育】 2018 年，温宿县共青团镇建成幼儿园 7 所，在园幼儿 874 人，有班级 31 个，就学儿童 1254 名，解决了镇幼儿入园难的问题。

【全民健康体检】 2018 年，温宿县共青团镇应参加体检群众 8900 人，实际体检 8900 人，其中，0 ~ 6 岁体检 1220 人，发现贫血 72 人；7 ~ 14 岁体检 1391 人，发现阳性病 99 人；15 ~ 64 岁体检 6475 人，发现高脂血症、胆囊结石、高血压、肾结石、胆囊炎、糖尿病等病 516 人；65 岁以上体检 260 人，发现胆囊炎、胆囊结石、高脂血症、肾结石、高血压、糖尿病等 80 人。

【就业指导】 2018 年，温宿县共青团镇富余劳动力转移就业 1221 人，其中，整建制转移就业 358 人，季节性就业 863 人。职业技能培训 39 人，取得技能资格证 39 人，创业培训 10 人，自主创业 8 人，就业和社保宣讲 32 场次，受众 8263 人次。

【惠民补贴】 2018 年，温宿县共青团镇发放低保金 65.49 万元，发放粮食 39515 千克，清油 2920 千克，发放优抚金 10.37 万元，发放老年生活补助 25470 元，发放残疾人补贴 10.7 万元，发放孤儿生活费补助 9600 元。参加新农保 10457 人，参保率 100%。

【安居富民】 2018 年，温宿县共青团镇完成安居富民建设 429 户，其中，新建 76 户，扩建 10 户，一般户 371 户，贫困户 2 户。按照一户一档填写纸质档案 429 户，录入电子档案 429 户。发放安居富民补助资金 1340.64 万元。

【民生项目建设】 2018 年，温宿县共青团镇投资 50 万元新建防渗渠 1.5 千米，投资 100 万元建设农业技术服务站 2 个 400 平方米，投资 50 万元建设安全饮水项目 1 个，投资 50 万元建设村民服务中心 1 个，投资 252 万元建设干部周转宿舍项目 1 个。

（王　潼）

2018 年温宿县共青团镇行政村基本情况表

表 24

村名	村民小组（个）	耕地（公顷）	牲畜存栏头（只）	牲畜出栏头（只）	粮食总产量（吨）	村集体经济收入（万元）	人均纯收入（元）	贫困人口（户/人）
尤喀克佳木村	8	10872	7116	8527	2083.34	14.88	11880.68	32/102
托万克佳木村	8	8962.9	5158	7181	2178.45	14.5	11806.07	38/109
千亩地村	4	16500	866	1038	3173.09	0	25581.31	0/0
喀拉布运村	2	7191.5	2563	3068	1127.24	31.76	15762.18	33/124
尤喀克买里村	2	3246.1	941	1128	255.26	0.01	22693.03	0/0

续表24

村名	村民小组(个)	耕地(公顷)	牲畜存栏头(只)	牲畜出栏头(只)	粮食总产量(吨)	村集体经济收入(万元)	人均纯收入(元)	贫困人口(户/人)
吉日木苏盖特村	4	12224.6	836	1018	2410.4	0.02	24567.46	0/0
阿孜干布拉克村	4	17160	1921	3311	1419.43	0.07	28908.33	1/3
萨叶科普村	7	22923.8	6288	8534	823.73	0	22977.47	2/2
恰其力克村	8	22130	6739	8075	2875.5	97.22	14872.06	20/66
铁路新村	10	41855	5222	3234	604.33	0.01	31228.9	0/0

2018年温宿县共青团镇主要社会经济指标情况表

表25

项目	指标	
农业	农业总产值(万元)	35535
	粮食播种面积(公顷)	2079.2
	粮食总产量(吨)	16950.77
	棉花播种面积(公顷)	5319.7
	棉花总产量(吨)	32875.75
	其他作物播种面积(公顷)	1103.72
	其他作物总产量(吨)	8277.9
林果业	特色林果产品面积(公顷)	4340
	特色林果产品总产量(吨)	25100
畜牧业	存栏(头/只)	37650
	出栏(头/只)	45114
林业	造林面积(公顷)	56.14
	人工林存活面积(公顷)	50.36

续表 25

项目	指标	
工业	总产值(万元)	0
广电	广播覆盖率(%)	100
	电视覆盖率(%)	98
	电话普及率(%)	100
财政	总收入(万元)	1980.60
	总支出(万元)	1980.60
教育	中学(所)	1
	小学(所)	3
	幼儿园(所)	7
	教职工总数(名)	119
	中高级教职工职称(名)	5
	在校学生总数(名)	1382
卫生	乡卫生院(所)	2
	村卫生室(所)	8
	专业技术人员(名)	11
	病床(张)	14
农机	拖拉机(台)	701
	播种机(台)	286
	收割机(台)	17
	轧草机(台)	41
	农用机械使用率(%)	100
人口	总人口(人)	11593
	总户数(户)	3340
	农牧民人均收入(元)	18452.12
	人口出生率(‰)	8.30
	人口死亡率(‰)	2.90
	人口自然增长率(‰)	5.40

荣 誉

先进集体

2018 年温宿县获表彰先进集体(国家级)一览表

表 26

获表彰集体	表彰时间	荣誉	表彰单位
温宿县第五中学	2018 年 1 月	国防教育特色学校	中华人民共和国教育部
温宿县第五中学	2018 年 10 月	全国中小学德育工作典型经验学校	中华人民共和国教育部办公厅
温宿县教育局	2018 年 10 月	县级优秀组织单位	中华人民共和国教育部基础教育质量监测中心
温宿县文化体育广播影视局	2018 年 10 月	2017 年度查处侵权盗版案件有功单位三等奖	国家版权局
温宿县柯柯牙镇	2018 年 11 月	“三北”防护林体系建设工程先进集体	中华人民共和国林业和草原局
温宿县人民检察院	2018 年 11 月	集体一等功	中华人民共和国最高人民检察院

2018 年温宿县获表彰先进集体(自治区级)一览表

表 27

获表彰集体	表彰时间	荣誉	表彰单位
温宿县委机要局	2018 年 1 月	2017 年度自治区党政机要密码工作考评优秀单位	新疆维吾尔自治区党委机要局
温宿县公安局国内安全保卫大队、综合技术侦察大队、佳木派出所、阿热勒派出所	2018 年 1 月	党的十九大安保先进集体	新疆维吾尔自治区公安厅
温宿县公安局聚嘉豪庭便民警务站	2018 年 2 月	全区优秀便民警务站	中共新疆维吾尔自治区委员会政法委员会、中共新疆维吾尔自治区委员会组织部、新疆维吾尔自治区公安厅

续表 27

获表彰集体	表彰时间	荣誉	表彰单位
温宿县博孜墩柯尔克孜民族乡	2018 年 2 月	自治区优秀平安乡	新疆维吾尔自治区社会治安综合治理委员会、自治区平安建设领导小组
温宿县人民检察院驻佳木镇托万克吐曼村工作队、教育局驻恰格拉克乡喀拉萨村工作队、旅游局驻博孜墩乡尤喀克买里村工作队、第二小学驻柯柯牙镇萨依巴格村工作队	2018 年 3 月	自治区“访惠聚”驻村工作 2017 年度先进工作队	新疆维吾尔自治区“访民情惠民生聚民心”驻村工作领导小组
温宿县卫生局	2018 年 3 月	自治区巾帼建功先进集体	新疆维吾尔自治区妇女联合会
温宿县人民医院	2018 年 7 月	新疆医院感染现患率调查工作一等奖	新疆维吾尔自治区感染管理质量控制中心
温宿县阿热勒镇人民调解委员会	2018 年 9 月	自治区优秀人民调解委员会	新疆维吾尔自治区司法厅
温宿县第二中学	2018 年 10 月	德育示范校	新疆维吾尔自治区教育厅
温宿县第二中学	2018 年 10 月	依法治校示范校	新疆维吾尔自治区教育厅

2018 年温宿县获表彰先进集体(地区级)一览表

表 28

获表彰集体	表彰时间	荣誉称号	表彰单位
温宿县油区办	2018 年 1 月	油区工作先进单位	阿克苏地区行署
温宿县人民医院	2018 年 1 月	精神文明建设“五个一”亮点工程奖示范性道德讲堂	阿克苏地区精神文明建设指导委员会、浙江省对口支援新疆阿克苏地区指挥部
中共温宿县纪委监委	2018 年 2 月	地区纪检监察系统先进集体	中共阿克苏地区纪律检查委员会、阿克苏地区监察委员会、阿克苏地区人力资源和社会保障局
中共温宿县委政法委	2018 年 2 月	2017 年度反恐维稳先进集体	中共阿克苏地委、阿克苏地区行署
中共温宿县委政法委	2018 年 2 月	2017 年度“维稳双联户”工作先进集体	中共阿克苏地委、阿克苏地区行署

续表 28

获表彰集体	表彰时间	荣誉	表彰单位
温宿县计生委	2018 年 2 月	2017 年度计划生育工作优良县	阿克苏地区行署
温宿县人民检察院	2018 年 2 月	阿克苏地区民族团结进步示范单位	阿克苏地区民族团结进步创建活动领导小组
温宿县人民法院	2018 年 2 月	阿克苏地区民族团结进步示范单位	阿克苏地区民族团结进步创建活动领导小组
温宿县人民法院	2018 年 2 月	集体三等功	中共阿克苏地区中级人民法院党组
温宿县公安局国内安全保卫大队、综合技术侦察大队、佳木派出所、阿热勒派出所	2018 年 2 月	集体三等功	阿克苏地区公安局
温宿县恰格拉克乡	2018 年 2 月	“民族团结一家亲”和民族团结联谊活动先进集体	阿克苏地区行署
温宿县博孜墩柯尔克孜民族乡	2018 年 2 月	2017 年度先进“维稳双联户”	阿克苏地委、行署
阿克苏地区气象局驻佳木镇兰杆村工作队、地区编办驻佳木镇喀赞阿斯玛村工作队	2018 年 3 月	自治区“访民情惠民生聚民心”驻村工作先进工作队	阿克苏地区“访民情惠民生聚民心”驻村工作领导小组
温宿县气象局	2018 年 3 月	2017 年综合考评优秀单位	阿克苏地区气象局
温宿县人民法院驻阿热勒镇乌尔其托万克买里村工作队	2018 年 4 月	自治区“访民情惠民生聚民心”驻村工作先进工作队	阿克苏地区“访民情惠民生聚民心”驻村工作领导小组
中共温宿县委政法委	2018 年 6 月	地区先进基层党组织	中共阿克苏地委
温宿县温宿镇龙泉社区、温宿县第二小学	2018 年 7 月	2018 年度先进基层党组织	中共阿克苏地区委员会
温宿县古勒阿瓦提乡党委、托乎拉乡思源村党支部、温宿镇姑墨社区党支部、温宿县委机关党委第五党支部、温宿县曦隆燃气开发有限公司党支部	2018 年 7 月	先进基层党组织	中共阿克苏地区委员会
温宿县人民医院	2018 年 9 月	阿克苏地区卫生系统首届“健康阿克苏 我们在行动”男子篮球比赛优秀组织奖	阿克苏地区卫生和计划生育委员会

续表 28

获表彰集体	表彰时间	荣誉	表彰单位
温宿县	2018 年 9 月	阿克苏地区第二届“同心杯”——“浙阿同心·携手圆梦”诗词朗诵(演讲)大赛优秀组织奖	阿克苏地委宣传部、阿克苏地区文化体育广播影视局、浙江援疆指挥办公室
温宿县纪委监委	2018 年 11 月	阿克苏地区“党纪印我心”知识竞赛优秀组织奖	中共阿克苏地区纪律检查委员会、阿克苏地区监察委员会
温宿县	2018 年 12 月	阿克苏地区第二届“同心杯”——“浙阿同心·携手圆梦”中华优秀传统文化才艺秀大赛“优秀组织奖”	阿克苏地委宣传部、阿克苏地区文化体育广播影视局、浙江援疆指挥办公室
温宿县	2018 年 12 月	阿克苏地区第二届“同心杯”——“浙阿同心·携手圆梦”中华优秀传统文化才艺秀大赛(器乐类)三等奖	阿克苏地委宣传部、阿克苏地区文化体育广播影视局、浙江援疆指挥办公室
温宿县	2018 年 12 月	阿克苏地区第二届“同心杯”——“浙阿同心·携手圆梦”中华优秀传统文化才艺秀大赛(国学诵读类)三等奖	阿克苏地委宣传部、阿克苏地区文化体育广播影视局、浙江援疆指挥办公室
温宿县	2018 年 12 月	阿克苏地区第二届“同心杯”——“浙阿同心·携手圆梦”中华优秀传统文化才艺秀大赛(舞蹈类)最佳表演奖	阿克苏地委宣传部、阿克苏地区文化体育广播影视局、浙江援疆指挥办公室
温宿县公安局	2018 年 12 月	十九大信访维稳工作先进集体	阿克苏地区公安局

(何　刚)

先进个人

2018 年温宿县获表彰先进个人（国家级）一览表

表 29

姓名	工作单位、职务	表彰时间	荣誉称号	表彰单位
翟　斌	温宿县总工会党组书记、主席	2018 年 9 月	2018 年全国优秀工会工作者	中华全国总工会

2018 年温宿县获表彰先进个人（自治区级）一览表

表 30

姓名	工作单位、职务	表彰时间	荣誉	表彰单位
陈　磊	温宿县公安局政治处民警	2017 年 12 月	全区公安政工信息优秀通讯员	新疆维吾尔自治区公安厅政治部
李　鑫	温宿县公安局政治处干部	2017 年 12 月	全区公安政工信息优秀通讯员	新疆维吾尔自治区公安厅政治部
哈力克·依明	温宿县吐木秀克镇栏杆村农民、护边员	2017 年 12 月	第五届自治区道德模范	新疆维吾尔自治区精神文明建设指导委员会
吐尔逊·吐鲁洪	温宿县公安局国内安全保卫大队副大队长	2018 年 1 月	个人二等功	新疆维吾尔自治区公安厅
穆哈拜提·莫明	温宿县公安局国内安全保卫大队民警	2018 年 1 月	党的十九大安保先进个人	新疆维吾尔自治区公安厅
李文龙	温宿县公安局刑事侦查大队副大队长	2018 年 1 月	党的十九大安保先进个人	新疆维吾尔自治区公安厅
龚再强	温宿县公安局托乎拉派出所警务室民警	2018 年 1 月	党的十九大安保先进个人	新疆维吾尔自治区公安厅
艾尼外尔·艾尔肯	温宿县公安局恰格拉克派出所教导员	2018 年 1 月	党的十九大安保先进个人	新疆维吾尔自治区公安厅
玉素甫江·毛明	温宿县公安局城镇派出所副所长	2018 年 1 月	党的十九大安保先进个人	新疆维吾尔自治区公安厅
亚森·玉山	温宿县公安局古勒阿瓦提派出所代理教导员	2018 年 1 月	党的十九大安保先进个人	新疆维吾尔自治区公安厅
刘　杠	温宿县公安局共青团派出所所长	2018 年 1 月	党的十九大安保先进个人	新疆维吾尔自治区公安厅
张　超	温宿县公安局克孜勒派出所所长	2018 年 1 月	党的十九大安保先进个人	新疆维吾尔自治区公安厅

续表 30

姓名	工作单位、职务	表彰时间	荣誉	表彰单位
高　磊	温宿县公安局城镇派出所副所长	2018 年 2 月	全区优秀便民警务站站长	中共新疆维吾尔自治区委员会政法委员会、中共新疆维吾尔自治区委员会组织部、新疆维吾尔自治区公安厅
刘　杰	温宿县公安局城镇派出所文化路便民警务站站长	2018 年 2 月	全区优秀便民警务站站长	中共新疆维吾尔自治区委员会政法委员会、中共新疆维吾尔自治区委员会组织部、新疆维吾尔自治区公安厅
艾尼卡尔·艾合买提	温宿县公安局城镇派出所金丰源便民警务站站长	2018 年 2 月	全区优秀便民警务站站长	中共新疆维吾尔自治区委员会政法委员会、中共新疆维吾尔自治区委员会组织部、新疆维吾尔自治区公安厅
巴哈尔古丽·祖农	温宿县温宿镇交通路社区小组长	2018 年 2 月	自治区联户平安稳定、联户团结和谐“先进联户长”	自治区社会治安综合治理委员会
王　慧	温宿县气象局党支部书记、局长	2018 年 2 月	重大气象服务先进个人	新疆维吾尔自治区气象局
刘家宏	温宿县文化馆馆长	2018 年 3 月	自治区“访惠聚”驻村工作 2017 年度先进工作者	新疆维吾尔自治区“访民情惠民生聚民心”驻村工作领导小组
关　栋	温宿县旅游局科员	2018 年 3 月	自治区“访惠聚”驻村工作 2017 年度先进工作者	新疆维吾尔自治区“访民情惠民生聚民心”驻村工作领导小组
卜希伟	温宿县委机要局副局长	2018 年 3 月	自治区“访惠聚”驻村工作 2017 年度先进工作者	新疆维吾尔自治区“访民情惠民生聚民心”驻村工作领导小组
曹　伟	温宿县人民检察院党组成员、纪检组组长	2018 年 3 月	自治区“访惠聚”驻村工作 2017 年度先进工作者	新疆维吾尔自治区“访民情惠民生聚民心”驻村工作领导小组
张学辉	温宿县卫生局党组成员、副局长	2018 年 3 月	自治区“访惠聚”驻村工作 2017 年度先进工作者	新疆维吾尔自治区“访民情惠民生聚民心”驻村工作领导小组

续表 30

姓名	工作单位、职务	表彰时间	荣誉	表彰单位
刘姗姗	温宿县第二小学教师	2018 年 3 月	自治区“访惠聚”驻村工作 2017 年度先进工作者	新疆维吾尔自治区“访民情惠民生聚民心”驻村工作领导小组
热萨来提·库尔班	温宿县司法局佳木司法所科员	2018 年 5 月	全国人民调解工作先进个人	新疆维吾尔自治区司法
温且姆·哈力克	温宿县司法局温宿镇司法所公益性岗位	2018 年 9 月	优秀人民调解员	疆维吾尔自治区司法厅授予自治区
阿不都外力·亚生	温宿县林管站站长	2018 年 11 月	自治区绿化奖章	新疆维吾尔自治区绿化委员会

2018 年温宿县获表彰先进个人(地区级)一览表

表 31

姓名	工作单位、职务	表彰时间	荣誉	表彰单位
阿曼古丽·依明	温宿县公安局信访室主任	2017 年 12 月	党的十九大信访工作先进个人	阿克苏地区公安局
蔡国梁	温宿县公安局交通管理大队大队长	2017 年 12 月	党的十九大信访工作先进个人	阿克苏地区公安局
沙恩·艾孜来提	温宿县博孜墩柯尔克孜民族乡博孜墩村第三联户单联户长	2018 年 2 月	2017 年度先进联户长	阿克苏地委、行署
崔振云	温宿县公安局治安管理大队教导员	2018 年 2 月	科技信息化工作突出个人	阿克苏地区公安局
穆哈拜提·莫明	温宿县公安局国内安全保卫大队民警	2018 年 2 月	个人三等功	阿克苏地区公安局
李文龙	温宿县公安局刑事侦查大队副大队长	2018 年 2 月	个人三等功	阿克苏地区公安局
龚再强	温宿县公安局托乎拉派出所警务室民警	2018 年 2 月	个人三等功	阿克苏地区公安局
艾尼外尔·艾尔肯	温宿县公安局恰格拉克派出所教导员	2018 年 2 月	个人三等功	阿克苏地区公安局
玉素甫江·毛明	温宿县公安局城镇派出所副所长	2018 年 2 月	个人三等功	阿克苏地区公安局
亚森·玉山	温宿县公安局古勒阿瓦提派出所代理教导员	2018 年 2 月	个人三等功	阿克苏地区公安局
刘　杠	温宿县公安局共青团派出所所长	2018 年 2 月	个人三等功	阿克苏地区公安局

续表 31

姓名	工作单位、职务	表彰时间	荣誉	表彰单位
张　超	温宿县公安局克孜勒派出所所长	2018 年 2 月	个人三等功	阿克苏地区公安局
肖乎来提·艾海提	温宿县公安局国内安全保卫大队民警	2018 年 2 月	个人三等功	阿克苏地区公安局
崔振云	温宿县公安局治安管理大队教导员	2018 年 2 月	个人三等功	阿克苏地区公安局
艾力·吾甫尔	温宿县公安局阿热勒派出所民警	2018 年 2 月	个人三等功	阿克苏地区公安局
艾合麦提·吾斯曼	温宿县公安局法制大队副大队长	2018 年 2 月	个人三等功	阿克苏地区公安局
本国君	温宿县公安局特战大队副中队长	2018 年 2 月	个人三等功	阿克苏地区公安局
凯赛尔·库尔班尼亚孜	温宿县公安局古勒阿瓦提派出所巴格其村警务室民警	2018 年 2 月	个人三等功	阿克苏地区公安局
曹俊龙	温宿县公安局城镇派出所姑墨便民警务站民警	2018 年 2 月	便民警务站先进个人	中共阿克苏地委、阿克苏地区行署
亚森·安外尔	温宿县公安局佳木治安巡逻点民警	2018 年 2 月	便民警务站先进个人	中共阿克苏地委、阿克苏地区行署
迪力夏提·玉苏普	温宿县公安局城镇派出所迎宾路便民警务站民警	2018 年 2 月	便民警务站先进个人	中共阿克苏地委、阿克苏地区行署
郭　辉	温宿县公安局城镇派出所泉城便民警务站站长	2018 年 2 月	优秀便民警务站站长	中共阿克苏地委、阿克苏地区行署
艾力夏提·阿力甫	温宿县公安局城镇派出所西域便民警务站站长	2018 年 2 月	优秀便民警务站站长	中共阿克苏地委、阿克苏地区行署
冯文斌	温宿县人民法院党组成员、纪检组组长、机关党委书记	2018 年 2 月	阿克苏地区纪检监察系统先进工作者	中共阿克苏地区纪律检查委员会、阿克苏地区人力资源和社会保障局
阿不都外力·阿不都如扎克	温宿县人民医院儿科医生	2018 年 2 月	阿克苏地区 2017 年度“民族团结一家亲”和民族团结联谊活动先进个人	中共阿克苏地委、阿克苏地区行署
倪　忠	温宿县纪委副书记、监委副主任	2018 年 2 月	阿克苏地区 2017 年度“民族团结一家亲”和民族团结联谊活动先进个人	中共阿克苏地委、阿克苏地区行署
阿不都外力·阿不都如扎克	温宿县人民医院儿科医生	2018 年 2 月	阿克苏地区 2017 年度“民族团结一家亲”和民族团结联谊活动先进个人	中共阿克苏地委、阿克苏地区行署

续表31

姓名	工作单位、职务	表彰时间	荣誉	表彰单位
曾青松	温宿县人民法院民事审判庭书记员	2018年2月	优秀书记员	阿克苏地区中级人民法院党组
李勇胜	温宿县人民法院副科级审判员	2018年2月	调解能手	阿克苏地区中级人民法院党组
蔡国栋	温宿县人民法院党组成员、副院长	2018年2月	个人三等功	中共阿克苏地区中级人民法院党组
邢 慧	温宿县人民法院执行局副局长	2018年2月	个人三等功	中共阿克苏地区中级人民法院党组
吐尔洪·塔力甫	温宿县人民法院审判员	2018年2月	个人三等功	中共阿克苏地区中级人民法院党组
艾尼瓦尔·买米提力	温宿县人民法院执行局副局长	2018年2月	个人三等功	中共阿克苏地区中级人民法院党组
奴尔古丽·托乎尼牙孜	温宿县人民法院审判员	2018年2月	十佳女法官	阿克苏地区中级人民法院党组
李 兰	温宿县人民检察院科员	2018年3月	2017年度先进工作者	阿克苏地区“访民情惠民生聚民心”驻村工作领导小组
张新雷	温宿县第二小学教师	2018年3月	2017年度先进工作者	阿克苏地区“访民情惠民生聚民心”驻村工作领导小组
曾 光	恰格拉克乡科员	2018年3月	2017年度先进工作者	阿克苏地区“访民情惠民生聚民心”驻村工作领导小组
刘 洋	温宿县文化体育广播影视局职工	2018年3月	2017年度先进工作者	阿克苏地区“访民情惠民生聚民心”驻村工作领导小组
黄 毅	温宿县旅游局副局长、驻博孜墩柯尔克孜民族乡尤喀克买里村第一书记、工作队队长	2018年3月	2017年度先进工作者	阿克苏地区“访民情惠民生聚民心”驻村工作领导小组
买吾郎·木台力甫	温宿县人民医院放射科医生	2018年3月	2017年度先进工作者	阿克苏地区“访民情惠民生聚民心”驻村工作领导小组
木塔力甫·吐尼亚孜	温宿县佳木镇尤喀克吐曼村驻村工作队队员	2018年3月	2017年度先进工作者	阿克苏地区“访民情惠民生聚民心”驻村工作领导小组
托乎尼牙孜·艾麦提	温宿县人民法院审判员	2018年3月	2017年度先进工作者	阿克苏地区“访民情惠民生聚民心”驻村工作领导小组

续表 31

姓名	工作单位、职务	表彰时间	荣誉	表彰单位
克力奇别克·木斯塔帕	温宿县人民法院法官助理	2018 年 3 月	2017 年度先进工作者	阿克苏地区“访民情惠民生聚民心”驻村工作领导小组
克伊木江·阿力木	温宿县人民法院法官助理	2018 年 3 月	2017 年度先进工作者	阿克苏地区“访民情惠民生聚民心”驻村工作领导小组
阿不都外力·阿不都如扎克	温宿县人民医院儿科医生	2018 年 3 月	自治区“访惠聚”驻村工作 2017 年度先进工作者	阿克苏地区“访民情惠民生聚民心”驻村工作领导小组
何延成	温宿县第二中学物理教师	2018 年 4 月	高中物理教学(现场课)大赛中二等奖	阿克苏地区教育局
唐芹芹	温宿县第二中学化学教师	2018 年 4 月	中化学优质现场课研赛活动中二等奖	阿克苏地区教育局
艾则孜·衣米尔	温宿县纪委监委科员	2018 年 5 月	2017 年度阿克苏地区“万名大学生说新疆”大型网络文化活动二等奖	中共阿克苏地区委员会网络安全和信息化领导小组办公室、中共阿克苏地区委员会教育工作委员会
周海霞	温宿县教育局干部	2018 年 6 月	2018 年“小手拉大手”青少年大赛组织工作先进个人	阿克苏地委宣传部
坎得尔旦·买买提	佳木镇通吐尔村党支部书记	2018 年 7 月	优秀党务工作者	中共阿克苏地区委员会
赵学斌	温宿县公安局综合技术侦查大队教导员	2018 年 7 月	个人三等功	阿克苏地区公安局
晏　涛	温宿县公安局古勒阿瓦提派出所所长	2018 年 7 月	个人三等功	阿克苏地区公安局
马传奇	温宿县公安局党委委员、纪检书记	2018 年 7 月	个人三等功	阿克苏地区公安局
麦合木提江·马木提	温宿县公安局克孜勒派出所副所长	2018 年 7 月	个人三等功	阿克苏地区公安局
李　瑞	温宿县公安局看守所副所长	2018 年 7 月	个人三等功	阿克苏地区公安局
张　琪	温宿县市场监督管理局科员	2018 年 7 月	地区新兴组织优秀共产党员	地委新兴组织工作委员会
吐尔洪·加巴尔	温宿县第一中学教师	2018 年 7 月	2018 年度优秀共产党员	阿克苏地委教育工委

续表 31

姓名	工作单位、职务	表彰时间	荣誉	表彰单位
魏福胜	温宿县第二中学政教主任	2018 年 7 月	2018 年度优秀共产党员	中共阿克苏地委教育工委
张国强	温宿县第二小学党建办主任	2018 年 7 月	2018 年度优秀党务工作者	中共阿克苏地委教育工委
麦麦提·吐鲁洪	温宿县农业开发办科员	2018 年 7 月	优秀共产党员	中共阿克苏地区委员会
宋　慧	温宿县公安局综合技术侦查大队大队长	2018 年 7 月	优秀共产党员	中共阿克苏地区委员会
徐志刚	温宿县博孜墩柯尔克孜民族乡党委书记	2018 年 7 月	优秀共产党员	中共阿克苏地区委员会
凯赛尔·麦麦提力	温宿县共青团镇党委副书记、镇长	2018 年 7 月	优秀共产党员	中共阿克苏地区委员会
杨利利	温宿县依希来木其乡党建办科员	2018 年 7 月	优秀共产党员	中共阿克苏地区委员会
托乎塔洪·托乎尼亚孜	温宿县吐木秀克镇塔木里克村护边员	2018 年 7 月	优秀共产党员	中共阿克苏地区委员会
伊尔潘·艾麦尔	温宿县博孜墩柯尔克孜民族乡提坎库如克村党支部书记、村委会副主任	2018 年 7 月	优秀共产党员	中共阿克苏地区委员会
吐热甫江·阿不都肉苏力	温宿县公安局托乎拉派出所教导员	2018 年 7 月	优秀共产党员	中共阿克苏地区委员会
孔令涛	温宿县阿热勒镇中学党支部书记	2018 年 7 月	优秀共产党员	中共阿克苏地区委员会
安外尔·艾麦尔	温宿县恰格拉克乡卫生院党支部委员、院长	2018 年 7 月	优秀共产党员	中共阿克苏地区委员会
何　敏	温宿县金穗粮油购销有限责任公司党支部副书记	2018 年 7 月	优秀共产党员	中共阿克苏地区委员会
坎得尔旦·买买提	温宿县佳木镇通吐尔村党支部书记、村委会副主任	2018 年 7 月	优秀共产党员	中共阿克苏地区委员会
曹湘波	温宿县温宿镇党委委员、组织干事,甘泉社区党支部书记	2018 年 7 月	优秀共产党员	中共阿克苏地区委员会
吴存花	温宿县吐木秀克镇第一小学党支部书记	2018 年 7 月	优秀共产党员	中共阿克苏地区委员会

续表 31

姓名	工作单位、职务	表彰时间	荣誉	表彰单位
彭 静	温宿县妇幼保健站党支部副书记、站长	2018 年 7 月	优秀共产党员	中共阿克苏地区委员会
安外尔·艾麦尔	恰格拉克乡卫生院院长	2018 年 7 月	优秀共产党员	中共阿克苏地区委员会
杨镜毅	温宿县柯柯牙镇戈壁新村党支部书记	2018 年 7 月	优秀共产党员	中共阿克苏地区委员会
吐热甫江·阿不都肉苏力	温宿县公安局托乎拉派出所教导员	2018 年 7 月	优秀共产党员	中共阿克苏地区委员会
倪 忠	温宿县纪委副书记、监委副主任	2018 年 7 月	优秀共产党员	中共阿克苏地区委员会
奥斯曼·萨木萨克	温宿县柯柯牙镇萨依巴格村	2018 年 9 月	“平安家庭”标兵户	阿克苏地区妇联
图妮萨罕·马木提	温宿县依希来木其乡苏盖提艾日克村	2018 年 9 月	“平安家庭”标兵户	阿克苏地区妇联
坎得尔旦·买买提	温宿县佳木镇通吐尔村	2018 年 9 月	“平安家庭”标兵户	阿克苏地区妇联
玉散·喀迪尔	温宿县克孜勒镇艾尔肯吐尔村	2018 年 9 月	“平安家庭”标兵户	阿克苏地区妇联
阿不都热合曼·买买提	温宿县托甫汗镇尤喀克托甫汗村	2018 年 9 月	“平安家庭”标兵户	阿克苏地区妇联
艾尔肯·麦麦提	温宿县托甫汗镇托甫汗村 1 组 23 号	2018 年 9 月	“美丽庭院”标兵户	阿克苏地区妇联
吴尔尼沙汗·依布拉衣木	温宿县依希来木其乡拜什买热克村 1 组 35 号	2018 年 9 月	“美丽庭院”标兵户	阿克苏地区妇联
阿合尼牙孜·萨吾提	温宿县共青团镇喀拉布运村 2 组	2018 年 9 月	“美丽庭院”标兵户	阿克苏地区妇联
布海里且木·拜合提	温宿县共青团镇恰其力克村 1 组 7 号	2018 年 9 月	“美丽庭院”标兵户	阿克苏地区妇联
麦麦提·伊斯马伊力	温宿县共青团镇尤喀克佳木村 1 组	2018 年 9 月	“美丽庭院”标兵户	阿克苏地区妇联
温且母·托合提	温宿县依希来木其乡强尕克村 2 组 48 号	2018 年 9 月	“美丽庭院”标兵户	阿克苏地区妇联

续表31

姓名	工作单位、职务	表彰时间	荣誉	表彰单位
阿卜杜如苏力·托合尼亚孜	温宿县古勒阿瓦提乡色格孜勒克村3组	2018年9月	“美丽庭院”标兵户	阿克苏地区妇联
阿布都瓦依提·吾普尔	温宿县博孜墩乡吾斯博依村1组30号	2018年9月	“美丽庭院”标兵户	阿克苏地区妇联
阿里木·阿不都热依木	温宿县托乎拉乡托万克苏布拉克村3组	2018年9月	“美丽庭院”标兵户	阿克苏地区妇联
阿里木·阿布拉	温宿县托乎拉乡托万克库尔巴格村1组	2018年9月	“美丽庭院”标兵户	阿克苏地区妇联
阿娜古丽·图拉普	温宿县依希来木其乡拜什买热克村2组74号	2018年9月	“美丽庭院”标兵户	阿克苏地区妇联
艾尔肯·坎吉	温宿县克孜勒镇依尔玛村1组	2018年9月	“美丽庭院”标兵户	阿克苏地区妇联
艾海提·托乎提	温宿县阿热勒镇依尔玛村4组	2018年9月	“美丽庭院”标兵户	阿克苏地区妇联
布海丽且姆·喀迪尔	温宿县柯柯牙镇萨依巴格村格村三组10号	2018年9月	“美丽庭院”标兵户	阿克苏地区妇联
达吾提·马木提	温宿县托乎拉乡托万克苏布拉克村3组	2018年9月	“美丽庭院”标兵户	阿克苏地区妇联
古海尔汗·毛拉吾提	温宿县恰格拉克乡恰格拉克村5组	2018年9月	“美丽庭院”标兵户	阿克苏地区妇联
卡米力·阿吾提	温宿县阿热勒镇提格艾日克村1组1号	2018年9月	“美丽庭院”标兵户	阿克苏地区妇联
凯塞尔·卡迪尔	温宿县克孜勒镇加格达村4组31号	2018年9月	“美丽庭院”标兵户	阿克苏地区妇联
库尔班·阿巴斯	温宿县博孜墩乡吾斯塘博依村1组82号	2018年9月	“美丽庭院”标兵户	阿克苏地区妇联
库尔班萨汗·托合尼亚孜	温县佳木镇兰杆村4组45号	2018年9月	“美丽庭院”标兵户	阿克苏地区妇联
马木提·达吾提	温宿县吐木秀克镇兰干村	2018年9月	“美丽庭院”标兵户	阿克苏地区妇联
马木提·萨吾提	温宿县吐木秀克镇兰干村	2018年9月	“美丽庭院”标兵户	阿克苏地区妇联

续表 31

姓名	工作单位、职务	表彰时间	荣誉	表彰单位
买提尼亚孜·先木西	温宿县阿热勒镇托万克麦盖提村5组24号	2018年9月	“美丽庭院”标兵户	阿克苏地区妇联
麦提尼亚孜·库孜	温宿县依希来木其乡海楼村4组81号	2018年9月	“美丽庭院”标兵户	阿克苏地区妇联
毛拉达吾提·萨吾提	温宿县佳木镇托万克吐曼村1组21号	2018年9月	“美丽庭院”标兵户	阿克苏地区妇联
尼沙汗·依来克	温宿县柯柯牙镇萨依巴格村	2018年9月	“美丽庭院”标兵户	阿克苏地区妇联
热汗古丽·毛来克	温宿县柯柯牙镇萨依巴格村	2018年9月	“美丽庭院”标兵户	阿克苏地区妇联
斯依提妮牙孜·吐尼牙孜	温宿县柯柯牙镇萨依巴格村	2018年9月	“美丽庭院”标兵户	阿克苏地区妇联
图迪汗·阿吾提	温宿县柯柯牙镇萨依巴格村	2018年9月	“美丽庭院”标兵户	阿克苏地区妇联
热合曼·卡迪尔	温宿县吐木秀克镇托万克斯日木村1组51号	2018年9月	“美丽庭院”标兵户	阿克苏地区妇联
图尔贡·马木提	温宿县托乎拉乡托万克苏布拉克村1组	2018年9月	“美丽庭院”标兵户	阿克苏地区妇联
图尔荪·艾拉	温宿县阿热勒镇皮亚其村5组	2018年9月	“美丽庭院”标兵户	阿克苏地区妇联
图尔荪·萨吾提	温宿县吐木秀克镇兰干村	2018年9月	“美丽庭院”标兵户	阿克苏地区妇联
吐尔逊·吾普尔	温宿县博孜墩乡吾斯塘博依村1组28号	2018年9月	“美丽庭院”标兵户	阿克苏地区妇联
吐热普·亚库普	温宿县博孜墩乡库尔干村2组	2018年9月	“美丽庭院”标兵户	阿克苏地区妇联
袁　勇	温宿县托甫汗镇托甫汗村2组7号	2018年9月	“美丽庭院”标兵户	阿克苏地区妇联
亚森·毛拉图尔迪	温宿县托甫汗镇托甫汗村1组6号	2018年9月	“美丽庭院”标兵户	阿克苏地区妇联
吐热汗·尼亚孜	温宿县托甫汗镇托甫汗村1组23号	2018年9月	“美丽庭院”标兵户	阿克苏地区妇联
托合提·吾休尔	温宿县古勒阿瓦提乡买里艾日克村5组23号	2018年9月	“美丽庭院”标兵户	阿克苏地区妇联

续表 31

姓名	工作单位、职务	表彰时间	荣誉	表彰单位
吾尼且姆·托合尼亚孜	温宿县恰格拉克乡喀拉萨尔村 8 组	2018 年 9 月	"美丽庭院"标兵户	阿克苏地区妇联
吾切姆·卡斯木	温宿县佳木镇通吐尔村 1 组 30 号	2018 年 9 月	"美丽庭院"标兵户	阿克苏地区妇联
亚森·毛拉托合提	温宿县吐木秀克镇兰干 2 组 1 号	2018 年 9 月	"美丽庭院"标兵户	阿克苏地区妇联
亚森·托乎尼牙孜	温宿县古勒阿瓦提乡提根村 4 组 5 号	2018 年 9 月	"美丽庭院"标兵户	阿克苏地区妇联
伊力亚斯·依提	温宿县阿热勒镇夏合吐尔村 4 组	2018 年 9 月	"美丽庭院"标兵户	阿克苏地区妇联
伊敏·乃买提	温宿县古勒阿瓦提乡古勒艾日克村 1 组	2018 年 9 月	"美丽庭院"标兵户	阿克苏地区妇联
再娜普汗·艾山	温宿县佳木镇兰杆村 4 组 10 号	2018 年 9 月	"美丽庭院"标兵户	阿克苏地区妇联
祖不屯·努尔屯	温宿县古勒阿瓦提乡米勒克艾日克村 1 组	2018 年 9 月	"美丽庭院"标兵户	阿克苏地区妇联
左热木·图拉普	温宿县共青团镇托万克佳木村 5 组	2018 年 9 月	"美丽庭院"标兵户	阿克苏地区妇联
努尔曼古丽·艾合买提	温宿县人民医院妇科护士	2018 年 9 月	阿克苏地区第二届"浙阿同心·携手圆梦"同心杯——电视小品大赛最佳演员奖	中共阿克苏地委宣传部、阿克苏地区文化体育文化广播影视剧、浙江省对口支援阿克苏地区指挥部办公室

（何　刚）

说明：因正式表彰文件下发时间晚等原因，个别荣誉在 2017 年荣誉录中未收入，故本年度适当上延至 2017 年 12 月

附　录

2018 年温宿县党、政、企事业单位负责人名录

【中共温宿县委员会】

书　记:薛建强

副书记:包尔汗·买买提(维吾尔族)

车　勇

阿依先木·吉力力(女,维吾尔族,4 月离任)

麦合木提·艾海提(维吾尔族,12 月离任)

肖　森(12 月任职)

王建国(浙江援疆)

常　委:张新华

孙　涌(9 月离任)

肖　森(9 月任职)

项世扬(浙江援疆)

宋喜坤(8 月任职)

孔伟雄(4 月离任)

郑光喜(4 月任职)

刘　宁

刘洪胜

李　强

张伟东

艾合塔木·塔力甫(维吾尔族,4 月离任)

克尤木·台外库里(维吾尔族,11 月任职)

【县委各部门】

中共温宿县纪律检查委员会(监察委员会)

纪委书记、监委主任:刘洪胜

纪委副书记、监委副主任:倪　忠

热汗古丽·吐松(女,维吾尔族)

监察委员会委员:胡　琴(女)

贺　剑

周永胜

吾斯曼·库尔班(维吾尔族)

纪委常委:胡　琴(女)

贺　剑

陆俊红

庞钰磊

纪委工作部门

办公室主任:庞钰磊

组宣部部长:张　雷(5 月离任)

蒋寒雪(6 月任职)

案件审理室主任:李春晓(6 月任职)

信访室主任:伊力哈木·吾甫尔(维吾尔族,5 月离任)

漆娟宏(女,6 月任职)

案件监督管理室主任:田志伟(8 月离任)

卢晓峰(8 月任职)

党风政风监督室主任:庞婵炜(女)

第一纪检监察室(政治纪律监督检查室)主任:

艾克然木·艾尔肯(维吾尔族)

第二纪检监察室主任:王越飞(10 月任职)

第三纪检监察室主任：
　　伊力哈木・吾甫尔(维吾尔族,5月任职)
第四纪检监察室主任:拜　科(回族)
第五纪检监察室主任:杜　洋(6月任职)
纪检监察干部监督室主任：
　　阿提坎木・艾山(女,维吾尔族)
第一纪工委监察局第一监察分局局长:陈晓凤(女)
副局长:阿迪力・木台力甫(维吾尔族)
第四纪工委监察局第四分局局长:杨志清
副局长:艾热提・斯马义(维吾尔族)
县委巡察办主任:陆俊红
县委巡察办副主任:冯俊青(5月任职)
　　阿曼古丽・穆尼尔丁(女,维吾尔族)
县委巡察组正科级巡察专员：
　　崔益民(11月任职)
　　刘宏民(11月任职)
　　田志伟(11月任职)
　　刘卫斌(11月任职)
　　牟秀玮(女,11月任职)
　　古海尔尼沙・胡达拜迪(女,维吾尔族,11月任职)

县委办公室

主　任:胡晓涛
副主任:郭其年
　　张晓峰
　　聂贵明(浙江援疆)
机关党委专职副书记:阿依古丽・吐尔逊(女,维吾尔族)
县督查考评办主任:马存刚
县督查考评办副主任:范鸿猷
机要保密局局长:唐　辉
机要保密局副局长:卜希伟
机关事务管理办公室主任:叶　飞
信息综合办公室主任:王怀宝
县委专用通信局局长:孙　滔
深化改革领导小组办公室专职副主任:曹　锐

组织部

部　长:孔伟雄(4月离任)
　　郑光喜(4月任职)
副部长:胡新民
　　迪力穆拉提・穆萨(维吾尔族)
　　杜　军(11月离任)
　　韩晏飞(新兴组织党工委书记,11月任职)
　　李建华(女)
　　李汉勇
　　方仲寅(浙江援疆)
办公室主任:杨　勇
县委基层组织建设领导小组办公室主任：
　　韩晏飞(11月离任)
副主任:王海东
　　聂明明(1月离任)
　　张　帆(2月任职)
县党代表联络办专职副主任:杨　娟(女,6月任职)
县干部考核办专职副主任:张　弘(6月任职)
县党员干部现代远程教育管理中心(党员电化教育中心)主任:杨　勇
县人才工作领导小组办公室主任:李亚洲(10月任职)
新兴组织党工委书记:杜　军(11月离任)

老干部局

局　长:李汉勇(兼任组织部副部长)
副局长:凯赛尔・约麦尔(维吾尔族)

编委办

主　任:魏建军

副主任:杨新丽(女)
事业单位登记管理局局长:尹　俊(副科级)

宣传部

部　长:刘　宁
副部长:胡晓燕(女)
　　　朱东建(10 月任职)
文明办专职副主任:马友瑞(回族)
文明办副主任:文　涛
对外宣传办(政府新闻办公室)专职主任:覃志刚
宣传中心主任:郝　军(2 月离任)
　　　　　　魏晓欧(2 月任职)

政法委(综治办)

书　记:车　勇
副书记:麦合木提·艾海提(维吾尔族,12 月离任)
　　　马监君
　　　加尔肯·努素别克(哈萨克族,4 月离任)
　　　艾合塔木·塔力甫(维吾尔族,4 月离任)
　　　罗卫东
　　　王智超
专职副书记:何清洁(11 月离任)
　　　　　刘　强(11 月任职)
社会管理综合治理委员会办公室主任:王智超
防范和处理邪教问题领导小组专职副主任:李　刚
边防委员会办公室主任:舒亚帮
网格化服务管理中心主任:肖　瑶
副主任:袁　超(8 月任职)

县委网络安全和信息化领导小组办公室(县网信办互〈联网信息办〉)

党工委书记:车　勇
副书记:罗卫东
党工委副书记、主任:朱东建
党工委委员、副主任:帕尔哈提·买买提(维吾尔族,3 月任职)
　　　　　　　　　肖　海(8 月任职)
　　　　　　　　　舒亚邦(8 月任职)

统战部

部　长:麦合木提·艾海提(维吾尔族,12 月离任)
副部长:刘东文

非公有制经济组织

党工委专职副书记:孙新建(11 月离任)
非公有制经济组织党工委干部:孙建军(正科级)

县直机关工委

书　记:吴万辉(11 月离任)
副书记、纪工委书记:
　　刘　芳(女,10 月任职,正科级)

农村工作领导小组办公室(扶贫办)

副主任: 潘存鑫(11 月离任)
扶贫办主任:冯志雄

地方志办(党史研究室)

主　任:许向阳(女,回族)
副主任:冯泽敏

档案局(馆)

局(馆)长:李永梅(女)
副局(馆)长:田　萍(女)

【温宿县人民代表大会常务委员会】

党组书记:车　勇

党组副书记、主任:艾尼外尔·赛来(维吾尔族)
党组成员、副主任:阿依先木古丽·阿塔吾拉(女,维吾尔族)
马监君
阿不来提·吾斯曼(维吾尔族)
张方远

【县人大各委办(党组)】

办公室主任:张新社(2 月离任)
办公室副主任:艾合买提·吐尼亚孜(维吾尔族)
法制工委主任:刘艳琳(女)
财经工委主任:张新社(2 月任职)
科教文卫工委主任:
阿不都外力·阿不来提(维吾尔族)
代表人事工委主任:
阿不都热依木·买买提(维吾尔族)

【温宿县人民政府】

党组书记、县　长:包尔汗·买买提(维吾尔族)
党组副书记、常务副县长:孙　涌(9 月离任)
肖　森(9 月任职)
副县长:宋喜坤(8 月任职)
项世扬(浙江援疆)
王文彬(9 月任职)
吐尔洪·库尔班(维吾尔族,4 月任职)
罗卫东
阿依甫拉提·司马义(女,柯尔克孜族)
张光华
艾斯卡尔·托乎提(维吾尔族)
耿庆龙(科技副县长,3 月离任)
加尔肯·努素别克(哈萨克族,4 月离任)
杨　安(10 月离任)
克尤木·台外库力(维吾尔族,11 月离任)

【政府部门】

政府办

主任、应急办主任:郭其年(2 月任职)
副主任:玉山江·沙吾提(维吾尔族)
罗栋良
归国华侨联合会主席:鲁正刚

行政服务中心

专职副主任:张中奇
副主任、公共资源交易中心主任:王生才
副主任:亚尔麦麦提·吐鲁洪(维吾尔族)

国有资产管理办公室

党支部书记、副主任:徐锡宝
党支部副书记、主任:尹红安
副主任:潘存亮

国资经营公司

董事长:曹聚远

县城乡建设(集团)有限责任公司

董事长:赵　坤
总经理:姜珏炜

电子政务管理办公室

主　任:武光华
副主任:王晓娜(女)

群众工作部(信访局)

部长、信访局党支部副书记、局长:武建新
副部长、信访局党支部书记、副局长:
艾尔肯·司马义(维吾尔族)
副部长、信访局副局长:张　毅

公安局

党委书记、局长:罗卫东

副书记、政委:开赛尔·吾休尔(维吾尔族,5 月任职)

党委委员、副政委:杨　旭(10 月离任)

开赛尔·吾休尔(维吾尔族,5 月离任)

刘　宝(10 月任职)

党委委员、副局长:朱东建

刘　强(8 月任职,11 月离任)

阿不都维力·赛买提(维吾尔族)

罗　强

吐尔逊江·阿布都瓦依提(维吾尔族,兼任边防大队大队长)

王纪伟(浙江援疆)

王凯军(8 月离任)

夏　晨(挂职,8 月任职)

党委委员、纪委书记:王军(10 月离任)

马传奇(10 月任职)

党委委员、政治处主任:朱东建(5 月离任)

武发洲(5 月任职)

警令部主任:赵　珏(回族)

综合技术侦查大队教导员:赵学斌

大队长:宋　慧

禁毒大队大队长:胡卫东

交通管理大队教导员:排尔哈提·伊敏(维吾尔族,10 月任职)

大队长:蔡国梁

城镇派出所所长:马传奇(3 月任职)

看守所教导员:艾麦尔·麦木提力(维吾尔族,10 月离任)

麦麦提艾力·萨迪克(维吾尔族,10 月任职)

所　长:张　峰

刑事侦查大队教导员:开赛尔·吐尼亚孜(维吾尔族)

大队长:祁　军

特巡警大队教导员:沈学智

队　长:焦　玮(2 月离任)

杨　扬(2 月任职)

国保大队教导员:鲁　丽(女)

队　长:买尔旦·吐迪(维吾尔族,8 月离任)

吐逊·毛拉买提(维吾尔族,8 月任职)

拘留所教导员:张　伟

所　长:侯彩明

治安管理大队教导员:崔振云(10 月任职)

大队长:杨志成(5 月任职)

托乎拉乡派出所指导员:阿不都肉苏力·阿不都热依木(维吾尔族)

所　长:杜高峰(5 月离任)

张　宁(5 月任职)

克孜勒镇派出所指导员:麦合木提·毛拉麦提(维吾尔族)

所　长:张　超

恰格拉克乡派出所指导员:麦麦提艾力·萨迪克(维吾尔族,10 月离任)

艾尼瓦尔·艾尔肯(维吾尔族,10 月离任)

所　长:冯军政

古勒阿瓦提乡派出指导员:排尔哈提·伊敏(维吾尔族,10 月离任)

古勒阿瓦提乡派出所所长:高　军(2 月离任)

晏　涛(2 月任职)

依希来木其乡派出所指导员:

艾尔肯·阿不来提(维吾尔族)

所　长:张雁君

佳木镇派出所指导员:木台力甫·木沙(维吾尔族,5 月任职)

所　长:武发洲(5 月离任)

杜高峰(5 月任职)
阿热勒镇派出所指导员:张永利(10 月任职)
所 长:买尔旦·吐迪(维吾尔族,8 月任职)
共青团镇派出所所长:刘 杠(10 月任职)
实验林场派出所所长:王亚飞
吐木秀克边防派出所所长:
赛甫丁·卡地尔(维吾尔族)
阿克青边防派出所所长:
艾力卡木·艾尼瓦尔(维吾尔族)
博孜墩乡边防派出所所长:
艾力·艾海提(维吾尔族)
塔格拉克边防派出所长:
阿迪力·阿不都热西提(维吾尔族)

司法局

党组书记,副局长:凯合日曼·伊斯马伊力(维吾尔族,6 月离任)
黄顺春
党组副书记,局长:侯燕军(6 月离任)
图尔荪·艾尔肯(维吾尔族)
副局长:秦 伟(6 月任职)
党组成员:李朝阳(5 月离任)

政府专职消防队

队 长:谭伯平

旅游局

党支部书记、副局长:杨 寒
党支部副书记、局长:张贤儒
副局长:黄 毅
楼航宇(浙江援疆)

发展和改革委员会、价格监督局

党组书记、副主任:
吐尔逊·阿不都热依木(维吾尔族)
党组副书记、主任:朱永强(2 月离任)
况东旭(2 月任职)
党组成员、副主任:宋志斌
车万里
副主任:王国军(浙江援疆)
天山托木尔景区管理委员会副主任:罗 鹏
对口援县工作领导小组办公室专职副主任:吕鸿斌
粮食监督稽查大队大队长:郭新华(女)

统计局

党支部书记、副局长:艾尔斯兰·莫明(维吾尔族)
党支部副书记、局长:张善军
副局长:月尔古丽·阿不拉(女,维吾尔族)
经济普查中心主任:赵 智
社会经济调查队队长:范银菊(女)
副队长:吐逊江·吾布力(维吾尔族)

商务和经济信息化委员会

党组书记、副主任:白芳萍(女)
党组副书记、主任:王吉山(2 月离任)
副主任、招商局局长、主任科员:仝国栋(6 月任职)
招商局综合办主任:伍粤辉
党组成员:赵 坚(2 月离任)

安全生产监督管理局

党组书记、副局长:柴新武
党组副书记、局长:牛 东
党组成员、副局长:刘继堂(6 月离任)

煤炭工业管理局

党支部副书记、局长:杨海东

副局长、主任科员:张延虎(2 月任职)

教育局

教育党工委书记:刘洪胜

党工委副书记:加尔肯·努素别克(哈萨克族,4 月离任)

吐尔洪·库尔班(维吾尔族,5 月任职)

党工委副书记、教育局局长:

艾尔肯·艾海提(维吾尔族)

党工委委员、纪工委书记,主任科员:

刘朝美(女,4 月离任)

林勇军(10 月任职)

工会主席:艾合麦提·阿不都许库尔(维吾尔族)

督导室主任:张玉忠

督导室副主任:王国庆

科技局

党支部书记、副局长:孙群凤(女)

副局长:李登清

地震局

党支部副书记、局长:吴　君

副局长:阿曼古丽·吾休尔(女,维吾尔族)

民宗委

党支部书记、副主任:赵安刚

党支部副书记、主任:艾沙·努尔(维吾尔族,2 月任职)

伊协专职副会长:吐鲁洪·铁木尔(维吾尔族)

伊协副会长:吐逊江·斯迪克(维吾尔族,10 月离任)

亚力昆·卡地尔(维吾尔族,10 月任职)

民政局

党组书记、副局长:安尼瓦尔·达吾提(维吾尔族)

党组副书记、局长:苏成德

党组成员:张　月(女)

任文勇

副局长:刘　阳(2 月离任)

老龄委专职副主任:张　月(女)

社会组织党工委专职副书记:任文勇

最低生活保障办主任:张学良

退役军人事务局

党组书记:吴万辉(11 月任职)

党组副书记、局长:艾海提·艾合塔木(维吾尔族,11 月任职)

党组成员、副局长:孙新建(11 月任职)

财政局

党组副书记、局长:何德军

党组成员、副局长:邹晓蓉(女)

热合曼江·麦木提明(维吾尔族,9 月离任)

副局长:宗亚青(浙江援疆)

农村综合改革办公室主任:沈丽娟(女)

人力资源和社会保障局

党组书记、副局长:阿不都许库·吾甫尔(维吾尔族,11 月离任)

党组副书记、局长:李建华(女,兼任组织部副部长)

副局长:岳　刚(11 月任职)

党组成员:赛甫丁·艾比不拉(维吾尔族,2 月离任)

蔡咏梅(女)

劳动保障监察大队指导员:马后刚

公共就业服务局局长:郑皓尹(2 月离任)

社会保险管理局

党支部书记:买合木提·阿木提(维吾尔族)

党支部副书记、局长:蔡咏梅(女)

副局长:贾建龙

农业局

党委副书记、局长:李　平(2月任职)

党委委员、副局长,农业产业化发展局局长:

吴　斌(2月任职)

林业局

党组书记、副局长:卡合曼·克然木(维吾尔族)

党组副书记、局长:邓　浩

党组成员、副局长:李　坚

党组成员:阿不都外力·亚生(维吾尔族)

杨文华

畜牧兽医局

党组书记、副局长:何　军

党组副书记、局长:吐鲁洪·艾西来甫(维吾尔族)

党组成员:郑旭辉

罗　新

陈永强

水利局

党委书记、副局长:吐尔逊·恰瓦尔(维吾尔族)

党委副书记、局长:马洪武

党委委员、纪检书记:柴一峰

防汛抗旱办主任:阿不力米提·卡德尔(维吾尔族)

副主任:陈　东

农牧业机械管理局

党支部书记、副局长:艾尔肯·塔力普(维吾尔族)

副局长、主任科员:张新林

农机安全监理站站长:苟永久

副站长:张少华

环境保护局

党组书记、副局长:艾尔肯·亚森(维吾尔族)

党组副书记、局长:李文科

党组成员、副局长:李　成

审计局

党支部书记、副局长:艾合麦提·沙吾提(维吾尔族)

党支部副书记、局长:王鹏飞

副局长:蔡　艳(女,2月任职)

经济责任审计中心主任:朱　芸(女)

卫生局

党工委书记、党组书记、副局长:徐　慧(女)

党工委副书记、党组副书记、局长:

毛拉阿伍提·瓦伊提(维吾尔族)

党工委委员、党组成员、副局长:张学辉

爱卫办主任:王玉兰(女)

副主任:艾散·阿塔吾拉(维吾尔族)

计划生育委员会

党组书记、副主任:柳玉华(女)

党组副书记、副主任:

阿迪拉·艾合买提(女,维吾尔族,3月离任)

党组成员、副主任:龚爱华(女,11月任职)

文化体育广播影视局

党组书记、副局长:吐尔逊江·阿木提(维吾尔族)

党组副书记、局长:刘　瑛

党组成员、副局长:武建萍(女)

正科级干部:阿不力孜·拜合提(维吾尔族,3月离任)

文物保护管理所

所　长:卓　胜

住房和城乡建设局

党组书记、副局长:吐逊江·苏力旦(维吾尔族,6月离任)

党组副书记、局长:王吉山(2月任职)

党组成员:李海川

徐茂森

副局长:周　毅(援疆)

城镇住房保障管理办公室主任:徐茂森

交通运输局

党组副书记、局长:李爱军

党组书记、副局长:阿迪力·艾孜买提(维吾尔族)

党组成员、副局长:王荷冕

市场监督管理局

党组书记、副局长:吴　畏

党组副书记、局长:李艳丽(女)

党组副书记、副局长:

买买提·斯马义(维吾尔族)

党组成员、副局长:贺东旭

阿不拉江·尼亚孜(维吾尔族)

市场监管稽查大队大队长:刘卫斌(6月离任)

农村经营管理局

局　长:王志强

副局长:吾甫尔·库尔班(维吾尔族,2月离任)

王　瑞(女,2月任职)

油区工作委员会办公室

副主任:黎　明

农业综合开发办公室

党支部书记、副主任:艾山·毛拉买提(维吾尔族)

党支部副书记、主任:杨晓华

国土资源局

党组副书记、局长:罗　衡

党组成员、副局长:刘艳霞(女)

党组成员、不动产登记中心主任:刘　翔

党组成员:姜宝庆

不动产登记中心副主任:李　静(3月任职)

温宿国家农业科技园区管委会

党工委书记:王永峰(4月离任)

肖　森(9月任职)

党工委副书记、主任:杨　军(4月任职)

党工委委员、副主任:唐国斌(4月任职)

王永峰(4月任职)

吐逊江·苏力旦(维吾尔族,6月任职)

副主任:张全领

党政办副主任:孙自强

农业科技发展科科长:付道顺

副科长:成　杰

社会事务管理科科长:张庆森

副科长:徐圣富

规划建设环保科副科长:徐凡智

艾力·艾木杜拉(维吾尔族)

阿克苏纺织工业城(开发区)温宿县产业园区

主　任:王庆中(2 月任职)
副主任:黎　斌
　　　吴学坤

温宿产业园区管理委员会

党工委书记:姚兆宾(侗族)
管委会主任:朱永强(4 月任职)
党工委委员、副主任:王庆中(2 月离任)
　　　　　　　　　陈　利
经济发展科副科长:丁英丽(女)
　　　　　　　　靖云航
党政办主任:刘传篪
副主任:张　凯
社会事务管理科副科长:张远顺
　　　　　　　　　　冯俊青(5 月离任)
招商引资科副科长:樊晓莉(女)
　　　　　　　　肖　融(女,回族)
规划建设环保科副科长:高新民
　　　　　　　　　　伍新国(6 月离任)

【政协温宿县委员会】

党组书记、副主席:张锦锋
党组副书记、主席:图尔干・克然木(柯尔克孜族)
党组成员、副主席:艾买尔・艾肯木(维吾尔族)
　　　　　　　　塔依尔・艾沙(维吾尔族)
　　　　　　　　孙有佩
副主席:王永平(兵团挂职)
　　　阿不来提・吾斯曼(维吾尔族)
　　　刘　杉(2 月离任)

【政协各委办(党组)】

办公室主任:许　斌
办公室副主任:艾合麦提・麦麦提(维吾尔族)
文史资料工作委员会工作科科长:
　　王春玲(女,2 月任职)
政协委员和提案工作委员会工作科科长:
　　艾尔肯・玉素甫(维吾尔族)
副科长:迪力夏提・吐松(维吾尔族,5 月任职)

【法检两院】

检察院

党组书记、副检察长:魏　敏
党组副书记、检察长:艾山・拜克日(维吾尔族)
党组成员、副检察长:图尔迪・居曼(维吾尔族)
　　　　　　　　　王彦林
党组成员、纪检组组长:曹　伟
案件管理办公室主任:陈丛武
检委会专职委员:
　　艾合买提・托乎尼亚孜(维吾尔族)
公诉科科长:邓小华
控诉申告检察科科长:
　　艾合买提・麦麦提(维吾尔族,5 月离任)

法院

党组书记、副院长:罗　文
党组副书记、院长:
　　吾斯曼・热合买提(维吾尔族)
党组成员、副院长:蔡国栋
　　　　　　　　玉苏甫・麦麦提(维吾尔族)
副院长:林　榕(援疆)
党组成员、纪检组长:冯文斌
审判委员会专职委员:吴　琳(女)
　　　　　　　　　马辉勇(回族)
政工科副科长:安丰斌

审判管理办公室主任:徐翼翔(女)
民事审判庭庭长:曹　辉
立案庭庭长:查宝亚
刑事审判庭副庭长:古丽先·吾休尔(女,维吾尔族)
执行局副局长:邢　慧(12月任职)
　　艾尼瓦尔·买米提力(维吾尔族)
法警大队大队长:贾小军
纪检监察室副主任:李永福(副科级,8月任职)

【税务部门】

国税局

党组成员、副局长:伊　瑞(女,主持工作,6月离任)
　　张平川(6月离任)
　　张西刚(6月离任)
党组成员、纪检组长:杜　伟(6月离任)
副局长:吴建业(6月离任)

地税局

党组书记、局长:马晓勇(回族,1月离任)
党组成员、副局长:马智勇(回族,1月离任)
　　艾尼瓦尔·托合提(维吾尔族,1月离任)
　　许　翔(1月离任)

国家税务总局温宿县税务局

党委书记、局长:曾　胜(2月任职)
党委副书记、副局长:伊　瑞(女,7月任职)
党委委员、副局长:张平川(7月任职)
　　饶　明
　　许　翔(2月任职)
　　张西刚(7月任职)
党委委员、纪检组长:杜　伟
副局长:卡地登·力提甫(维吾尔族,2月任职)
　　吴建业(7月任职)
　　程林凯(2月任职)

【群众团体】

总工会

主　席:翟　斌
党组书记:翟　斌(10月任职)
党组副书记、副主席:郝文梅(女,回族,10月任职)

共青团

书　记:成希杰(8月任职)
党组书记:成希杰(10月任职)
副书记:王　迪(女,11月离任)

妇联

主　席:吐尼沙·司坎代尔(女,维吾尔族)
副主席:王春玲(2月离任)

科协

主　席:艾则孜·坎吉(维吾尔族,5月离任)
　　刘　江(2月任职)
副主席:冯志斌

归国华侨联合会

主　席:鲁正刚

工商联

主　席:张方远(10月任职)
副主席:李福庆

残联

书记、副理事长:柳新权
理事长:热沙来提·艾力(女,维吾尔族)

红十字会

专职副会长:罗敬仁

【事业单位】

党校

校　长:孔伟雄(5月离任)
　　　郑光喜(5月任职)

校委委员、副书记:艾尼瓦尔·艾买尔(维吾尔族)

校委委员、常务副校长:梁起超

校委委员、副校长:刘经纶

农业技术推广站

党支部书记、副站长:吐鲁洪·沙吾提(维吾尔族)

党支部副书记、站长:赵友伟

副站长:米热古丽·托乎提(女,维吾尔族,2月离任)

农机服务中心

主　任:孙海峰(2月离任)
　　　陈志远(2月任职)

副主任:李文友
　　　付宏良

农机校校长:买买提·那斯尔(维吾尔族)

农业检验检测中心

主任、农林植保检测中心主任:王明智

副主任:郭彩虹(女)

畜禽品种改良站

党支部书记:库尔班·居麦(维吾尔族)

站　长:杨　涛

畜牧兽医站

党支部书记、副站长:陈永强

党支部副书记、站长:穆合塔尔·热合曼(维吾尔族,12月离任)

副站长:尼牙孜·阿吾提(维吾尔族)

动物卫生监督所

所　长:郑旭辉

副所长:张彦昌(2月任职)

温宿县供销联合社

党委副书记、主任:赵　坚(2月任职)

副主任:苏继宗

林业工作管理站

党支部书记、副站长:杨俊杰

党支部副书记、站长:
　阿布都外力·亚生(维吾尔族)

副站长:赵志华(女)

胡杨林管站

站　长:阿米娜·胡曼别克(女,哈萨克族)

党支部书记、副站长:赵志文(2月离任)

早让自然保护区管理站

站　长:顾红梅(女)

草原工作站

党支部书记、副站长:罗新

副站长:艾买尔·热合曼(维吾尔族)

农业产业化服务办公室

党支部书记:艾力·阿木提(维吾尔族)

主　任:吕军旗

副主任:古丽巴哈·亚森(女,维吾尔族)

库托河水管总站

站　长:崔磊磊(10 月任职)

副站长:吐鲁贡·奥斯曼(维吾尔族)

台兰河水管总站

党支部书记、副站长:马昌青(回族)

党支部副书记、站长:朱双弘

副站长:王万里

农村自来水管理总站

党支部书记:吐逊江·艾买尔(维吾尔族)

站　长:沈国昌

城镇供排水公司

党支部书记:周懋琼(女)

新疆农业广播电视学校温宿县分校

校　长:巴图尔·达尼西(维吾尔族)

副校长:王　瑞(2 月离任)

米热古丽·托合提(女,维吾尔族,2 月任职)

人工影响天气办公室

党支部副书记、主任:潘玉东

副主任:龙秀全

电影放映管理中心

主　任:阿布都外力·孜克尔牙(维吾尔族)

副主任:廖海山

吾甫尔·米尔孜(维吾尔族)

文化馆

馆　长:刘家宏

图书馆

馆　长:牛玉红(女)

副馆长:高　扬(女)

广播电视中心

主　任:景文兴

副主任:牛建升

人民医院

党总支书记、副院长:贺　梅(女)

党总支副书记、院长:王天堂(5 月任职)

副院长:侯保国

艾热提·坎吉(维吾尔族)

利小华(10 月任职)

王　斌(浙江援疆,3 月任职)

维吾尔医医院

党支部书记、副院长:吴萦钦(女)

副院长:吐鲁洪·依力牙斯(维吾尔族)

阿不都如苏力·阿不都尼亚孜(维吾尔族)

方艳华(女,回族)

疾病控制中心

主　任:马忠云(回族)

副主任:王　飞(5 月离任)

努尔·艾合麦提(维吾尔族)

地方病防治领导小组办公室

主　任:阿不力孜·阿不都克然木(维吾尔族)

艾滋病防治办公室

主　任:艾力江·甫拉提(维吾尔族)

妇幼保健院

党支部副书记、院长:彭　静(女)

副院长:刘　文

卫生监督所

所　长:王彦军

副所长:陈凤芝(女)

帕提古丽·托乎尼牙孜(女,维吾尔族)

人口和计划生育生殖健康服务站

副站长:图妮萨·阿木提(女,维吾尔族)

陈方竑(女)

政治学校

副校长:艾合买提·艾山(维吾尔族)

第一中学

党支部书记、副校长:程惠刚(11 月离任)

党支部书记:居麦·西日甫(维吾尔族,11 月任职)

党支部副书记、校长:王永平(11 月任职)

居曼·西日甫(维吾尔族,11 月离任)

副校长:艾合买提·买买提(维吾尔族)

排尔哈提·艾萨(维吾尔族)

克然木·塔依尔(维吾尔族,8 月离任)

王　铮(8 月任职)

第二中学

党支部书记:迪力夏提·祖尔冬(维吾尔族,11 月离任)

朵　柱(11 月任职)

副校长:陈良俊

魏福胜(11 月任职)

王永平(11 月离任)

周应婷(女,浙江援疆,10 月离任)

吕未寒(浙江援疆,10 月任职)

周　东(浙江援疆,10 月任职)

第三中学

党支部书记:王兆军(11 月任职)

党支部副书记、校长:艾合麦提·艾合太木(维吾尔族)

党支部副书记、副校长:王兆军(11 月离任)

副校长:哈力木热提·阿不力肯木(维吾尔族)

刘　涛(2 月任职)

杨　峰(8 月任职)

第五中学

党支部书记、副校长:艾买尔江·艾力(维吾尔族,11 月离任)

党支部书记:哈占玺(土家族,11 月任职)

党支部副书记、校长:哈占玺(土家族,11 月离任)

艾买尔江·艾力(维吾尔族,11 月任职)

副校长:李　斌

安　睿(2 月任职)

桑文科(8 月任职)

周志军(浙江援疆,10 月离任)

董曲成(浙江援疆,10 月任职)

王东旭(挂职,10 月任职)

第二小学

党支部书记:李明秀(女,11 月任职)

党支部书记、副校长:阿不力米提·阿布拉(维吾尔族,11 月离任)

校　长:李明秀(女,11 月离任)

副校长:杨　莉(女)

项达昌(浙江援疆,10 月任职)
包拉提别克·对沙汗(柯尔克孜族,挂职,10 月任职)

幼教中心

主　任:刘传勋(2 月离任)
杨　印(2 月任职)
副主任:毛丽旦·阿不都热合曼(女,维吾尔族)
文红玲(女)

【银行　保险】

工商银行温宿县支行

行　长:盖云(6 月离任)
王　涛(7 月任职)
副行长:郭建华
金鸿范

农业银行温宿县支行

行　长:刘建军
副行长:阿不来提·托乎提(维吾尔族)
黄治国

农业发展银行温宿县支行

行　长:沙利雅(女)
副行长:亚库甫江·热合曼(维吾尔族)
刘大新
徐永刚

建设银行温宿县支行

行　长:段建军
副行长:张锦新(3 月任职)

温宿县农村信用合作联社

党委书记、理事长:牟光辉(10 月离任)
党委委员、监事长:
艾尼外尔·依不拉依木(维吾尔族,10 月离任)
党委委员、主任:袁亚飞(10 月离任)
党委委员、副主任:薛新显(10 月离任)
刘宗芹(女,10 月离任)
党委委员、主任助理:郑明娟(女,10 月离任)

新疆温宿农村商业银行股份有限公司

党委书记、董事长:牟光辉(11 月任职)
党委委员、监事长:
艾尼外尔·依不拉依木(维吾尔族,11 月任职)
党委委员、行长:张兴国(11 月任职)
党委委员、副行长:薛新显(11 月任职)
刘宗芹(女,11 月任职)
司马义·麦麦提(维吾尔族,11 月任职)

中国人寿保险温宿县支公司

经　理:张成林(3 月离任)
薛　勇(4 月任职,11 月离任)
杨　进(12 月任职)

中国人民财产保险温宿支公司

经　理:陈昌凤

【邮政　通信】

中国邮政温宿县分公司

经　理:吐尔逊·达吾提(维吾尔族)

中国电信温宿县分公司

经　理:李　昌

中国移动温宿县分公司

经　理:田　俊

中国联通温宿县分公司

经　理:李　丽(女)

【乡(镇)】

温宿镇

党委书记:潘多彬

党委副书记、镇长:

莫明江・毛拉托乎提(维吾尔族)

党委委员、人大主席:热合曼・阿布拉(维吾尔族)

副书记:亚克甫・吐尔孙(维吾尔族,政法书记)

郭佳莹(女, 纪委书记,5 月任职)

党委委员:王　楼(人武部部长,10 月离任)

李柏树(人武部部长,10 月任职)

艾尼瓦尔・阿布都热依木(维吾尔族,统战干事,5 月任职)

图尔迪・阿吾提(维吾尔族,5 月离任)

马传奇(10 月离任)

罗　强(派出所所长,10 月任职)

库尔班江・玉苏甫(维吾尔族,宣传干事)

曹湘波(组织干事,10 月离任)

邹　鑫(组织干事,10 月任职)

吐鲁洪・依力牙斯(维吾尔族,6 月离任)

副镇长:王银珂(女)

库尔班・阿里木(维吾尔族,5 月离任)

郭佳莹(女,5 月离任)

韩　兴(5 月任职)

温宿镇社区

迎宾社区党支部书记、副主任:潘合明

党支部副书记、主任:

阿曼古丽・阿不拉(女,维吾尔族,10 月任职)

欣业社区党支部书记、副主任:李朝全(10 月任职)

新泉社区党支部书记、副主任:刘虹(女,8 月任职)

党支部副书记、主任:

图妮萨柯孜・托合尼亚孜(女,维吾尔族,10 月任职)

甘泉社区党支部书记、副主任:程新瑛(女)

明园社区党支部书记、副主任:乔伟松(10 月任职)

姑墨社区党支部副书记、主任:

吐逊娜依・托乎提(女,维吾尔族,5 月任职)

交通路社区党支部书记、副主任:武永辉

党支部副书记、主任:

阿力木・阿不都卡德尔(维吾尔族)

民生社区党支部书记、副主任:杨文龙

党支部副书记、主任:

阿依古丽・阿布拉(女,维吾尔族)

友谊社区党支部书记、副主任:魏崇源

泉城社区党支部书记、副主任:李政延(5 月任职)

龙泉社区党支部书记、副主任:

包　蕾(女,回族,8 月任职)

校场社区党支部书记、副主任:

杨　鑫(土家族,10 月任职)

校场社区党支部副书记、主任:

艾斯凯尔・亚森(维吾尔族)

托乎拉乡

党委书记:孙有佩

副书记、乡长:托乎尼亚孜・奥斯曼(维吾尔族)

党委副书记:毛　艳(6 月离任)

阿孜古丽・阿布都热合曼(女,维吾尔族,5 月任职)

许亚军(6 月任职)

艾合买提・艾尔肯(维吾尔族,政法书记)

包　瑛(女,2 月任职)

党委委员:刘宝丰(组织干事)

莫依冬・毛尼亚孜(维吾尔族,统战干事,

5月离任）
哈木拉提·毛一冬（维吾尔族，统战干事，5月任职）
井立崇（宣传干事、人武部部长，11月任职）
李　刚（宣传干事，3月离任）
杜高峰（派出所所长，5月离任）
张　宁（派出所所长，5月任职）
王　冬（纪委书记、监察办主任，11月任职）
副乡长：刘宝丰（11月离任）
托乎尼亚孜·毛拉（维吾尔族，11月离任）
段丽虹（女）

吐木秀克镇

党委书记：杨钟鹏
副书记、镇长：艾热提·司马义（维吾尔族）
党委委员、人大主席：图尔贡·托合提（维吾尔族，5月离任）
副书记：亚库甫·艾山（维吾尔族，政法书记）
蓟玉强（主任科员，8月任职）
张善军（11月离任）
张娓娓（女，纪委书记）
党委委员：吐尔洪·托合提（维吾尔族，组织干事）
买买提·库尔班（维吾尔族，2月离任）
况东旭（2月离任）
喻洪涛（宣传干事，5月离任）
吐尔逊·买买提（维吾尔族，8月离任）
刘坤新（人武部部长）
赛甫丁·艾比不拉（维吾尔族，统战干事）
尹　皓（5月任职）
赛甫丁·哈地尔（维吾尔族，吐木秀克边防派出所所长）
艾力卡木·艾尼瓦尔（维吾尔族，阿克青边防派出所所长）
副镇长：茹仙古丽·茹孜（女，维吾尔族）
杨　建
王天琪
马拜提·斯坎旦尔（维吾尔族，3月离任）
况东旭（2月离任）
喻红涛（5月离任）

阿热勒镇

党委书记：刘晓辉（4月离任）
楚伟涛（4月任职）
党委委员、人大主席：玉山·马木提（维吾尔族）
副书记：阿布都吾甫尔·库尔班（维吾尔族，政法书记，2月任职）
艾沙·努尔（维吾尔族，政法书记，2月离任）
熊　斌（2月离任）
潘存鑫（11月任职）
王　磊（纪委书记，11月任职）
胡兆喜（主任科员）
党委委员：艾斯卡尔·斯迪克（维吾尔族，宣传干事）
舒　勇（人武部部长）
董自波（组织干事，11月离任；纪委书记、监察办主任，11月任职）
月买尔江·木沙（维吾尔族，统战干事）
买尔旦·吐迪（维吾尔族，派出所所长）
吐逊·毛拉买提（维吾尔族，8月离任）
热木提力·艾比力（维吾尔族）
副镇长：王　磊（2月离任）
热木提力·艾比力（维吾尔族）
图然克孜·图尔迪（女，维吾尔族）
董自波（11月离任）
宋东杰
亚生·阿西木（维吾尔族）

佳木镇

党委书记:朱亚军

副书记、镇长:安外尔·麦麦提(维吾尔族)

党委委员、人大主席:托乎尼牙孜·毛尼牙孜(维吾尔族)

副书记:阿不力米提·阿不都热西提(维吾尔族,政法书记)

郑 江(纪委书记,5 月任职,11 月离任;宣传干事,11 月任职)

王明怀(8 月离任)

阿曼古丽·阿巴拜克力(女,维吾尔族,5 月离任)

宁晓斌(8 月任职)

党委委员:陈志远(2 月离任)

徐彦兵(人武部部长,6 月任职)

牛 东(6 月离任)

杜高峰(派出所所长)

徐兴涛(宣传干事,6 月任职,11 月离任;纪委书记、监察办主任,11 月任职)

王一帆(组织干事,11 月离任)

木合塔尔·艾合买提(维吾尔族,3 月离任)

艾斯卡尔·达吾提(维吾尔族,统战干事,5 月任职)

副镇长:阿布都热依木·那尤甫(维吾尔族)

徐兴涛(6 月任职)

麦麦提·图尔荪(维吾尔族)

欧阳伟伟(瑶族)

贾光明

张 华 (11 月任职)

克孜勒镇

党委书记:李 强

党委委员、人大主席:阿孜古丽·阿不都热合曼(女,维吾尔族,5 月任职)

副书记:艾木都拉·牙生(维吾尔族,政法书记)

关昌忠(11 月离任)

郑兴才(11 月任职)

张卫军(纪委书记,5 月离任)

喻洪涛(宣传干事,5 月任职;纪委书记,5 月任职,11 月离任)

党委委员:徐春伟(纪委书记,监察办主任,11 月任职)

张 超(派出所所长,10 月任职)

刘容能(人武部部长,11 月任职)

阿迪力江·吾守尔(维吾尔族,组织干事)

付小涛

亚力坤·马木提(维吾尔族,统战干事,6 月任职)

副镇长:哈木拉提·毛一冬(维吾尔族,5 月离任)

亚力昆·马木提(维吾尔族,6 月离任)

蒋丽梅(女,5 月离任)

付小涛

阿迪力江·吾守尔(维吾尔族)

袁 健

刘 英(女,11 月任职)

恰格拉克乡

党委书记:张伟东

副书记、乡长:木沙江·莫明(维吾尔族,2 月离任)

阿迪拉·艾合买提(女,维吾尔族,11 月任职)

党委委员、人大主席:玉散·毛力(维吾尔族)

副书记:章晓骏(5 月离任)

图尔迪·阿吾提(维吾尔族,5 月任职)

肖 莹(女,11 月任职)

艾海提·艾合塔木(维吾尔族,政法书记,5 月任职,11 月离任)

江春花(女,主任科员)

党委委员:阿合尼亚孜·毛尼亚孜(维吾尔族)

艾尼·毛勒买买提(维吾尔族,宣传干事,6月任职)

孔令春(人武部部长)

艾力亚斯·萨木萨克(维吾尔族)

艾买提·买买提(维吾尔族,11月离任)

冯军政(派出所所长)

布海里千木·苏为(女,维吾尔族,6月离任)

副乡长:艾力亚斯·萨木萨克(维吾尔族)

艾买提·买买提(维吾尔族,11月离任)

代　宽

刘子豪(5月任职)

李强君(10月任职)

阿不都吾甫尔·库尔班(维吾尔族,2月离任)

依力哈木·依沙木丁(维吾尔族,11月任职)

依希来木其乡

党委书记:艾尼瓦尔·买提尼亚孜(维吾尔族)

副书记、乡长:祁金平

党委委员、人大主席:木塔力甫·买买提(维吾尔族)

副书记:热比古丽·热木吐拉(女,维吾尔族,纪委书记,5月离任)

玉素甫江·玉山(维吾尔族,政法书记)

李科一(纪委书记,5月任职,11月离任)

刘　江(2月离任)

刘　阳(2月任职)

党委委员:阿力木·毛拉麦提(维吾尔族)

布海里千木·苏为(女,维吾尔族,6月任职)

艾尔肯·吾斯曼(维吾尔族,6月离任)

张雁君(3月任职)

赵鸿龙(人武部部长)

副乡长:阿力木·毛拉麦提(维吾尔族)

艾尼瓦尔·毛拉肉孜(维吾尔族)

王　冬(11月离任)

李平华

马鸿雁(女,11月任职)

曹书豪(组织干事)

古勒阿瓦提乡

党委书记:宋　磊

副书记、乡长:库尔班·尼扎米丁(维吾尔族)

党委委员、人大主席:吾不力卡斯木·买合木提(维吾尔族)

副书记:艾力亚尔·阿合尼亚孜(维吾尔族,政法书记,3月离任)

吾甫尔·库尔班(维吾尔族,政法书记,3月任职)

黄贵国(纪委书记,2月任职,11月离任)

许亚军(2月离任)

孙　斌

党委委员:晏　涛(派出所所长)

薛　振(人武部部长)

艾力·艾木都拉(维吾尔族,9月离任)

穆耶赛尔·尼亚孜(女,维吾尔族,宣传干事)

李建宗(组织干事)

毛拉图尔迪·阿卜杜热依木(维吾尔族,统战干事,6月离任)

穆太力普·麦麦提伊敏(维吾尔族,统战干事,6月任职)

高　军(2月离任)

亚库甫·亚生(维吾尔族)

副乡长:穆耶赛尔·尼亚孜(女,维吾尔族)

赵德忠

王亚奇

艾尼瓦尔·艾拜(维吾尔族,挂职)

王海东(2 月离任)

穆太力普·麦麦提伊敏(维吾尔族,6 月离任)

李柏树(10 月离任)

亚库甫·亚生(维吾尔族)

博孜墩柯尔克孜民族乡

党委书记:徐志刚

副书记、乡长:阿依甫拉提·司马义(女,柯尔克孜族,副县长)

党委委员、人大主席:阿布拉·托乎提(维吾尔族,6 月离任)

吐逊·买买提(维吾尔族,8 月任职)

副书记:林勇军(10 月离任)

张荣立

曹湘波(10 月任职)

阿迪力·哈里克(柯尔克孜族,政法书记)

高万俊(纪委书记)

党委委员:努尔买买提·艾买尔(维吾尔族,统战干事,11 月离任)

库尔班·亚生(维吾尔族)

魏志翔(10 月任职)

岳　昕(纪委书记、监察办主任,11 月任职)

何　峰(10 月离任)

翟小辉(人武部部长)

艾力·艾海提(维吾尔族,边防派出所副所长)

副乡长:库尔班·亚生(维吾尔族)

魏志翔

艾合买提·吾布力卡斯木(维吾尔族)

何　峰(10 月离任)

亚力昆·卡地尔(维吾尔族,10 月离任)

余兴晨(6 月离任)

王海龙

托甫汗镇

党委书记:刘　鑫(4 月任职)

党委副书记、镇长:亚森·斯迪克(维吾尔族,4 月任职)

党委委员、人大主席:吐鲁洪·依力牙斯(维吾尔族,6 月任职)

副书记:木热迪力·买合木提(维吾尔族,政法书记,5 月任职)

刘继堂(纪委书记,5 月任职,11 月离任)

杨旭普(6 月任职)

党委委员:郭　勇(组织干事,9 月任职,11 月离任;纪委书记、监察办主任,11 月任职)

雷　磊(人武部部长,6 月任职)

艾尔肯·吾斯曼(维吾尔族,6 月任职)

蒋　燕(女,宣传干事,6 月任职)

肖克热提·艾孜木(维吾尔族,6 月任职)

副镇长:郭　勇(11 离任)

张文铠(9 月任职)

沈　楠(2 月任职)

艾尔肯·吾斯曼(维吾尔族,6 月任职)

共青团镇

党委书记:楚伟涛(4 月离任)

刘朝美(女,4 月任职)

党委副书记、镇长:凯赛尔·麦麦提力(维吾尔族,9 月任职)

党委委员、人大主席:阿布拉·托呼提(维吾尔族,6 月任职)

党委副书记:刘　剑(纪委书记,6 月任职,11 月离任;宣传干事,11 月任职)

尕　龙(哈萨克族,9 月任职)

莫依冬·毛尼亚孜(维吾尔族,政法书

记,5月任职)

党委委员:买合木提·赛依迪力(维吾尔族,统战干事,2月任职)

陈柏松(组织干事,9月任职)

牛　东(宣传干事,6月任职,11月离任;纪委书记、监察办主任,11月任职)

刘　杠(派出所所长,10月任职)

赵建东(人武部部长,6月任职)

热孜古丽·克比尔(女,维吾尔族,6月任职)

副镇长:热孜古丽·克比尔(女,维吾尔族,6月任职)

阿不都萨拉木·阿布都热合曼(维吾尔族,9月任职)

吴晟嘉(9月任职)

陈柏松(9月任职)

柯柯牙镇

党委书记:刘　杰(4月任职)

党委副书记、镇长:艾散·阿卜都热合曼(维吾尔族,8月任职)

党委委员、人大主席:艾力·买买提(维吾尔族,6月任职)

副书记:郑皓尹(主任科员,6月任职)

王　迪(女,11月任职)

艾克拜尔·艾尼外尔(维吾尔族,政法书记,8月任职)

成希杰(纪委书记,11月离任)

党委委员:王　东(组织干事,2月任职)

艾买尔江·艾克帕尔(维吾尔族,统战干事,6月任职)

孙立国(人武部部长)

于　震(6月任职,11月兼任纪委书记、监察办主任)

古丽扎尔·阿木冬(女,维吾尔族,宣传干事,6月任职)

阿迪力·阿不都热西提(维吾尔族,阿克苏边防支队温宿县边防大队副大队长,兼任塔格拉克边防派出所所长)

副镇长:古丽扎尔·阿木冬(女,维吾尔族,6月任职)

于　震(6月任职,11月离任)

赵新秦

热合曼·热买提(维吾尔族)

温宿县2018年国民经济和社会发展统计公报

2018年，在以习近平同志为核心的党中央坚强领导下，县委、政府团结带领全县各族人民，以习近平新时代中国特色社会主义思想为指导，认真学习贯彻习近平新时代中国特色社会主义经济思想，主动适应经济进入新时代的要求，紧紧围绕社会稳定和长治久安总目标，地委（扩大）会议、经济工作会议和中共温宿县十二届代表大会四次会议等会议精神，紧紧围绕供给侧结构性改革这条主线，落实“三去一降一补”任务，加快推进“14658”战略，贯彻创新、协调、绿色、开放、共享发展理念，全面做好稳增长、促发展、调结构、惠民生、防风险各项工作，着力抓好政策、措施落实，统筹推进温宿县经济社会朝着实现全面建成小康社会的目标迈出了新的步伐。

一、综合

2018年，全县地方生产总值66.57亿元，比上年增长6.59%，其中，第一产业增加值23.03亿元，增长6.6%；第二产业增加值21.18亿元，增长24%；第三产业增加值22.36亿元，下降5.7%。按常住人口计算，人均生产总值28261元/人（不含第一师五团、六团）。

地方生产总值中一、二、三次产业的结构百分比由2017年的37∶27∶36转变为35∶32∶33。

二、农业

农林牧渔业总产值50.4亿元，按可比价格计算，比上年增长6.9%，其中，农业产值40.5亿元，增长7%；林业产值0.6亿元，增长3.1%；畜牧业产值7.3亿元，增长7.5%；渔业产值0.7亿元，增长2.4%；农林牧渔服务业产值1.3亿元，增长3.7%。

农作物播种面积9.35万公顷，下降1.80%，其中，粮食播种面积3.45万公顷，增长0.8%；棉花播种面积3.76万公顷，下降5.9%；油料播种面积286.67万公顷，下降56.5%；蔬菜播种面积420万公顷，下降7.35%。

全年粮食产量28.61万吨，增长3.99%。棉花产量7.67万吨，下降4.95%。油料产量434吨，下降56.42%。甜菜产量59446吨，下降36.66%。蔬菜产量10.75万吨，下降15.75%。水果（含果用瓜）产量48.12万吨，增长12.77%。

年末牲畜存栏80.18万头（只），增长6.25%；全年牲畜出栏96.96万头（只），增长1.54%。肉类总产量37271吨，增长12.29%，其中，羊肉产量14326.6吨，下降5.69%；牛肉产量5660吨，增长90.18%；猪肉产量5260吨，增长45.56%。牛奶产量32626吨，增长2.88%。绵羊毛产量2105吨，增加3.4%。水产品产量8820吨，增长1.71%。

三、工业和建筑业

全年实现工业增加值10.5亿元，同比增长19.1%。规模以上工业增加值9.8亿元，同比增长21.4%，规下及个体工业增加值0.7亿元。

全县实现建筑业增加值10.6亿元，同比增长29.2%。

四、固定资产投资

全社会固定资产投资55.17亿元，比上年增长5.15%。按三次产业划分，第一产业投资2.52亿元，增长15.33%；第二产业投资15.27亿元，增长5.26%；第三产业投资37.38亿元，增长4.46%。

房地产开发投资9.3亿元，增长20.89%。房屋施工面积101.94万平方米，增长11.21%；商品房销售面积1.05万平方米，下降55.99%。

五、国内贸易

社会消费品零售总额 19.68 亿元,比上年增长 22.3%。按城乡划分,城镇零售额 18.15 亿元,增长 8.6%;乡村零售额 1.5 亿元,下降 34%。

六、交通、邮电和旅游

2018 年,全县民用车辆拥有量达 59038 辆,比上年下降 17.9%。其中,汽车 44713 辆,比上年增长 14.1%,摩托车 14282 辆, 比上年下降 1.3%。

全县道路总里程 2649 千米(包括国省道),高速公路 109 千米。国道 1 条 110 千米,省道 1 条 26 千米,县道 8 条 249 千米,乡道 81 条 900 千米,专用公路 58 条 246.7 千米;沥青路面 2093 千米,占全县公路总里程的 79%,13 个乡(镇)场通油率达 100%,140 个行政村已通油路 140 个,通油率达 100%。

县域旅游 A 级景区 7 个,星级农家乐 3 个。全年共接待国内旅游人数 85 万人次,比上年增长 43.15%;旅游总收入 1.5 亿元,比上年增长 61.81%。

七、财政、金融

地方财政收入 5.47 亿元,增长 4.3%。地方公共财政预算收入 4.86 亿元,增长 9.1%。

地方财政支出 36.9 亿元,增长 6.2% 。地方公共财政预算支出 35.46 亿元,增长 4.6%。

年末金融机构人民币各项存款余额 101.6 亿元,比上年增长 8.4%。金融机构人民币各项贷款余额 82.9 亿元,增长 9.9%。

八、教育和科学技术

2018 年,全县拥有各类学校机构 181 所,其中,职业中学 1 所、完全中学 2 所、高级中学 2 所、初级中学 7 所、九年一贯制学校 5 所、小学 49 所、幼儿园 115 所,另有教学点 24 个;全县教职员工 4517 人,其中,职高 24 人、高中 406 人、初中 885 人、小学 1803 人、幼儿园 1399 人;在校学生和幼儿教育儿童总计 57382 名,其中,高中 5176 名、初中 9335 名,小学 26100 名,幼儿园在园人数 16771 名;全年小学学龄儿童入学率 99.93%,初中少年儿童入学率 99.88%,初中毕业生升学率 99.2%。

县财政下拨科技三项经费 3000 万元。全年安排自治区级、地区级科技计划项目 2 项。选聘并下派科技特派员 10 名。

九、文化、卫生和体育

2018 年末,全县有电影事业机构 1 个,其中,电影放映单位 1 个。拥有文化馆 1 个,图书馆 1 个。广播人口覆盖率 98.2%,电视人口覆盖率 97.9%。

2018 年,全县共有卫生机构 23 个,其中,县级医院 2 个,乡(镇)卫生院 19 个,开展诊疗活动 17 次,疾病预防控制机构 1 个,妇幼卫生机构 1 个。

2018 年末,全县医疗卫生单位拥有病床 876 张,其中,县级医院拥有病床 530 张,乡(镇)卫生院拥有病床 257 张,民营医疗机构 89 张。

2018 年末,全县拥有卫生技术人员 1229 人。其中,县级医院拥有 482 人,乡(镇)卫生院拥有 574 人,疾病预防控制机构拥有 5 人,妇幼卫生机构拥有 14 人;执业(助理)医师 312 人,注册护士 418 人。

十、人口、人民生活

2018 年末,全县总人口 23.55 万人(不含五团、六团),其中,少数民族人口 19.9 万人,占总人口的 84.5%;汉族人口 3.65 万人,占总人口的 15.5%。男性人口 11.93 万人,占总人口的 50.7%;女性人口 11.62 万人,占总人口的 49.3%。非农业人口 4.7 万人,农村人口 18.8 万人。

城镇居民人均可支配收入 30077 元,比上年增长 9%,农村居民人均可支配收入 12878 元。农牧民人均纯收入 17729 元,比上年增加 1091 元,增长 6.55%。

十一、劳动就业和社会保障

2018 年,通过各种途径实现城镇就业再就业 3722 人,其中,就业困难人员实现就业 222 人。城镇登记失业率控制在2.15%以内。

2018年，全县失业保险参保人数13222人，城镇职工医疗保险参保人数23623人，生育保险参保人数15529人，城镇居民医疗保险参保（城乡居民医疗保险）197356人（2018年起，城镇居民医疗保险与新型农村合作医疗保险合并为城乡居民医疗保险）。

资助全县城镇最低生活保障对象共计1311户2250人，发放低保救助1188万元；农村最低生活保障对象共计3624户8884人（户数为2018年12月31日数，资金为2018年1~12月累计数），发放低保救助2000万元，发放率100%。

十二、资源、环境和安全生产

温宿县坚持加快矿产资源勘探开发，以矿产资源优势为依托，大力实施优势资源转换战略，详查矿产资源的种类、分布和储量，重点加大对全县石油、煤、东陵玉、岩盐、白云岩、黑耀岩、铜、铅、铁、镍、石灰石、等矿产勘探开发。

截至2018年底，发现各种矿产地107处，其中，大型11处，中型13处，小型14处，矿点20处，矿化点104处。已初步探明矿种29种。预计原油储量9469.3万吨、凝析油储量216.5万吨、天燃气储量1444.92亿立方米。

县煤炭品种多，品种有：贫煤、脊煤以及部分配焦煤（都属动力用煤），低灰高热量，发热量达7800大卡以上；煤炭储量7.4亿吨，岩盐10处6座山储量约300亿万吨，花岗岩1092万立方米，铜矿储量约1285吨，石膏矿储量约35亿吨，石灰石约19507万吨，石膏估算总矿储量有35亿吨左右，东陵玉约30万立方米，白云岩矿点有4处，估算地质储量是42.835亿吨。铁矿10个矿体、4个矿化点，估算（334资源储量）90.2万吨等其他矿物的储量。

2018年末，县内油气勘探累计布井8口、试采井1口，投入生产的为5口井，正在钻井的为6口井，完钻井2口。

全县有自然保护区1个，自然保护区面积26700公顷，占全县国土面积的1.45%。

2018年，全县发生各类事故91起，同比下降39%。各类事故死亡人数8人，同比上升33%；受伤59人，同比增长5%；直接经济损失38.52万元，同比下降28%。道路交通事故60起，死亡人数7人，事故起数增长20%，死亡人数上升75%，经济损失上升102%。

备注：

1. 本公报为2018年第四季度统计数。

2. 公报中，生产总值、增加值、总产值绝对额均为当年价格，生产总值、增加值增长速度均按可比价格计算，总产值增长速度按上年价格指数缩减计算。

3. 固定资产投资数据以地区反馈为准。

本公报中主要经济指标数据来源于温宿县统计局，其他数据来源于相关部门。其中，农业机械动力来源于县农机局；林业数据来源于县林业和草原局；油井勘探数据来源于县商务和经济信息化委员会；道路数据来源于县交通运输局；旅游、文化、广播、电视数据来源于县文旅局；财政数据来源于县财政局；金融信贷数据来源于中国人民银行阿克苏地区中心支行；教育、科技数据来源于县教育和科学技术局；卫生数据来源于县卫生健康委员会；就业与社会保障数据来源于县人力资源和社会保障局；医疗保险数据来源于县医疗保障局；城乡低保数据来源于县民政局；矿产资源数据来源于县自然资源局；安全生产数据来源于县应急管理局。

重要文件辑目

【中共温宿县委重要文件辑目】

1月5日,温党办发〔2018〕5号中共温宿县委办公室 温宿县人民政府办公室关于印发《温宿县今冬明春强基层强基础“三大工程”实施方案》的通知

1月23日,温党办发〔2018〕2号 中共温宿县委办公室印发《温宿县城乡环境卫生专项整治实施方案》的通知

2月9日,温党办发〔2018〕7号 中共温宿县委办公室印发《温宿县隐患大排查、矛盾大化解、群众大宣教、干部大调研工作方案》的通知

2月23日,温党办发〔2018〕11号 中共温宿县委办公室印发《关于进一步严督实导、强化落实、严肃追责问责的办法(试行)》的通知

3月22日,温党办发〔2018〕16号 中共温宿县委办公室印发《中共温宿县委员会主要职责和人员编制方案》的通知

3月23日,温党办发〔2018〕17号 中共温宿县委办公室印发《中共温宿县委常委会贯彻落实〈中共中央政治局贯彻落实中央八项规定实施细则〉的办法》的通知

4月2日,温党办发〔2018〕23号 中共温宿县委办公室印发《温宿县宣传贯彻党的十九大精神和习近平新时代中国特色社会主义思想的工作方案》的通知

4月27日,温党发〔2018〕15号 中共温宿县委办公室印发《温宿县聚焦总目标、当好排头兵实施方案》的通知

5月1日,温党办发〔2018〕26号 中共温宿县委办公室印发《温宿县国有企业人员管理暂行办法》的通知

5月11日,温党办发〔2018〕30号 中共温宿县委办公室印发《温宿县2018—2021年开展群众工作督导的实施方案》的通知

5月29日,温党发〔2018〕30号 中共温宿县委办公室印发《中共温宿县委关于十二届县委第四轮巡察组长任职及任务分工的决定》的通知

6月5日,温党办发〔2018〕37号 中共温宿县委办公室印发《温宿县烈属、军属、退役军人等家庭悬挂光荣牌工作实施办法》的通知

6月8日,温党办发〔2018〕42号 中共温宿县委办公室、温宿县人民政府办公室印发《关于调整充实温宿县全面推行河(湖)长制工作实施方案》的通知

6月13日,温党办发〔2018〕50号 中共温宿县委办公室印发《温宿县关于外地群众落户及享受政策的实施细则(试行)》的通知

6月18日,温党发〔2018〕21号 中共温宿县委办公室印发《温宿县2018年度绩效综合考评办法》的通知

7月8日,温党发〔2018〕23号 中共温宿县委办公室印发《关于深化党和国家机构改革的意见》

8月14日,温党办发〔2018〕71号 中共温宿县委办公室印发《温宿县农村人居环境整治三年行动实施方案(2018—2020年)》的通知

8月16日,温党发〔2018〕31号 中共温宿县委办公室印发《温宿县委巡察工作规划(2017—2021年)》的通知

9月26日,温党办发〔2018〕77号 中共温宿县委办公室印发《关于进一步推进温宿县城镇困难职工解困脱困的实施方案》的通知

10月14日,温党办发〔2018〕80号 中共温宿县

委办公室印发《温宿县开展“聚焦总目标 作风再整顿”专项活动的实施方案》的通知

10月19日，温党办发〔2018〕87号 中共温宿县委办公室转发《自治区党委办公厅印发〈关于认真学习贯彻中国共产党纪律处分条例的实施意见〉的通知》的通知

11月4日，温党办发〔2018〕94号 中共温宿县委办公室印发《关于严格落实党员领导干部双重组织生活会制度的通知》

12月21日，温党发〔2018〕45号 中共温宿县委办公室印发《关于宣布废止失效和修改一批规范性文件的决定》

12月27日，温党办发〔2018〕113号 中共温宿县委办公室印发《温宿县精准扶贫工作问责办法试行》的通知

（侯启家）

【温宿县人民代表大会常务委员会重要文件辑目】

1月1日，温人发〔2018〕1号《关于调整温宿县2017年本级财政预算收支报告的决定》

1月15日，温人发〔2018〕4号《关于干部任命的通知》

2月12日，温人发〔2018〕5号《关于将温宿县2017年3个改善人居环境建设PPP项目政府付费资金纳入财政中长期规划及年度预算的决定》

2月12日，温人发〔2018〕6号《关于关于将温宿县2017年3个农村公路建设PPP项目政府付费资金纳入财政中长期规划及年度预算的决定》

5月31日，温人发〔2018〕10号《关于确定共青团镇、柯柯牙镇、托甫汗镇人民代表大会代表名额的决定（草案）》

7月26日，温人发〔2018〕11号《关于2017年本级财政预算执行情况及其他收支情况的审计报告及2018年政府债务限额的决定》

7月26日，温人发〔2018〕19号《关于温宿县凤泉河河道综合治理建设项目政府支付资金纳入财政中长期规划及年度预算的决定》

7月26日，温人发〔2018〕21号《县人民政府〈关于温宿县生态文明建设示范县规划（2017—2025年）〉的决定》

10月11日，温人发〔2018〕25号《县人民政府关于〈温宿县2018年第二批新增政府债务限额及新增政府债券预算调整方案〉的决定》

（许 芳）

【温宿县人民政府重要文件辑目】

2月24日，温政办〔2018〕6号《关于印发〈温宿县政务公开工作制度〉的通知》

4月1日，温政办〔2018〕17号《关于开展温宿县第四次全国经济普查工作的通知》

4月4日，温政办〔2018〕19号《关于印发〈温宿县2018年旅游实施细则（试行）〉的通知》

5月7日，温政办〔2018〕31号《关于印发〈温宿县保障农民工工资支付工作责任制追究办法〉的通知》

5月7日，温政发〔2018〕80号《关于公布〈温宿县第一批清理规范政府部门行政审批中介服务事项清单〉的通知》

6月20日，温政办〔2018〕47号《关于印发〈温宿县城乡规划建设管理委员会议事规则〉的通知》

6月23日，温政发〔2018〕147号《关于废止规范性文件的通知》

6月28日，温政办〔2018〕55号《关于印发〈温宿县物业管理服务收费实施办法（暂行）〉的通知》

7月2日，温政办〔2018〕59号《关于印发〈温宿县实行政府服务“最多跑一次”深化“放管服”改革全面优化提升营商环境实施方案〉的通知》

7月27日，温政发〔2018〕166号《关于温宿县第三次全国土地调查的通知》

11 月 9 日,温政办〔2018〕106 号《关于转发〈自治区人民政府关于在疆全面推开“证件分离”改革工作的通知〉的通知》

12 月 11 日,温政办〔2018〕115 号《关于印发〈温宿县贯彻落实〈阿克苏地区职业病防治规划(2017—2020 年)〉实施方案〉的通知》

12 月 30 日,温政办〔2018〕119 号《关于转发〈新疆维吾尔自治区盐业产销管理实施细则〉的通知》

12 月 31 日,温政发〔2018〕279 号《关于印发〈温宿县中小学布局调整规划(2019—2020 年)〉的通知》

(王　昆)

【中共温宿县纪律检查委员会重要文件辑目】

1 月 5 日,温纪发〔2018〕1 号《印发〈温宿县关于 2018 年至 2020 年开展扶贫领域腐败和作风问题专项治理的实施方案〉的通知》

3 月 10 日,温纪发〔2018〕12 号《关于印发〈温宿县纪委监委关于在扫黑除恶专项斗争中强化监督执纪问责的实施方案〉的通知》

5 月 29 日,温纪办发〔2018〕23 号《关于印发〈温宿县纪检监察系统进一步加强和改进调查研究工作的实施方案〉的通知》

5 月 31 日,温纪办发〔2018〕28 号《关于印发〈温宿县纪检监察系统开展“能力建设年”活动实施方案〉的通知》

9 月 10 日,温纪办发〔2018〕37 号《关于印发〈温宿县纪检监察机关公文处理实施办法〉的通知》

10 月 5 日,温纪发〔2018〕36 号《关于印发〈温宿县纪检监察工作定量定性考核考评实施方案(试行)〉的通知》

11 月 15 日,温纪办发〔2018〕45 号《关于印发〈温宿县贯彻落实地区纪委监委集中整治形式主义、官僚主义 7 条措施的实施方案〉的通知》

12 月 14 日,温纪办发〔2018〕51 号《关于印发〈温宿县扶贫领域腐败和作风问题专项治理工作联席会议制度〉等 3 个联席会议制度的通知》

12 月 18 日,温监发〔2018〕1 号《关于印发〈温宿县监察委员会特约监察员工作规定〉的通知》

12 月 30 日,温监办发〔2018〕1 号《关于印发〈温宿县监察委员会派出乡(镇)监察办公室工作制度〉的通知》

(吴　爽)